小游戏与大历史

从『老鹰捉小鸡』到人类的文化视界

袁书营 著

江苏人民出版社

图书在版编目(CIP)数据

小游戏与大历史：从"老鹰捉小鸡"到人类的文化
视界 / 袁书营著. — 南京：江苏人民出版社，2024.5
ISBN 978 - 7 - 214 - 29008 - 3

Ⅰ. ①小… Ⅱ. ①袁… Ⅲ. ①游戏—文化史—研究
Ⅳ. ①G898

中国国家版本馆 CIP 数据核字(2024)第 031111 号

书　　　名	小游戏与大历史——从"老鹰捉小鸡"到人类的文化视界	
著　　　者	袁书营	
责 任 编 辑	汪意云	
责 任 监 制	王　娟	
装 帧 设 计	有品堂	
出 版 发 行	江苏人民出版社	
地　　　址	南京市湖南路 1 号 A 楼,邮编:210009	
照　　　排	江苏凤凰制版有限公司	
印　　　刷	江苏凤凰通达印刷有限公司	
开　　　本	718 毫米×1000 毫米　1/16	
印　　　张	20	
字　　　数	300 千字	
版　　　次	2024 年 5 月第 1 版	
印　　　次	2024 年 5 月第 1 次印刷	
标 准 书 号	ISBN 978 - 7 - 214 - 29008 - 3	
定　　　价	88.00 元	

(江苏人民出版社图书凡印装错误可向承印厂调换)

目　录

序

　　袁书营博士在日本读的是体育人类学,回国后第一篇所学专业的论文《"老鹰捉小鸡"游戏的起源与文化变迁分析》,便发表在我主持的《体育与科学》杂志上,这是五年前的事了。2023年底,袁博士来南京,带来了他的书稿《小游戏与大历史——从"老鹰捉小鸡"到人类的文化视界》,他把论文拓展成了一本专著。我们约了在南京市中心见面,下午整整四小时,讨论书稿章节、结构和内容设计。我还帮他联系了江苏人民出版社出版事宜。

　　袁博士是我接触过的许多博士中还保有书生气的一位,在我的推荐下,他后来还带着书稿去了沪上,求教方家。当袁博士提出要我写序,我自然也就无法推让了。

　　这是一本有野心的书,作者要建立一个他称之为"文化物态"的方法论,以此形成新的人类命运共同体叙事结构。从书稿内容看,作者从"小游戏"入手,在"老鹰捉小鸡"的故事推演中展示"元文化"的内核,以及内核演绎出来的文化结构体系。看书稿时,我脑子里是自己儿时生活的情态,我对细节敏感,从细节中预料事态发展的轨迹。长大后,我把这种近乎算命、听上去犹如"疯话"的预知禀赋,运用于各种新闻事件特别是带有侦破逻辑推演的事件中,比如前几年的杭州杀妻案,不久前上海海滩女孩消失案,我都是第一时间给出了并没有多少人会相信的推演结论,最后在刑侦中都奇迹般地应验了。这些事件预知性推演中难免会有攸关许多人的前途、命运,或涉及一个人甚至一群人世界观的,这个时候我常常痛苦和无奈,曾和一位朋友坦言,彼时我的心情犹如《荷马史诗》里那位预言必中却又从不为他人采信的特洛伊女祭司卡桑德拉。我一生中所面对的,又何止一匹木马?就说学术研究的工作实践,便是一个又一个的木马之谜,特别是这十年我在做体认范式的身体感研究,本体论层面的运动行为叙事如何更接近事实和真相,便是一次又一次的"案件侦破逻辑"一般的身体感知觉,为不能言说的动作技术的研究文本化。案件侦破逻辑是不是能构成一门逻辑学的分支学科,我不知道。不过,我父亲是公安部20世纪50年代"文件检验训练班"的教官,耳濡目染加上遗传基因,细节把控欲为我在学术研究中的真相探究提供了有先验性的现象学依据。我以为侦破逻辑学是研究如何从"已有线索"中准确推断犯罪事实的学问,涉及司法鉴定、犯罪学和心理学等学科,它不仅要求侦查员拥有相应的专业知识,还要求他们具备良好的分析能力,运用逻辑思维来解决复杂案件的能力。我在看袁博士的书稿时,脑子里不时闪现出的就是这种念头。因为作者在书稿中罗列了文化学、民俗学、历史学、宗教学,甚至包括量子力学等学科的概念与关键词,"海森堡测不准原理"都写进了书稿,这需要多大的学术勇气,因为要驾驭这些概念范畴是需要专业素养的。也正是在这个意义上我说作者"有野心"。那个南京午后数小时,大部分时间是对这些理论与概念范畴运用上的讨论与争论,我并不能完全赞同作者目前呈现的概念范畴体系,这可能是我的局限性,也可能是作者没有能实锤扎实了。我以为作者在"文化物态"话题的未来探究之路上,还有很长的路要走,以真正找到多学科概念范畴有效整合的逻辑缜密思路。实话说,碰上这样的情形我心态很难平衡,很多时候我反复在这种卡桑德拉式心态下打转,体会着"察见渊鱼者不祥"的苦闷。后来看到一句似乎和我的苦恼浑不相干的话,却犹如醍醐灌顶,豁然开朗,话是这样说的:"如果你饮酒了,那么避免酒驾的唯一良药,就是给自己更多静候的时间。"我多么想把这句话送给袁博士,但是那个下午我没有说出口。

一门学科的研究方法设定就必然地决定了对学科研究对象的判断。我们面对某种"现象"要给出诠释,诠释本身蕴含了方法论。纵观学术史,古希腊产生了奥林匹克竞赛,古罗马也开展体育比赛,中国从战国及汉就开展蹴鞠等项运动竞赛。欧洲中世纪由贵族带头,开展从战争提取的马上干戈争斗等运动竞赛以及斗兽等娱乐,在巨大的场馆进行,吸引了大批观众,成为盛事。16世纪法国国王亨利二世亲自参加马上长矛比武,矛打裂,国王被击中后身亡。文艺复兴后,体育形式逐渐从"厮杀比武"改进为"做秀比武",

小游戏与大历史——从「老鹰捉小鸡」到人类的文化视界

"血腥竞技"逐渐退出赛场。中世纪晚期,"教材"等体育著作开始出现。1793年10月,世界上第一份专业体育杂志在伦敦创刊。19世纪以来各种体育运动项目陆续出现了公认的规则和器材规格。这是伍尔夫冈《运动通史》中的文献告诉我们的历史事实。体育文化史是这样,文艺复兴时期的艺术史亦如此,画家只管画画,师徒私下授受手艺,着眼点在"如何让画面实现"上,比如如何把那个耳环画得闪闪发亮,如何把那件蓝袍子画得透明起来,等等。后来,1647年圣耶尼写文章介绍卢浮宫的王室画展,大概是可考的第一篇。随后这种文字就越来越多,开头是给画展做的介绍宣传小册,后来逐渐开始制定游戏规则,规定"品味""风格",写作者也渐渐专业乃至职业化,就这样倒过来,这些被制定出来的品味风格反过来规定艺术而成为艺术。艺术之成为艺术,逻辑上讲,大概是从有"艺术批评"开始的。那么,我们理解体育运动,亦当如此。如果我们取"寻找真相"的态度,就决定了我们的方法论思路是研究运动情境中的"运动行为",而不是研究"人体"。用科学还原论的思路来研究人的运动行为,着眼于因素数据关系的结构分析,对于行为真相的揭示未必有效。这不是科学的错,是方法论运用逻辑的错。科学的理论是横跨于经验世界与符号世界的桥梁,自身的规定性决定了行为主体一直悬置在科学真实之外。这几十年来科学研究不断拓展,但是这种扩张始终没有碰到主体。主体是什么以及主体为什么是真的,是科学真实的扩张无法证明的。因为科学建立在人类认识论基础上,而主体行为基于本体论而显现其真相。为此,要研究运动行为唯有回到"经验","经验"意味着体验,需以个体的语言对自己行为完成言说,由此而形成意义。无法通过主体间验证的主观体验,是没有意义的。也就是说,在主体间"不可说"等于什么都没说,也无话可说。大凡说"不能说"又故作精深的,我们一定要警惕。超凡神秘的体验应该存在,但其存在的方式仅限于主观体验。这种体验甚至都不能抵达经验。所以,在运动世界中,人的运动行为的体验只有变成经验时,才是运动技术。也正因为如此,研究体育学的逻辑起点是"身体感"的建立以及身体感研究的文本化,只有进入运动行为志的叙事论证,才能探究到体育学的范畴与有解释力的关键词。这是我在体育学学科独立性建设研究中的基本思路。袁博士这本书稿是体育学的著述,从学术进路看,他的研究挣脱了我们习惯的主流研究体育的理路，注重叙事论证的文化人类学语境，形成了新的学术风格。材料梳理的结构完整性，以叙事论证为中心寻找真实性的问题意识，这是学术规范趋于成熟的标志。特别值得推荐的是作者文本材料爬梳的韧劲，不遗余力，不怕下苦功甚至笨功，"世界上怕就怕认真二字"。是为序。

《体育与科学》杂志主编　程志理

导读 如何使用这本书

对于体育圈之外的读者来说,忽然看到一本20万字的书通篇在讲"老鹰捉小鸡",你一定和我一样又好奇又惊讶吧。

这个司空见惯的小游戏怎么会写出这么多字呢?

你问这个小游戏是哪个国家发明的? 那还用说,肯定是中国呀,俺们老家那早就玩的……

什么? 这个游戏全世界都有? 那……一定是巧合吧? 人类的思维共性?

……

当问题不断问下去,你会发现这个小游戏远远没有那么简单。作者袁书营先生自他在日本东京早稻田大学的博士生学习阶段就开始关注"老鹰捉小鸡"游戏的研究,当他2016年回国工作之后也一直没有放弃对这个小游戏的多维探寻,最终历时七年,付梓成文。当你打开这本颇有分量的"小书",首先会被开篇有趣的图画吸引,但慢慢读下去,你就会发现这绝不是给少儿看的读物,纵然作为一个成人来读也颇有"烧脑"之处。我作为袁老师的朋友兼合作者,自忖有资格给有需要的读者推荐几种容易进入的读法,希望可以帮助大家更好地体验这本书的阅读乐趣。

读法一:游戏迷的阅读路径

如果吸引你的是这个小游戏本身,那么你可以着重阅读前三章对"老鹰捉小鸡"游戏的介绍和梳理。在第一章,作者铺陈了许多游戏者在游戏中的角色扮演与感官感受,目的是串联起游戏背后所反映的旧时代的等级与世界人民对平等的诉求和愿景，作者试图用有趣的史料来激发读者探寻"老鹰捉小鸡"游戏起源的兴趣，进而在第二章提供解答。在"游戏的起源"章节，作者对"老鹰捉小鸡"游戏的缘起做了系统性的学理分析，相信这一章节展现的丰富资料与精彩推理，能够极大地满足学术迷们的探究欲。在本书的第三章，作者着重推导了游戏的传播与变迁，其架构背景是"故事、神话、宗教"在全球的交流史。在作者宏大又不失细节的层层推进当中，"老鹰捉小鸡"游戏的里里外外、来龙去脉，可以说都被阐释清楚了，喜欢这个小游戏的朋友们读到这一章就可以松一口气了，意犹未尽的话，请继续挑战最后章节的阅读。

读法二：史料搜集者的关注点

大概是因为袁书营先生曾经在日本留学的缘故，本书中的日本史料颇为丰富，不但对日本的"老鹰捉小鸡"游戏研究做了充分的介绍，在第一章"认知发展：对世界的愿景"小节中介绍阳明门时，顺带给读者带来大量中古和近世的日本社会生活资料，读来妙趣横生；在第二章"一则童话引发的对世界文学的思考"小节中，我们提供了文学史上与"尸毗救鸽"有关系的古今中外文学作品，算是比较全面的专题性文献资料；在第三章"被引导的情感倾向：游戏的创新与再解释"小节中，作者借日本"比比丘女"游戏的产生分析，有意识地为读者梳理了日本佛教变迁史，尤其是净土思想与地藏王菩萨信仰在日本的独特关系，喜欢宗教史的朋友们可以着重阅读。

如上所述，全书不但包含有丰富的地方史料，同时也可以作为全球交流史的科普读物来阅读，对全球史感兴趣的朋友可以留意翻看第三章"'老鹰捉小鸡'游戏的产生与传播"，作者不但通过"老鹰捉小鸡"这个小游戏的产生与传播串联起人类早期的物质文化交流，同时还通过"故事、神话、宗教"的传播探讨了人类在终极追求上的共性与趋同，进而呈现了人类早期的非物质（思想、信仰、仪式）文化交流史，这也是本书的亮点之一。

读法三：理论迷的逆向回溯

这个世界上一定还存在一部分读者，就像我一样，读书的时候总想看一看,作者自己提出了什么观点。如果你也是这样非常注重原创性的读者,那么建议你首先打开最后一章"'老鹰捉小鸡'游戏的'道'",你就会读到作者提出的核心理论——文化物态。

什么是文化物态呢?根据我的理解,本书作者在怀特"新进化论"的基础之上,受到量子物理学的启发,将人类的文化定义为认知主体之外的外挂物态实体。人类唯有通过思维力才能够触碰到这个物态的文化本身,但这个触碰过程又会导致文化结构发生从无序到有序的变化,就像海森堡测不准原理,观察它即改变它。根据文化是外挂于人类的物态实体这个观点,作者演绎出人类发展的本质是"(文化)无序度的增加,这就使得人类必须消耗有序的形式,比如有序的文化架构、食物等,将其转化成无序的能量释放,人类正是在这种将有序变成无序,又将无序变成有序的往复循环中繁衍生息"。是不是感觉很烧脑?接下来我们依据第四章,条分缕析一下作者对"文化物态"这个概念的形成和推导过程。

在第四章"'老鹰捉小鸡'游戏的'道'"中,作者先用"元文化""阈限""文化的微观结构"等宏大背景和众多概念及案例做了许多铺垫,然后才提出自己的观点:文化物态代表了文化存在状态的一种基态,以一种类似物体的量子态存在着,或曰"智慧态",但它是无序的,需要在人的感应力和思维力的作用下才能被有序化。当一个人或一群人利用思维力使文化的某个结构呈现出有序状态后,这种有序的状态在与其他人的有序状态碰撞时,会在混乱之后形成新的有序性。这个观点包含三个层次:第一个层次是提议用物质的方式去理解文化,当然这个"物质观"不是基于原子物理学世界,而是来自量子力学时代的物质观;作者观点的第二个层次是说这个外挂于人类的、物态的文化体本身是无序的,但在少数人的观察、感知和交流中会从无序变成有序;这些细小但完整的有序结构通过碰撞、混乱形成新的秩序,这就是"老鹰捉小鸡"跨文化传播的实质,也是作者观点的第三个层次。当理解到第二个层次的时候,我脑海中出现的是《冰雪奇缘》里的爱莎伸出一根手指,将空气中看不见的水珠瞬间凝结成有形态、有重量的冰块;或者是漫威万磁王把散落在空间里的铁屑瞬间凝聚成一种新型武器。爱莎和万磁王都不是普通人,所以作者认为能够窥探"文化物态"的人,一定是突破了文化屏障的少数人，在这里作者根据界定黑洞的"事件视界"提出一个"文化视界"概念，把那个被少数人所突破的、人类生存空间与物态文化之间的屏障区域，称作"文化视界"。

为什么文化会有这三个层次呢？是因为作者认为文化是一种振动的能量，只有借助观察者的"思维"和"感知"，文化才呈现出被我们看到的样子，而所谓的"元文化"，就是在无序的"文化物态"中攫取的一个有序结构，比如"老鹰捉小鸡"游戏的三者结构。元文化的生成过程类似于生物学上通过DNA切割、PCR技术、基因编辑等方法将一个"基因片段"从DNA分子中分离出来的过程，如果说"老鹰捉小鸡"是一个基因片段，那么作者在本书中各个层面的分析就是切割基因链的"分子剪刀"，虽然分"剪"下来的只是一个片段，但依然可以帮助我们理解文化链的生成过程。与此同时，作者在"麻雀体：文化的微观结构"章节中把"老鹰捉小鸡"又比作一个包含着不同文化内核的"麻雀体"或曰"文化种子"，在我们人类的文化长河中漂浮着无数个像"老鹰捉小鸡"一样的种子。在此我想用一种视觉化的描述来表达我的理解：假设文化是一片平静的水域，而无数个像"老鹰捉小鸡"一样的文化种子在不断地被观察者们发现着、产生着，这些种子纷纷在文化水域中激起涟漪，这些或波澜壮阔或微小不易觉察的水波纹，就是我们普通大众"荡漾"于其中的文化世界，这些大小涟漪之间的冲突与兼并正是我们从古至今所看到的文化差异与融合。

在第四章的"文化物态"小节中，作者用自己的思考回答了几个经典问题："物质是什么？""文化是什么？""是什么让我们成为现代人类？""文化变迁的驱动力是什么？""造成文化差异的原因是什么？""造成文化一致性的原因是什么？"……在关于"物质"的小节中，作者彻底打破了物质与认知的对立、理性与感性的鸿沟，认为物质是我们在观察一种思想结构时所产生的感知与描绘，而这个思想结构正是我们所生存的世界。换句话说，因为物质与文化本身都是不断振动的能量，所以物质的形态与文化的形态一样，都来自我们人类对这种能量的感知。看到这里，这本书越来越像一本哲学读物了，作者试图对全人类孜孜以求的终极命题提出自己的回答。是什么让我们成为人，而没有像存活了一亿七千万年的恐龙那样不知所终？作为对已有认识的衔接,作者也认为是智人的思维力突破了某个阈值而产生了动物所不具备的创造力,这个被突破的阈限空间就是上文定义的"文化视界"。

在"文化变迁的驱动力""文化差异的原因""文化一致性的原因"等一系列文化短语上,作者给出的答案是"人类的思维力"与"对生的渴望"(这是我读到过的对"文化适应性"的最浪漫的说法),因为文化与思维力就像磁石与钢铁互相吸引,"思维力和文化之间的这种相互作用创造了一个自我强化的过程,越来越多的人更倾向于文化的传承,而文化结构也会变得更有序更适合承载",并呈现更多的表现样式,最终"使得社会走向更大的复杂性"。虽然这本书的读者可能并不是普罗大众,但我总感觉作者冥冥之中在给这个社会的文化传承者正名定分,他试图告诉这个物欲横流争名逐利的时代:为什么依然有人前仆后继地进行文化研究?为什么越是在分崩离析的社会阶段越容易出现思想家(圣人)?从个体角度来说,是因为思维力和文化之间的这种相互作用能够强化自我,如作者所说的"在不断寻求完善和超越的过程中,人类一次次地完成目标并开启新的希望",这句话作为对当下青年人的勉励正是恰逢其时,而全书也可以说是作者教育观的隐性传达;再从群体角度解释"乱世出英雄",是因为"当这种文化的无序度到达一定的临界点时,此时人类社会的表象或许正值战乱纷飞或民不聊生的阶段,作为一种能量形态的文化呈现叠加态,并出现坍缩,更多的文化能量汇聚到某个或者某些人身上,使得无数不确定的文化形态呈现出一种确定的样子,这些人的思维力暴涨,圣人或许便在这个过程中得以出现"。理解了这个观点,就能理解作者对人类文明盛衰的揭示了。作者把人类的盛衰规律解释为文化在有序与无序之间的叠加交替,并在后文补充说:文化作为一种不断变动的物态实体,无论在人类思维力的影响下变得多么有序,但从整体上看都是一种无序度增加的体现。

综上所述,最后一章并不能简单地认为是全书的总结,相反,却是整本书的初衷。"文化物态"是一种建立在量子力学发展和全球数字化背景之上的新型的世界观,作者在一本书的错综复杂的铺陈之下,缜密但又隐秘地阐述了自己思考多年的世界观,而"老鹰捉小鸡"游戏不过是为了展现这个宏伟宇宙之精彩片段的一个小案例。当我们理解作者的"实意"之后再去阅读前三章的表述，一定会获得不一样的启发和体验。

读法四：严肃阅读者的深挖

在后藏萨迦南寺的经堂内有一面高 10 米、长 60 米的经书墙，8.4 万卷经书被密密麻麻地堆叠在木制框架中，直达殿顶，任何走在这部经书墙之下的人都会对知识产生畏惧感，在通往经书墙的小门上写着"慧海经山"。如果说"慧海经山"是对智慧的有形化展示，那么一本书中的智慧则需要严肃阅读者带着自己的思考，从浩如烟海的文字中深度挖掘。

袁书菅写作《小游戏与大历史：从"老鹰捉小鸡"到人类的文化视界》这本书的过程，本身是一个从知识到智慧的追寻过程。"老鹰捉小鸡"及其相关资料是知识，世界文明交流史是业已存在的史实，文化物态作为一种新的看待知识与史实的视角或曰"范式"，它所产生的力量远超书中文字本身。

首先，"文化物态"理论作为怀特的"新进化论"之整体性思维的延伸，在肯定了"文化源于文化"的基础之上，用"人类的思维力"替代怀特提出的"技术决定论"，用大历史背景下被"老鹰捉小鸡"串联起来的复杂的人类文化现象（故事、宗教、艺术、行为……）为文化的进化提供了经验证据。全书力图呈现文化的多样性与不同文化领域之间复杂的相互作用，避免过度简化理解人类的文化进程，这是作者在文化研究领域的理论贡献。

其次，这不是一本记载人类思想的书，而是像一个人一样在思考的书。阅读这本书，你会感觉是你自己在提出问题，在寻找答案。为什么尸毗王要保护飞到他怀中的一只鸽子？为什么老鹰会提出吃尸毗王肉的无理要求？为什么尸毗王能够做出被千刀万剐还心甘情愿的反常举动？在我们现代人的思维来看，这些行为可谓匪夷所思甚至带着反人类色彩，以至于当你发现这个故事从古流传至今，都会觉得不可思议吧。

正是带着这些真实的困惑，作者用了九个阶段回顾"尸毗王割肉救鸽"故事的传播历史，在全书的第三章，字面上是介绍"尸毗王救鸽故事"的传播背景，其实暗藏的主线是追问人类的理性是什么时候、如何建立起来的。尸毗王的割肉牺牲可以追溯到早期人类"献祭"仪俗，而尸毗王对鸽子的保护，反映人类思维从"献祭"到"戒杀"的觉醒，就像是一个孩童从对外界的战栗和臣服中不断发现内在自我的过程。尸毗王通过对鸽子的救赎完成了对自己的救赎(升上天国,成为仙人),这反映了印度哲学思想的逐渐成熟,并最终以公元前6世纪的佛教教义为表现形式,伴随着佛教的传播,影响了全世界。与此同时,西方文明的摇篮——古希腊也正兴起"对人类现象的探究"(苏格拉底语)。古希腊与古印度的哲学家们都对何为人类之"善"进行过深刻的反思,古希腊认为"善"是人类一切愿望的本质,而古印度认为"善"是通过舍己利他,把灵魂从充满恐惧和欲望的世界中解脱出来的方式。基于这两者思想的比较,作者认为"尸毗王割肉救鸽"故事一定是从古老的东方传播到西方,并在第三章中围绕此观点,展示了大量的史实与充分的推理,有力地反驳了现代世界文化研究中的西方中心论思想。

挖掘到这里,我们看到了本书的第三点价值——为"人类命运共同体"的构建创造有效的叙事话语体系。从我认识袁老师开始,我就发现他与那些热衷于职称利禄的"精英知识分子"不同,他经常提到张载的"为天地立心,为生民立命,为往圣继绝学,为万世开太平"。刚开始我以为他在说笑,但从这本历时七年的著作来看,他确实在用他的整个思想践行着他的理想。

从一开篇作者就介绍"本研究希望通过梳理'老鹰捉小鸡'游戏在东西方文明中千年的文化变迁过程,探寻人类文明自觉参与世界历史理性塑造中的文化生命力,来重构人类文明的形成逻辑。以期望摆脱当前文明单一的西方性,找到人类文明普遍接受的文化合力。"在全书洋洋洒洒20多万的文字内外,作者确实紧紧围绕着探寻人类文明"文化合力"的初心,立场坚定、有理有据地反驳着凭借"猎取、奴役、殖民"而遍布全球的西方价值观。作者将很多潜藏在人类内心的隐秘层次,比如"善""自我牺牲""正法""解脱"等等,通过文本分析公之于众,这些文化种子曾经通过旧时代的故事深入人心,又因为西方利益的扩张而被挤压消失,随之消失的还有旧时代的秩序和信仰。想要突围当今世界之大变局,唯有重构人类文明;想要突破西方主导的人类文明,唯有在被迫没落的东方文明中寻找答案。

信仰的语言是象征,信仰的本质是对人的终极关怀。真正的信仰是从个人或集体的无意识中产生出来的,但也必须经由人们在无意识维度上的接受,才能发挥作用。如何能够接近人类的无意识维度?作者在书中的最后,想象了一个思维力穿越文化视界的古人,将信仰用象征封存在亘古至今的小故事、小游戏当中,只要我们看到它,它就会帮助我们开启现实的隐秘结构。如果世界失去这样的故事,人类心灵的某些维度便将永远关闭。寻找这样的"种子",也许是人类命局的破解之路。而本书,正是给文化世界生产了一粒这样的破局种子。

读法五:辞典式阅读法

说到最后一种阅读方法,让我们再回到经书墙的比喻。如果说本书是一本缩微版的经书墙,那么书页就是藏经的木制框架,不论你从任何一页打开这本书,都可能会被文化史上的经典知识暴击,就像是被某个格子里的经书砸中脑袋。

这本书可以说集合了文化学、人类学、社会学、物理学、心理学等众多领域的多种概念,阅读时常让我冒出想查《大辞典》的念头。我曾经就这个问题向袁老师提出过异议,认为过多的概念铺垫会冲淡这本书的主旨。但反过来想想,我们何尝不能创造一种辞典式阅读法,把这本书当做文化学、人类学的入门读物,通过了解书中列举的概念、理论、范式来迅速学习前人的研究成果呢?正如作者所倡导的"知识的最高目标便是去追求、感知这种最高的思想"。

每个时代必将有每个时代的哲学。好的哲学,不仅是基于这个时代的自然科学发现,更是时代精神的深刻透视,这样才能为当下的人提供安身立命之所;好的书籍,不但能够帮助我们突破当下和传统的阈限,它本身就会构成一个穿越未来的异空间。袁书营先生耕耘七年而得的《小游戏与大历史:从"老鹰捉小鸡"到人类的文化视界》正是这样的异书,这本书是一本需要读者投入自己与之共振的全新文化读物,如果这本书能够被深度理解并得到认可,这将是我们这个时代的科学认知(包括物理学、生物学与脑科学)与人类思想观念之交互影响的代表之作。也许20多万字尚不足以完全展示作者心中那个未知但又可预见的宇宙,但我相信关于那个世界或曰我们世界的一切,将在袁老师的后续之作中徐徐展开。

补叙:写这一个导读,是因为精读过袁老师这本书之后产生的强烈共鸣和万千思绪。早在四五年前，我就听他谈起过自己的理想——创立文化物态学派，当时我还信口给这个学派起了个名字，叫"一物学派"……

行佳丽

山西师范大学美术学院

浙江大学汉藏佛教艺术研究中心访问学者

前　言

　　"历史转变为世界历史，才有了普遍意义上的人类文明。西方开辟了世界历史，主导建构了服膺西方利益的人类文明。"①猎取、奴役、殖民和西方价值的全球化，现已成为世界历史的主导逻辑，构成诸多矛盾的深层次根源。当今世界正经历百年未有之大变局，中国的和平崛起，为人类文明的重建提供了一线希望。而想要突破西方主导建构的非正义文明，确立一种与世界大变局相适应的人类新文明，就不能只关心和谈论自己的话题。只有在没落的东方文明和西方文明中共同寻找答案，在消失的旧时代秩序和信仰中重新寻觅全球共治的契合点，或许才能够实现以全球共识为基础的文明新形态的建构。本书希望通过梳理"老鹰捉小鸡"游戏在东西方文明中千年的文化变迁过程，探寻人类文明自觉参与世界历史理性塑造中的文化生命力，来重构人类文明的形成逻辑，以期望摆脱当前文明单一的西方性，找到人类文明普遍接受的文化合力。

"如鹰掣鸡，如羊避虎，奇正相生，善于御侮"

　　为了让读者更好地理解本书所要阐述的观点和形成的结论，我们先来欣赏一幅中国 19 世纪的风情画（如图 1）。清末画家吴嘉猷，字友如，在咸丰年间（约 1851—1861）避兵定居上海，借鉴西方绘画透视法，开创了中国时事新闻风俗画的绘画风格。他绘制了一幅有趣的儿童《"鹰掣鸡"游戏图》：9 个孩子凑在一起玩游戏，从孩子的表情来看，每个孩子似乎都很快乐，很享受游戏的过程，这与当下中国儿童所玩的"老鹰捉小鸡"游戏基本相同。然而

①陈曙光：《世界大变局与人类文明的重建》，载《哲学研究》2022(03)：5—15＋125。

这幅图却有着许多耐人寻味的地方,从儿童的服饰来看,画中儿童的服装款式丰富,中间作为母鸡的孩童身穿对襟圆领上衣,腰束带,衣服有涡形水纹边饰,是清代儿童常见服饰,而最后两个儿童的服饰则表现为系带对襟衣形制,这种服装风格在宋代李嵩的《货郎图》中已有出现,也多出现在之后元、明时期所绘制的儿童游戏图中;从儿童的发型看,画中9个孩童的发型也各不相同,有花眼尖儿、铁箍头、鳖尾儿、茶壶盖儿、桃尖儿等;从儿童的性别看,很明显都是一群男童在玩这个游戏;从画面背景看,画中出现的植物蒲葵与篱笆,将儿童游戏空间刻意地压缩,烘托了紧张的游戏氛围,而蒲葵尖端锋利,弯曲犹如鹰爪,更提升了剑拔弩张的紧张感,这与《神奈川冲浪里》被梵高喻为"鹰爪"的恶浪有很相近的感觉。此外,画家还在画布右上角留下一段话:"如鹰掣鸡,如羊避虎,奇正相生,善于御侮",这就更让这幅看似简单的儿童游戏图变得富有深意。

图1　清末吴友如画作《"鹰掣鸡"游戏图》

其实本书所分析的"老鹰捉小鸡"游戏也是如此。全世界有许许多多的人或许都可以轻易地讲述出"老鹰捉小鸡"游戏或类似游戏的活动场景,然而这并不代表人们都了解为什么这个游戏会成为他们所熟知的对象。"老鹰捉小鸡"这个游戏原本是一个非常普通的儿童游戏,然而它却出现在世界大多数国家，被各国的儿童用来消解童年的时光，虽然游戏在不同国家、不同地域或许有着迥异的名称和角色差异，而游戏一旦开始，在相同的游戏框架下，世界各国的儿童、成人被游戏角色化，被"带入"，这个游戏也就真正拥有了"生命"，它在世界各地被作为当地的传统文化也就变得更加可以理解和有价值。也就是说，"老鹰捉小鸡"这个小游戏并不是毫无意义地被传承的文化内容，它早已融入我们孩提的生活，与我们的成长息息相关。

我们从吴友如这幅具有时事新闻风格的儿童游戏风俗画中至少可以了解到两点：一方面，对儿童游戏的认知与传承不应该仅仅局限在游戏规则与玩法的表面，我们还应该思考它所具备的古今通透性、世界普及性以及政治效用性。我们可以说，"老鹰捉小鸡"游戏的变迁与传播历程印证了古今文化的共通性，小小的儿童游戏映照、串联起整个的人类文明。

另一方面，"老鹰捉小鸡"游戏作为文化的产物，远不只是一种单纯的身体活动或心理反应："老鹰捉小鸡"游戏不仅是由袭击者、保护者、被保护者以及问答这几部分组成，他还需要符合当地认知的角色形象、语言习惯来填充，在适宜的场地进行。为了更方便、灵活地玩游戏，孩子们也会身穿适合进行这个活动的日常服饰。更加需要注意的是玩这个游戏所需要进行的某种角色"想象"或角色"临变"，这是对现实或者虚拟现实的转化"意象"。总之，本书所讲述的"老鹰捉小鸡"，正如吴友如所绘制的《"鹰掣鸡"游戏图》一样，并不是一个纯粹的、无意义的身体活动。相反，随着时间的推移、传播的需要和空间的转换，"老鹰捉小鸡"游戏从无到有，从单一到多元，也一直发生着文化的融合与变迁。

从"老鹰捉小鸡"这个简单的小游戏身上，我们可以了解什么呢？

首先要知道，这是一个再"普通"不过的"小"游戏，我们每个人几乎或多或少有着对这个小游戏的一些童年记忆和欢快的过往。然而，这个普通的小游戏却有它最不平常的一面。在它"娇小"的外表下，却隐藏着"偌大"的能量：别看这个游戏的规则简单、玩法单一，跟其他传统游戏比也毫无优势，可是你要知道它的足迹遍及除南极洲以外的其余六大洲，全世界大多数国家都将这个小游戏当做自己国家的传统民间游戏来看待，这个小游戏也伴随着各国儿童的成长。它的产生与传播并没有像我们今天所熟知的西方现代体育那样，受到 17 世纪科学革命和 18 世纪数学发现的推动，并在帝国主义和殖民主义扩张的过程中传播到世界各地；也没有受益于全球化背景下一日千里的交通手段和现代网络技术的发达。你所熟知的"老鹰捉小鸡"游戏却与宗教有着千丝万缕的联系。所以，它其实远比我们想象的更加复杂、更加耐人寻味。

作为宗教本土化传播的产物之一，随着中世纪东西方思想文化在启蒙运动或新思潮的影响下产生的巨变，人们开始重视"人"自身的价值与创造力，强调用浓厚的生活情调削弱神与人的距离感[①]，"老鹰捉小鸡"在一致性的人类心理作用下被借取、创新出来，但都保留了一致的游戏主题框架。之后随着贸易、"蛮族入侵"、战争等传播到世界各地。从早期的宗教故事到后来的平民游戏，叙事方式的改变也赋予了"老鹰捉小鸡"多彩的形象和意义。这也可以说是"老鹰捉小鸡"变迁史上非常重要的、里程碑式的改变之一。

其次，我们可以把普通的"老鹰捉小鸡"游戏看做是凝缩的童年。就好像风靡全球的迈克尔·杰克逊说到底也只不过是时代的文化缩影一样，"老鹰捉小鸡"游戏其实也只不过是童年记忆里残留的一抹痕迹而已。然而在人们的童年回忆中，微不足道的"老鹰捉小鸡"游戏却时常是人们首先提及或者必然提及的童年趣事，俨然成了童年的"代名词"。

再次，简单的规则和玩法让"老鹰捉小鸡"游戏看似非常易于玩耍，可它却暗含着博弈论的策略与权谋，稍有不慎则"亲离子散"，这让每个角色为之紧张，也为之"疯狂"。一方面，这个小游戏充斥着博弈论的策略：老鹰为捉住小鸡，用语言企图吸引母鸡和小鸡的注意力，以此来突发袭击；而母鸡为保护小鸡，也希望用语言来打消老鹰袭击的心思，并提醒小鸡注意防备。双方都不愿意改变自己的策略，如果母鸡和小鸡被鹰的语言所迷惑，则鹰可能突袭成功。同样，如果鹰被母鸡的话所说服，那肚子就要挨饿。因此，双方都不会首先改变自己目前的策略，这就是博弈论里的纳什均衡。而对小鸡而言（特别是最后一只小鸡），如果擅自行动，没有跟随母鸡的步伐，也很有可能使所有小鸡陷入"囚徒困境"的窘境中。另一方面，在全世界范围内，

[①] 陈铭溪：《从神到人：〈蒙娜丽莎〉与文艺复兴》，载《艺术教育》2015,4(08)：42—44。

"老鹰捉小鸡"及其不同名称的类似游戏却始终表现得那么不起眼,以至于这些游戏大多用家禽或野生动物命名,似乎它在极力向世人展示它只不过是一个简单得不能再简单的动物模仿游戏:简单、易学、人畜无害……

最后,从另一个角度来看,我们却又无法准确地认识"老鹰捉小鸡"。有人或许会说"老鹰捉小鸡"就是一个传统的儿童游戏,普通得不能再普通,不值一提;有人或许会说"老鹰捉小鸡"就是兵家谋略的投影,攻防胶着中尽显王者智慧。可是,游戏结束后,留下的却是孩子无邪的笑声、对母鸡的感激以及童年的烙印。谁又能讲得明白"老鹰捉小鸡"到底是什么?

基于上述四点的考虑,本书希望引领大家一起深入思索,潜心调研,探究这个在全世界广泛分布、名称众多的小游戏究竟有着怎样的前世今生。

"老鹰捉小鸡"的历史说长很长,说短又很短。世界各地的人们往往都把它当做自己国家或本民族的传统儿童游戏,但对它的起源却很少人有像了解足球、篮球、蹴鞠等知名体育运动一样有清晰的认知。关于"老鹰捉小鸡"的起源及变迁,很久以来从未得到过正式的认可和公开的支持。斗转星移,无论"老鹰捉小鸡"如何在全世界获得认可与普及,关于它的历史始终都很难引起人们的重视。在很长的一段时间里,关于"老鹰捉小鸡"的记载总是以各种儿童读物、早教绘本、传统游戏、民俗志、儿歌等相关内容出现在不同的书籍中。一个又一个世纪过去了,一本又一本研究成果出版了,但其实对"老鹰捉小鸡"的描述和研究从来都未能找到其确切的起源,捋清其文化变迁的过程,也从未能体现其深厚的历史底蕴。但无论以何种方式,"老鹰捉小鸡"似乎始终永葆青春,拥有难以泯灭的生命力,它不仅是儿童游戏、民间歌谣、风情散文,就连诗选中也可以看到它的影子。

这是冬天,
夜晚过早地来临。
在空旷的广场上,
七个八九岁的女孩子,
正在玩"老鹰捉小鸡"的游戏。
一个穿蓝色外套的短发女孩,

扮演老鹰，

一个穿红色 T 恤的长发女孩，

向前伸出双臂，

多么美丽的母鸡，

张开柔软的翅膀。

在她身后，

一群五颜六色的女孩子，

像小鸡一样，

发出咯咯的笑声。

在昏暗的灯光下，

老鹰不停地左右跑动着，

试图突破母鸡的封锁，

抓住一只脚步凌乱的小鸡。

多么可笑的徒劳，

狡猾的老鹰，

始终不能实现自己的阴谋。

那些天真的小鸡，

也不知道，

假想的死亡，

会在哪一刻到来。

一个惊心动魄的瞬间

母鸡放松了警惕，

老鹰突然扑向她的身后，

一只小鸡尖叫了一声，

被一双白皙的手紧紧抓住。

于是，这只可怜的小鸡，

垂头丧气地走到前面，

马上摇身一变，

成为老鹰。

一层淡淡的薄雾在空中飘浮，

寒冷逐渐加深，

她们似乎在快乐中忘记了自己，

究竟是老鹰、母鸡，

还是小鸡。

再过一个小时，

她们都会从这里消失，

整个广场空无一人

像是有一双手，

在黑暗中，

把她们一一抓住。①

　　自19世纪初期，关于"老鹰捉小鸡"（在日本早期称为"比比丘女"）起源的问题便受到了日本学术界的关注，很多学者对此进行了研究分析。到20世纪50年代（昭和三十年），又开始从国语学的角度进行考证；60年代（昭和四十年），又有学者从民俗学和文化人类学视角开始论证。在这个过程中也逐渐产生了三个主要的流派：一个是基于佛教的传播派，认为这个游戏是由慧心僧都——源信所创；另一个是自生派，多田道太郎认为这个游戏在全世界是自生的，因为很多地方没有佛教但也存在这个游戏；第三个是基于农耕文化的传播派，寒川恒夫认为这个游戏是公元前300年—公元250年前后，在农耕文化的影响下，经由朝鲜半岛流传到日本的。

　　日本学术界对这个小游戏的关注并没有引起世界学者的重视，除日本外，其他国家很少有专门性的研究来分析这个不起眼的儿童游戏，大多从传统文化保护与传承的视角进行简单描述。例如，对我们国人来讲，"老鹰捉小鸡"这个游戏似乎就是起源于中国，在现有研究、古代典籍、地方志、绘画等记载和描绘中都将这个小游戏作为我国的民间传统游戏来看待。石娟（2011）认为，"老鹰捉小鸡"是典型的中国民间儿童游戏，又叫"黄鼠狼吃

---

① 余地：《余地诗选》，云南人民出版社2008年版，第115页。

鸡"①;牛建军、赵斌(2014)将这个小游戏列入《中华传统民间游戏常识》的"中华传统儿童游戏"章节中,并列举了在国内不同民族中与之相似的民间游戏。② 从非物质文化遗产保护角度,宁波市文化广电新闻出版局自2007年起对宁波市开展了非物质文化遗产普查工作,将"老鹰捉小鸡"列为非物质文化遗产保护对象③;云南省也将这个小游戏列入《云南民族口传非物质文化遗产总目》。在国内现有文献资料的记录中,1923年中华书局出版的国语读本(三)第三十五课中关于"老鹰捉小鸡"游戏的介绍是目前可以查阅到的最早关于这个小游戏的正式记录。此外,清朝末年画家吴友如也作画描绘了当时儿童玩耍"老鹰捉小鸡"游戏的场景。④ 除此之外,作者还广泛查阅了国内的古代典籍、明清实录、地方志、年画、刺绣、瓷器、百子图、百子帐等有可能会有对这一小游戏记载或者描绘的材料,但都没有更早的记录。也就是说,国内关于这个小游戏的确切记载与场景描绘目前只能追溯到清朝末年。西方国家对这个游戏的研究也很少,这种情况跟中国很像,Teo(2013)认为"鹰和母鸡"是一个基于动物行为的简单游戏,它起源于中国。⑤ 戈默(Alice Bertha Gomme)在1894年出版的《英格兰、苏格兰和爱尔兰的传统游戏》中有较为详细的描述,认为"狐狸与母鸡"这个小游戏是本国的传统游戏。R. B. (1815)在《冬季晚会娱乐活动》⑥中也描绘了游戏的场景,认为"狐狸与鹅"这个游戏被作为当地的传统游戏而一直传承下去。

当然,无论是研究了100多年的日本还是其他还未引起重视的各国学者,目前关于"老鹰捉小鸡"的研究更多的仍旧停留在简单描述和没有定论的分析之上。不过,从前期各国学者关于"老鹰捉小鸡"的描述和分析中,我们可以初步达成三个共识:一是"老鹰捉小鸡"这个游戏的起源是有争议的,

① 石娟:《从几种典型的民间儿童游戏引发的生态性思考》,载《文山学院学报》2012,25(01):69—72。
② 牛建军:《中华传统民间游戏常识》,中州古籍出版社2014年版,第1页。
③ 宁波市文化广电新闻出版局:《甬上风物·宁波市非物质文化遗产田野调查·鄞州区·石碶街道》,宁波出版社2009年版,第107页。
④ 赵志远:《吴友如画宝》,喀什维吾尔文出版社2002年版,第48页。
⑤ Teo, Eng Wah, "Development and Validation of a Physical Activity Games Playability Scale", University of Illinois at Urbana—Champaign, 2013.
⑥ R. B. , *Winter—Evening Amusements*: *Being A Collection of Diverting Tales*, *and Entertaining Stories*, Kessinger Public, 1815.

争议的解决需要有较充实的论证;二是基于日本学者针对这个小游戏近百年的研究,我们可以从佛教传播的本土化过程中去探寻这个小游戏可能的确切起源;三是欧洲、美洲、非洲、大洋洲的大多数国家也都有关于这个小游戏类似的记载和传承,那么这个游戏很可能是通过某种特定的方式进行传播并产生文化变迁的。

　　游戏对人类而言是普通的,也是必需的,对儿童更是如此。自文化荡漾开始,人类留下的许多史前古器物以及古代的诗书、字画、陶器、瓷器、刺绣、织锦等就记载着各种各样的儿童游戏。教育先驱弗里德里希·福禄贝尔(Friedrich Froebel)在 1836 年为 7 岁以下儿童开设第一所幼儿园时便认识到了游戏的重要性,他认为:"游戏是幼儿期学习的主要方式,是人类童年发展的最高表现,因为只有游戏才是孩子灵魂的自由表达。在游戏中,孩子们通过直接体验世界来构建对世界的理解。"文化是一种环境性的力量,不是孤立的,在彼此的互动中建构[1],并在邻近部落总是存在联系,并向更大的领域扩展。[2] 所以,对"老鹰捉小鸡"的认知与分析应该回归文化产生的环境或者外在的影响中,以此为线索抽丝剥茧,找出它的建构、与邻近部落的关系以及向外扩展的路径。

　　让我们再来看看本文开头所描述的吴友如绘制的那幅《"鹰掣鸡"游戏图》,它好像一双无形的手,牵连起历史的长河,儿童的笑声久久回荡,文化的痕迹滚滚向前。

　　不管是主动还是被动,"老鹰捉小鸡"就像我们生活中必不可少的各种物件一样出现在我们最不经意的角落,遍布世界版图。所以,"老鹰捉小鸡"游戏的起源与不同形态间的文化变迁也必将透露出人类不经意却又融入肌理的独有特性。

---

① W. Eric, *Europe and the People without History*, Oakland: University of California Press, 1982.
② B. Franz, *Race, Language, and Culture*, New York: The Macmillan Company, 1940.

第一章 "老鹰捉小鸡"游戏的感官

让我们先了解"感官意象"（Sensory Imagery）这个词。感官意象是对涉及人类五感中的一种或多种任意感官体验的描述，例如视觉、听觉、味觉、触觉和嗅觉。好的诗歌可以用文字描绘出场景、情感或类似主题的生动意象。刚开始学习各种诗歌基础知识的学生经常会被困在诗歌的韵律或节奏上，但具有丰富感官细节的诗歌可以帮助读者完美地想象诗人所描述的场景。"我们的雄鸡"，则会变成丰富的感官细节："我们的雄鸡从没有以为自己是孔雀，自信他们鸡冠已够他仰着头漫步——一个院子他绕上了一遍，仪表风姿，都在群雌的面前！"[①]依托在生活中司空见惯的事物来发展感官意象有很好的效果，孔雀、鸡冠、院子、雌鸡都被用来帮助读者在脑海中建构雄鸡的形象，仰头漫步的动作则让雄鸡在读者的想象中鲜活起来。

通常来讲，像诗歌这种高度凝练、生动形象的语言，常被作者用来表达自身丰富的情感，更容易让读者形成感官意象，吸引他们的阅读兴趣。而对诸如"跳房子""捶丸""秋千"这些传统体育游戏而言，它们很难产生诗歌所带来的感官意象效果。古典主义游戏理论在理解儿童游戏、玩耍的动机时，认为游戏设计的目的是帮助儿童消耗过剩的精力、松弛工作的压力、复演人类的进化以及生物本能的演练；现代游戏理论则认为游戏可能被视为一种情绪行为[②]，需要从心理、认知与行为三个方面来理解。为此，瓦德提出用"模仿动物"概念来解释弗洛伊德提出的通过模仿动物帮助儿童宣泄情感、减低焦虑的说法。从 19 世纪至今的许许多多关于传统体育游戏的研究和论

---

① 林徽因：《你是人间的四月天》，江苏文艺出版社 2018 年版，第 77 页。
② 佛罗斯特，克莱恩：《儿童游戏与游戏场》，曾锦煌译，茂荣图书有限公司 1982 年版，第 4 页。

著都是从游戏的作用视角来分析、理解游戏,正如诗歌会对读者产生的各种影响一样。可是,无论以往研究的观点如何不同,所有的作品和研究都无一例外忽略了一个很重要的方面:人们以往都是从"他者"的视角来解读游戏创造者或者游戏产生源头"自我"的初衷,但忽略了"我"在游戏产生初期所希望为游戏者带来的"感官意象"。这也是"老鹰捉小鸡"游戏最不同的地方。

从市井儿童的游艺说起

子曰:"志于道,据于德,依于仁,游于艺。"意思是说,人要立志追求真理,修养自己的德行,持身仁爱,并掌握游走于社会的所有必备技能。钱穆先生说:"艺,人生所需。"①"游艺"一词发展到今天多指游戏的艺术②,也多被用来指古代广泛流传的娱乐形式。③

吴钩主编的《宋》中讲述了宋朝的政治面貌和人文风情,书中提到了流行于北宋上层社会的类似于高尔夫球的贵族运动——捶丸。捶丸的球,通常为木制,以结成胶状的赘木为佳,大小与高尔夫球相若;球棒形状也颇似高尔夫球棒,由弯曲的棒头与笔直的棒柄组成,棒头是硬木制成的,裹以牛皮。宋朝捶丸的球棒有多样款式,有适合打直球的撺棒,有适合打飞球的朴棒……特别讲究玩球的绅士风度:"捶丸之式,先习家风,后学体面。折旋中矩,周旋中规。失利不嗔,得隽不逞。若喜怒见面,利口伤人,君子不与也。"④将捶丸与"家风""体面""君子"联系起来,从中我们可以看出捶丸运动其实正是当时上流社会无论成年男性、女性还是儿童对治国安家、行人立世理想标准的娱乐化缩影。

无独有偶,在明代文学家冯梦龙编著的《古今笑史》中记载了唐代清明的拔河游戏:"唐时,清明有拔河之戏,其法以大麻绳,两头各系十余小索,数人执之,对挽,以强弱为胜负。时中宗幸梨园,命侍臣为之,七宰相、二驸马为东朋,三相、五将为西朋,仆射韦巨源、少师唐休璟,年老无力,随縆路地,久不能起。上以为笑。"⑤对此,明代官员谢肇淛评论唐中宗玩的这个游戏:"夫此戏乃市井儿童之乐,壮夫为之,已自不雅,而况以将相贵戚之臣,使之角力仆地,毁冠裂裳,不亦甚乎!"⑥从谢肇淛的评论中我们可以清楚地看出古代上流社会人士对游艺活动俗与雅之间的认知划分,更是对社会高低贵

---

① 钱穆:《论语新解》,巴蜀书社 1985 年版。
② 崔乐泉:《图说中国古代游艺》,文津出版社 2003 年版。
③ 崔照忠:《青州民俗》(下),青岛出版社 2010 年版,第 131 页。
④ 吴钩:《新民说·宋:现代的拂晓时辰》,广西师范大学出版社 2015 年版,第 48 页。
⑤ (明)冯梦龙纂,刘英氏选注:《古今笑史》,花山文艺出版社 1985 年版,第 583 页。
⑥《明代笔记小说大观 2》,上海古籍出版社 2005 年版,第 1497 页。

贱等级观念的捍卫。

等级是人类社会通过一些社会强制性的边界条件来固化差别,并最终形成和普遍存在的机制。这种现象在近代以前在全世界都普遍存在。在等级的体系里,为了维护等级的稳定性和威严性,会人为地设置边界条件来阻碍差别的变化与改变。任何国家和地区的古代社会都有"等级"的区分,但是不同国家和地区划分等级的标准并不相同。对古代的中国社会来讲,等级观念自周代以来便开始出现,制度非常完备,凡事都要做到贵贱有序、长幼有分。而在西方,中世纪时等级分封制也已形成,并常以血统的尊卑确定身份的贵贱,作为特权阶级的贵族和教会人士在生活的各方面都与平民有着截然不同之处,这些不同是他们尊贵的象征,也是他们所享有特权的表现。①

这种等级观念反映在民间儿童的游艺活动中同样如此。古代的市井儿童(普通老百姓家的孩子)一般只有在社祭、腊祭等大的民俗活动中才有机会跟随父母参加一些群众性、较正式的娱乐活动。例如在南宋典籍《梦粱录》卷四"乞巧"中记载的:"……市井儿童,手执新荷叶,效摩睺罗之状。"讲的是,在南宋时,杭州人过七夕节(农历七月初七,又称"乞巧节")有许多讲究,其中有一种习俗便是让普通老百姓的孩子手里拿着荷叶,来模仿摩睺罗(相传是佛祖释迦牟尼的儿子,大约从唐朝开始,被中国人雕刻或塑造成娃娃形状,妇女们供养他,希望能带来生男孩子的好运;到了宋代,泥巴捏成的摩睺罗在市场广为销售,俗称"泥孩儿",其造型丰富且十分可爱,盛行于唐、宋、元、明时期,杭州的孩儿巷便是专门卖这种泥孩儿的),这既是对摩睺罗的礼敬,也是市井儿童为数不多的有较高知名度的游艺方式之一。

中外许多学者一致认为中国历史似乎从公元 960 年的北宋就已经开始就进入了现代。② 因为从这时起整个社会结构开始产生变革,以往奴隶制规则下形成的"人身依附"关系开始向新的"契约关系"转型。这种转型的过程也是宋朝人平等化的过程,在这个过程中奴婢不再属于贱民,所有人都逐步

① 李凤丽:《当代运动与艺术潮流·世界饮食文化卷》,吉林出版集团有限责任公司 2015 年版,第165 页。
② 黄仁宇:《中国大历史》,载生活·读书·新知三联书店 2014 年版,第 169 页。

获得自由民的身份。这种从束缚到自由的平等化过程也预示着自宋朝起原本垄断政治格局的贵族逐步消亡,借助科举晋身的平民官僚开始增多。这正如钱穆所讲的:"升入政治上层者,皆由白衣秀才平地拔起,更无古代封建贵族及门第传统的遗存。"平民化社会在宋代的形成,也推动了宋代社会教育、文化艺术等形式逐步出现平民化色彩,于是有了《踏歌图》《清明上河图》,也有了李嵩的《货郎图卷》,这些市井平民、儿童的形象开始出现在宋代之后的美术作品中,而在以前的画作中是几乎找不到任何平民影子的。固化的等级结构的打破,似乎向人们昭示着一个平等、自由、博爱、强大的中华帝国将永远屹立世界之林而不倒。

然而,现实却非如此……

根深蒂固的等级意识,以实现尊卑贵贱各安其位,早已融入以儒家的"礼"来确认、稳固、强化的古代社会秩序之中,并作为衡量世风良秀、名教盛衰的准绳。这种等级制度最明显地表现在人们的行为方式和生活方式上,如明代的品官章服,服色四品以上穿绯袍,五品至七品穿青袍,七品以下穿绿袍,根据等级的不同,分别绣以仙鹤、锦鸡、孔雀、云雁、白鹇、鸳鸯、黄鹂、鹌鹑、练鹊。不仅官服如此,对老百姓的常服也有严格限制。《明律例》规定,庶民男女衣服一概不得僭用金、绣、锦、绮、丝、罗,僭越等级制度所规定的范围,就要受到相应的处罚。

那么,让我们来对比一下图1和图2这两幅图画。图2是明代时期的绘画《庭院婴戏图》,相传是由周文矩绘制,现珍藏于美国佛利尔美术馆;图1是清代画家吴友如的《"鹰掣鸡"游戏图》。我们知道,人的双眼可以获得视觉画面信号并转化为人们所认为的真实信息,而视觉信号对人的感觉、知觉、情感、记忆、认知和行为等反应均具有影响。[①]

从服装材质上来看,图2中的孩童着装所用的面料质地轻薄、飘逸柔软,用量大、衣褶多,应该是由丝、纱、帛、锦等材质用较复杂工艺编织而成;图1儿童服装表面粗糙,看似是由葛、麻等材质纺织而成,没有衣褶,衣料使用较少。服装材质及工艺的区别,无论在等级分明的中国古代社会还是西方社

---

① (美)科瑞斯纳编:《感官营销》,王月盈译,东方出版社2011年版,第206页。

图2　明代庭院婴戏图

会都代表了人高低贵贱的不同身份地位。

　　此外,从服装色彩上看,图2中孩童衣服色泽鲜艳、富有光泽,至少包括红、白、青、黄四种颜色;而图1就画面的直接视觉信号来说,只有黑、灰色,色彩单一。等级身份的色彩符号化在古代社会是一个非常普遍的文化现象。统治者往往依据地位的尊卑贵贱来分配色彩资源,而色彩资源的占有数量和品质成为地位、权力和财富的象征,并认为阳色为尊,阴色为卑。阴阳观念在古代的中国被用来解释自然、社会与人生的各种对立统一现象。上层社会的人处于阳位,具有尊、贵的属性,下层社会的人处于阴位,地位则更卑、贱。此外,也由于古代染色技术的不发达,色彩丰富、工艺复杂的纺织品成本自然高昂,这也促成了"阳"色系的服装成为稀缺性资源。在各种因素的影响下,最终形成了"以五采彰施于五色,作服"的服色等级制度。所以,黄色、紫色、赤色、青色等充满生机和活力的颜色被认为具备阳性,象征权贵,而白色、灰色等质朴、清冷、平淡的"无彩色"则被纳入阴色的范畴,代表庶民。所以,衣冠服饰等级的差异成为古代统治阶级"严内外,辨亲疏"的工具,也使得国民不敢逾越。对此,《东京梦华录·民俗》中也有记载:"其士农工商诸行百户衣装,各有本色,不敢越外……街市行人,便认得是何色目。"所以,"以衣冠取人",则成为判断古代人员身份地位非常可信的依据。据此,我们可以判定,吴友如画中的这几个孩童应该是平民家的孩子,也就是最普通的老百姓。

也就是说,通过对视觉信号的认知,可以让人们了解到吴友如的《"鹰掣鸡"游戏图》中儿童的群体社会地位。接下来让我们再看一下这几个来自不同国家、不同地域开始玩"老鹰捉小鸡"游戏前的对白:

——中国北京(卖大布):

　　游戏开始前众唱:拨棱,拨棱,卖大布呀,又卖针儿呀,又卖线儿呀。又卖老太太裤腰带呀!

　　甲:卖大布哒!

　　乙:唉!

　　甲:有针儿吗?

　　乙:有。

　　甲:有线儿吗?

　　乙:有。

　　甲:有老太太裤腰带儿吗?

　　乙:有,忘了带来了啦。

　　甲:下回给带来吧。

　　乙:好嘞!

　　(众唱)拨棱,拨棱,卖大布呀,又卖针儿呀,又卖线儿呀。又卖老太太裤腰带呀!

　　甲:卖大布哒!

　　乙:唉!

　　甲:老太太裤腰带儿给带来了吗?

　　乙:带来啦!

　　甲:要多少钱呢?

　　乙:您给 XX 钱吧!

　　甲:您兜着什么呀?

乙：小猫儿。您兜着什么呀？

甲：小狗儿。您喂它什么呀？

乙：烧肝儿。您喂它什么呀？

甲：烧羊肉。您给它用的什么碗哪？

乙：金碗。您给它用的什么碗哪？

甲：银碗。

乙：好吧。

甲乙：一换，两换，逮着不算！

——牙买加（公牛）：

　　游戏开始前的问答：

公牛：小鸡，小鸡，小鸡?!

母鸡：咯咯咯…咯咯咯…（来吃）玉米！

公牛：小鸡，小鸡，小鸡?!

母鸡：咯咯咯…咯咯咯…（来吃）玉米！

公牛：看，剥皮头一个！

母鸡：让他"晒黑"（别打扰他）！

公牛：看看那儿那个十字架，蠢货

母鸡：让他晒黑！

公牛：看，膝盖一撞！

母鸡：让他晒黑！小鸡小鸡

咯咯咯…咯咯咯…小鸡

在公牛耗尽力气也没能捉住一只小鸡后，会发出警告，鹰正袭来……

PEEYAWK，注意！鹰正袭来

PEEYAWK，注意！鹰正袭来

PEEYAWK，注意！鹰正袭来

PEEYAWK，注意！鹰正袭来[1]

① Xavier Murphy, *Games Played by Children in Jamaica*, Jamaicans, 2003.

——日本(比比丘女)

故事开始前的问答:

狱卒:必还,必还,比丘,比丘尼,优婆塞,优婆夷。

地藏菩萨:抬头看颇梨镜,低头看颇梨镜。[①]

——英格兰多塞特郡(狐狸与鹅)

游戏开始前的问答:

鹅妈妈:这么美好的早晨,你要干什么?

狐狸:散步。

鹅妈妈:有什么目的?

狐狸:为了有胃口吃饭。

鹅妈妈:你们这顿饭包括什么?

狐狸:早餐是一只漂亮的肥鹅。

鹅妈妈:你从哪儿弄来的?

狐狸:哦,我可以在什么地方吃上一口。既然它们这么方便,我就用你的一只来满足自己。

狐狸:如果可以的话,抓住一个。[②]

——美国南方各州(女巫捉鸡)

游戏开始前的问答:

母鸡:叽哩呱啦,叽哩呱啦,叽哩呱啦,

母鸡:我到井边去洗脚趾头,

母鸡:当我回来的时候,我的鸡不见了;

母鸡:几点钟了,老巫婆?

女巫说出每一个小时的名字,问题和答案像以前一样重复,一直重复到 12 点:

---

① 玄栋:《三国伝记》,明历 2 年版,卷 28,第 27 条。

② Alice Bertha Gomme, *The Traditional Game of England*, *Scotland and Ireland*, London:Nutt, 1894—1898.

母鸡：你在干什么，老巫婆？

女巫：我正在生火煮一只鸡。

母鸡：你从哪儿弄来的？

女巫：离开你的鸡舍。

母鸡：我有锁。

女巫：我有钥匙。

女巫：好吧，我们看看谁会得到它。

女巫试图从母鸡身边过去，抓住最后一只鸡；母亲张开双臂，挡住了去路。女巫哭喊道：

女巫：我必须捉一只小鸡。

母鸡：你不能捉到小鸡。①

　　从上文列举的不同国家、地区玩与"老鹰捉小鸡"类似游戏前的对白中我们可以了解到，无论是卖布、卖鱼、公牛、鸡、地藏菩萨、狐狸、鹅、女巫等的叙述对象，都是在特定的历史时期当地人耳熟能详的生活元素。例如，对中国的老北京人来讲，以往在自家的胡同里经常会遇到走街串巷的挎着包袱卖布的小商贩，当时卖的往往是农村手工织的土布，布的面子比较窄，往往最多两尺宽。后来又出现了机器织的布，又称"洋布"。卖布的人往往用一块大包袱包着布，挎在肩上，手里拿着拨浪鼓叫卖。当地的妇女每次听见拨浪鼓声就知道卖布的来了，然后会根据自己需要与卖布的进行攀谈。妇女与卖布的攀谈过程早已成为当地人耳熟能详的生活趣事，在"老鹰捉小鸡"游戏开始前儿童们先模仿一段大人买卖布的攀谈过程来了解成人的社会规则和生存技能，并在游戏的过程中熟悉他所生存的社会文化环境。正如高尔基所说，"游戏是儿童们认识世界的方法，也是他们认识世界的工具"。又比如，对美国南方各州的孩子来讲"戴着黑色的尖顶帽子，骑着扫帚飞行"的女巫形象早已成为他们童年所熟知的童话故事角色。在他们的印象里女巫经常被用来作为恶人的代表，她们常常是面貌丑陋、让人讨厌的妇人。女巫

① Willian Wells Newell,*Games and Songs of American Children*,Dover；2nd edition（June 1，1963）
　　p. 156.

的形象代表了童年的七宗罪，即"虚荣、贪吃、妒嫉、色欲、欺骗、贪婪和懒惰"[1]，所以，站在正义一方的母鸡、小公主或者小王子们一定要与邪恶的女巫展开斗争，一步也不能退让。

也就是说，从世界各地"老鹰捉小鸡"游戏开始前的对白中我们可以发现，具有本土认同或本土熟知特征的感官语言比其他形式的表达方式更容易吸引游戏者或观众的兴趣。当你的游戏对白融入了周围观众所熟识的人物、声音、场景或形象时，就会不由自主地触发听众的感觉，并把他们从一个事不关己的看客，带入对游戏的回忆或跃跃欲试的角色冲动中。

嘉靖在《思南府志·拾遗志》中记载："盖几兆之示，虽小不虚。正德间，市井儿童以兵事为戏，或陈兵相敌，或奔败叫号，十百成群，声彻四境"。王旭在《那时儿戏》一书中提到："玩'老鹰捉小鸡'时的笑声和叫声，都是从小鸡的队列里发出的。不知为什么，明明前面有'母鸡'的羽翼，远离战斗前线的这些'小鸡'，却总是显得比一线斗争着的'母鸡'还要亢奋许多……他们的声音汇成了群体的声音，他们的手臂，互递着群体的温暖。"[2]刘犁在《画说童年》中也讲到："每次课间时玩儿'老鹰捉小鸡'，校园里就充满了阵阵的呼喊尖叫声、笑声，整个校园都快活起来……"[3]此外，丹麦作家肯尼斯·安德森在书中也介绍了类似的场景："每个晚上，都会有一个新的小组负责当晚的活动。这天晚上我们玩了'老鹰捉小鸡'……"

笑声是人类都能听得懂的语言，"欢快的心情是最好的良药，忧伤的心灵让骨骼枯干"[4]。当游戏者在开始游戏前的对话时，无论是袭击者、保护者、被保护者，抑或周围的观众，他们往往都会将自己的感官融入其中。一个机敏、狡黠的游戏袭击者会通过各种迷惑性的语言来欺骗谈话对象，并会敏锐地观察对方的肢体变化与心理变化，以便更有助于自己偷袭，实现自己的目的。这是关于一场光明与黑暗、正义与邪恶的较量，从心理学上讲，它是人脑对客观世界的反映。试想一下，在那个传统的封建社会里，在等级制

---

① Sheldon Cashdan, *The Witch Must Die: How Fairy Tales Shape Our Lives*, Basic Books, 1999.
② 王旭：《那时儿戏》，北京十月文艺出版社 2017 年版，第 213 页。
③ 刘犁：《画说童年》，天津古籍出版社 2013 年版，第 128 页。
④ (美)厄本：《给你正能量的 20 堂课》，谷永亮译，东方出版社 2012 年版，第 35 页。

度的驱动下作为普通的市井百姓,相较于文字,语言才是他们习以为常、口口相传的传播媒介。市井平民百姓习惯将直接的感觉经验通过俚语、口头禅等形式转换成有声的语言符号,营造了一个游戏前以"听、说"为表征的媒介环境。所以,带入性的对白谈话所引起的刺激,会或强或弱地影响观众、游戏者的视觉、听觉等感官系统,并形成特定的信号,经由中枢神经系统传达到大脑皮质,与储存在大脑记忆元区的其他信号(人们已有的经验、观点、感情和认知)交互作用①,最终对游戏对白所产生的刺激会形成一定的观念、知识和影像。当这种刺激所引发的情感与观众或游戏者的心理需求趋于一致时,观众或者游戏者对游戏对白所蕴含的态度就会产生行为的冲动,最终让孩子们在游戏的过程中享受快乐。

德国古典美学家席勒在《美育书简》中说过:"人只有在完全的意义上是人的时候才游戏,只有在他游戏的时候,他才是一个完全的人。"对皇室贵族如此,对市井儿童亦是如此,在游戏的过程忘却身份的差异,想象成人的世界,实现自我的延伸。

谁扮老鹰:人的延伸与媒介

模仿常被称作社会智力发展的第三个阶段。日本京都大学教授、灵长类学家松泽哲郎做过一个有趣的实验:他在一个22岁的黑猩猩库洛艾面前表演过一场给人打电话的场景。首先他将玩具电话听筒放到耳边,装出给人打电话的样子给库洛艾看,然后假装对着话筒说了一通话后,"咔嚓"一声把电话挂断放到地板上。库洛艾看到后,走过去把电话听筒捡起来,然后也把听筒贴近自己的耳朵。库洛艾这一连串的行为动作便是典型的模仿。

此外,松泽教授又介绍了他观察到的另一只野生黑猩猩(小佳)用树枝当玩偶过家家的案例:当时有母子三只黑猩猩,母亲叫吉莉,两个女儿一个叫小乔,另一个叫小佳。由于感冒恶化,年仅两岁半的小乔夭折了。母亲吉莉并没有像其他黑猩猩一样把夭折的女儿扔掉,而是始终把小乔背在身上,哪怕小乔已经变得枯干。在一旁始终观察的7岁姐姐小佳看到妈妈背着妹

① 余明阳、朱纪达、肖俊宋:《品牌传播学》,上海交通大学出版社2016年版(第2版),第174页。

妹的样子,也学着身后背了一根直径约10厘米、长度约50厘米的木棒,并且一直背着这根木棒活动、玩耍,这是小佳模仿母亲把木棒当做婴儿所进行的模仿游戏。

从上述例子我们可以看出,模仿对于智力达到一定水平的动物来讲是一种本能,是快速融入环境、接受新事物的方式。这也是模仿最大的价值所在,它使得对于智力达到特定水平的动物具有底层同一性,进而使得族群能够保持相对稳定的凝聚力,但个体又因为自身的差异不会完全相似,这又使得族群有了进一步创新和进化的空间。

动物世界如此,人类世界亦然。模仿是人类自出生后就具备的一种普遍机能,以帮助人来获取和保存信息。1990年心理学家安德鲁·迈尔佐夫(Andrew Meltzoff)就已经证明,仅出生2天的婴儿就可以模仿成人转动头部,到9个月大的时候他们就能够模仿许多复杂的动作,而14个月以后,婴儿就能够记住他们看到的动作并能够进行持续模仿。对人类世界而言,自出生起每个个体都在不停地模仿不同的对象,也被其他对象不停地模仿。也就是说,模仿是人类认知世界的第一步,通过对个体或者群体行为不自觉的仿效,使自己的行为达到群体规范,并在模仿的过程中认知行为背后的意义。在《老儿戏:消逝与正在消逝的童年游戏》中,何诚斌回忆了自己童年玩"老鹰捉小鸡"游戏模仿的场景,并形成了自己对游戏角色的理解:

> 我伫立在一栋楼房前,想起曾在这里玩过的那场"老鹰捉小鸡"游戏。当时,我扮演的是老鹰,我奔跑速度快,自以为可以饱餐一顿,谁知贵琴这只老母鸡以不可想象的顽强的毅力与我周旋,保护着身后的一群小鸡,她的手臂很长,展开后控制的范围大,并且双手勾起做出鸡爪的样子,尖尖的指甲在眼前晃动,令人不寒而栗。我不敢贴近她,离她远一点,这使得她更轻松地移动身子,不至于使身后一只只互相拉着衣服的"小鸡"在急速摇摆中脱手离开队伍。我花了很长时间才终于捉到一只小鸡——一个四五岁的孩子,比他大的小鸡我一只也没捉到。贵琴真是个出色的母鸡!多年没见到她了,她一定是个爱自己孩子的好母亲……当年孩子们玩"老鹰捉小鸡"游戏,何尝不是对"鸡德"的肯定

和敬佩。①

"老鹰捉小鸡"游戏是平民百姓的大众娱乐,是个人、群体和社会对特定文化现象的外在表征和运行机制做出的反应。同法律一样,"老鹰捉小鸡"游戏是人和社会规范的延伸,正如服装是人体肌肉的延伸一样,它的出现可以被看做社会生活中实现自我完善的手段,是反刺激的媒介,也是适应专门化行为压力的方式,因为任何社会群体中必然都会出现专门化的行为。② 从这个角度来看,"老鹰捉小鸡"游戏应该是对社会主流文化现象的大众反应的延伸,因而成了忠实反映社会文化现象的模式,它把普通老百姓的反应和行为融合,使之成为一个具象化的动态表象。

在《游戏的历史民族学》一书中,日本体育人类学家寒川恒夫教授介绍了在《三国传记》中记载的"比比丘女"游戏的起源概要:

孩子们的游戏当中有一种叫比比丘女。这是慧心僧都受阎罗天子故志王经的启发所开创的。换言之,在此经书上曾有记载,地藏菩萨在地狱出现,并怀抱怜爱之心将罪人们从狱卒手中抢出。狱卒为抢回罪人们说道"必还,必还,比丘,比丘尼,优婆塞,优婆夷",地藏则说"抬头看颇梨镜,低头看颇梨镜"。颇梨镜是阎罗王的镜子,能照映出亡者在生前所做的所有善与恶,地藏借此比喻表达了罪人虽有罪,但并不能代表他心中没有一丝善良,请再仔细地看颇梨镜。被地藏所举所感悦的慧心从此去般若院祭拜了地藏,并在那儿给人们讲解了阎罗天子故志王经,在那时教给前来听经的孩子们以地藏、罪人、狱卒之间的关系进行攻守玩乐,也称为"地藏法乐"。孩子们一开始还能正确地唱出狱卒与地藏的问答,之后为了更快地说唱,即缩短了内容,最终从狱卒的语句当中摘要了比比丘女,形成此游戏的名字。③

"比比丘女"游戏讲述的是地藏王菩萨为救赎世人脱离苦海所立的大

---

① 何诚斌:《老儿戏:消逝与正在消逝的童年游戏》(图文珍藏版),当代世界出版社 2006 年版,第209 页。
② (加)马歇尔·麦克卢汉:《理解媒介:论人的延伸》,何道宽译,译林出版社 2019 年版,第 267 页。
③ 寒川恒夫. 遊びの歴史民族学,明和出版,2003 年。

愿,这是佛教独有概念"慈悲心"的彰显。佛教讲究慈悲,不仅要"自利",还需要"利他",而且慈悲的对象不仅是人类,更是"有情众生"。所以,地藏立下宏愿:"地狱不空誓不成佛。""比比丘女"游戏延伸的不仅是佛教的慈悲观念,对当时日本社会的普通老百姓来讲,更多体现的是作为主流信仰的佛教对"爱"的诠释,它不同于基督徒所认知的与邻舍关系的"爱",也区别于中国儒家"不独亲其亲,不独子其子""老吾老以及人之老,幼吾幼以及人之幼"的"仁爱"以及墨家所倡导的爱无差等的"兼爱",而是基于地藏信仰对强大与弱小、善良与邪恶保护意识的"幼爱"。所以在日本的神话故事中,地藏王总是以和蔼可亲的形象出现在儿童的故事中,保护孩子,不让恶魔接近,并且永远带着他那充满耐心的日本式微笑。从这个角度来看,"比比丘女"游戏又是绝大多数日本民众精神信仰的延伸,在对地藏王、狱卒以及鬼怪模仿的过程中,给孩子们以探寻未知世界、宣泄慈爱和善恶观的渠道。所以,它是普通民众群体意识形态的反映,在"想象或借助想象"的形象思维中,地藏王、狱卒和鬼怪的形象以"比比丘女"游戏的形式被激活,使其永远地成为沉积在游戏者知觉记忆痕迹之上的感性经验。在这个过程中,人逐渐被自然化、社会化和主体化,继而形成了一种基于经验的自我意识和自我感觉。这类似于印度教信仰中所倡导的神明雕像,将虚体的神明具象化,并认为类似神明形象的雕像不仅利于信徒在祈祷时集中精神,更有助于增长"有幸得见圣人的福德"(darshan)①。

　　"老鹰捉小鸡"游戏不仅是玩耍,更是人类知觉的延伸,表现出人为的设计和遗留的传统。作为在普通老百姓当中广泛传承的游戏形式,"老鹰捉小鸡"是对社会流行行为所做的适应性反应。对越南人来讲,"龙蛇"游戏(the game of Dragon-Snake)是他们的传统儿童游戏,又被称为 Rong Ran,规则跟"老鹰捉小鸡"游戏类似,只是故事的角色不同,由鹰与鸡的对垒转变为医生与龙蛇之间的较量。在越南文化里,越南龙(the Vietnamese dragon)是他们崇拜的文化符号,相传在古代越南的灵山上住着一个叫 Kinh Duong Vuong 的精灵国王,他既可以在地上行走,也可以在水里潜行,在偶遇海龙

---

① 上海博物馆编:《大英博物馆百物展·浓缩的世界史》,上海书画出版社 2017 年版,第 156 页。

王女儿后与其结婚,生下了名叫 Lac Long Quan 的孩子。Lac Long Quan 依靠母亲和父亲的魔力战胜了危害越南的邪恶怪物。为此,越南人认为龙是他们的祖先,他们是"con Rong chau Tien"(龙与精灵的孩子)。而对越南的普通老百姓来讲,游走于乡间的游医则是他们生命得以保障的关键。所以,"龙蛇"游戏里有着鲜明的越南传统文化和生活习惯的遗留痕迹。

再从玩法上看,在越南玩传统的"龙蛇"游戏前需要准备以下元素:

玩家:"龙蛇"游戏的玩家人数最好6到8位之间,这样才能使游戏在没有太多推动的情况下成为最愉快、最舒适的跑动和躲闪游戏,并要求有一名成员担任管理员。

使用工具:"龙蛇"游戏不需要使用任何工具,但游戏前需要播放童谣。

开始游戏前:参与者需要通过剪刀石头布首先选择一个人担任"医生",其余成员依据头部最大、最强壮或最敏捷的条件来选择出"龙蛇",剩余成员依次抓住对方的腰部。

此外,为了使游戏更加适合玩耍的对象,例如同城市中的孩子一起玩或者公司聚会时玩耍,在越南一些地区将传统的"龙蛇"游戏进行了适应性变迁——特意重新命名了游戏的两个新的角色,即将医生的角色变更为老板或者情妇,并重新编写了游戏前的对白,使游戏更加有趣:

(游戏前):盘绕在树上的龙蛇问老板(或情妇)是否在家?

老板:不! 老板走了。

(或)老板:不! 老板去捡垃圾。

龙蛇:天呢,太臭了。

老板:老板去参加生日聚会。

龙蛇:哦,天呢,太好玩了!

老板:老板去旅行了。

龙蛇:哦,天哪,真有趣!

老板:在家! 你要做什么?

龙蛇:借切菜板和刀。

老板:借来做什么?

龙蛇:要剁鱼(或香肠)。

老板:要切哪一部分?

龙蛇的头部说:剪掉第一个(或中间,最后一个)。

此时,老板必须按照龙蛇头部说的去追赶。①

从越南"龙蛇"游戏的玩法中我们可以看出许多人为精心设计的影子,一方面从保证公平的管理员到恰当的玩家人数,再到儿童熟悉的童谣、耳熟能详的传统文化元素,以及游戏中所蕴含的龙蛇之爱、医生之爱;另一方面为让城市的孩子也了解并认同这个游戏,特意将游戏的角色和对白变更为城市孩子所熟悉的老板或情妇的话题。或许正是因为这个原因,"龙蛇"游戏成为越南得以传承至今的传统游戏之一,并拥有了与时俱进的生命力。因为对最普通的老百姓来说,"龙蛇"游戏的形式、内容以及所表现的主旨,对他们的感官知觉来讲是可以理解和认同的,讲述的都是他们日常生活的元素,是他们对复杂的社会环境和文化变迁过程所做的适应性改变。所以,"龙蛇"游戏的"形式"是关键且重要的,它就像顺利连通人与环境、人与传统、人与情感之间的媒介一样,延伸了个体或群体的知觉,使得人们可以从惯常的行为模式中找到可以慰藉并能触摸传统和现实的方式。

马歇尔·麦克卢汉(Marshall Mc Luhan)曾经说过,谁也无法把笑话翻译成另一种语言。这是因为笑话往往使用一些周围人熟知的街巷俚语、方言,以诙谐幽默或讽刺的语气、动作或者表情来传递意义,而翻译的过程往往会丢掉这些关键的信息。也就是说,恰当的媒介是人在社会环境中能否得以顺利延伸的关键。对"老鹰捉小鸡"游戏而言,如果单纯地将老北京"卖大布"的游戏形式及内容传播到世界各地,我相信绝大多数的地区并不会接受这么一个游戏,因为大多数人不清楚卖大布的场景和对话所讲述的内容。同样,如果将美国南部地区的"女巫捉鸡"移植到中国境内,相信也不会有太多的受众,因为女巫是生活在伊索寓言或15世纪到18世纪欧洲巫师大迫害时期的人物,而中国的老百姓和儿童更熟悉"狐狸精"或者"白骨精"。从这里我们可以看出,"老鹰捉小鸡"游戏在全世界展现的不同"表象",都能够被

---

① Cách chơi trò chơi dân gian Rồng rắn lên mây, thuthuatchoi, 2019. 9. 15.

世界各地的人们认同、接受并被认为是本地的传统文化,这与其选择的恰当媒介是分不开的。任何传播媒介都是一种或多种感官的延伸,只有语言这一种媒介才是一切感官的同步延伸。① 世界各地的"老鹰捉小鸡"游戏保留的都是"袭击者、保护者、被保护者+问答"这一基本的游戏形式,改变的都是游戏的对话内容和角色。这是一种外化于人的感官(说出=外化)的传播策略,因为人类的任何交往模式里都存在着无声的或潜意识的预设,这些预设是由经验编码和信息流动的媒介决定的。② 以当地人熟知的语言内容和文化传统为媒介,嵌入游戏"本意"的传播过程中,使得信息的传递和观念的推动变得水到渠成。

这样,"谁扮老鹰"就成了人是否可以顺利延伸的关键媒介。弄清了这一点,我们顺利解决了这个小游戏的"门槛"问题,但随之而来的,也正像麦克卢汉一直孜孜不倦地强调的"游戏是延伸,但不是我们个体的延伸,而是我们社会自我的延伸"③。那么,我们到底延伸了什么?

认知发展:对世界的愿景

作为"起源于"日本平安时代贵族文化和江户时代平民文化的"比比丘女"游戏,日本人也常称呼其为"抓孩子抓孩子"(子を捕ろ子捕ろ)游戏、"鬼捉子"(鬼ごっこ)游戏、"鸟子"(こまどり)游戏或者"父母抓取"(親はとるもの)游戏,无论哪种游戏形式,它们都有一个共同的特点,就是"鬼""亲""子"的三个角色的分配。日本生涯体育学科的竹本凌也做过类似的研究,他认为:"平安时代佛教的思想影响着游戏的形成。在江户时代,'抓孩子抓孩子''比比丘女'游戏也很盛行,因为这个时代对民众制定了寺请制度。所有的人都成了佛教徒。佛教对孩子们的游戏产生了很大的影响。到了明治时代,佛教废除了释尊的教义。'抓孩子抓孩子'不再作为佛教游戏,而作为体育教材被传承,到了现代知道名字的人也变少了,佛教思想的淡薄被认为是

---

① (加)麦克卢汉:《麦克卢汉如是说·理解我》,何道宽译,中国人民大学出版社2006年版,第12页。
② 同上。
③ (加)马歇尔·麦克卢汉:《理解媒介:论人的延伸》,何道宽译,译林出版社2019年版,第277页。

很大的原因。"①不仅是竹本凌，自江户时代以来，日本许许多多的专家、学者也都认为这个游戏与佛教有着密不可分的联系。那么，佛教依靠这个游戏帮助世人延伸了什么呢？

——"我"的救赎

汤用彤先生谈及佛教与民众的关系时，认为无外乎三件事：一为玄理之契合，一为文字之因缘，二为死生之恐惧。由于普通民众学识有限，更多的是目不识丁的平民，所以佛教与普通百姓之间很难从玄理意义和文字因缘之处产生理解上的共鸣，剩下的只有为死生考量的"来生之计"了。所以对普通百姓来说，信仰佛教不在乎玄理、不在乎诗文，而在于轮回报应，关心是否能赎今生之罪、度来世之福。在这种思想的影响下，修行、回向、普度众生就成为老百姓能够积累功德，摆脱六道轮回之苦，最终获得来世福报的重要途径。

在"比比丘女"游戏中，地藏菩萨做的就是这个"简单"的事情，以教化六道众生，救拔阴间鬼魂为己任。当他看到地狱众生的罪苦，发誓一定要救度一切地狱众生，并通过这种方式来"证"属于他的"菩提"，这是地藏菩萨在释迦即灭、弥勒未生的无佛时代的"自我救赎"。

那地藏菩萨与日本普通老百姓之间又是怎样建立关联的呢？据史料记载，对日本的普通老百姓特别是贫民来讲，在平安末期，他们过着困苦的生活，没有多余的钱财来捐造佛像积累现世的功德，而且他们普遍相信佛教的末法之世已经到来。在末法之世无论多么努力地修道都不能成佛，所以相比起信仰位于极乐世界的阿弥陀佛，在来世获得救赎，不如信仰在地狱代众生受苦的地藏菩萨，在现世得到救度。就像以源信②(810—869)为代表的天台净土教所宣扬的：地狱中的阎罗王是地藏的化身③，只要称念地藏菩萨的

---

① 竹本凌：卒业研究抄录集，子どもの遊戯「子をとろ子とろ」について，びわこ成蹊スポーツ大学，2015，p.54。

② 源信，日本平安时代中期天台宗僧人，净土宗创立者。原姓卜，人称慧心僧都，他综合净土思想和天台宗、真言宗思想，将佛教日本化，提倡"观念念佛"和"称名念佛"思想。

③ 景戒著，原田敏明、高桥贡翻译：《日本灵异记》，平凡社2000年版。

名号,不需要做其他事情,就可以摆脱地狱之苦。所以,在当时的日本民间社会出现了许多关于地藏信仰的故事集,也出现了地藏法门的专修信仰。

作为佛性的地藏与人性的平民之间并非没有难以跨越的鸿沟。日本的佛教故事集《今昔物语》中便记述了地藏的人性化形象:"一个叫贺茂胜孝的人平时供奉地藏菩萨,在地狱中遇到地藏菩萨后很高兴,'宿因所催,幸遇大师,今必蒙引摄。地藏菩萨,请伸援手,使我早返阎浮'。地藏菩萨听了他的申诉,于是到阎魔王那里求情,希望得到赦免。但冥官们认为这是本人的宿业所决定,不能赦免。即使有地藏的大悲,也难以扭转业力所决定的事情。最后,地藏菩萨哭着对冥官们说,'此男之法,终难扭转。我代此男承受一切。纵使一劫受苦,吾亦不辞!'冥官们听了地藏的哭诉,为地藏的'大悲代苦'的真情所感动,答应了贺茂的要求。"①此外,童子地藏的形象在日本18世纪前后也已形成,他将儿童的灵性与地藏的佛性相结合,借助儿童之口说出神、佛的意思。例如"三途川河原"信仰,讲述的便是:在一个叫做三途川的河边,有孩子死去,其他儿童试图堆放鹅卵石来建造塔楼,以方便死去孩子父母的追悼,但当塔楼建起来的时候恶魔便出现了,摧毁了塔楼,地藏菩萨这时也出现来保护孩子不被伤害。所以,一方面地藏成为儿童的保护神,另一方面儿童也成为地藏的化身。对此,渡浩一(2001)也认为:"随着地藏信仰的传播,'抓孩子抓孩子'游戏逐渐获得了佛教教义的意义,从而使地藏信仰尤其是作为儿童守护神的地位得到了进一步的发展。"②

人性化形象的地藏拉近了人与佛之间的距离。所以,作为佛的地藏的自我救赎,也能够成为人的自我救赎。修行的目的无非觉悟成佛,而成佛的根本则在于自利利他。利他便是要普度众生③,所以信佛便要实践礼佛的行为。而"比比丘女"游戏便是被用来实现这种救众生、利他与自我救赎的礼佛媒介。不同于传统的持斋守戒、捐建佛像、抄经诵佛或者放生布施等礼佛行为,也迥异于藏传佛教信徒那种不辞劳苦、长途跋涉的"磕长头"礼佛,"比

---

① 张文良:《日本当代佛教》,宗教文化出版社2015年版,第213页。
② 渡浩一.鬼と子どもと地蔵——「子取ろ子取ろ」の起源伝説をめぐって,明治大学人文科学研究所,2001,p.95。
③ 智文法师:《初禅集》,宗教文化出版社2014年版,第22页。

比丘女"游戏源起于惠心僧都对地藏菩萨大愿的感化,希望通过游戏来教化孩子和众生。正如敦煌壁画第23窟北壁的《法华经变》"药草喻品"下部描绘的佛教儿童游戏"聚沙成塔"一样,孩子们在玩耍的过程中把沙子堆成佛塔状,玩耍的过程也是修行的过程。对此,《妙法莲华经·方便品》也指出:"……乃至童子戏……渐渐积功德,具足大悲心,皆已成佛道,但化诸菩萨,度脱无量众。"也就是说,对众生来讲,慈悲显则佛教兴,佛并不是唯一的,只要发心发行,人人可成。① 正如《大智度论》中对佛累劫修行"九种罪报"的回答:"佛有二种身:一者,法性生身;二者,父母生身。"②所以,对孩子或者众生来讲,他们玩的是"比比丘女"或者"抓孩子抓孩子"等游戏,其实却是以"父母身"来"示现"模仿地藏菩萨的发心、发行大愿,在保护身后的孩子不被魔鬼抓走的过程中,视众生如己子,修菩提心与慈悲心,在戒、忍与智慧中"度脱无量众"③,实现"我"的救赎。

——和平与平等

让我们先看一下下面这一幅雕刻(如图3),这是日光东照宫阳明门正面上层高栏的9幅"唐子知惠游戏"中的一幅,日本人将其称为"鬼ごっこ"(鬼捉子)游戏,画面描绘的是中国唐宋时期中国儿童玩耍"老鹰捉小鸡"游戏的场景。此外,在阳明门西侧、背面以及东侧也分别刻有11幅儿童游戏图。那么,为什么"鬼捉子"(子とろ子とろ)这个小游戏会出现在日本这一座国宝级的宫殿门檐上,并且还放在了门檐正面居中位的右侧位置上呢? 要理解这些问题,我们先梳理一下这座宫殿的历史:

日光东照宫位于日本关东地区栃木县,是供奉江户时期第一位幕府将军德川家康的神社,始建于1617年,相当于中国的明朝万历四十五年。日光东照宫也是遵照德川家康的遗言所创建的一座融合神道教和佛教文化的建筑群。因为明治维新之前,神道和佛教没有明确的宗教区分,有神佛习合的

---

① 喻静:《化城集:佛教义理与佛教人物研究》,北京时代华文书局2015年版,第28页。
② (印度)龙树菩萨:《大智度论》第1册,卷1—20,隆峰寺1993年版,第321页。
③ 出自《法华经·序品》:"最后天中天,号日燃灯佛。诸仙之导师,度脱无量众。"指的是佛家指导众生成佛。

图3 日光东照宫阳明门上雕刻的"鬼捉子"游戏场景

习惯,在同一个寺院内供奉神与佛的寺院和神社并不少见。所以明治维新以前,日光的神社是由二社(东照宫、二荒山神社)一寺(轮王寺)组成的。而现在的东照宫阳明门是1636年由第三幕府将军德川家光为弘扬德川家康的意志并纪念他诞辰21周年改建的。此后,2013年7月至2017年3月再次进行维护,并使用了240000片金箔进行了色彩恢复,被称为"日本的国宝"。

阳明门共有雕刻508处,其中有156处是关于中国古代儒教、佛教、道教的故事以及风俗人物的雕刻,比如周公、孔子等22位名人以及琴高仙人、铁拐仙人等众多道教仙人。为什么会有这么多中国人物、风俗、文化样式的雕刻?对此,《日光东照宫建造物装饰文样调查报告Ⅰ》中大渊武美认为,这是自德川初期开始贯穿整个江户时期的"中国崇拜"现象的表现,也是日本人特质的时代表征。也就是说,阳明门上雕刻的人物雕塑一方面体现了德川家康或者德川家光对中国文化以及思想的崇拜之情;另一方面也是他们个人思想意志的流露。阳明门高栏的"唐子知惠游戏"便是这种个人思想的直接体现。据祭吉先生的山车祭讲座第139回唐子游戏(唐子遊び)中的论述:

唐子指的是中国式发型的孩子装扮(其特征是头上绑着一个或者两个发球),"唐"是日本称呼以往中国的名称。以前的中国被称为"唐天竺",但唐是中国,天竺是印度。在中国唐朝,描绘儿童的图案被积极绘制,并被引入日本,称为"唐子"。特别是,描绘很多男孩子的设计图案被视为一种幸运符,因为它会导致生育更多的孩子和后代的繁荣……唐子正在玩耍各种游戏,例如"竹马""剪子包袱锤"和"鬼捉子"。据说游戏对孩子的成长有重要影响……在一个饱受战争折磨的世界里,孩子们是没有闲暇时间去玩耍的。所以,孩子们开心玩耍的样子正是和平的体现,也被认为是德川家康平定乱世、引导和平的象征。①

从上述论述中我们可以明白,对德川家康或者德川政权来讲,能够像中国的唐朝那样长久地获得和平、持续太平盛世的景象是他们最大的愿望和理想,这一点我们也可以从德川家康的遗训中"要建立一个孩子们可以安心玩耍的世界,让孩子们懂得生命的珍贵"②以及阳明门雕刻的中国 22 位曾带领战乱的中国走向和平的人物中得到佐证。也就是说,构建孩子们可以安心玩耍的社会,是德川政权所追求的理想社会,也是他们的大愿。然而,天龟、天正年间(大概 16 世纪末),日本内乱不断、民不聊生,德川家康希望借助神道、佛教和儒教来平定天下、安邦治国,所以最初他皈依了净土宗的大树寺。从这个角度来理解德川家康的大愿,这或许就与净土宗大力提倡地藏菩萨信仰有关。地藏菩萨的大愿是度尽六道众生,而德川家康的大愿则是希望人们摆脱困苦,谋求和平与安定。所以,他希望儿童可以"走向正确的道路,成为和平的基石"。而这种大愿反映在遵照遗嘱建造的东照宫神社中,便体现在包括"鬼捉子"游戏在内的"唐子知惠游戏"里。雕刻中所展现的孩子们开心玩耍的形象,正是和平盛世下"元和偃武"的具体体现。也就是说,"鬼捉子"游戏不仅展现了中国唐宋时间孩童玩耍的场景,更延伸了德川家康以及世人对和平与繁荣的愿景。

此外,让我们再仔细看一下这一幅"鬼捉子"游戏雕刻,画面中一共有 6 个孩子,其中 5 个孩子头发的发型都是一样的,都是将头发在头上盘起,形成两个"圆角"的形状(如图 5)。而另外一个孩子则戴着帽子(如图 4),从这位孩子的帽型我们可以推断出这位孩子的发型必然不同于其他 5 位孩子,要么这个孩子在头顶上只将头发隆起形成一个"圆角"(如图 6、7),要么就没有

---

① 祭吉. 尾張の山車まつり,祭吉の山車祭講座―唐子遊び,2003.7.26。
② 高藤晴俊.日光東照宮の謎.講談社現代新書 1292,講談社,1996.pp. 140 - 157。

图4 "鬼捉子"游戏
中戴帽子的孩子

图5 "鬼捉子"游戏中圆
角发型的孩子

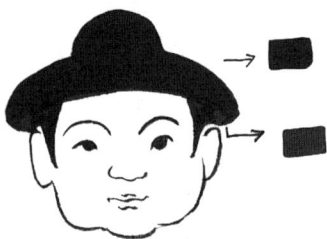

图6 "鬼捉子"游戏中戴帽孩子
平视图

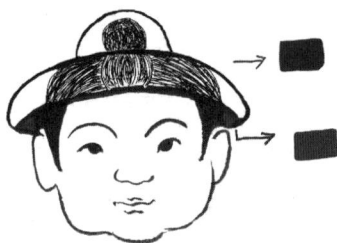

图7 "鬼捉子"游戏中戴帽孩子发
型透视图

跟其他 5 个孩子一样的"圆角"。根据日本《大辞林第三版》对唐子髷发型的
解说:"孩子的发型的一种。镰仓时代,在元服①前,把童子额头上的头发分
成两部分,在头上围成两个圆圈。室町末期以后成为女子的发型。把头发
扎在头上,把它分成几个圈,把发根用剩下的头发卷起来。"②此外,在中国古
代对男女童各年龄阶段也有着比较细化的阶段性区分和称谓,按从小到大
的顺序,比如"婴儿""襁褓""孩提""婴孩""垂髫""始龀""黄口""幼学""总

① 元服是奈良时代以后日本为纪念孩子成年而举行的仪式。"元"指的头,"服"指附着的东西,表示
头上加冠的意思。元服是日本孩子成年的通过仪式之一,堂上家以上戴冠,以下不戴冠而戴乌帽
子。中世纪以后,乌帽子被混同使用,称为"加冠",近世乌帽子也被省略,只要剃月代头型就行了。
② 松村明:《大辞林》第 3 版,三省堂,2006 年。

角""金钗之年""豆蔻年华""志学之年""束发""及笄之年""舞勺之年""舞象之年""破瓜之年""弱冠"。① 而"总角",则泛指 12 岁至 13、14 岁的孩子。《诗经·氓》曰:"总角之宴,言笑晏晏。"描绘的是一群头上两边梳成双角发型的儿童欢乐的样子。《诗经·齐风·甫田》中"总角丱兮"指的也是儿童束发成两角的样子。《礼记·内则》中也有类似记载:"拂髦,总角。"东汉末年的儒学、经学大师郑玄对此注解:"总角收髮结之",指的也是古代此年龄段的孩子将头发分作左右两半,在头顶各扎成一个形如两个羊角的结。

也就是说,无论是日本的镰仓时代、室町时代还是之后的江户时代,他们对儿童唐子髷发型的称谓还是中国古代对"总角"的指称,指的都是同一种儿童的发型样式。不同的是,唐子髷在日本室町末期以后多被认为代表女子的发型,而总角在中国古代则统称十多岁儿童的一种发型样式,是不分男女的。事实上,"总角"概念在日本也有,但包含的意义更为丰富:在日本的平安时代,"总角"常指作未成年男子的发型,也被认为是作为头盔等的装饰品。在《源氏物语》中也有关于"总角"的记述:"あなたが縒り結んでいる総角結びのように、あなたと私が長く寄り添えるようになりたいものだ"②这段文字描述的是一个叫做"薰"的美女悼念她思念的男主人公"宇治大君"的故事,意思是"就像你扭搓在一起的总角结一样,我想让你和我长相厮守"。从这里我们可以看出,总角在古代的日本也被用来指独身成年男性的发型。这一点同古代的朝鲜一样,총각(chong-gak,作为总角的朝鲜语读音),指的是朝鲜未结婚的成年男性头上结成的发型,结婚后发型才被允许放平,但有轻蔑的寓意。

那么问题来了,究竟阳明门"鬼捉子"游戏中雕刻的这五个有"圆角"发型的孩子是男孩还是女孩呢?

阳明门建造于日本江户时期,而这个历史时期是晚于室町时代的,从这个角度来看,这五个孩子必定是女孩。然而,中日两国对"总角"概念内涵的理解却有很大的偏差,古代的中国人认为这可以称呼女孩子,也可以称呼男

---

① 陆克俭:《发现与解放:中国近代进步儿童观研究》,华中科技大学出版社 2015 年版,第 10 页。
② 紫式部:《源氏物语》,江户前期,第 47 帖。

孩子,而日本则仅指男孩子,无论是儿童还是成年人。这就说明如果一定说那五个孩子是女孩,还是非常武断的,这是中日理解的差异。那么,我们换个角度来看,阳明门虽然是日本人在江户时期建造的,但它却是一座雕刻中国人物和故事的大门,体现了德川家康对中国道德观念的敬仰之情,特别是对唐朝文化的仰慕。这正如对上述雕刻的"圆角"儿童发型的称谓"唐子髷"一样,这是日本人从他们的角度来理解唐朝文化或中国文化,所表现出来的日本独特的表达方式。同样,阳明门的建造以及"唐子知惠"游戏的雕刻,都是为了延伸德川家康希望日本可以实现中国唐朝那样和平与繁荣景象的愿景。也就是说,这同样是日本人从他们的视角来表达自己对唐朝文化的理解和对中国人物形象的描述。所以,从这个角度来看,我们可以确定这五个孩子是女孩,这种发型的女孩形象也可以在唐代雕塑中看到(如图8)。

那么,另一个戴帽子的孩子呢?日本奈良时代以后,男孩子12—16岁期间会有一个加冠的通过仪式,目的是告诉这些孩子他们已经长大成人了。仪式往往选择在当地氏神的神社前举行,孩子会改穿成人的衣服,对武士家的孩子来讲,在这个仪式上主要是给孩子加冠,即戴上乌帽子,并废除以前的乳名,表示已经成年。而日本戴帽子的历史,据日本《小学馆百科辞典》中的记述:"帽子大约起源于中国的汉代(公元前202—公元9年),通过佛教经中国传入日本而在日本逐渐普及开来。到了江户时代,帽子、斗笠、头巾等头上的被戴物的种类越来越丰富,这与世人所期望的天下太平的愿景一起流行起来。"此外,中国古代"冠巾"也指男子的头饰,"冠"是贵族戴的礼帽,"巾"则是平民百姓戴的头帕。从这个角度来看这个戴帽子的孩子,他似乎应该是男孩子,但这种推论并不十分可靠。因为这个孩子戴的帽子形状不同于日本流行的乌帽子,也迥异于现在目前可以检索到的江户时期以及之前的斗笠、头巾的形状,所以武断地以这个孩子戴的是"冠或者帽子"来判定他是男孩子并不合适。

那么,我们换个角度来看。日本奈良时代以后,男孩子12—16岁的加冠仪式还有个流程,就是变换发型,孩子的发型会从总角发型改变为大人的发

图8 唐代总角立女俑(陕西历史博物馆)

型——冠下髻,这是日本平安时代以来到现代在日本宫廷一直持续的男子贵族发型。从发型来看,正如上文所提到的,这个孩子的发型必然不同于其他五个孩子,不是唐子髻(或总角)的发型样式。从这个孩子佩戴的帽型来判断,他的发型更像是"束发"。束发在中国古代常指15岁左右的男孩子,这个年龄阶段的男孩子要把原先的总角解散,扎成一束,称之为"束发"。中国明代作家归有光在《项脊轩志》中提到"余自束发,读书轩中"。束发即标志着男孩到达成童的年龄。① 在古代日本,尽管对"束发"涵盖范围的界定有很多,在各种界定中,也有类似于中国古代的界定说法,例如《世界大百科事典》中对束发的说法:"平安时代以后男性的发型,除了奈良时代延续下来的冠下的髻外,还出现了乌帽下的髻、扎发、唐轮等。冠下的发髻是贵族阶级、医生、学者等系的,到了中世纪,在普通百姓中也流行起来。"②那么,束发的说法可靠吗? 在回答这个问题前,我们首先要弄清楚这幅画的绘制作者到底知不知道男子"束发"这么一个头型样式。所以,我们先要了解一下阳明门门檐上这些儿童游戏的绘画师——狩野探幽,他是江户时代初期狩野派的绘画师,法号探幽斋,也就是说他是一位佛教信徒,按照鬼原俊枝在《幽微的研究 狩野探幽论》中的说法,狩野探幽的绘画风格深受宋元画以及雪舟③的影响,17岁就成为江户幕府时期的御用画师。在73年的人生中他绘制了许多对后世产生重要影响的作品,《唐子游图屏风》(如图9)便是其中一幅。从这幅图中,我们可以清楚地了解到,狩野探幽是清楚地知道男子束发这种头型的。另外,这种头型在北宋画作《侲童傀儡图》(图10)以及敦煌佛教绘画(图11)中也曾清楚地出现过,又因为狩野探幽的画风深受宋元影响以及佛教信徒的身份,所以我们有理由相信,"鬼捉子"游戏中这个戴帽子的孩子必定是束发的发型,他是一位男孩子。

---

① 张塞等主编:《中国国情大辞典》,中国国际广播出版社1991年版,第1097页。
② 束发:《世界大百科事典》第2版,平凡社1988年版。
③ 雪舟,日本室町时代的水墨画家,禅僧。他出生在中国内地,在日本京都相国寺修行出家后曾返回明朝专门学习中国画法。他现有的大部分作品都是中国式的水墨山水画,但也有一些例外的肖像画和花鸟画。他在吸收宋元的古典风格以及明代的浙江派绘画风格的同时,走遍了各个地方素描写生,并因此脱离了中国画的绘画风格,树立了日本独特的水墨画风格。他对后来的日本绘画的各阶段产生了很大的影响。

图9 江户时代狩野探幽绘《唐子游图屏风》(宫内厅三の丸尚藏馆)

图10 北宋苏汉臣绘《侲童傀儡图》抠图

图 11　敦煌遗画《莲上的化身童子》的抠图(吉美博物馆藏)

　　也就是说,日光宫阳明门上雕刻的这幅"鬼捉子"游戏,其实描绘的是男孩子和女孩子一起玩耍的场景。从上文的记述我们可知,阳明门儿童游戏的场景其实是为凸显德川家康想要为孩子们创建和平与繁荣世界的愿景,但并没有提到男女平等的问题。这是因为江户时期的日本社会并不同于奈良或者平安时代,那时的女性在家族中的地位高于男性,因为当时的日本社会是母系社会,无论是孩子的养育还是婚姻,女性都有很大的发言权,特别是年轻女性在决定结婚的时候,不仅是自己的想法,也不需要得到母亲的谅解,而父亲似乎连这个决定权都没有,结婚后,男方去女方家,女方是家庭的中心;也不同于从镰仓时代到室町时代的女性,因为这时的女性在宗教上依然被认为具有近似神的神格,但由于武士这个阶层的成立,女性结婚后进入男性家的形式便自此确立。因此,守护家、管理领地、管理佣人等都是妻子的职责。总而言之,由于不是男性而是女性进入了结婚对象的家,家庭内女性的力量开始减弱,但由于此时的女性开始进入社会掌握实权,无论是武士的镰仓幕府,还是朝廷的贵族之间,都能看到女性掌握政治实权的身影。不仅如此,女性还在丝织品等生意上具有重要的作用,所以这时的女性地位仍然较高。但是到了江户时代,重男轻女之风盛行,社会上也流行着"贞女不见二夫"的贞操道德观念,此时的女性在家庭中的地位很低,而且在离婚方面更是不敢提,因为离婚后如果想再婚,则需要丈夫送的"三下半"作为再婚许可,所以此时的女性较以往时期无论家庭还是工作中社会地位都有了明显的下降。但此时却有两个例外,这就是在江户时代两个并称为"缘切寺"①的满德寺与东庆寺。

满德寺与东庆寺是当时江户时期的尼姑庵,这在当时男女不平等差别严重的环境下,被认为是世界上独有的两处拥有特权,妻子(女性)投奔它们,可以合法地与违法的丈夫(男性)离婚,进而拯救自己的寺庙,所以也被称为"投奔寺"。满德寺与东庆寺,在江户时代作为缘切寺而存在,这与德川家康的孙女千姬有关。东庆寺是在千姬救助丰臣秀赖的女儿天秀尼时,德川家康特别批准了缘切寺的制度。而满德寺,是德川氏的发祥地,也是德川氏的祖先建立的寺院。相传千姬自己入寺,为了离婚后再婚而确立缘切寺制度。不管这两所寺庙在当时的江户社会起到多大的社会作用,作为两座传播佛教教义的寺庙,德川家康间接或者直接通过这两所寺庙向社会传递了男女平等的理念。或者换个角度说,这两所佛教寺庙,或许也是借助德川家康的影响,传播了佛教最初的、具有磐石性质的男女平等观,也因为这种平等观,佛教得到了广大女性的认可,女性则成为了信奉佛教中的一股庞大力量。所以,无论从佛法的"性"上看男女究竟是否平等,但平等的观念却深入每一个佛教信徒的信仰中。从这一点看,无论是作为信徒的德川家康,还是作为信徒的狩野探幽,他们在阳明门儿童游戏雕刻中所为世人延伸的并不仅仅是对和平与繁荣的愿景,更是力求在佛法的"相"上为世人延伸开悟——不能因差别而迷失平等,也不能因平等而抹杀差别。②

---

① 缘切寺是江户时代妇女为离婚而逃进的一种尼姑庵。妇女在寺院里禁足一段时间就可以实现离婚。通常情况下,离婚都是由丈夫单方面交给妻子一封离婚状而完成。当妻子提出离婚时,如果丈夫不肯给离婚状,这种离婚就极难实现。为了能够实现离婚,妻子就只有跑进缘切寺里。寺院办理离婚的方式主要有两种:一种是以妇女在寺里待上3年为条件,然后利用寺法逼丈夫交出离婚状,这种情况称为"寺法离婚";另一种则是通过寺方的调解、撮合,加上夫妻双方谈判的方式,可以使妻方不用入寺即可被遣返娘家,实现离婚,这种情况称为"协议离婚"。见王维辛著,苗兴伟、蔡金亭总主编:《日本江户时代的离婚研究》,中国海洋大学出版社2016年版,第112页。
② 顾净缘著,顾龙珠校,释大愿主编:《顾净缘著述集》(1),东方出版社2014年版,第114页。

成人的回忆

以歌川国芳《新板儿童游戏浮世绘》为代表的一系列绘画作品证实了这个小游戏对成人的影响:"老鹰捉小鸡"是孩子们最爱玩的游戏之一,充满了生活的情趣,能激发成人对儿时最美好的回忆。实际上,在中国也是如此,从焦石山人的谐数之词,伍影、曾新友的诗歌,到曹景荣、何红雨的小说,几代的文学家和浪漫主义作家在各自的作品中都不约而同地提及了"老鹰捉小鸡"这个对他们童年产生重要影响的游戏。在他们的回忆中,童年的"老鹰捉小鸡"是如何的呢?

迫切于社会的变革和对时政、官场的批判,晚清新创报刊层出不穷,游戏文章因其休闲娱乐和滑稽性深受人们欢迎,一大批晚清知识分子致力于依托报载游戏文章的谐文栏目来讽世、喻今。1918年创办的《沪江月》期刊,主旨在于"小则为同学吐异彩,大则为国家展宏图",在第三期的谐文栏目中焦石山人借童年的"老鹰吃小鸡"游戏展开了一场诙谐的姬姓与应姓的趣谈:

> 有姬姓者素好诙谐。一日赴友人之宴,一长者在座,相与叩姓氏。
>
> 长者曰:敝姓应。
>
> 姬姓者闻之大骇。
>
> 或叩以故。
>
> 则曰:诸君其未闻老鹰吃小鸡之言乎。
>
> 闻者为之绝倒。[1]

不同于焦石山人对童年"老鹰捉小鸡"游戏名称的谐趣回忆,面对20世纪30年代末中国严峻的国际形势,在对童年"老鹰捉小鸡"游戏的回忆中,甘久英在1935年创作了诗歌《老鹰和小鸡》:

> 一只老鹰在空中盘旋地飞着,他看着下面,想找寻吃的东西。这时,我和一个小朋友正在草场上观看小鸡们觅食。那只老鹰要想下来

---

① 焦石山人:《老鹰捉小鸡》,载《沪江月》1918(03):21。

吃我们的小鸡；可是，他看见我们手中都拿着竹鞭儿，势很强盛，他又似乎有些恐惧。但是，强悍的老鹰，怎肯轻易舍此就飞去呢？他几次飞低一点，要想来掠食，我们便齐声大喊起来。他看见我们照顾得这样严密，不得已，才飞到别处去了。这样看起来，列强要侵略我们中国，我们四万万的同胞，如果都能同心协力，严密防守，我想到列强虽悍，也未必敢来欺我！①

无独有偶，在万氏兄弟对童年的回忆中，"老鹰捉小鸡"游戏中小鸡不应该处于天然的弱势，它们同样有能力来合力抵抗对付老鹰，为此他们创作了应时卡通《合力抵抗》：

> 这部片子是用着"老鹰捉小鸡"的寓言，说明小鸡们虽是弱小的禽类，但也只要大家齐心，能将各人的力量集中起来，那么，老鹰虽极凶狠，也就尽足御侮，可免受欺了。这意义很浅显，确是极容易了解的。②

此外，在成人心理中，回忆是把以前经历过的事物在头脑中重新呈现并加以确认的心理过程。从回忆的过程来看，人在回忆时经常要动员全部的有关经验，并把有关经验"筛选"后才能找到所需要的经验。③ 而在这个筛选与确认过程中，时代背景似乎对成人回忆的内容和感官感受有着很大的影响。同样是"老鹰捉小鸡"游戏，这个游戏不同于近代时期所处处表现的家国、自强情怀，新中国成立后，在文人的童年回忆中，它总是会让人感到愉悦，使人心中充满一张张笑脸。对此，伍影在1960年夏将其写成了一首诗《忆童年》：

> 夏夜竹床上柳堤，谈今论古月沉西。
> 猜谜学戏观星座，趣扮"老鹰捉小鸡"。④

在2017年出版的《草木相思》中，何红雨也回想起了他童年玩游戏的情景：

---

① 甘久英：《老鹰和小鸡》，载《小朋友》1935(646)：17。
② 聂许：《合理抵抗》，载《电影周报》1937.2(06)：23。
③ 高志敏：《成人教育心理学》，上海科技教育出版社1998年版，第45页。
④ 伍影：《岁月留痕》，中国文史出版社2007年版，第28页。

我忽然想起童年的往事来,和小伙伴一起玩耍,就在一棵梧桐树下面。那是暮春时节,桐树的花儿也已经完全盛放,馥郁的芳香弥漫在空气中,而我们就在那颗香气弥漫、花朵盛放的桐树下面尽情地玩耍。我们玩着"老鹰捉小鸡"。我是一只小鸡,跟在霞和云的身后,而霞和云的前面,则是大我们两三岁的几个姐姐。我记得,那时候,常常来捉我们这些小鸡的是那个身材高大的男孩子军。有次,我不小心摔倒,哭着说,不要再玩"老鹰捉小鸡"了。军很快就从地上捡拾了几朵粉紫的桐花递给我,他笑着说,很甜的,不信你吸一口……于是,我在一边吸食清甜桐花花蕊的时候,竟然就忘记了刚才跌倒的疼痛,很快,我们又玩起了"老鹰捉小鸡"。①

此外,2019 年出版的《傅雷散文集》中,记载了傅雷早年在海上经历的一段往事:

真不料,我们幼年时的游戏会在这万里孤舟上重现……玩的是我们幼时叫做"龙头龙尾巴"的游戏,一个穿花汗衫的水手做龙头;胖军官太太,两个法国妇人,两个水手做龙身;西班牙人做龙尾巴;一个蓝衣服的水手做侵犯这龙尾巴的人(这个叫做什么角色我现在再也想不起了)。一大群人跳来跳去的跳了半天,那个龙头真是厉害,忽左忽右地挡住那侵犯的人,始终不能捡到那尾巴。据那位宁波人洪君说,这游戏他们叫做"老鹰衔小鸡"……在大家拍掌哄笑声中,我觉得非常痛快,恶人到底受罚了!②

在成人回忆儿童时代时,"30％经历与愉快情绪相联系,其次是 15％经历与害怕相联系,再次是与愤怒、痛苦和激动相联系,不愉快的事更易于遗忘"③。无论是上文提到的焦石山人甘久英、万氏兄弟、伍影,抑或是何红雨,"老鹰捉小鸡"游戏对他们而言不仅仅是愉快的回忆,也是掺杂着复杂情感的家国之爱、列强之恨,更是集合视觉、听觉、触觉、嗅觉(香气弥漫、花朵盛

---

① 何红雨:《草木相思》,华中科技大学出版社 2017 年版,第 77 页。
② 《傅雷散文集》,北方文艺出版社 2019 年版,第 76 页。
③ 卢家楣主编:《心理学与教育:理论和实践》,上海教育出版社 2016 年版,第 170 页。

放的桐树下)与味觉(吸食清甜桐花花蕊)于一体的全方位感官体验,这些体验都是逐层深入的心理反应过程。其实,体验对我们每一个人来讲都不陌生,我们每天都在感受体验着所生存的这个世界,它是人们对所经历的事、物和环境在生理和心理上的综合感受和情感升华。感官体验是体验的一部分,是其他体验开始的第一步。人与外界互动时,依靠的工具就是感官,因此感官体验是人最基本的反应,也是体验的基础。它是眼、耳、口、鼻、身与外界进行信息交换过程中所体会到的愉悦感,是与外界接触后最直接的感受和感觉。[1] 从这一点上看,"老鹰捉小鸡"游戏在成人的回忆中并不是单一的视觉、听觉与触觉的简单记忆建构,游戏为成人带来的全方位感官体验为加深主体的认同提供了多角度的切入点,而对于主体而言,在参与"老鹰捉小鸡"游戏过程中,任何一种感官都不是独立存在的,在身体所有的感观参与的过程中,原本是由生理感应触发的感官体验,引动了主体的心理感知,在玩耍与经历整个游戏事件过程中实现内心情感的诉求与认知共鸣。

体验哲学是 1999 年拉考夫(Lakoff)和约翰逊(Johnson)创立的全新的哲学理论,提出体验哲学是对西方传统思想的挑战,是对传统客观主义的哲学理论的批判与超越,并将其凝练成三点:"认知的无意识性(the cognitive unconscious)、心智的体验性(the embodiment of mind)、思维的隐喻性(metaphorical thought)。"[2]拉考夫和约翰逊认为人们的思维、心智、概念都是直接基于现实世界、感知体验、身体运动,不可能与生理、神经无关,具有体验性。客观世界中的范畴、特征、关系对其形成有基础性的始源影响,但不可能像客观主义所认为的那样是镜像般的影射,而是身体与客观外界互动的产物。所以,意义是基于体验的心智现象,是主客互动的结果,人在认识世界中发挥着一定程度的主观能动性,心智结构要超出对现实的直接映射,在体验的基础上运用了隐喻 、换喻等方式,使得人类不断形成抽象概念,发展出抽象思维能力。人类的思维、心智、推理在本质上是隐喻性的,具有创作性。

① 陈桂玲、王秋月、韩雪:《时尚品牌推广方法》,经济日报出版社 2015 年版,第 91 页。
② George Lakoff, *Philosophy in the Flesh*: *The Embodied Mind and its Challenge to Western Thought*, Basic Books, 1999; Revised ed. , Edition.

借助拉考夫和约翰逊的体验哲学理论,让我们再重新审视一下成人对"老鹰捉小鸡"游戏的回忆,我们会发现对不同的人来讲,"老鹰捉小鸡"游戏对他们有着不同的意义,这种在体验基础上形成的意义有的是对强大与弱小的思辨,有的是对游戏名称的认知,有的是一种甜甜的味道,又有的是发自内心的愉悦感,但无论怎样,这都是他们的童年在身体与外界互动的过程中身体、感知、体验、大脑和心智的产物,形成了他们各自的"感受域",并在此基础上形成了他们对童年游戏场景回忆的"感官意象"。这也正如胡伊青加(Huizinga)在《人:游戏者》中提到的:"游戏是建立在对某些意象(image),即对现实的某种想象(imagination)的操作之上的(亦即把现实转化为意象),那么我们的主要关切是要把握这些意象及其想象的价值和意义。"[1]换句话说,正是因为"老鹰捉小鸡"人为设定的游戏场所、人物角色、对话内容等元素,加强了感官意象在成年人回忆中的辅助,使意象鲜明逼真,更具游戏设计的价值与意义,也反过来使得"老鹰捉小鸡"游戏能够那么鲜活地存在于成人的回忆中。

依托人为设定的范畴、特征与关系,"老鹰捉小鸡"游戏对游戏者的感知、体验等产生了始源影响,并在游戏者的身体与客观外界互动的过程中,助益形成他们各自的"感官意象",这样既有利于游戏者创作以及抽象概念的形成,也有利于这个游戏自身的认同、传播与创新。从这个角度上看,"老鹰捉小鸡"这个小游戏并不是我们表面所认为的那么简单,它必定有一个被精心设计、变迁与传播的过程。所以,探寻这个游戏的起源十分必要。

---

[1] (荷)胡伊青加:《人:游戏者·对文化中游戏因素的研究》,成穷译,贵州人民出版社2019年版,第4页。

第二章 "老鹰捉小鸡"游戏的起源争议

关于"老鹰捉小鸡"的起源,各国学者众说纷纭。1894年出版的《英国民间传说词典》(*A Dictionary of British Folklore*)中指出"狐狸与鹅"("老鹰捉小鸡")是当地传统的儿童游戏。不过,对日本学者来讲,他们认为在日本平安时代中期(约900年),一位天台僧人惠心僧都受《阎罗天子故志王经》的启发创编了"比比丘女"("老鹰捉小鸡")游戏,这一说法自日本江户时代以来被代代日本学者所认同。而早稻田大学的寒川恒夫教授却有着不同的看法,他认为这个游戏是与农耕文明有着密切的联系,日本的这个游戏是在弥生时代(前300—公元250)以后由朝鲜流传到日本的。而对于中国的学者来说,相传"老鹰捉小鸡"源自唐代,北京的"卖大布"、青海的"抓羊"、新疆的"老鹰吃仙鹤"都是"老鹰捉小鸡"游戏的类型。① 不过,又有学者认为印度的卡巴迪类似于"老鹰捉小鸡",可以追溯到史前时代的西亚,据说已经有4000多年历史。② 实际上,关于"老鹰捉小鸡"游戏的历史与起源,世界上大多数国家、地域、民族都有着各自不同的说法,国家、地域与民族不同,游戏的版本因此也形式多样。

---

① 丁亚红:《老游戏·玩起来:科学视角下的民间游戏》,河北美术出版社2015年版,第38页。
② 第16届亚洲运动会组织委员会编:《广州亚运会竞赛项目通用知识读本》,广东人民出版社2009年版,第176页。

谁是娘家

对于一个出嫁的女子来说,无论她远嫁何方,也不管她生活好坏、成就高低,那个珍藏在她心中、魂牵梦绕的出生和长大的地方,就是"娘家"。对"娘家"的眷恋或许会成为出嫁女儿在外奋斗、拼搏的动力,而"娘家"也在时刻关注着这位远嫁在外的女儿,一旦"一人得道","娘家"也便有了名垂青史、扶摇直上的契机。"老鹰捉小鸡"游戏似乎就像那位远嫁在外的女儿一样,默默无闻地延续、变迁与传播,只待那个姹紫嫣红的时刻。那么,她的"娘家"是谁呢?

当下,在世界各地,我们都能看到类似"老鹰捉小鸡"的游戏。游戏的形式通常一个人扮演老鹰,一个人扮演鸡妈妈,其他人扮演孩子。鸡妈妈站在最前面,其他小鸡依次站在后面并抓住前面一位的腰。老鹰则站在鸡妈妈的对面与张开双臂要保护小鸡的鸡妈妈形成一种对峙抗衡的态势,目的是要抓住后面的小鸡。这一游戏的典型构造是由"袭击者—庇护者—被庇护者"这三个要素构成,并辅以"问答"的形式展开。这种"问答"形式以《浦江风俗志》中记载的"牵狗卖莲鲐"游戏("老鹰捉小鸡"游戏的一种)为例:

> 最前面的一人展着双手,其余孩子从大到小依次拉着前一个人的背后襟,鱼贯相联,呈"莲鲐鱼"状。前一个称"头",最后一个称"尾",站在孩子前面的一个称"客人"。游戏开始,最前面的孩子对着"客人"说:
>
> 头:客人,你来买什么?
>
> 客人:来买鱼头;
>
> 头:头有骨头;
>
> 客人:买鱼肚;
>
> 头:肚有粪;
>
> 客人:买尾巴;
>
> 头:尾巴来斗伙(意即拿来吃)。
>
> 于是买鱼的人就来捉尾巴,前面的孩子展开双手拦阻,口念:

当当切,当当切!①

在中国,"老鹰捉小鸡"这个民间游戏历史悠久,在各民族中分布广泛,名称也众多。汉族聚集的大多数地区将这个游戏称为"老鹰捉小鸡"②,也有其他称谓像"捉龙尾"③"捉龙头"④"马虎叼羊"⑤"杀羔羊""老鹞叼鸡"⑥"狼吃羊"⑦"黄鼬抓鸡"⑧"猴母牵猴子"⑨"老王买狗"⑩等。此外,像佤族⑪、仡佬族⑫、独龙族⑬以及纳西族、水族、赫哲族、怒族、彝族等也将其称为"老鹰捉小鸡"⑭。与之相似的,新疆柯尔克孜族将它称为"老鹰吃仙鹤"⑮,居住于东北地区的满族人又称其为"老鹞叼小鸡""老鹞子捉小鸡""老鹞叼鸡"⑯,蒙古族人将其称为"老鹰捉小鸡"⑰。新疆维吾尔自治区和田地区于田县达里雅布依乡的人将这个游戏称为"爸爸护孩子"或"妈妈护孩子",塔吉克族将其称为"狼抓羊";藏族人称这个游戏为"抓鸡";海南的黎族人将其称为"老鹰抓小鸡"。除此之外,土族的"抓羊""合尼瓦日"⑱,达斡尔族的"格勒腾嘎日"⑲,

① 章寿松:《金华地区风俗志》(上),浙江省金华地区群众艺术馆1984年版,第96页。
② 王保生:《青岛市崂山区非物质文化遗产资源普查资料汇编》,崂山区文化,2009年,第399页。
③ 汤友权、胡鹊飞:《简明群众文化词典》,湖南大学出版社1988年版,第257页。
④ 何平主:《杭州市非物质文化遗产大观:传统体育游艺与杂技卷》,西泠印社出版社2010年版,第144页。
⑤ 山东省地方史志编纂委员会:《山东省志·民俗志》,山东人民出版社1996年版,第486页。
⑥ 同上书,第485页。
⑦ 宜阳县地方史志办公室编:《洛阳乡镇概览·宜阳卷》,郑州,中州古籍出版社2013年版,第575页。
⑧ 秦元东:《浙江儿童民间游戏现状与传承》,浙江大学出版社2011年版,第226页。
⑨ 福建省惠安县德祥工贸公司编:《惠安县民间风情杂谈》(下),福建省惠安县德祥工贸公司2012年版,第690页。
⑩ 陈业新:《鱼龙百戏:长江流域的游艺与竞技》,武汉出版社2006年版,第9页。
⑪ 赵富荣:《佤族风俗志》,中央民族大学出版社1994年版,第194页。
⑫ 申强健、王文乔、申利丽:《仡佬族地区民间游戏荟萃》,民族出版社2012年版,第90页。
⑬ 李明金:《独龙族文学简史》,云南民族出版社2004年版,第2页。
⑭ 四川省盐边县民族事务委员会编:《盐边县少数民族志》,四川民族出版社1994年版,第42页。
⑮ 牛建军、赵斌编:《中华传统民间游戏常识》,郑州:中州古籍出版社2014年版,第2页。
⑯ 汤立许:《民族传统体育项目教材化与评价体系研究》,湖北人民出版社2015年版,第122页。
⑰ 苏德:《蒙古族传统家庭教育与文化传承》,中央民族大学出版社2014年版,第124页。
⑱ 王文宝:《中国民间游戏》,北京:华龄出版社2010年版,第251页。
⑲ 丛密林:《关于达斡尔族、鄂温克族、鄂伦春族传统体育文化的调研报告》,载《内蒙古社会科学(汉文版)》2016,37(05):178—186。

鄂伦春族的"打鬼护子"①,壮族的"卖龙车"②等,也都是对这个游戏的别样称呼。

中国地图

图12 "老鹰捉小鸡"游戏中国地理分布图

由此可见,这个小游戏遍布中国的地理分布版图(如图12)。不仅如此,每个民族还都将这个小游戏作为本民族的传统游戏来对待。贵州省清镇市的布依族人自小就玩一个名叫"捉龙尾"的游戏,游戏者中选一人当"龙头",一人做"捉龙尾者",其余的人一个接一个拉住前面一位的后衣,依次排在"龙头"后面成为"龙身",最后一人便是"龙尾"。"龙头"张开双臂面对"捉龙尾者",并根据其跑动方向,带着"龙身"左右移动跑,让"龙尾"躲避捉拿。跑动中,"龙身"不能脱节。如"龙尾"被捉就自动退下,倒数第二人自然成为

---

① 黄起东、王淑华、雷霆:《鄂伦春族传统体育文化特征探析》,载《唐山师范学院学报》2012,34(02): 93—95。

② 广西民间文学研究会:《广西民间文学丛刊》第三期,广西民间文学协会出版社1981年版,第 33页。

"龙尾"。① 这其实就是"老鹰捉小鸡"游戏的另一种角色表现形式,但无论怎样,对布依族人来讲,这个游戏是属于他们本民族的传统游戏。"龙"这个文化要素千百年来贯穿于布依族历史文化变迁的全过程,诸如"庚香三"("三月三"祭山活动)期间,为祈求风调雨顺的草龙戏水,以及六月六节日起源传说的"龙王三小姐"等。如果从这个角度来理解布依族人对游戏看法的坚守,"捉龙尾"游戏牵动的似乎是一个民族的文化传承。

此外,对满族人来讲,"老鹰捉小鸡"也是属于他们的传统游戏,他们将其称为"老鸹子抓小鸡"或"拉拉狗",游戏前的对白也有着明显的地域特色:

　　老母鸡与老鸹子之间游戏前的问答:

　　问:大哥大哥你做啥呢?

　　答:磨刀啊。

　　问:磨刀干啥呀?

　　答:杀猪啊。

　　问:杀猪给我留条腿呀!

　　答:留了。

　　问:在哪儿呀?

　　答:在锅台后头呢。

　　问:锅台后头没有啊!

　　答:叫猫叼去了。

　　问:猫呢?

　　答:猫上树了。

　　问:树呢?

　　答:树叫火烧了。

　　问:火呢?

　　答:火叫水泼啦。

　　问:水呢?

① 清镇市民族宗教事务局,清镇市布依学会编:《清镇布依族民俗文化》,贵州民族出版社 2017 年版,第 382 页。

答:水叫牛喝了。

问:牛呢?

答:牛上天啦!

问:天呢?

答:天在头上呗。

对彝族的儿童来说,"老鹰叼小鸡"也是他们本民族的传统游戏,并且有着明显的本民族"缠头布"特色。游戏规则:一般 10 人左右,排成总队,把缠头布取下来做腰带,后者拉住前者的腰带。一人在前面做老鹰,纵队的前者为母鸡,保护后面的小鸡不让叼走,做老鹰者要设法逮住末尾做小鸡者,因而,在后面做小鸡者依次紧紧拉住前者不放松,若老鹰朝左,纵队就要右躲,如此忽左忽右地变换方向,队形也随着大幅度摆动,做老鹰者依次逮住末尾的人,直至逮完为止,才算结束一轮。[①] "老鹰叼小鸡"游戏,对一些地区彝族人来说,似乎只有将"缠头布"摘下来做腰带,才应该是这个游戏最有序的玩法,也是最有彝族民族特色的儿童游戏形式。

再诸如仡佬族的"牵羊摆尾"游戏。由一人做"羊老板",后面几人或十几人做羊群,后面一个拉着前面一个的衣裳尾巴成一长串。玩时选一个做"狼","狼"先抓一把泥巴做"麦子"。

狼边撒边念:撒麦子,撒麦子,撒在高坡逗羊子。

然后走到"羊老板"面前说:羊老板,你家羊子吃我家麦子呢!

羊老板说:吃去好多?

狼说:吃去一升。

羊老板说:还你一升。

狼说:吃去一斗。

羊老板说:还你一斗。

狼说:吃去一偏坡。

羊老板说:还你一偏坡。

---

① 师有福主编,红河彝族辞典编纂委员会编:《红河彝族辞典》,云南民族出版社 2002 年版,第 351 页。

狼说:不行,我要拿你的羊子杀了吃羊肉!

然后"狼"就去抓"羊"。"羊老板"极力保护自己的羊群不被抓。如"羊"被抓光了就为输。①

对仡佬族来说,羊是他们畜牧业主要的饲养对象,贵州铜仁地区的石阡仡佬也自称"羊角佬"(青葛)、"羊古佬"等②,可见,羊对仡佬族自古至今的繁衍生息至关重要。所以,保护羊群,并因此形成仡佬族传统的"牵羊摆尾"游戏,似乎理所应当。

如果布依族、满族、彝族、仡佬族等不同民族的人孜孜不倦地争辩这个游戏应该源自他们各自的民族,是属于他们各自民族传统的游戏,位于内蒙古开鲁镇地区的人或许对他们的争论嗤之以鼻,因为在他们看来,"老鹰捉小鸡"游戏的起源有个不争的事实,就是源于开鲁地区的远古边民生活。对他们来讲,特别是听当地70岁以上老人的回忆,在远古开鲁的边民生活中,老鹰会时常在光天化日之下,扎下翅来捕捉开鲁镇内的小鸡,这时老妇们会敲着铜盆呼喊着"老鸹子来了"③。在70岁以上老人的儿时回忆中,"老鹰捉小鸡"游戏便成了起源于开鲁当地的儿童游戏。

同样,对于河南洛阳地区的人们来讲,"扯狗娃"则无疑是起源于当地的传统儿童游戏,因为无论是"狗娃",还是游戏形式,抑或是"问答"内容,对当地人们来讲都是非常熟悉和生活化的元素。游戏开始前两个年龄稍大的儿童,一个逮狗娃,一个护狗娃,许多儿童参加,都充当狗娃。"狗娃"依次扯住前边人的后衣襟,在护狗娃人身后连成一串。活动开始,逮狗娃人站在护狗娃人对面,力图捉住护狗人身后的小狗,护狗娃人伸双臂遮拦阻挡,后面的狗娃连在队上,扯住前面人的后衣襟,队伍折拐奔跑,惊呼欢笑,十分热闹。逮狗娃人捉完队尾上掉队的狗娃后,还可背上小狗去卖,高喊"卖狗娃,谁要哩?"其他人问:"啥价钱?""一斗谷子一斗糠。""看你狗娃灵不灵?"说着手拍

"狗背",小狗就"汪汪汪"连叫数声,大家欢笑,十分有趣。① 显然,"狗娃""谷子""糠"等熟知的生活元素构成了洛阳人对"扯狗娃"游戏地域起源的思维定式。

到这里我们似乎发现了一个规律,在中国,无论是不同的民族还是不同地域,他们对"老鹰捉小鸡"游戏是本民族或本地区传统游戏的固执己见,似乎都与该民族或地区共有的传统文化、习俗或生活习惯有着千丝万缕的联系,也正是因为这些因素,使得他们对游戏传统的看法始终如一。

可事实一定就是如此吗? 有没有例外的情况呢?

于平、任凭在《童年印记》一书中也记述了他们自己童年玩"老鹰抓小鸡"游戏的场景:

> 姊妹六个,我排老二,除了和上面的姐姐相差六岁之外,与下面的妹妹弟弟每隔两岁一个,呈标准的阶梯状。这种阶梯式的大小排列,极适合玩那种"老鹰抓小鸡"的游戏。
>
> "老鹰抓小鸡"又叫"吊龙尾",是由传统的舞龙灯衍化出来的一种儿童游戏。玩的方法是由几个孩子扯成一个龙形队伍,前面一个大的护着后面那个小的,与队伍外面的"老鹰"展开护与捉的比赛,是一种很有趣的游戏。
>
> 每当父母不在家的日子里,姐姐为了看住我们五个淘气包,便带着我们做这个游戏。
>
> 姐姐自然是要当龙头,我们称她是"老母鸡";小弟最小当龙尾,叫"小鸡";三妹、四妹、大弟当龙身,每个人都扯住前者的衣服,由前到后,依次排成龙形队伍。我则当老鹰,站在队伍的外面捕捉龙尾的"小鸡"。
>
> 游戏开始后,我千方百计去抓龙尾的小弟,龙头的姐姐竭力阻拦保护,我左扑右抓,姐姐就左挡右拦,三妹、四妹、大弟也跟着左摆右晃,小弟就随着左躲右闪,非常有趣。每当此时,他们就唱起那首儿歌激我:老鹰抓小鸡,小鸡藏后边。老鹰抓不到,急得蹦蹦跳。

---

① 文史资料委员会、政协新安县委员会编;张宗子、赵玉珍主编:《新安文史丛编·民俗卷》,河南人民出版社 2015 年版,第 249 页。

不过小弟太小了,不管姐姐怎样用力保护,不出三个回合,我总能把他抓住。此时,他那吐字不清的儿歌还没唱完,就已让他靠边站了,下一个目标该是大弟了……

如今,昔日的小弟也已是二十有六,长成了一米八八的大青年。每当我们聚在一起,说起童年的往事,大家就乐得如孩童一般。[①]

在于平和任凭对童年玩"老鹰抓小鸡"游戏的回忆认知中,亲情与快乐是贯穿始终的记忆元素,这让他们乐于回想起每次玩游戏的场景。而对游戏起源的认知中,他们则认为这个游戏是由"传统的舞龙灯衍化出来的"。这种对游戏起源的认知,不同于上文所论述的各民族或地域人们共有的认知形式,这是一种个性化的认知。这一认知或许与于平和任凭的知识结构或者认知习惯有关,但不管怎样,从于平和任凭的认知角度来看,"老鹰捉小鸡"游戏似乎又多了一个源起的"娘家"。

不管是布依族、满族、彝族、仡佬族等民族对游戏传统的"共有风俗性认知",还是诸如内蒙古开鲁镇和河南洛阳历经岁月的变迁所形成的"共有生活习惯性认知",又或者像于平和任凭那样在自我的成长经历中所形成的个性化认知,"老鹰捉小鸡"游戏对他们来讲超越了纯粹的生物行为活动,游戏对他们来讲具有了某种意义,这种意义超越了生活的直接需求而将意义赋予游戏的行为过程中。游戏的过程像是某种"愿望的满足",有些许被设计出来用以保存特定价值情感的痕迹。

那么,在国外,对"老鹰捉小鸡"游戏是否也有类似的认知呢?

在当下的日本,对每一个普通的日本人来说,"鬼捉子"游戏在他们的生活中司空见惯,几乎每一个孩子的童年都有参与的经历。"鬼捉子"游戏是"比比丘女"游戏的变形。许多日本人认为"比比丘女"游戏源自1300年前的日本平安时代中期,一直被传承至今。日本学者和社会人士看到了这个游戏能够在几代人、不同性别、不同地域、不同边界以及不同文化之间共享的价值,致力于将"比比丘女"游戏以及变形的"鬼捉子"游戏的各种价值观念挖掘、传承下去,并希望以此创造更加多元化的价值,为社会的发展做出

① 于平、任凭著绘:《童年印记》,新世界出版社2012年版,第226页。

贡献。

　　事实上,自日本平安时代以来,"比比丘女"游戏在日本民间就被认为是日本的传统游戏,并随着历史进程的变迁,这个游戏在日本被赋予了浓厚的时代背景。歌川国芳,这位出生于1797年日本江户时代末期的浮世绘画家,他的绘画因出乎意料的构思和新鲜多彩的表现力而闻名,这与他自小的生长经历息息相关。也正因为此,1818至1830年间,他绘制了《新板儿童游戏浮世绘》(如图13)。

图13　1818至1830年间,歌川国芳绘制的《新板儿童游戏浮世绘》

　　与歌川国芳同时期出道的浮世绘艺术家歌川广重有着截然不同的绘画风格,他注重抒情,并推翻了当时浮世绘以人物描绘为主流的传统观念,将"风景画""花鸟画"的重要性提升,为人们提供了一种享受浮世绘的新方式。在这种背景下他绘制了"燕子鬼捉子"(燕の子子とろ子とろ)游戏(如图14)。

　　到了明治时代,"比比丘女"游戏被赋予"道德"教化的重任,被放在学校制订的教材中使用。唐泽律子在《第35回——从双六看东京小学情况(13)》中介绍日本明治维新时期教育的问题时,提到了当时东京本所林町(现墨田区菊川市)的"中和学校"中孩子们玩"鬼捉子"游戏的场景,也认为这个游戏

图 14　19 世纪初歌川广重绘制的"燕子鬼捉子"游戏(神奈川县立历史博物馆)

是始于日本的传统游戏。

　　一个人假扮成恶鬼,一个假扮成父母,其他人都是孩子。游戏前,恶鬼会先说:"抓孩子抓孩子喽,先抓哪个孩子呢?"一番交谈后,恶鬼会试图抓住后面的孩子。另一方面,父母张开双臂以保护身后的孩子,并躲避恶魔的攻击,同时与身后的孩子们来回躲闪,并说:"サアとっちゃーみーさいな(好诱人呀)。"如果捉住了后面的孩子,被捉住的孩子将成为恶鬼,而扮演恶鬼角色的人将成为父母。这款游戏历史悠久,据说始于平安时代。最初,为了佛教教化的目的,地藏菩萨保护即将被带回地狱的罪人(因罪而死的恶魔)而被转换形成的游戏。

　　这样,男孩经常通过玩耍来锻炼体力,并自然地学会了如何遵守规则并与人互动。①

　　然而,明治时期日本民众对"比比丘女"游戏喜爱到将其作为日本传统的游戏来看待,也并非没有例外。对当时的日本人来讲,传统的事物既可以被许多人喜爱,也可以被拿来讽刺当时社会的现状。三代歌川广重在 1868

---

① 唐澤 るり子,第 35 回——双六から見えてくる東京小学校事情 (13),モノが語る明治教育維新,2019 年 4 月 9 日。

年绘制的《儿童"鬼捉子"游戏图》(《幼童遊び子越とろ子をとろ》)(如图15),便是这一题材的"比比丘女"游戏场景。

图 15   1868 年三代歌川广重绘制的《儿童"鬼捉子"游戏图》

三代歌川广重绘制的这幅儿童游戏场景的主题是日本戊辰战争的进展情况。戊辰战争(1868—1869)是明治天皇一方(以萨摩藩、长州藩、土佐藩等为核心的新政府军)与旧幕府军、奥羽越列藩同盟、虾夷共和国(幕府陆军、幕府海军)之间进行的一场持续一年半的战争。战争起因于通过王政复古政变成立的新政府,将德川庆喜从政权中排除,要求他辞官、纳地,而旧幕府军对德川庆喜的待遇不满,所以与新政府军在京都发生了冲突。事实上,在当时的日本百姓看来,新政府军和旧幕府军之间的斗争充满了许多不可理解和滑稽的成分,使得他们对这场战争的爆发充满了许多正义感的认知。在这样的背景下,江户时代末期出版了大量锦绘漫画。而此时描绘幕末政权下的社会形势和武士等内容的作品是被禁止出版的。于是,人们便通过假托过去的历史场面和孩子们游戏的情景,以在其中隐藏表示藩名的"记号"的形式,发行了很多讽刺画。而三代歌川广重的这幅《儿童"鬼捉子"游戏图》却明确标明了画师的名称,以及出版商(丸屋平次郎),刊行年代(庆应4 年 2 月),这一点是非常难能可贵的。对此,也有日本学者进行了专门的抠图解读(如图 16):

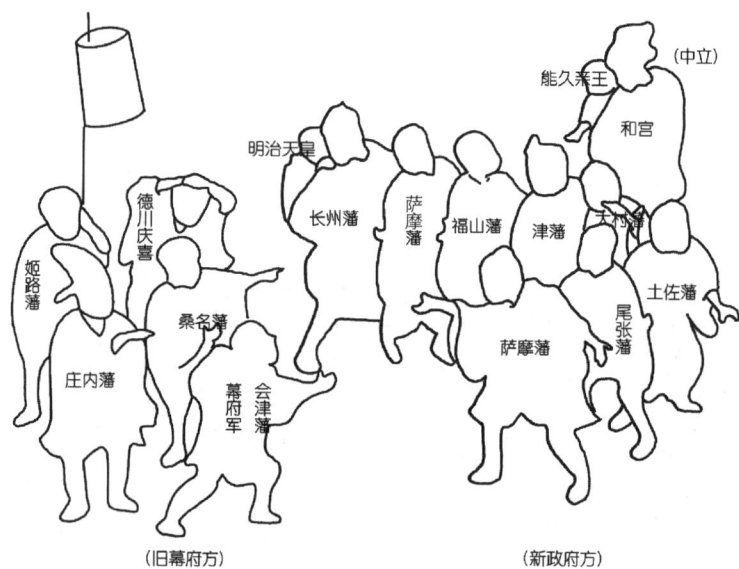

图 16　1868 年三代歌川广重绘制的《儿童"鬼捉子"游戏图》抠图

　　从图中我们可以看出左边染了"当"字的孩子是作为袭击者的"鬼",游戏的目的是要抓住右边的相连的孩子中的最后一个。右边领头的孩子是父母,他身穿带有"请宽纸"的衣服代替铠甲,努力挡住鬼的去路。左边的鬼代表了旧幕府军一方,打头阵的是会津藩(除此之外还有德川庆喜、姬路藩、桑名藩、庄内藩)。右边代表父母的是萨摩藩,其后依次是尾张藩、土佐藩、大村藩、津藩、福山藩、萨摩藩,最后是拥戴明治天皇的长州藩,最右边的抱着孩子观看游戏的女性是和宫。也就是说,三代歌川广重借这幅对日本百姓所熟识的儿童游戏,表现了明治天皇一方和旧幕府军一方之间的势力状况,以此表达他对这场类似儿戏的战争的态度。以三代歌川广重这幅游戏图为代表的锦绘的巨大成功,导致漫画在动荡的江户时代后期和明治时代早期作为锦绘的一种体裁而迅速发展,而从中我们也可以了解到,对当时的日本百姓来讲"比比丘女"这个游戏是他们司空见惯的传统游戏。

　　在战后的日本,来自欧美国家的民间传统游戏得到了迅速普及,这些外国的民间传统游戏在日本的幼儿教育中发挥着重要的作用,主要用来培养儿童的协调性以及情商教育。尽管来自外国的这些传统游戏在幼儿教育方

面有积极作用,但高崎喜久子认为日本传统的童谣类的游戏同样有这样的效果和作用,为此他也列举了"比比丘女"游戏:

> "比比丘女"是从平安时代开始玩的童谣歌类游戏。
>
> 游戏队形:一个恶鬼站在前边,在他对面,孩子们手抓住前面人的腰排成一列。(游戏前)先开始唱歌。
>
> 恶鬼:抓孩子、抓孩子、抓孩子。
>
> 孩子们:抓取哪个孩子?
>
> 恶鬼:去抓那个孩子喽。
>
> 孩子们:你去抓抓看。
>
> 恶鬼:抓孩子、抓孩子、抓孩子。
>
> 歌曲一结束,恶鬼就想抓住最后的孩子,领头的孩子则张开双手,保护着孩子。如果孩子被恶鬼抓住了,那孩子就会变成恶鬼,恶鬼就会走到最前面,然后再继续玩。①

根据地域的不同,"比比丘女"在日本也有不同的称呼,目前在日本的 7 个地区(东北、关东、中部、近畿、四国、中国、九州)的 17 个都道府县(青森、滋贺、岛根、岩手、和歌山、福冈、长崎、山形、奈良、茨城、京都、东京、大阪、神奈川、兵库、岐阜、香川)都有记载,常见的称呼有"ことろことろ""子捕ろ子捕ろ""子取り鬼""子買お""おやとりことり""おくまどろどろ""子を捕ろ子捕ろ""こまどり""親はとるもの"等。情况与中国类似,"比比丘女"游戏作为日本的传统儿童游戏,在今天的日本民众心目中已经成为共识,并被认为是"鬼捉子"游戏最古老的表现形式。

为此,日本相关社会人士和教育界人士在 2010 年合作成立了国际鬼捉子游戏协会(International Onigokko Association)。协会制订的愿景是:"致力于继续传承 1300 年前日本传统的鬼捉子文化,通过竞技性的鬼捉子游戏形式和传承下来的传统鬼捉子游戏形式,为世界作出贡献。"2017 年,又成立了专门的"鬼捉子综合研究所",以希望专门探究这个小游戏千年以来所传

---

① 高崎喜久子, 伝统音乐「わらべ唄」について, 保育论丛, vol. 11, 1976, pp. 1—17.

承的各种价值。竞技性的"鬼捉子"游戏是由"鬼捉子协会"开发设计的,在传统的"鬼捉子"游戏的基础上创新发展,只是以体育比赛的形式开展,但保留了原有游戏"假扮"和游戏的元素(如图17)。

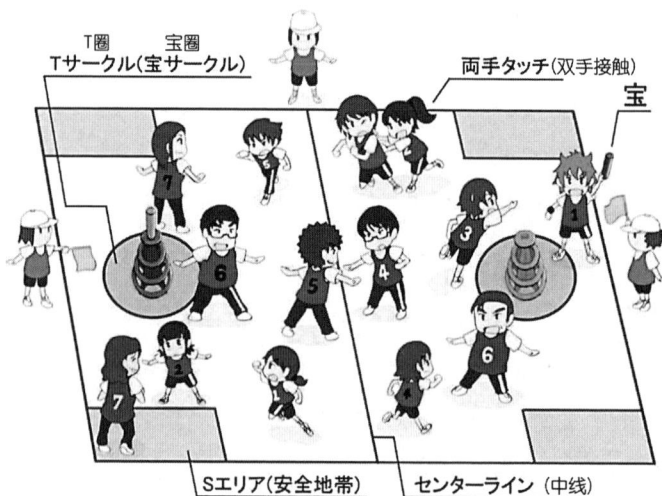

图 17　日本鬼捉子协会创编的"鬼捉子"竞技游戏图

参赛队伍规定人数10—12人,双方队伍上场游戏人数各7人,比赛时间分为上下半场,各5分钟,半场休息2分钟。游戏的简要官方规则如下:

① 在有限时间(获取)更多宝藏的团队获胜。

② 在获得对手的宝藏的同时保护自己的宝藏。

③ 触摸时,请务必用双手用力触摸。

④ 防守队员不得进入T形圈内。

⑤ 您可以通过越过中心线并进入敌人的营地,并在被对手触摸时返回自己的S区域来重新开始。

⑥ 进入敌方队伍的S区时,不要被对手碰到。

⑦ 触摸时,请勿推动,撞击或进行危险行为。

对传统的传承与创新,让不同时代、不同年龄阶段的日本人都能够感受到"比比丘女"游戏的乐趣,游戏规则不管有着怎样的时代变迁,这项运动对每个人都给予公平的参与机会,无论运动技能的高低,不管年龄与性别的差异,每个人都能够在"装扮"或"表演"的角色保护与袭击中感受到游戏的乐趣。心理学家把这种"表演"称为一种补偿,一种替代,一种鉴于不可能当真实施而采取的表现行为。[①] 在游戏的"表演"过程中"想象",这或许也是日本民众传承并创新这个传统游戏,并致力于将其打造成为一种基于"全民运动"理念的新运动形式的原因。

在韩国,"老鹰捉小鸡"游戏被称为"抓尾巴"游戏。根据地区和玩法的差异,这个游戏在韩国又被称为"打鸡皮疙瘩""鼬鼠崽子""黄鼠狼""小马驹""捉青鱼""摘童瓜""鸡捕""百足游""抓腰""摘西瓜""摘乳牙""摘南瓜""玩鹅""抓稻枝""捉秋刀鱼""大雁游戏""拉绳子"游戏等。在韩国民众的心目中,这个游戏是他们自古传承下来的传统游戏,游戏对象主要是女孩子。通常这个游戏有三种玩法:第一种玩法,分为两队,一队的排头去抓住对方队伍的队尾;第二种玩法,单独规定一个捕捉的人("鬼"),去抓对方队伍的队尾;第三种玩法,队伍排头的人去抓本队队尾的人。《韩国民族文化百科全书》对这三种玩法有详细的记载:

第一种方法常称为"摘西瓜"(如图18)。

小朋友们平均分为2组,猜拳输的人和赢的人各一组,每组20—30人。各队的头领站在最前面,按个子大小抓住前面人的腰排成一排。游戏开始后,合唱《阿里郎》或《羌羌水越来》等歌曲并绕圈子。

两队领头出面决定谁先"摘西瓜"。决定好后,先"摘西瓜"的领头一边模仿老奶奶一边问"请问老奶奶在吗?",对方一齐合唱"为什么来?",他就回答"我是来摘西瓜的"。这时展开的问答以歌曲的形式重复,有趣的内容来往不断。

每当要"摘西瓜"的时候,另一方队伍就会说"西瓜现在才刚结出小果,明天后天过来吧""好不容易才长到碗这么大""长到罐那么大"等,推迟"摘西瓜"的时间。每当这时,两帮人就会各自唱歌,在院子里转一圈,然后一队的领头重新出现。最后听到"现在都熟了,去采摘吧"的声

---

① (荷)胡伊青加:《人:游戏者·对文化中游戏因素的研究》,成穷译,贵州人民出版社1998年版,第14页。

音,游戏达到了高潮。

　　想要"摘西瓜"的一方在应援声中为了"摘西瓜"而到处移动,另一方则为了阻止这种情况而进行躲避。躲避方的头头要带领好自己的队伍,但长长的队伍很难一次移动,所以移动时要提前考虑尾部移动的情况。

　　领头人在观察对方队伍的移动时,也要预测自己的队伍尾巴的移动。此时,活动范围太大反而很难保证队伍的平衡,因此最好尽量减少移动。如果对方摘下"西瓜"或拦住西瓜的队伍断了,游戏就重新开始。

图18　韩国小朋友玩"摘西瓜"游戏

　　第二个方法是通过石头剪子布来决定一个捉家"野猫"或"鬼神"和队伍的头"鸡妈妈"或"雁妈妈"和尾巴"崽子"(如图19)。鬼捉崽子,队伍前面的妈妈则张开双臂阻止鬼保护崽子。若"野猫"或"鬼神"捉住最后面的孩子,则排头,即鸡妈妈或雁妈妈会因保护幼仔不力而被问责,因此要充当下一轮游戏的"野猫"或"鬼神",此外,若"鬼神"能捉住所有人,则会获得骁勇善战的荣誉。

图 19　韩国小朋友玩"鸡妈妈"游戏

　　第三种方法是抱着前人的腰,站成一排队伍,由最前面的人抓住最后面的人的游戏。全罗南道的"鸡皮疙瘩""骏鼠宝宝"游戏和忠清南道的"黄鼠狼"游戏就是其中的代表(如图20)。在全罗南道西南海岸地区作为"羌羌水越来"的附属游戏进行。

　　在"羌羌水越来"中,一群人手拉着手站成一排,主持人说"鼠崽子,小不点,假不点",然后领唱,其他玩家跟着唱这首歌,相互靠近。

　　这时,主持人喊"鼢鼠崽子,快抓住吧",然后玩家们就一起抱住前面人的腰并弯腰。

这时,领头的人会迅速转身追赶最后一个人。但是,因为所有玩耍的孩子都搂着腰,领头的人移动时会跟着一起移动,所以领头的人很难抓住最后的人。

　　如果最终最后的人被抓到,作为被抓到的代价,他就得让领头人骑在自己身上(骑木马)并大喊"抓到了,抓到了,抓到了,老鼠崽子了。不管是黄豆还是红豆都成了豆沙"。

图20　韩国小朋友玩"黄鼠狼"游戏

　　从上面的记述中我们可以了解到,游戏玩法的多样性与性别属性,是"老鹰捉小鸡"游戏在韩国表现出的最明显特征。此外,节庆性也是"老鹰捉小鸡"游戏(济州岛称为"大雁"游戏)在韩国民间的一种特有表现。在韩国济州岛阴历八月十五的晚上,伴随着明亮的月夜,乡村的孩子们在操场或者大院子里玩耍"大雁"游戏。如果站在"雏雁"前面的"母雁"阻挡了"鬼怪"并保护了"雏雁",她将会得到热烈的掌声,而站在队伍末尾的"雏雁"则要密切观察"鬼怪"的运动,以避开它。对此,《济州地方文化百科全书》中认为:"大雁"游戏具有济州岛的独特特征,因为萨满教在这里发展,它包含了人们不被死神所俘虏而奋斗的样子。

现代社会的快速发展对儿童学习成绩的要求以及电脑、网络等儿童游戏的普及,使得越来越多的韩国儿童无法感受到传统游戏带给他们的乐趣,无法明白除了与机器沟通外人与人之间面对面交流的快乐。正是因为看到了这些,出生在日本的韩裔画家洪英宇在《民族传统图鉴——传统游戏》一书中绘制了52幅韩国游戏图,在他看来这些游戏都是韩国人自己传统文化中的一部分,所以采用了一种古老的东方画风以及传统的韩国儿童服饰,目的在于希望当下的韩国儿童通过书籍的阅读,能够感受到韩国传统游戏的乐趣,并勾起人们对传统文化的回忆。"抓尾巴"游戏也被列入其中。

因为在韩国古代的文本资料中没有确切的关于"抓尾巴"游戏起源的记载,关于游戏的起源,除了上述许多韩国民众和热爱韩国传统文化的韩裔人士的固有认知外,也有很多韩国学者认为可以从游戏名称所表现出来的形象,如鸡、大雁、黄鼬、黄瓜等这些常见的动植物来认知游戏的起源,所以他们认为"这个游戏不是在特定区域创建的,而是在每个区域自然产生的"①。

事实上,不管是"抓尾巴"游戏还是"大雁"游戏、"摘西瓜"游戏等,这些与"老鹰捉小鸡"类似的游戏形式,其本身并没有实际的意义,但在游戏的形式与功能表达中,它被人为地赋予了某种神圣的或有意义的秩序,这就使得原本相同的一个游戏在韩国不同地域有了迥然不同的认知,以及对生命、对事物不同的表达。渐渐地,游戏的形式所展现的特有意义融入游戏者对游戏的理解当中,这便使得游戏被赋予了"性别"的特质。

在越南,"龙蛇"游戏(Rồng rắn lên mây)(如图21)是他们对"老鹰捉小鸡"游戏的称谓,被认为是越南传统的民间游戏。郑琼华在《民间游戏——富有特色的民族文化》(2006)中写道:"越南民间儿童游戏通常起源于童谣舞曲,具有一种民族独特的韵律。(游戏)节奏简单的歌词可以随意撤韵,可

---

① 韩国中央研究院(한국학중앙연구원):《摘尾巴》(꼬리따기),韩国民俗文化百科全书(한국민족문화대백과사전),熊津出版社(웅진출판)(现为熊津 Think Big 현재의웅진씽크빅),1991年。

以任意长短,也可以不断重复……在(游戏)柔和的舞动中,可以将越南文化传播到五大洲。""龙蛇"游戏的玩耍过程便是以这种类似童谣"舞曲"的形式展开的:

一个人首先被选作"医师"站出来,其他人一个接一个排成一排,后一个人的手抓住前面人的腰或放在前面人的肩膀上。然后他们都开始像龙蛇一样缠绕着前方的"医师"来回走动,边走边唱歌:

龙蛇盘旋在云端之上,

树木摇曳。

问医师:医师在家吗?

医师回答:医师出去了(或去做某事,因为喜欢去市场、去钓鱼,出门在外……)

龙蛇继续围绕着医师走来走去,再次唱了上面的一段。

医师:医师在家,龙蛇的母亲去哪儿了?

龙蛇:去给我的孩子吃药。

医师:你几岁?

龙蛇:我一岁。

医师:药物不好。

龙蛇:我两岁。

医师:药物不好。

……

直到龙蛇说:我已经十岁。

医师:药物太好了,请给我龙蛇的第一部分:连同骨头一起。

医师:请分享给我龙蛇的中间部分:连同鲜血一起。

医师:请将龙蛇的尾巴给我:自由追逐。

此时,医师试图追赶龙蛇(即排中的最后一个人),龙蛇试图逃跑,头部张开双臂试图阻止医师,排队的其他人则试图四处走动以保护最后一个朋友。如果医师抓住了最后一个人,则该人必须代替他担任医师。如果龙蛇在拉扯过程中中间部分被切断,则暂停以恢复并继续游戏。

图 21　越南小朋友玩"龙蛇"游戏

　　对越南人来讲,像"龙蛇"游戏等民间游戏通常比较简单,没有场地等的严格要求,玩家往往是拉牛放牛的孩子们,却是越南传统民族文化最直接的体现。越南民族学博物馆馆长 Nguyen Van Huy 博士表示:"孩子们的生活离不开游戏。民间游戏不仅仅是儿童游戏,而且蕴含着独特而丰富的越南民族文化。民间游戏不仅可以陶冶孩子的心灵,培养孩子的思维能力、创造力、聪明才智,还可以帮助他们理解友谊、热爱亲情、热爱祖国、热爱国家。"

　　"龙蛇"游戏在越南人看来与古代传统农业耕作的求雨仪式有关。事实上,蛇在越南人的心目中是水之神的象征,在原始信仰中有着久远历史的蛇崇拜痕迹,这与农耕文化对河流和水源的依赖有关。同时,蛇在越南文化中还与生育和生命有关,蕴含着对下一代的期许和祝愿。将"龙蛇"游戏与"老鹰捉小鸡"游戏相对比,我们会发现:尽管两者的游戏规则是一样的,然而越南的"龙蛇"游戏却从形式、功能和意义上进行了再解释,袭击者"老鹰"被转换成了"医师",而医师的角色却是双重的,对于龙蛇来说他是想抓住自己尾巴做药材的袭击者。而对于越南穷人来讲,医师(这里所指的医师是越南传统的"游医",跟中国古代行走于乡间的中医相近)却是他们的保护者。被袭击者"小鸡"却变成了龙蛇的"尾巴",此时的"保护被庇护者"成了龙蛇自我的救赎。对此,印度尼西亚儿童权利、儿童保护活动家 Nia Zulhadji(2015)认为:"龙蛇"游戏是培养孩子情商的一种非常好的手段,并可以通过发生的交互成为训练儿童一起工作的手段。此外,孩子们通过这个游戏将更好地了解如何尊重他人,品尝失败和胜利的滋味。[1]

关于游戏的起源,对越南人来讲,他们只是知道"龙蛇"游戏是一代又一代人传承下来的民间游戏,并伴有浓郁本土特色的口头民间诗歌形式,而具体游戏是何时产生的,他们并不知晓。对他们来讲,唯一确定的就是这个游戏对每一个越南农村孩子来讲都是熟悉的。对文化传统性和起源性习惯性的"口头"认知,使得许许多多越南人将"龙蛇"游戏作为他们本国的传统游戏来对待。为此,Thành Draw 专门创作了一首说唱歌曲《Rồng Rắn Lên Mây》,将"龙蛇"游戏中富有越南传统文化特色的谚语和成语应用其中。吴玄奎(2011)也专门编写了《有趣的童谣3——龙蛇在云上》,希望通过对主题童谣的学习,让婴儿培养对家庭和自然的热爱,培养个性,并体验父母和祖父母的有趣的民间游戏,让孩子有个甜蜜的童年。[2]

此外,在本书前面章节"谁扮老鹰:人的延伸与媒介"中也提到了越南的一种"龙蛇"游戏的对白形式,这是当下的越南人为了让游戏更适合城市的孩子、公司聚会的需要,将"龙蛇"游戏的角色与对话内容进行了改编。"龙蛇"游戏特有的游戏形式和结构被借取,并进行了内容和意义上的再解释,使其与越南城市人的生产、生活方式以及心理认识相适应,使得这个小游戏被城市快节奏生活下更多的社会成员广泛接受和认同。"龙蛇"游戏的改编性行为是由越南现实的需要与当下的认同所决定的。

---

① Nia Zulhadji,"Ancient Wisdom of Indonesia Embodied in Children's Play Traditions", in *Child in the City*, 2015. 12. 22.

② Ngô Xuân Khôi(吴玄奎),Đồng Dao Vui Choi 3 - Rồng Rắn Lên Mây(童谣 3 -龙蛇上云),2011,Alphabooks(阿尔法图书).

图22　俄罗斯小朋友玩"鸢"游戏

　　在俄罗斯,与"老鹰捉小鸡"游戏相类似的是"鸢"(Коршун)游戏(如图22)。同样,对于俄罗斯顿河流域的各民族来说,他们认为"鸢"游戏是他们独自创造的游戏,从远古流传至今,代代相传,融合了优秀的民族传统,这些游戏伴随着儿童和成人的日常生活,培养他们获得耐力、力量、灵巧、聪明才智、速度,灌输诚实、正义和尊严等重要品质。在一份1875年出版的文学资料 Общевойсковые ведомости 中有一段对谢米卡拉科尔斯克儿童传统游戏的清晰记载:

　　从20个或更多的孩子中选出3个:妈妈、鸢和红衣姑娘,其余的称为孩子。游戏开始时,一名红衣姑娘紧贴妈妈,而她的孩子则一一从后面紧贴战友的腰带或衣服,这样玩家就排成一长队,妈妈位于最前面。鸢立即坐在地上,拿起一根棍子,挖了一个洞,带着孩子的妈妈在他周围走来走去,问:

　　"鸢,鸢,你在做什么?"

"我听不到。"

"好吧,让你完全填饱,"妈妈希望他。因此,对于"你在做什么"这个问题,鸢最多三次回答"我没有听到"。他第四次回答同样的问题:

"我正在挖一个洞。"

"你需要一个洞做什么?"

"我在找一分钱。"

"你需要一分钱做什么?"

"我去买根针。"

"你需要针做什么?"

"缝一个包。"

"你需要一个包做什么?"

"撒盐。"

"需要盐做什么?"

"腌白菜汤。"

"你需要白菜汤做什么?"

"让你的孩子们睁大眼睛。"

"为什么?"

"因为他们把我的白菜都吃光了,践踏,捏捏!"

"也许这是你的孩子做的?"

"不,我的小天使们,他们听我的,他们不去偷东西,你们的魔鬼就是强盗!我有这些树篱,然后你的镜头爬到我身上(鸢将地球抛得尽可能高),而你有这些(将地球抛得很低),然后我的就不会爬了。"(注:这部分内容理解起来有些困难,可以结合后文记述的在俄罗斯流行的简化版的对话内容进行比较理解。)

"你在撒谎,鸢,"每个人都喊道,包括妈妈和孩子,"你的强盗正在爬。嘘!嘘!"

鸢跳起来,模仿飞翔的鸢,挥舞着手臂。

"鸢,你在哪里?"母亲问道。

"我要飞到海边去寻找鱼子酱,我要飞去和你们的魔鬼一起吃饭。"

"你的家人会等你的!"

鸢绕了几个圈,好像在飞翔,然后跑到旁边的某个地方。红衣姑娘喊道:"鸢飞过了大海,飞过了大海!""好了,孩子们,"母亲吩咐道,"等鸢飞来的时候,我们睡一会儿吧,看那儿,抓紧我,免得那该死的鸢飞走! 你,红姑娘,别睡了,告诉我们鸢会怎样飞。"鸢跑了很远的距离,假装吃鱼子酱,把手放到嘴边。说完,他跳起来,带着孩子跑向妈妈,喊道:"鱼子酱好,但小鹅比她好。"红衣娘子警告妈妈:"鸢飞起来了。"

妈妈仿佛苏醒了一般,冲向鸢,孩子们紧紧地抱住。鸢试图从旁边跑进来,把孩子们打跑;妈妈冲向鸢并打他。

之后,鸢一一击败了所有的孩子,并把他们带到一边,在地上特意画出一个圆圈,只剩下红衣姑娘留在妈妈后面。

然后,鸢拿起一根棍子,藏在身后,靠近妈妈,妈妈问道:"鸢,鸢,你身后是什么?""波米亚利察"。

"我身后是红衣姑娘。"妈妈说道,然后将她转背对着他。鸢用棍子打女孩:"你的你的!"女孩喊道,鸢不再打她,而是围成一圈,飞向孩子们。与此同时,妈妈仿佛悲伤不知道自己的孩子在哪里,先朝一个方向寻找,然后又朝另一个方向寻找,并说:"我的孩子们,你们在哪里?"

"咳咳咳咳!"孩子们回答。妈妈找到了它们,但问题是它们关着。

"谁把你锁起来了?"

"鸢。"

"他去哪里?"

"他飞到海边去抓鱼子酱,然后就吃我们了!"

在这里,一只鸢飞了过来,开始与妈妈展开一场斗争,妈妈试图从他手中夺走钥匙。鸢通常会屈服,给出钥匙。孩子们解锁,自由,妈妈问他们:

"你吃饱了吗?"

"不,妈妈,他没有喂我们!"

"你在胡言乱语,喂过了。"

"你给我们吃了什么？蛇和蜥蜴！"

"哦，你好坏！"母亲同情："啄他，啄他！"

孩子们停止啄食，游戏结束。①

　　除了19世纪文学资料中记载的这段游戏过程之外，"鸢"游戏仍旧是今天在俄罗斯流行的民间传统游戏，只不过游戏的对话内容相比之下更简洁易懂，而游戏的规则和玩法也更明确：

　　游戏开始前，孩子们选择一只鸢和一只母鸡，其余玩家选择小鸡。他们一前一后地站在母鸡面前，抓住皮带。鸢挖了一个洞，一只带着小鸡的母鸡走到他面前问：

　　"鸢，鸢，你在做什么？"

　　"挖一个洞。"

　　"你需要一个洞做什么？"

　　"我在找一分钱。"

　　"你要一分钱做什么？"

　　"我去买根针。"

　　"你需要针做什么？"

　　"缝一个袋子。"

　　"你需要一个包做什么？"

　　"放置石头。"

　　"你需要石头做什么？"

　　"扔到你的孩子身上。"

　　"为什么？"

　　"他们在我的花园里践踏卷心菜。"

　　"你的树篱有多高？"

　　风筝站起来，举起双手，展示栅栏的高度：

　　"就是这样！"

① V. Sekretova：《儿童游戏》，载《联合兵种公报》1875年第11期。

"不，我的鸡不会飞过这个。"

"但我还是会抓住他们。"

"我不会让你抓到你的孩子的。"

鸢想捉小鸡，母鸡保护它们，赶着鸢："去、去、去、小人！"抓到的鸡就出局了，鸢继续抓下一只。当一半的鸡被抓到时游戏结束。

所有玩家都需要得到一条绳子或丝带，他们会将它们系在腰上。这样的腰带在比赛时握着很方便。如果参加游戏的孩子不超过 10 名，母鸡就更容易保护小鸡。如果操场允许，那么两个小组可以同时玩耍，每个小组都有自己的母鸡和鸢。

根据上文的记述，我们可以很容易判断出"鸢"游戏与"老鹰捉小鸡"游戏是如出一辙的，特别是简化版的"鸢"游戏更是如此。波克罗夫斯基作为 19 世纪俄罗斯不同民族和地区最著名的儿童体育和儿童民间游戏研究者，他虽然出身于一个牧师家庭，也获得医学学位，但在业余时间更喜欢致力于革命前俄罗斯不同民族和地区的儿童发展和教育、体育和儿童游戏等问题的研究。在其出版的《儿童游戏——主要是俄罗斯游戏》(1895)中也有对"鸢"游戏玩法和规则的清晰记载。波克罗夫斯基认为这些传统的俄罗斯儿童游戏具有丰富的教学意义，类似于一种戏剧表演，孩子们以特别的乐趣沉迷其中，主要是 8—12 岁儿童，可以培养他们的主动性和组织能力，并能够帮助儿童获得生活经验。普罗戈夫反对让儿童直接参加戏剧表演，认为这很容易在他们很小的时候就产生撒谎、伪装、欺骗和三心二意的倾向。不同于普罗戈夫的认知，波克罗夫斯基认为一个诚实的孩子是不会在游戏的过程中被教导撒谎和伪装的，但游戏却具有象征性，这类似于戏剧表演中的效果，但所有这些游戏都必然受制于过去的规则和法律，所有这些游戏通过合理的引导，只会越来越让孩子们学会如何去合法生活并遵守与他人的合理承诺，并在这些游戏的象征性过程中可以教导孩子在好或坏的生活中以不同视角换位观察、客观对待。因为无论游戏的内容和形式是什么样的，最终结果都是一样的，孩子们玩这些游戏的过程都是被理解为简化的生活思想，并伴随着一种不同的感觉。① 在扮演这些角色的过程中，孩子们不仅要想象角色的性格，还要想象动作和神态。"鸢"游戏便会让孩子们在玩耍的过程中感受英雄的性格——鸢想要去捉小鸡，但鸡妈妈却不顾自身安危需要保护她的幼崽，而红衣姑娘在《俄语谚语大词典》中又被理解为"一个害羞、胆怯、优柔寡断的年轻人"，在《俄语人文百科全书词典》中则被理解为"灵魂是红色的少女，具有善良、高尚的道德观念"，在《米歇尔森解释用语词典》中则"暗示一个年轻女孩的纯洁和谦逊"。也就是说，除了让孩子们在游戏玩耍的过程中感受英雄的性格外，"鸢"游戏还教导孩子战胜怯懦，保留最美好的纯真。

　　除了"鸢"游戏这个名字以外，在俄罗斯及周边的不同地区，该游戏还有其他名称。在今天的哈萨克斯坦地区人们常将这个游戏称为"鸡（巴拉潘达）"游戏（如图23），同样被当地人认为是自己的传统游戏。游戏的规则和方法如下：

　　　　选手们分为三组。每组包含一只母鸡和她的小鸡。通过数韵选出的三只鸢必须用手掌触碰小鸡，然后就被淘汰出局。母鸡保护她的小鸡。她不会攻击鸢，但如果在攻击过程中母鸡为了保护她的小鸡而用手触摸鸢，那么它们就会离开比赛。

　　　　三组小鸡被链条拴在一起移动，互相抓住对方，并抓住母鸡，而母鸡则引领链条。小鸡们唱着：

　　　　让我们互相扶持吧，

　　　　在这里，在专栏中：朋友—女朋友！

　　　　我们都是勇敢的人，

　　　　快乐的小鸡们！

　　　　我们并不害怕掠夺性的鸢。

　　　　我们的妈妈和我们在一起！

　　　　我们要和她一起去散步，

---

① Покровский Егор Арсеньевич（波克罗夫斯基·叶戈尔·阿尔谢涅维奇）：Детские игры, преимущественно русские, в связи с историей, этнографией, педагогией и гигиеной Подроб《儿童游戏——主要是俄罗斯游戏》，谢卡切夫出版社2017年版，第156页。

很高兴看到!

与此同时,母鸡会做出各种转弯,带领着身后的小鸡。如果此时链条断裂,落后的玩家就会受到鸢的攻击。鸡们再次尝试排成一条链。

游戏规则:母鸡只在鸢攻击时才接触鸢;鸢只捕捉与母鸡分离的小鸡。

图23　哈萨克斯坦小朋友玩"鸡(巴拉潘达)"游戏

另外,在外贝加尔地区,这个游戏又被称为"狼和羊羔"(如图24),游戏的规则与"鸢"游戏类似,但对话内容有很大区别:

一个玩家是狼,另一个是绵羊,其余的是羔羊。狼坐在绵羊和羔羊移动的道路上。绵羊在前面,后面是一只小羊羔。他们接近狼。绵羊问:

"你在这里做什么?"

"我在等你们。"

"你为什么要等我们？"

"吃掉你们所有人！"

说着这些话，狼冲向羔羊，绵羊挡住了它。

游戏规则：羔羊互相抓住，抓住绵羊。狼只能抓住最后一只羔羊。羔羊应该按照绵羊的动作巧妙地转向一边。狼不能把绵羊推开。

除了"狼和羊羔"以外，其余游戏的名字以这样或那样的方式都与鸢或乌鸦有关，例如：在俄罗斯地区被称为"走进鸢"（В коршуна），"乌鸦"（Вóрон），"鸢和母鸡"（Коршун и наседка）；在乌克兰地区被称为"走进鸢"（В кóршуна）等；在白俄罗斯地区被称为"在鸢上"（У кóршуна），"在乌鸦家"（У вóрана），"抓鸢"（Коршун і качкі）。同样，"鸢"游戏在俄罗斯不同的省份也有着不同的变体。波克罗夫斯基在书中收集了 10 个变体以及类似的游戏形式，本书不再一一罗列。

图24　外贝加尔地区的小朋友玩"狼和羊羔"游戏

尽管几个世纪已经过去,人们的生活条件也发生了天翻地覆的变化,世界观也因此有了很大的差异,以往所延续的古老仪式在新一代的年轻人眼中早已失去了往日的价值,但这些传统的儿童游戏却在俄罗斯保持了下来。因为对俄罗斯人来讲,孩子们在玩耍的过程中获得了得以受益终身的优良品质。每个游戏,如果在孩子的能力范围内,都会让他们的思维活跃、精力充沛,行动有条理,体现了俄罗斯人对欢乐、勇敢、青春和运动的原始热爱。

位于南亚的斯里兰卡也有类似于"老鹰捉小鸡"的游戏,他们将其称为"埃卢万克马"(Eluwan kema)、"埃卢科图班迪马"(Elu kotu bandeema)、"山羊围栏"(goat fencing)、"打破山羊笼"或者"抓山羊"(catching of goats)(如图25)。在斯里兰卡,人们普遍认为4月份是非常幸运的月份。随着太阳从双鱼座过渡到白羊座,不仅人类,而且树木、植物和野生生物都会在这个时期焕发出前所未有的活力和热情。所以,每年4月中旬是斯里兰卡一年一度僧伽罗人和泰米尔人的传统新年,印度教徒和佛教徒也庆祝这个节日。另外,正值大季稻丰收,当地农村人也非常重视这个节日。斯里兰卡70%的人口是佛教徒,佛教在社会习俗和学校生活等方方面面都很盛行。对僧伽罗人、泰米尔人或者佛教徒、印度教徒来说,新年期间分享喜悦和幸福的重要方式便是举行食物供奉、分享游戏比赛等活动,这对于他们也是一种非常重要的仪式行为,因为当地人相信这将预示着未来一年平安如意、五谷丰登、幸福满满。

对斯里兰卡人来讲,传统的民间游戏有的只是为了娱乐,有些则是出于特殊目的,例如为了取悦众神。"埃卢万克马"游戏作为这个时期新年庆祝必不可少的内容,当地人认为该游戏与牧羊人有关,是一项男孩、女孩都可以参加的户外游戏。游戏也是由三方组成:袭击者(捕羊的人)、保护者(篱笆)与被保护者(羊)。游戏开始前,一群孩子手牵手将一个孩子围起来以防止外面的人进入。里面的人是假想的山羊,外面的人是捕山羊的人(通常是身体强壮的男孩,因为他们要拼力冲开篱笆跳进去)。

游戏开始后,捕山羊的人开始唱:"询问是否可以翻过篱笆?"(Udin panindo)。

手牵手围成圈的"篱笆"则回答："你能打破你的下巴吗？"（Thalla kadeido）。

捕羊人恳求道："如果我跪下来向我的朋友们致敬，你会给山羊吗？"（Watee wadinnan yaluwse denawada eluwa）。

然后，手牵手的"篱笆"回复道："无论您说什么，还是都不会得到山羊。"（Koccara keewath yaluwe nodemiya eluwa）

之后游戏开始，直到捕羊人冲破栅栏抓住羊为止。

图25　斯里兰卡的小朋友玩"埃卢万克马"游戏

此外，在斯里兰卡不同地域，"埃卢万克马"游戏也有着些许区别。游戏的袭击者往往被换成"老虎"或者"豹子"，对话内容也进行了相应的改变：

එළුවන් කන්නයි මං ආවේ　　　　　我来吃山羊

එළුබෙටි කාපන් තුන්දීරේ...　　　山羊是鲤鱼的三倍

බුලත් කොටන්නම් රාලහාමි දෙනවද එළුවා...　如果我砍槟榔，拉拉哈米会给山羊吗？

කොච්චර කෙටුවත් නොදෙමුව අපගේ එළුවා...　我们的山羊不该死

不仅如此，"埃卢万克马"游戏在斯里兰卡也被改编成舞蹈的形式，通过舞蹈者的舞姿来表现一群农村的少男少女玩耍游戏的场景。不过在舞蹈角色的编排中，被袭击者被换成"鬼"。对此，"2010 年台湾宜兰国际童玩艺术节"的官网在对斯里兰卡穆沙耶乌舞蹈团的演出节目介绍中也有所提及：

> 一名舞者当鬼，游戏中她被一群舞者抓住藏起来，与此同时，另一群舞者寻找这个鬼。诗句是以问答形式表示。她们承诺做许多家务来交换这个鬼，但每一个请求都被其他人坚决地驳回。

对斯里兰卡人来说，玩"埃卢万克马"游戏的意义在于为了适应和满足农民在农业及相关地区辛苦劳作后的心理慰藉，这个游戏在他们看来是代代相传的。

游戏的仪式性、纪念性、宗教色彩以及种族融合特色是"埃卢万克马"游戏在斯里兰卡表现的显著特征。柏拉图说："我以为人必须以严肃对待严肃的事，只有神才配最高的严肃，人被做成供神游戏的玩物，而那是人的最好的部分。因此，每个男人和女人都应相应地过生活，都应玩最高尚的游戏并禀有与他们目前不同的另一种精神。"①斯里兰卡儿童在新年节庆期间通过愉快、忘情、认真地游戏，来表达他们及其父母对神的敬畏，对大自然的感恩以及对新一年的期许。"埃卢万克马"游戏的新年仪式性特征将儿童玩耍置于"最崇高的神圣行为之上"，这样在儿童普通的游戏过程中，神圣的"宗教化"观念便无形地融入他们对规则的尊重和理解过程中，这便使得日常的游戏玩耍与新年庆祝的游戏玩耍之间有了不同的精神诉求。"埃卢万克马"游戏的根本价值也便在新年节庆的仪式化过程中被树立起来，让原本看似无意义的简单儿童游戏变得有了意蕴而不简单。

对土耳其人而言，传统的儿童游戏是他们社会文化代代相传的重要媒介，游戏中包含的各种具体和抽象的信息，反映了土耳其人自古以来对所生活的环境和社会的价值判断与文化认同。在他们看来，传统游戏可以帮助孩子们获得生活经验，并使他们通过这种方式发展身体、认知、社交、情感和

---

① (荷)胡伊青加：《人：游戏者·对文化中游戏因素的研究》，成穷译，贵州人民出版社 2019 年版，第17 页。

语言等方面的能力。所以,将传统的儿童游戏作为一种文化遗产传递给后代是土耳其人一直努力去做的事情。

"狼爸爸"游戏(如图26)是土耳其传统的儿童游戏,这也是一个与"老鹰捉小鸡"类似的游戏。一个人扮演"狼爸爸",另一个人扮演"鸡妈妈",其余的人扮演"小鸡"。游戏开始前,"狼爸爸"先走开,此时"鸡妈妈"会掩耳告诉每只"小鸡"一只鸡蛋的颜色,"小鸡"们知道颜色后不会告诉"狼爸爸"。这时,"狼爸爸"走过来,假想地敲敲门,并与"鸡妈妈"对答道:

狼爸爸:咚……咚……咚……

鸡妈妈:你是谁?

狼爸爸:我是狼爸爸。

鸡妈妈:你想要什么?

狼爸爸:我想要鸡蛋。

鸡妈妈:你想要什么颜色的?

此时"狼爸爸"开始说各种想要的鸡蛋的颜色,然而不管"狼爸爸"想要什么颜色的鸡蛋,被猜对颜色的"小鸡"都会从"狼爸爸"面前逃走。"狼爸爸"这时会努力追赶抓住逃跑的"小鸡",如果"小鸡"成功跑回"鸡妈妈"所在的巢里而不被"狼爸爸"抓住,游戏就会重复继续。如果逃跑的"小鸡"被"狼爸爸"抓住了,这只"小鸡"则变成"狼爸爸","狼爸爸"代替"小鸡",游戏重新玩。

"狼爸爸"游戏也有着明显的与"老鹰捉小鸡"游戏一样的结构特征:袭击者是狼爸爸,保护者是鸡妈妈所在的巢穴,被保护者则是逃跑的小鸡。游戏同样是以对话的形式展开的。不同的是,"狼爸爸"相较于中国的"老鹰"、日本的"恶鬼"、朝鲜的"鬼怪"等对袭击者的称呼,有着显著的亲昵感情色彩,这应该与土耳其人对"狼"的传统文化认知有着密切的联系。公元8世纪后期,作为游牧民族的突厥人(Turk)开始从亚洲中部向西迁徙,好战的天性使得他们攻占了日益衰落的白益王朝,并以波斯伊斯法罕为中心,建立了属于他们自己的帝国,土耳其便是在这个王国分裂与兴盛的过程中建立的。所以,在土耳其的文化认知中,他们是突厥人的后裔,而大多数突厥人认为

图 26　土耳其的小朋友玩"狼爸爸"游戏

自己是灰狼所生的半狼半人男孩阿塞纳的后代。因此,对土耳其人来讲,作为半狼半人的阿塞纳标志着第一个土耳其人的诞生,这是爱与荣誉的象征。崇敬灰狼、热爱狼爸爸也变成土耳其人存在于文化记忆深处的印记。而当这种热爱与崇敬融入日常的生活与对文化的传承中,便形成了土耳其人对"狼爸爸"游戏的传统认知与热爱。

　　然而,在互动认知和双向诠释被广泛认同的今天,人们对传统文化的理解也往往会出现二分的情况,这正如自 20 世纪以来土耳其灰狼的符号象征一直备受国际社会争议一样。对今天的土耳其来讲,由于大多数地区仍是农村,所以农民和儿童仍旧是土耳其传统游戏最坚定的守护者。对他们来说,游戏的原始功能与内在动机是维持这个游戏得以传承的最大动力,而在游戏过程中对"狼爸爸"角色的"假想"则成为他们对勇气、机智或某种神圣力量的"自我赋予",也只有在游戏的过程中孩子们才能够更容易理解土耳其传统的五种重要价值观:仁慈(benevolence)、从众(conformity)、安全(security)、传统(tradition)以及普遍主义(universalism)①。从这个角度来理解,无论是"狼爸爸"还是"灰狼",土耳其人对它传承、表达角色"好与坏"的认同,取决于这个游戏或者文化符号存在的时间和被使用的人。

在欧洲,学者们也是最近几年才开始认识到传统乡村民间传说、民谣、传统儿童游戏等的重要性。丹顿先生在《塞尔维亚民间传说的介绍》中篇头就用一句忧虑的话来论述:"直到最近几年,一个国家的劳动者、农民和青年一代一代传下来的民间传说和寓言、笑话和其他珍贵文化的重要性才得到坦率的承认。"事实上,在20世纪中期,也有欧洲的学者将研究的视线放在欧洲传统的民间歌曲上,乔治·珀金斯(George Perkins)所做的《中世纪颂歌遗存:"狐狸和鹅"》(1961)就是一个非常不错的研究。珀金斯在研究中指出:

> 正如罗宾斯所说,这是一首"流行歌曲"。它是"在大厅里,在旅馆里,在草地上,在路上,在大众聚会上唱的歌曲之一",因为它太不完整,太不规范,太古旧,显然不是写它的人的作品,也可能不是从其他文字来源抄来的。它似乎是从口头流传的传统中被记住的,但有一些遗漏。然而,说《颂歌》比手稿更古老是一回事,说它有多古老又是另一回事……不幸的是,中世纪关于"狐狸和鹅"存在的记录仅限于(英国图书馆 MS Royal 19. B. iv, fol. 97v.)这一份手稿,作为内部证据资料。它显示了大约在1500年的某个时候,一个人用东米德兰方言为后代抄写了一首流行歌曲,这首歌在当时可能已经有100年的历史了。然而,这足以使它与《甜蜜的耶稣》《格洛丽亚·提比,多米恩》《猪头颂歌》和《基督圣体》齐名,成为流传最久的中世纪颂歌之一。它可能比其他任何一种都要古老,在近代肯定更有生命力,而且很可能是五种流传至今的口头传说中唯一的一种。如果从1500年至1800年的300年中,颂歌在手稿或印刷材料的帮助下得以保存,那么这些记录就已经丢失了。然而,

---

① A. Aypay, "Investigating the Role of Traditional Children's Games in Teaching Ten Universal Values in Turkey", in *Eurasian Journal of Educational Research*, 2016(62):283-300.

它确实存活了下来。在 19 世纪,它频繁地出现在英国的不同地区。对此,他认为 15 世纪的颂歌是这首歌的直接祖先,因为它现在仍然在唱,它讲述了相同的故事,有着相同的押韵格式,在本质上是相同的……

与《狐狸和鹅》的传播有关的最有趣的特征之一是它在北美的历史,在那里它似乎是朝着两个不同的方向发展的。有一些证据表明,早在内战时期,它就在这里为人所知,而且一直很受欢迎,很快就形成了两套截然不同的地区特色。人们发现这些特征沿着向西迁移的路线分布:北部从新英格兰到爱荷华州,南部从北卡罗来纳到密苏里州。北方版本包含的特征既不像南方版本那么突兀,也不像南方版本那么普遍,保留了更多在英国发现的特征……虽然在南阿巴拉契亚山脉和欧扎克山脉也发现了一些英国民歌的最佳版本,但似乎保存了它们的特色的气候使这首歌发生了许多变化。现存的记录没有证据表明"狐狸和鹅"被带到美国南大西洋海岸时与上面描述的原型有显著的不同,然而这个地区的歌手很快就赋予了它一种独特的风味……

在过去的一百年里,《狐狸和鹅》经常在各种流行书籍中重印,尤其是儿童读物。其中许多现在已无法获得。例如,无法知道哈利维尔的版本在 1842 年以后的无数童谣书中重印了多少次,这些童谣书的大部分素材都是从他那里得来的。然而,尽管童谣书不可否认地广受欢迎,似乎并没有以任何重大的方式干扰歌曲口头传播的正常过程……"狐狸和鹅"的历史首先证明了这首歌的活力,其次证明了口头传播过程的活力这一过程在印刷版还没有出现的情况下保持了数百年的生命力而且在它第一次出现之后还保持着持续的传统。[①]

从珀金斯的研究中我们可以明确,作为歌曲形式的"狐狸与鹅"最初是以宗教颂歌的形式出现并在民间口头传播的,并在300多年的口头传播过程中奇迹般保存了下来,之后便被不同的人借用、传播,并以不同的形式出现在儿童的教育过程中。也就是说,作为宗教布道歌曲的"狐狸与鹅",因为其

---

① George Perkins, "A Medieval Carol Survival: The Fox and the Goose", in *The Journal of American Folklore*, Jul. - Sep. ,1961,vol. 74,no. 293 (Jul.-Sep. ,1961),pp. 235 - 244.

在民间的口头传播活力而保存了下来,并被不断地借用和改编,或许就是这个过程促进并影响了英国"狐狸与鹅"儿童游戏的形成。

今天,位于西欧的英格兰多塞特郡,当地仍旧流传着一个传统的儿童游戏"狐狸与鹅",这也是一个与"老鹰捉小鸡"类似的游戏,游戏的形式和对话内容在本研究的第一章中也有记述。而作为儿童游戏的"狐狸与鹅"在英国的其他不同地区也有着不一样的名称和对话内容。例如,约翰·乔治·芬威克(John George Fenwick)记载了英格兰达勒姆郡威尔代尔山谷地区孩子们玩耍"狐狸与鹅"游戏的场景:

> 这个游戏男女孩子都玩,通常是在有月光或不太黑的时候玩夜间游戏。孩子们聚在一起,挑选一只狐狸和一只鹅,然后狐狸站在鹅的前面。鹅的头头会走上前来,大声地对狐狸讲话。
>
> 鹅:狐狸,一只狐狸,一个火药库,一个木乃伊库有多少英里?
>
> 狐狸:八,八,再来八个。
>
> 鹅:我今晚怎么回家呢?
>
> 狐狸:飞起来,你就可以在烛光中回家了。
>
> 然后鹅会"飞"到狐狸身后的目标;第一只被抓的鹅加入了狐狸的行列,改变了立场,直到所有的鹅都被抓住。[1]

此外,根据约翰·西蒙兹·乌达尔(John Symonds Udal)在《多塞特郡儿童游戏》(Dorsetshire Children's Games)中的记述:作为英格兰牧师的威廉·巴恩斯(1801—1886,英国牧师,多塞特诗人,作家和语言学家)非常沉迷于收集多塞特郡当地传统的民俗事件,并将其整理成民俗笔记的剪贴簿,里面就记载了很多多塞特郡和新英格兰的儿童民间传说和游戏,其中就有"狐狸与鹅"游戏。在文章中,乌达尔将"狐狸与鹅"游戏划归为第二大类"戏剧游戏",并认为:

> 这些游戏主要是女孩子们在户外玩的。玩家们不叫自己的名字,而是扮演母亲和女儿、公爵、骑士、狐狸和鹅、母鸡和鸡等角色。他们的

---

[1] John George Fenwick, "Fox and Geese", in *The Folk-Lore Journal*, vol. 2, 1884, p. 159.

小调是对话,不是歌曲,他们的表演常常具有很大的戏剧效果。

乌达尔在文中还提到了美国马萨诸塞州雅茅斯的阿莫斯·奥蒂斯先生于1874年初写给巴恩斯先生的一封长信,从信的内容可以看出奥蒂斯先生不仅对新英格兰的民间传说感兴趣,对老英格兰也是如此。而关于儿童游戏的古老传承性以及宗教性,乌达尔对此还专门进行了解读:

> 虽然正如奥蒂斯先生在前面提到的那篇论文中所说的那样,那些使清教徒的孩子们高兴的童话故事、魔法和游戏现在不仅使新英格兰的孩子们高兴,也使多塞特郡和老英格兰的许多其他郡的孩子们高兴,那种球类、抛冰雹、捉迷藏、监牢等,还有许多别的游戏,都是从远古时代流传下来的,几乎没有改变,或者没有改变。这种状况也同样适用于女孩子们常参与的游戏。

在英格兰德比郡(Derbyshire),人们将其称为"狐狸与母鸡"游戏,对此,罗伯特·查尔斯·霍普根据当地人的口述记录下了这个游戏。游戏开始前一个孩子被选作"母鸡",另一个人被选作"狐狸",剩余所有的孩子代表的动物都是"小鸡"。游戏是这样进行的:"鸡"排成纵队互相抓住对方的腰,第一只抓住"母鸡"的腰,下一只抓住前面"小鸡"的腰,以此类推。游戏开始时"母鸡"先要对她的"小鸡"说一段话:

> 小鸡,小鸡,撕裂的啼叫,
>
> 我去井里洗脚趾,
>
> 当我回来时,一只鸡已经死了。

然后"小鸡"们都会跟着"母鸡"去找死去的"小鸡"。在路上,他们遇到了"狐狸"。接下来就是"母鸡"和"狐狸"的对话:

母鸡:你在干什么?

狐狸:捡棍子。

母鸡:为什么?

狐狸:生火。

母鸡:火是干什么用的?

狐狸:烧开一些水。

母鸡:这水是干什么用的?

狐狸:煮些鸡进去。

母鸡:你从哪里得到它们?

狐狸:抓那些离开你的鸡群的小鸡。

母鸡:我相信你不会的。

这时,"狐狸"试图抓住一只"小鸡",这只"小鸡"和"母鸡"紧紧地抱在一起,试图躲开"狐狸",以防止被抓住。如果"狐狸"成功地抓住了它们,它们就会跟着"狐狸"一起躲避"母鸡","母鸡"也会努力重新占有它们。

事实上,当将英国的牧师、民间传说、游戏、女孩以及宗教等元素联系起来后,我们就比较容易了解到当时乡村的民间传说、儿童游戏等在英国乃至整个欧洲的大体状况。现在的英国人宗教信仰很自由,各种教派独立,无论是英国国教还是天主教、苏格兰国教、伊斯兰教、佛教、犹太教等在英国都有着大量的信徒,忏悔、圣餐、布道讲经、唱圣歌等礼拜活动占据着大多数英国人周末的时光。然而,随着公元5世纪西罗马帝国的覆灭,中世纪基督教文化开始取代罗马古典主义和理性主义,以基督教为代表的信仰主义成为西欧社会的文化载体,并随着宗教改革向现代社会文化变迁的过程,此时的英国牧师便承担起了拯救和传播文化火种的历史使命。大量牧师游走于英国乡间的小路上,他们一方面广泛收集英国乡村各地的民间传说、儿童游戏,另一方面聪明的牧师们又不断地将这些信息融合,在中世纪晚期人们对迷信、巫术和魔法态度摇摆不定的空隙内,将自己对宗教的虔诚与狂热融入布道的过程中,特别是对儿童宗教信仰的影响中。

所以说,宗教神话总是会与民间传说联系在一起,宗教神话一直在进入民间传说,只有当神话作为一种宗教形式在被传播的过程中作为一种流行的信仰而永垂不朽时,它才可以被归入民间传说的范畴。同时,在被民间接受的过程中,融入人们日常繁复的风俗习惯和礼节、迷信和信仰、古老的谚语和俚语、传说和传统、英雄故事和上帝故事之中,这些构成了人们的传说与生活。[①] 正如那本出版于 1678 年的《天路历程》(全称:《通过梦境呈现的——一个信徒从今生到来世的追寻历程》)的创作过程:为了让宗教信仰被更多的人接受和认同,特别是儿童对宗教的理解,在那个虔诚的宗教书籍琳琅满目的 17 世纪末 18 世纪初,约翰·班扬怀揣着对宗教的热忱,吸收当时民间流行的世俗浪漫传奇因素和讲述方法,将宗教神话、寓言与民间布道相结合,在监狱中创作了当时第一本专门为儿童讲述"赎罪"主题的神话寓言书。所以,欧洲早期的儿童书籍都是"宗教、道德、说教色彩非常浓厚"的小书。[②]

从《天路历程》的创作经历我们可以明白,在中世纪及以后的宗教布道思想中,传播与被认同是至关重要的目的,而达到这一目的的不同的牧师往往会用不同的布道方式,针对不同的性别也会采取差异化的策略,而普遍采取的一种方式便是"文化的宗教"[③]。这正如艾伯特·哈伯德(Elbert Hubbard)所说的"思想家在哪里,哪里就有思想。思想家在每个地方都会思考,在乡下、村庄、城镇、在监狱里"[④]。所以,让儿童有信仰最好的方式便是将神圣的思想寓于简单的游戏、神话故事与传说中。对此,约翰·赫伊津哈(Johan Huizinga)也指出:在中世纪思想里,清楚区分认真和游戏是极其困难的,清楚区分真诚的相信和游戏即英国人所谓的"假装"是极其困难的。这里所谓假装就是儿童游戏时的那种心态,这样的游戏心态在原始文化里也是极为重要的。这样的心态与其说是表现为"假装相信",不如说是表现为"仿佛就是那样"[⑤]。也就是说,让儿童在"远古时代流传下来"游戏的过程中"假装"宗教布道所赋予游戏特定的角色,在游戏或仪式的进行中,让孩子们体会"人生的意义与价值""人是什么""我是谁"等,从而唤醒孩子们对永恒生命、人的灵性以及对周遭人的关爱,培养他们悲天悯人的宗教情怀,这

① Charlotte S. Burne, "The Science of Folk-Lore", in *The Folk-Lore Journal*, vol. 3, 1885, pp. 267 - 269.

② (美)尼古拉斯·A. 巴斯:《文雅的疯狂》,陈焱译,上海人民出版社 2019 年版,第 396 页。

③ (美)艾伯特·哈伯德:《托起世界的改革家》,饶春平、肖王琰译,中国戏剧出版社 2009 年版,第 125 页。

④ 同上书,第 126 页。

⑤ (荷)约翰·赫伊津哈:《中世纪的秋天:14 世纪和 15 世纪法国与荷兰的生活、思想与艺术》,何道宽译,花城出版社 2017 年版,第 283 页。

是欧洲儿童游戏表现出来的比较明显的"宗教世俗化"特征(如图27)。从这个角度来理解,当英国的牧师们无论将"狐狸与鹅"游戏还是"狐狸与鸡"游戏讲述、教授或者传播给英国乃至欧洲大陆的乡村民众时,他们都有意或无意地将宗教神话与儿童游戏相融合,以此来实现布道的最初目的。

图27 资料来源:George Routledge and Sons, and James Burn & Company, *Little Buttercup's Picture Book*:*With Ninety-Six Pages of Illustrations*, George Routledge and Sons, 1881, p. 75.

在非洲东南部的马达加斯加岛同样有着关于这个小游戏的确切记录。在《征服前的马达加斯加——岛屿、国家和人民》(*Madagascar Before the Conquest—The Island, the Country, and the People*, 1896)一书中,詹姆斯·西布里(James Sibree)从马达加斯加的自然地理、地质、动物群、植物

小游戏与大历史——从「老鹰捉小鸡」到人类的文化视界

群、风俗习惯、民间传说、歌曲、诗歌和儿童游戏等方面详细地向世界介绍了这个岛国。"拉萨林德拉"(Rasarìndra)就是他在儿童游戏列表中介绍的第一个马达加斯加的儿童游戏,西布里提到尽管对"拉萨林德拉"的意思不是很清楚,但这个游戏看起来很像英国孩子们常见的游戏"狐狸和鹅",游戏的形式如下:

> 孩子们都站成一排,每个人都把自己的兰巴 làmba(最外面的布)紧紧地束在腰间,最高的那个在前面,较年轻和较弱的在那个高的人后面,每个人都抓着前面那个人被紧紧裹住的衣服。然后挑一个最大的来抓其余的,这个人就叫做"强盗"。另一个大孩子被选作"孩子的妈妈",去保护那些小的孩子。

> 等一切都安排好了,"强盗"就喊道:"我们要找的人在哪里?"指的是那些首先落到最后面的孩子。

> 她这样喊着,走到母亲跟前,母亲回答说:"我们不放弃这个人。"

> "强盗"摸着最大的那个说:"孩子们的妈妈在哪儿呢?"

> 然后孩子们都喊着:"我们不会放弃孩子的妈妈。"

> 然后"强盗"又喊道:"我们的小绵羊在哪儿?"

> 所以排在队尾的最小的那个小孩只能回答"咩"(模仿小羊的叫声)。

> 然后,"强盗"回答说:"这就是我们的小羊羔。"

> 于是,"强盗"尽力去抓那排最小也是最后一只的小羊羔。抓住了这只之后,她又试图抓住这条线上的下一只,一只接一只,直到它们都被抓住,孩子的母亲同时用她的力量保护着所有的孩子。

从以上西布里对"拉萨林德拉"游戏形式的记述中我们可以很容易判断,这个游戏除对话内容不同外,与我们常见的"老鹰捉小鸡"游戏的形式和玩法都是一样的。西布里作为英国传教士,1863 年受伦敦传教协会(LMS)指派,前往马达加斯加的塔那那利佛,负责监督四座大型石教堂的建造,自此便开始了他在马达加斯加长达 50 多年的生活、工作经历。《征服前的马达加斯加》(*Madagascar Before the Conquest*)是西布里编写的第三本关于马达加斯加的书,成书于 1896 年。也就是说,在 1895 年法国入侵马达加斯加之前,"拉萨林德拉"游戏就作为当地的传统儿童游戏存在着,没有受到法国人对高原人民的征服及其随后西方价值观的影响。在当地,这个游戏主要是由女孩子,或女孩和非常小的男孩一起玩耍的,类似于韩国的游戏形式以及乌达尔对英国游戏的记述。事实上,马达加斯加拥有18 个不同的部落、传统和文化,虽然马达加斯加靠近非洲东海岸,但它的最初定居者实际上来自婆罗洲,后来东非人和阿拉伯旅行者开始在沿海地区定居,16 世纪开始又与欧洲人接触,多年的通婚逐渐形成了马达加斯加民族。作为一个民族,马达加斯加人代表了亚洲和非洲文化特征的独特融合,这在世界上其他任何地方都无法发现。尽管总体上以亚洲特征为主导,但存在非洲血统,并且非洲在马达加斯加人的物质文化和非物质文化中的影响显而易见。此外,对马达加斯加人来讲,传统文化、价值观和古老的宗教信仰至关重要,人们信奉创造世界的上帝安德里亚曼尼特拉(Andriamanitra),并将基督教和传统信仰融合在一起,强烈相信魔术、巫医和巫师。也就是说,"拉萨林德拉"游戏在马达加斯加的产生和表现形式很可能受到亚洲、非洲和欧洲不同文化的融合影响,并最终形成了属于自己的游戏名称和对话内容。

对美洲的许多国家来说,传统游戏指的是某个地区或国家的典型活动,无需借助技术复杂的玩具帮助或干预即可进行,只需要使用自己的身体或可以从自然界中轻易获得的资源,这些可以是石头、树枝、泥土、花朵或其他家居用品,例如纽扣、线、绳子、木板等。通过这些传统游戏,可以使孩子们更多地了解他们所在地区的文化渊源,从而有助于保护该国家或地区的文化,"老鹰捉小鸡"游戏就是其中一种。美国儿童经常在圣诞节期间玩这个游戏,往往把这个游戏称作"鸢威利""母鸡和小鸡""鹰和小鸡"①或者"狐狸与鹅"②,游戏的玩法也有着些许的区别。在美国东北部的宾夕法尼亚州,当

① William W. Newell, *Games and Songs of American Children*, New York: Dover Publications, 1963, pp. 155 - 156.
② 杰西・H. 班克罗夫特,梅・C. 霍夫曼,克拉伦斯・斯奎尔曼:《美国小孩超级爱玩的经典游戏》,高洁译,武汉大学出版社 2014 年版,第 198 页。

地的德裔喜欢用"宾夕法尼亚德国人"(如图28)这个他们认为令人愉快的语言来称呼这个游戏,这在当地也几乎是唯一一个游戏过程中伴随着对话的儿童游戏,游戏形式如下:

一个男孩在地上挖土,另一个男孩拿着一把棍子上前搭讪,其中最长的一根代表针:

"哇哦,你在挖什么啊?"(Woy, woy, was grawbst?)

"我妈妈丢了一枚银诺尔。"(Meine Moder hat eine silberne Nodcl verloren.)

"是她吗?"(Is sie des?)

"不。"(Ne.)

"是她吗?"(Is sie des?)

"不。"(Ne.)

"是她吗?"(Is sie des?)

"偏航。"(Yaw.)

弯着腰的孩子马上站起来,追赶其余的人。

位于美国南方的各州常将这个游戏称为"女巫捉鸡"(在本研究第一章中有对此的介绍)或"狐狸与鹅"。对此,美国教育家杰西·H. 班克罗夫特(1867—1952)在《操场、家庭学校和体育馆的游戏》(*Games for the Playground, Home School and Gymnasium*, 1910)一书中有着详细的记载:

一个玩家被选为狐狸,另一个被选为公鹅。其余的人都排成一列,站在公鹅的后面,每个人都把手放在前面的人的肩膀上。公鹅试图保护他的鹅群,不让它被狐狸捉住。为了避开狐狸,他张开双臂,以任何他认为合适的方式避开狐狸。只有最后一只鹅可能会被狐狸盯上,或者如果队列很长,最后5到10个玩家可能会被盯上,这是事先决定的。我们可以看到,所有的鹅都可能与公鹅合作,一遍又一遍地扭动队伍,以防止狐狸盯上最后一只鹅。如果狐狸抓住了最后一只鹅(或者是最后5只或10只中的一只,如果允许的话),那只鹅就变成狐狸,狐狸就变成公鹅。

游戏开始前同样是以对话的形式展开:

图 28　美国的小朋友玩"狐狸与鹅"游戏

狐狸叫道：鹅，鹅，甘尼奥。

鹅们轻蔑地回答：狐狸，狐狸，法尼奥。

狐狸：今天你有几只鹅？

公鹅：比你捉的和带走的还要多！

于是追捕开始了。

　　从班克罗夫特的描述以及宾夕法尼亚州儿童游戏的表现形式我们可以发现两个有趣的地方：一是"公鹅"作为保护者所刻意呈现的性别特点；另一个是这个儿童游戏在特定地区所独有的对话形式。在记述的结尾，班克罗夫特还专门指出："这个游戏几乎在世界上所有的国家都有发现，(只不过是)以不同的名字和代表不同的动物。"[1]也就是说，这个小游戏在全世界普遍存在的现象,在 20 世纪初也引起了美国学者的关注,只不过并没有进行深入的探究。此外,在美国惠特曼出版公司 (Whitman Publishing Co.)1916年出版的《我的室内游戏书》(*My Book of Indoor Games*)一书中,克拉伦斯·斯奎曼也记述了这个小游戏,游戏玩法和对话内容与英格兰多塞特郡"狐狸与鹅"的形式类似,具体玩法如下:

> 在一个聚会上,一个孩子假扮狐狸走到房间的一头,其他的孩子们一个接一个地围成一个圈,最高的在前,最矮的在后。第一个叫鹅妈妈。游戏开始于狐狸和鹅妈妈之间的对话。
>
> 鹅妈妈:今天早晨这么晴朗,你想干什么?
>
> 狐狸:散步。
>
> 鹅妈妈:为了什么?
>
> 狐狸:为了增加早餐的食欲。
>
> 鹅妈妈:你早餐吃什么?
>
> 狐狸:一只漂亮的肥鹅。
>
> 鹅妈妈:你从哪儿弄来的?
>
> 狐狸:好吧,既然你的鹅很顺手,那我就抓一只吧。
>
> 鹅妈妈:如果你能抓住的话,请随便。
>
> 鹅妈妈伸出双臂保护她的鹅,不让狐狸抓到一只。

从班克罗夫特和斯奎曼对"狐狸与鹅"游戏两个不同版本的记述中我们也可以看到这个游戏的变化。从游戏表现形式来看,"狐狸与鹅"游戏的玩法既可以让孩子们排成线躲在"公鹅"的后面,也可以按照高矮先后围成圈,排在第一个的最高的孩子作为"鹅妈妈"(Mother Goose),其余孩子也躲在"鹅妈妈"后面。不管哪种形式,"公鹅"或"鹅妈妈"作为保护者保护孩子们的形象是一致的。而从游戏的代表动物的性别来看,在美国"狐狸与鹅"游戏的保护者呈现出了两种不同的性别特点,这也能看出这个游戏在美国不同地域之间是不断借鉴但又不断变迁以适应当地文化特色的。

事实上,根据《麦克米伦词典》(1981)的记述,鹅妈妈的形象是法国童话故事的一个虚构角色①,而这个词在英语中的出现可以追溯到18世纪初,是随着查尔斯·佩罗(Charles Perrault)的童话故事集《孔戴斯·德·迈耶·奥耶》被译成英语版本——《我的鹅妈妈的故事》而得以扩散并延续至今。然而,对于人类学家来说,中世纪童话书《鹅妈妈的故事》或许一直存在理解上的偏差,正如罗伯特·丹顿所说的:"近代法国初期的农民生活在一个举目皆是后母与孤儿,天地不仁,劳力无止境、感情生活之粗糙与压抑得令人不忍卒睹的世界里。从那以后,人类的处境迄今已经经历大幅度的变化,我们现在几乎无法想象那个世界在那些生活脏乱又粗野而且生命短暂的人们看来是什么样子。这就是我们为什么需要重读鹅妈妈(的故事)"②。斯通也认为:"一边是往事的记录,一边是对这些记录的解释,两者之间的差距就是问题的根源"③,而最不透光的地方似乎就是穿透异文化最理想的入口处。④

也就是说,对欧洲"狐狸与鹅"游戏起源的探究,或许从鹅妈妈的起源中可以找到一些线索。而关于鹅妈妈的起源,20世纪初,凯瑟琳·埃尔斯-托马斯(Katherine Eles-Thomas)研究认为,"鹅妈妈"(Mère l'Oye)的形象和名字可能来自法国国王罗伯特二世(King Robert II)的妻子的古老传说。她被称为"Berthe la filuse"("纺纱者Bertha")或"Berthe pied d'oie"("Goose-footed Bertha")⑤,而卡利南则认为鹅妈妈应该是源于查理曼大帝的母亲贝特拉塔(Bertrada of Laon),或许因为她可能是蹼足或走路内八字,所以后来被称为"鹅足女王"(regina pede, Queen Goose or Goose Footed Bertha)⑥。帕克和贝格诺在《培养创造性领导力》(*Developing Creative Leadership*,

① Ltd. Pan Macmillan, *Macmillan Dictionary for Students*, Simon & Schuster Books For Young Readers, 1984, p. 663.
② 罗伯特·丹顿:《屠猫记:法国文化史钩沉》,吕健忠译,北京:新星出版社2006年版,第27页。
③(美)林·亨特等:《历史的真相》,刘北成、薛绚译,中央编译出版社1999年版,第232页。
④ 罗伯特·丹顿:《屠猫记:法国文化史钩沉》,吕健忠译,北京:新星出版社2006年版,第79页。
⑤ Katherine Elwes Thomas, *The Real Personages of Mother Goose*, Lothrop, Lee & Shepard Co.; First Edition, 1930, p. 28.
⑥ Bernice E. Cullinan, *The Continuum Encyclopedia of Children's Literature*, New York: Continuum, 2001, p. 561.

2003)①中对鹅妈妈的历史也有简要的分析,他们认为至少可以从三种可能性中确定她的起源。除了可能源于对中世纪查理曼大帝母亲的称谓外,他们还认为鹅妈妈还可能源于美国人对伊丽莎白·古斯(Elizabeth Goose)的最普遍信仰,因为她的姓氏可能是"Vergoose"或"Vertigoose"。殖民时期古斯住在波士顿,人们相信,古斯用自己童年记忆中的圣歌和童谣来教育她的孩子和孙子。据说,古斯的女婿托马斯·弗利特收集了这些押韵的童谣,并将它们编入一本名为《托儿所之歌》或《鹅妈妈的旋律》的书中。鹅妈妈通常被描绘成"长着鹰钩鼻和大下巴的老人"。有人说她戴着一顶高帽子,拥有超能力,骑着一只鹅,有时还能看到她手里拿着一个鸡蛋。另外,帕克和贝格诺还认为,鹅妈妈还有可能起源于《圣经》中的示巴女王(Queen of Sheba)。不过,对于这些起源的假说,帕克和贝格诺并没有进行详细的论证。

不管怎样,从上述学者们的记述和探讨中,我们可以得出两个观点:一是"鹅妈妈"或许确有其人,是人们在口头传播的过程中对其形象的渲染和塑造;二是"鹅妈妈"或许源于《圣经》,与宗教的大众化传播有着密切的联系。

此外,在北美的牙买加,当地人称这个游戏为"公牛"游戏或"鹰"游戏(如图29)(游戏形式在本研究第一章也有记述),他们认为这个游戏起源于牙买加,游戏的玩法在各地区之间也有所差异,牙买加的每个孩子(和成人)都非常喜欢它。通过游戏可以锻炼孩子的耐力、柔韧、协作、平衡等运动技能,以及合作、团队构建等社交能力和问题解决、策略构建的认知能力。奥利夫·森尼尔(2009)指出:"'Bull inna pen'是传统的男孩游戏,因为它非常粗糙。"②

而在南美的许多国家,诸如厄瓜多尔、委内瑞拉等,也存在类似的儿童游戏,常被称为"猫和老鼠"(el gato y el ratón)。当地人认为这是一个古老

---

① Jeanette Plauché Parker and Lucy Gremillion Begnaud, *Developing Creative Leadership*, Libraries Unlimited. Illustrated edition (October 31,2003), pp. 76 - 77.

② Marie-Annick Montout, "Translating a Culture in Stories from the Caribbean: A Conversation with Olive Senior", in *Journal of The Short Story in English*, 52, Spring 2009, 209 - 213.

图 29　牙买加的小朋友玩"公牛"游戏

的游戏,体现了求生的乐趣,孩子们会表现出兴奋和不安的情绪。游戏的形式类似于斯里兰卡的"埃卢万克马",游戏过程如下:

8个游戏参与者手牵着手围成一个圆圈,选择 2 个人代表猫和老鼠。圆圈内是老鼠,猫在圈外,是追赶者。

游戏以简短的对话开始:

猫:老鼠,老鼠……

老鼠:你想要什么,贼猫……?

猫:我想吃你。

老鼠:如果可以的话,那就吃我吧……

猫:你胖吗?

老鼠:一直胖到尾巴尖。

正是在这里，作为老鼠的 Maleny Sánchez 跑出圆圈，代表 Ángel Sotomayor 的猫开始追捕。Maleny 竭尽全力防止被 Ángel 抓住。

剩下的 6 个参与者：Kenia Morocho，Diana Gema，Marlon Cueva，Thalía Peñafiel，José Erazo 和 Jhonny Lozano，形成了老鼠躲避的洞穴。

Maleny 大喊大叫，提醒队友：打开洞穴，我来了……以便他们让她进入山洞。她进入后，他们很快就会聚集在一起，并且非常紧密。

但是猫不会轻易放弃，它会试图通过它能抓住老鼠的任何空间进入。

也就是说，对南美洲许多国家的人民来讲，"猫和老鼠"有着悠久的传统，世代相传，深深扎根于许多地区，人们通常以集体的方式进行练习，借以抒发情感。安吉尔·托雷斯(2016)认为这个游戏在厄瓜多尔或许与家庭文化中对猫灭鼠的崇拜有关，从古至今都是一款非常有活力的游戏，可以在社交环境中被所有人玩。①

在大洋洲，"老鹰捉小鸡"游戏同样有着广泛的分布，只是游戏名称和游戏形式略有区别。这其中，"狐狸与鹅"是常见的儿童游戏，也伴随着澳大利亚、新西兰等国儿童的成长。玩的时候一般四五个孩子一起，一个人是"狐狸"，其他人是"鹅"，站成一排，抓住前面人的腰。游戏玩法和对话内容与欧洲、美洲的"狐狸与鹅"游戏类似。不同的是，在新西兰的一些学校中，这个游戏也有其他的变化形式。在《活跃的学校》(*Active Schools kori ki te kura*)中记载了这种变化的形式："在一个班的学生中，选择 2—3 个孩子作狐狸，其余的孩子排成几列，每列 4—5 个孩子作为鹅。(游戏开始后)狐狸们会在特定区域内四处走动，并试图抓住任何一列中的最后一个孩子。"此外，在澳大利亚北昆士兰地区的原住民中，也流传着类似的游戏，他们将其称为"月亮游戏"(Gitja)(如图 30)。Gitja 在澳大利亚库库雅兰吉(Kuku-Yalanji)人的语言中代表月亮，意思是，这是许多孩子在月光下聚在一起玩耍的游戏，游戏过程包括模仿、表演和追逐。游戏过程如下：

---

① Ángel Sailema Torres, *Juegos Tradicionales Y Populares Del Ecuador*, Universidad Técnica de Ambato, 2018, p. 61.

图30 大洋洲的小朋友玩"月亮"游戏

游戏开始,Gitja试图抓住(触摸)在圆圈中间的玩家。在圆圈里的玩家手拉着手试图"阻止"Gitja并帮助玩家。Gitja可能不会突破它们的手臂,但可以躲在它们下面追赶。圆圈里的玩家弯下腰去阻止Gitja。玩家允许中间的玩家在被Gitja追赶时走出圆圈并返回。

游戏继续进行,直到Gitja成功抓住(触摸)该玩家或在设定时间内结束。运动员奔跑、追逐时必须停留在指定的比赛区域内。

此外,《北昆士兰民族志》中对这个游戏有较详细的记述:

为了方便起见,我在这里要提到贝德福德角(Cape Bedford)和布卢姆菲尔德角(Bloomfield)的"月亮Gitja"(Moon)游戏,尽管我承认我怀疑这样做是否合适,但总的来说,这件事看起来像某种磨难或仪式的遗留产物。在布卢姆菲尔德,当周围有很多孩子的时候,人们就会沉迷于此。首先,人们收集许多石头或木头碎片来代表食物,每人一块。然后,其他的黑鬼在地上挖了两个洞,围成半圆形坐下来。一个洞装的是纯净水,另一个洞装的是有毒的水。扮演"Gitja"(库库雅兰吉术语,意为月亮)的孩子拿着一捆树枝走了一段距离,然后向后跳向半圆。当她走近时,她问圆环右边的 ptjrson 道路是否畅通。她被告知,她右边的树是刺荨麻,于是她朝另一个方向走了一步,这时圆圈左边的人捏了一下她的腿,导致她摔倒;捏一下代表被黄蜂蜇了一下。她现在几乎死了,要求喝水,并开始分享有毒的水,但被阻止了。然后,她给每个人一块食物,还把一块备用的食物交给专门为她保留的人,嘱咐他们不要吃。然而,负责的那个孩子给了每个人一点。当 Gitja 回来时,负责保管的孩子无法将食物制造出来,然后 Gitja 冲破圆圈,追逐罪犯,直到她成功抓住了她。

从《北昆士兰民族志》的记述中我们可以了解到,Gitja 游戏很可能是当地原住民在某种磨难或祭祀仪式过程中变迁并流传下来的儿童游戏形式,这些游戏大多是为了帮助孩子们学习成年后狩猎和战斗所需的技能。不仅如此,在特洛伊·梅斯顿的帮助下,肯·爱德华兹深入探究了这一资源,他几乎查阅了澳大利亚所有地方的土著和托雷斯海峡岛民游戏的所有可用记录,并将其编写在《尤伦加:传统土著游戏》(*Yulunga: Traditional Indigenous Games*)一书中,对此,澳大利亚体育委员会和昆士兰州政府认为,当地的原住民和托雷斯海峡岛民是这些传统游戏和活动传承的基础。

在过去的数千年中,人类不仅发展了生存技能,还开发了有助于他们创造出与现实生活中的约束相悖或与期待相仿的"拟现实"符号。"老鹰捉小鸡"游戏便是其中之一,它广泛分布在世界各地,被广大的农民群众所喜爱。J. 胡伊青加在《人:游戏者》中提到:"游戏比文化更古老,因为无论加以多么不充分的界定,文化总是以人类社会的存在为前提,而动物则无需人教它们也会游戏。"尽管人类历史通常与生产技术的发展相关,但我们的文化历史也可以用不同的休闲活动来描述。"老鹰捉小鸡"简单的游戏形式被各大洲的人们接受、认同,也大多认为自己所在的地区或文化才是这个游戏被创造的"娘家"。因为对不同地域的人们来讲,它超脱了动物层面的生理、心理反应,而具有某种超越了生活基本需求的意义。在亚洲,它可以是市井儿童眼中模仿成年人日常生活的媒介,进而可以提前窥探成人世界的"斤斤计较";它也可以是佛教用来教化众人弘扬大爱的手段,借以将晦涩的经文演变成形象的游戏;它同样也是辛勤的农民对图腾、传说、祖先的崇拜与信仰,从而将他们对生活的未来期许以及精神的追求融入对游戏规则的坚守与仪式的传承中。在欧洲,它可以与中世纪颂歌有着千丝万缕的联系,最终在民间的口头传播中得以保存;它也可以是仅限于女孩、仅限于男孩又或者男女都可以参与的具有宗教戏剧效果的游戏,似乎竭力借助牧师的笔向世人展示着自己的灵活性、适应性、传承性以及宗教性。在非洲,纵使有沙漠与海洋的阻隔,在文化融合与变迁的过程中,这个游戏依然传承至今,并形成了具有自身地域特色的形式和表征。在美洲,它又可以成为唯一伴随对话的游戏形式,而在纷繁复杂的儿童游戏中不会显得冗余;它也可以成为童话的载体,在不同角色与形象中,延续着对童年的追忆、对母亲的歌颂、对《圣经》的理解。而在大洋洲,它又可能是某些祭祀仪式的遗留,孩子在模仿、追逐、表演的过程中,领悟先辈的信仰以及狩猎的技能。

也就是说,"老鹰捉小鸡"游戏似乎蕴含着某种绝对的、固定的但又灵活易变的秩序。它在全世界范围内产生、传播以及变迁的过程中始终保持"袭击者、保护者、被保护者+问答"的基本架构,而对填充框架的内容与形式则给予了最大限度的包容和接纳。从这个角度来看,"老鹰捉小鸡"对游戏基本架构的要求是绝对的、首位的。似乎只有在这样的游戏框架下才能够体现出游戏的价值。"老鹰捉小鸡"游戏这种对基本框架的坚守,在很大程度上使得它拥有了试图宣扬保护与献身观念的倾向。这种价值观的倾向很可能表现于那种创造(或借用)游戏基本架构的冲动,并把这种价值观融入游戏的各个方面。所以,在紧张、冲突、变化的游戏过程中,无论孩子还是成人,都能够感受到游戏带给他们的"掠夺""爱护""幸存"的即时感,使得他们可以在超越"日常"生活之外"主动"感受游戏所带来的一种较他们日常生活更高的事物的秩序(J. 胡伊青加,13)。一些研究者推测魔术或宗教内容对游戏起源的影响,因为在远古时代,游戏就是魔术师和萨满祭司的天赋或能力。然后,宗教和理性主义在某种程度上取代了魔术思维,使魔术思维首先沦为妇女的世界,然后沦为儿童的世界。事实上,对任何传统游戏来说,在融合地域流行元素并主要通过口头表达的过程中往往都会发生一些变化,但几乎总是会保留其特有的本质以及与初创诱因的某种联系。所以,对"老鹰捉小鸡"游戏来说,它是全世界不同地域的人们的认同感的重要组成部分,作为一种文化和社会现象,我们还是应该从游戏所具有的表现特征来逆向溯因,探究它的"娘家"。

执着的日本学者

"认真是一种境界。我们在与日本学者的交流中,强烈感受到随处可见的可贵的认真。是全方位的认真,全过程的认真,时时、事事的认真。他们的认真是渗透到骨子里的认真,是融化在潜意识里的认真。"[1]这是宁夏社会科学院 2008 年应邀前往日本爱知大学学术访问后对日本学者研究态度的总结。特别是随着日本近代改革和社会的动荡,日本学者在不断借鉴英美自由主义思想追赶西方进步脚步的过程中,又将德国的实证主义哲学思想广泛应用在历史的研究过程中。这种对历史研究严谨、认真的学术态度很好地体现在日本学者对"比比丘女"游戏(如图 31)的研究过程中。

1983 年 12 月,在日本《体育学研究》第 28 卷第 3 号中,寒川恒夫发表了一篇民族学研究论文《关于比比丘女起源的民族学研究》。在这之前,日本学术界一直流行这么一个观念:"比比丘女游戏是慧心僧都为传播佛教而创造的。"这一观念一直被人们接受,没有受到任何有推论的否定。寒川恒夫通过分析、质疑上述观点来解释游戏的起源,他认为:"从此游戏是在与佛教无缘的地区上也进行展开的立场来说,也许多田先生的说法是正确的。但是多田先生把此游戏定义为是由超越自然的存在来抢夺人类的孩子,进而形成为鬼与被庇

---

① 朱鹏云:《与守望同行》,阳光出版社 2012 年版,第 74 页。

图31 "比比丘女"游戏图

护者群体所发生的对立所带来的母体主题范围的说法,以及多田先生所提及的,这是超越自然的存在引导了一位青年的死亡与再生所产生的一种仪式模仿的说法我并不赞同。原因是多田先生的推论并没有提及有关此方面的世界范围性质的事例比对。然而这是很必要的论述。"为解决这些问题,寒川教授以游戏的名称与地区分布为依据,将日本的这个小游戏与其他国家的事例进行了对比,并得出以下结论:

1. 在旧大陆的大多数游戏样本都有一个共同的主题:野生动物(栗鸢、鹰、豹、狼、狐狸等)攻击家畜(最初是母鸡或鸡)。这意味着,从质谱的角度来看,样品的分布可以用扩散来解释,而不是由每个相关地方的独立起源来解释。

2. 这个游戏主要是由谷物种植者来玩的,一些游牧民和狩猎采集者的例子可以解释为是通过谷物种植者的介绍而学到的。这表明,这种游戏的起源必须在谷物种植者中寻找,特别是在历史的早期阶段母鸡被驯化的南亚和东南亚。但是很难确定这种游戏起源于南亚和东南亚的哪一种文化层或文化复合体,因为游戏只是儿童的娱乐活动,与其他文化元素没有明显的联系。然而,从游戏的分布情况来看,游戏的原始玩家并不是轮作耕种者,而是水稻耕种者。

3. 在一些地方,原始的主题(野生动物和家畜之间的斗争)随着时间的推移被修改。其中之一是比比丘女,它似乎是在弥生时代之后通过中国南方的埃伯哈德的越文化传入日本的,并在镰仓时代佛教普及高度发展时开始佛教化。[①]

不仅仅寒川恒夫教授,日本学术界自19世纪初期便开始对"比比丘女"游戏的起源进行研究分析。1814年,山东京传(1761—1816)在他完成的书稿《骨董集》中,对江户时代及之前日本近世有关风俗(艺能、游戏、服装、生活品)的起源、变迁进行了解说,并一一做了图示。山东京传认为"比比丘女"游戏是平安时代中期的天台僧慧心僧都受阎罗天子故志王经的启发所创造的(如图32-34),虽然这一说法缺乏科学的论证,但江户时代以来的日本考证家们都接受并传承了这一认识。此后,到20世纪50年代(昭和三十年),日本学者又开始尝试从国语学的角度进行考证,60年代(昭和四十年)又有学者从民俗学和文化人类学视角开始论证,在这个过程中也逐渐产生了三个主要的流派:

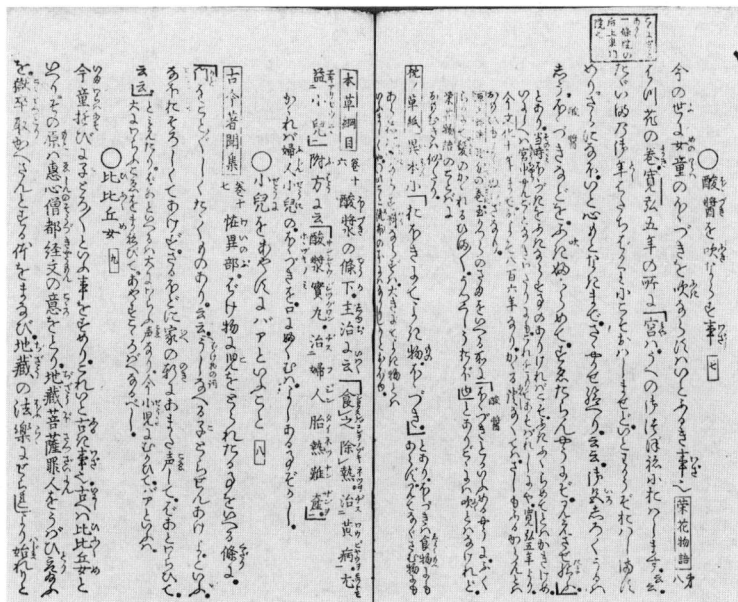

图32 《骨董集》中记载的"比比丘女"游戏1

---

① Tsuneo Sogawa,"An Ethnological Study of the Origin of Hifukume", in *Jap. J. Phys. Educ*, 28-3:185-97, 1983.12.

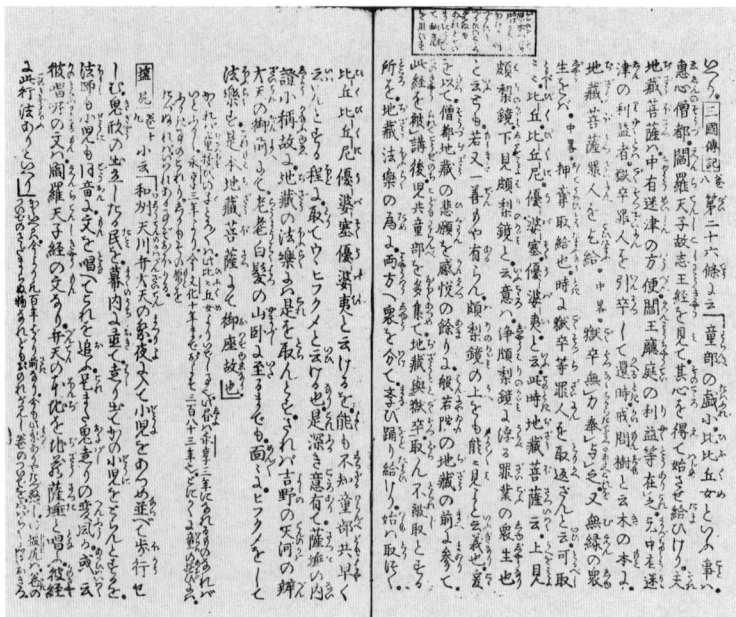

图33 《骨董集》中记载的"比比丘女"游戏2

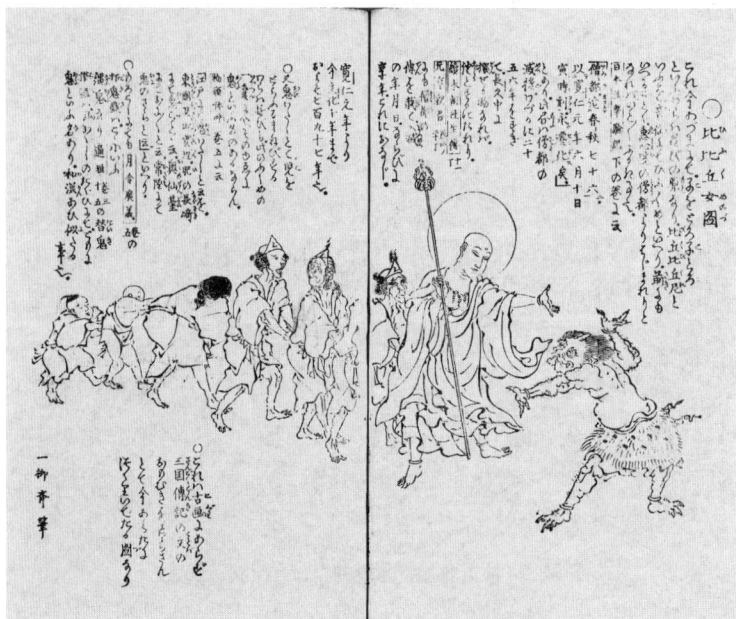

图34 《骨董集》中记载的"比比丘女"游戏3

一是基于佛教的传播派,自山东京传在《骨董集》中表达的观点以来,喜多村信节(1930)、酒井欣(1933)、藤泽卫彦(1971)、横井清(1971)、喜多川守贞(1973)、半泽敏郎(1980)、船井广则(2012)等都对这个小游戏的起源进行过论证,也都认可是由慧心僧创作此游戏的说法。不同的是,渡浩一(2001)虽然也认为这个游戏是基于佛教的传播形成的,但并不认可"慧心僧创作此游戏"的说法,认为那只是个传说。他认为:"从地藏信仰的历史来看,'鬼捉子'(子取ろ子取ろ)游戏的传说满足了地藏的两个重要因素,一个是地狱的救世主,一个是儿童的守护神,因此我认为,'鬼捉子'的传说起源于地藏信仰,地藏信仰的传播促进了这个传说的形成。"[1]

二是自生派,也就是指这个小游戏是在各个国家和地区独自产生并在内部发展的,这一说法是多田道太郎(1974)在《游戏与日本人》中提出的。多田"自生说"观点的形成基于他以下三方面的认知:

1. 近、现代的游戏,例如麻将,也只知道是起源于 17 世纪的中国。更何况,对于散发着陈旧气息的儿童游戏,与特定个人创作的提法相比,就显得过于奇异了。

2. 在与佛教几乎无缘的地区,例如中南美和近东也可以看到(与"比比丘女"游戏形式类似的)"捉小孩"的游戏。

3. (类似的)这些游戏被认为是当地独自产生的游戏。[2]

多田关于"鬼捉子"游戏起源的"自生"认知影响了一批之后的学者,青柳まち子(1977)在《游戏的文化人类学》中、饭岛吉晴(1991)在《儿童民俗学》中、大森隆子(1995)在《关于保育"游戏"的研究考(Ⅶ)——关于"鬼捉子"(下)》中,都接受了这一认识。

三是基于农耕文化的传播派。关于"比比丘女"游戏的这一传播理念便开始于寒川恒夫教授(1983)的研究。寒川先生(1983,1991,2003)赞同了多田先生关于这个小游戏的传播与佛教相关性不大的说法,但也否定了多田

---

① 渡浩一. 鬼と子どもと地蔵——「子取ろ子取ろ」の起源伝説をめぐって,明治大学人文科学研究所,2001,p. 95.

② 多田道太郎. 遊びと日本人,筑摩书房,1974 年,pp. 148-149。

先生关于这个游戏自生的认知。正如上文引用寒川先生的观点中所阐述的,他认为这个游戏是源于弥生时代(前300—公元250)的水稻种植文化,然后经由朝鲜半岛传入日本,之后在日本的各时期受当时社会文化的影响产生了不同的适应性文化变迁(如图35)。

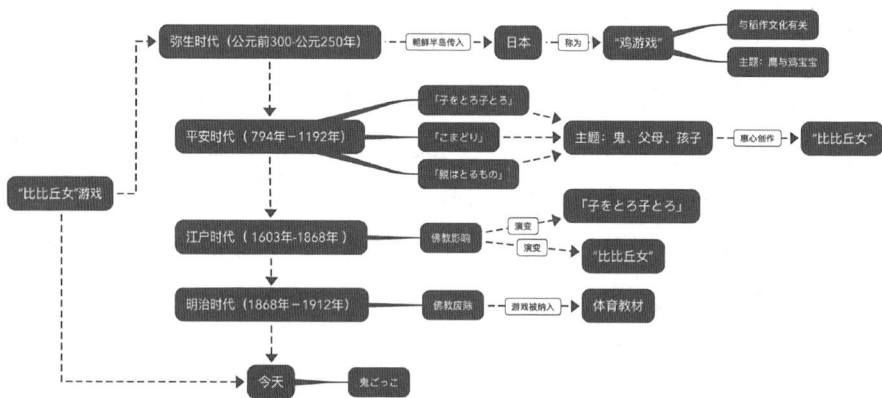

图 35　寒川恒夫教授推断的"比比丘女"游戏在日本的文化变迁路径

寒川先生从民族学角度对这个游戏研究提出的新见解,在日本学术界产生了深远的影响。直到今天,基本形成了基于佛教经典的传播派和基于农耕文化的传播派两种学术观点并存的局面。

此外,在日本也有许多学者试图从语言学和童谣变迁的视角来探究这个游戏的起源,其中影响较大的是佐竹昭广(1959)、大森隆子(1995)和安藤江里(2020)这三篇研究。

佐竹昭广(1959)①认为,ヒフクメ(比比丘女)这个词可能是由ヒトクメ(人鬼)演变而来的,只是由于口音不同,而在传播的过程中产生了变化。之所以形成这样的结论,是源于佐竹昭广对民族语ヒトクメ(人鬼)的分析。他认为:在寻找ヒトクメ的原始意义时,不应忽视这两个ヒトクメ所共有的儿童词相。ヒト的部分是"人",这不应该是个问题。子词相,即クメ这个词,而ココメ这个词,是由连接两者的线衍生出来的[ココメ是"丑女"(しこめ)

① 佐竹昭広. 鬼面—民族语汇「ヒトクメ」について」.学习院大学文学部研究年报Ⅴ,1959年。

和“粪女”(ここめ)的组合]。当组合使用时,ココメ这个词更容易转化为ク
メ,如ヒトクメ的情况。我想推断,ヒトクメ是ヒト和ココメ的复合体。随
着时间的推移,シコメ这个词似乎已经逐渐向上渗透到成人语言界,它早已
从“丑女”的含义中获得了“黄泉之鬼”的含义。ココメ这个词是シコメ的同
义词,也深受“同义语的类推”的影响,在很多情况下,ココメ马上就有了
“鬼”的意思。ヒトクメ这个词的中世纪意义应该被理解为“鬼”的同义词,
而不是在其原始意义上取ココメ。ヒトクメ的意思是“人鬼”。这就是山王
绘词中“あやしの小童部集て”和“物さわかしくする”游戏的名称。我认为
“人鬼”(ヒトクメ)明显具有“鬼遊び”类的特征,所以将其视为一种“鬼遊
び”,这几乎没有错。据说地藏菩萨在问候进攻的狱卒鬼时说了一句“上见
颇梨镜,下见颇梨镜”,但这句话是否真的在“鬼捉子”游戏场上吟唱过,有很
大的不确定性,即使是这样,吟唱的具体词句也不清楚。即使它们是被吟唱
的,也没有线索表明它们是用什么词吟唱的。然而,如果我们参考《名语记》,
毫无疑问,这句话实际上是在“鬼捉子”的场合,从“惜しみ親”(不忍心的父
母)的口中说出的,即“看看前面的队伍(カミヲミヨ),小鬼(ハリウリ),看
看后面队伍(シモヲミヨ),小鬼(ハリウリ)”。用“颇梨镜云云(頗梨鏡云
々)”来解释这句话,类似于用“(比丘比丘尼云云)比丘比丘尼云々”来解释
ヒフクメ这个词的语源学理论,这只不过是一个可笑的附会。早在这样的附
会说理论被发明之前,我相信“トラウトラウ,ヒフクメ”和“カミヲミヨ,ハ
リウリ,シモヲミヨ,ハリウリ”的吟唱在“鬼捉子”游戏中被传承下来。“カ
ミヲミヨ,シモヲミヨ”这句话最初可能是对鬼的调侃:“看看前面的队伍,
看看后面的队伍。”

　　基于上述推断,佐竹昭广认为:ヒヒクメ和ヒフクメ是对有关ヒトクメ
的“鬼遊び”的称呼。如果不这样想,我们怎么能理解在属于“鬼遊び”的儿
童游戏名称中存在三个恰好发音非常相似的单词这一现象呢? ヒトクメ这
个词的含义是“人鬼”。作为“鬼遊び”的名称,根本不存在语义上的歧义。
这三个词的原型是ヒトクメ,而ヒヒクメ和ヒフクメ可能是由ヒトクメ演
变而来的,但口音不同。

　　大森隆子(1995)认为:“从这些游戏的记录痕迹来看,它们一般都受到

佛教理论的强烈影响,而且在世代相传的过程中与佛教理论有着必然的关系。当然,不可否认的是,这种趋势的一部分已经被视为没有什么科学依据的神话。尽管如此,由于某些原因,该理论的正确性或不正确性并没有得到明确的追究,它作为一种信仰形式继续被社会接受。"①在通过对多田道太郎"自生说"以及佐竹昭广的"人鬼说"分析后,大森隆子进一步形成了自己的观点:"鬼捉子"游戏所具有的生命力是巨大的,已经延续了数千年。这个游戏有作为母体的自主游戏的原型,它在改变形态的过程中逐渐稳定为现有的模式,并认为这个游戏的母体之一就是排队游戏。"排成一列的队列游戏,一开始只是单纯的行进,后来又以快走、慢走,再通过触摸目标物、越过目标物等各种各样的方法,最后演变成前头抓住尾巴的规则。在沉浸于这种乐趣的过程中,总有一天,最前面的队伍会从队伍中分离出来,独立出来,抓住队伍的尾巴,这就是现在的游戏模式。"②

而安藤江里(2020)从日本传统童谣传承的角度分析了"鬼捉子"这个儿童游戏玩耍时吟唱的歌谣,并认为:"鬼捉子"是最早的童谣歌曲,在平安时代被称为比々丘女(ヒフクメ)。安藤赞同这个游戏的产生与佛教有关的说法,并指出:"到目前为止的既定理论是,随着佛教的传播,僧侣们在佛经的启发下发明了儿童游戏歌曲,这首歌俏皮地演绎了地藏王菩萨在地狱里拯救一个被恶魔追赶的罪人,并在室町时期(1336—1573)随着商人和农民地位的上升,这首童谣的传播也达到了顶峰。这些歌曲的内容反映了各个时期的生活和文化,并借助童谣的形式在各个地区长期流传。"③

到目前为止,日本学者围绕"比比丘女"游戏(或类似不同名字的游戏,如"鬼捉子"),历时一个多世纪,对游戏的起源从语言学、历史学、民族学等方面有过很多探讨,并形成了上述观点并存的局面。佐竹昭广从语言学变化的角度进行的分析为本书论证"老鹰捉小鸡"游戏在日本的产生与传播过程提供了一个很好的论证角度,在本书的后面章节中将会

---

① 大森隆子.保育のための"遊び"研究考(VII):「子とろ子とろ」について(下),研究纪要 12,1995-03,135—145。
② 同上。
③ 安藤江里.わらべうたの伝承と幼年期教育における文化の継承:最古のわらべうた「子とろ子とろ」の歴史を通して,地域综合研究 21(1),95—106,2020—07。

对此进行详细的论证。此外,学者还试图从心理学、教育学、社会学等多个领域来探究"鬼捉子"游戏的教育价值和社会价值,期望从个人的、暂时性的或者社会的、文化性的层面上去捕捉这个游戏产生以及能够延续千年的密码。

然而,却因为游戏的历史久远以及主要基于民间传播的特点,游戏的起源仍旧没有形成定论。寒川恒夫教授从民族学视角对游戏的研究对于探究这个游戏的起源提供了非常好的视角。本书便基于此,希望从历史学、民俗学、人类学等综合的分析视角,来分析、考察、构筑这个游戏起源的整体形象,以此深挖这个千年游戏背后隐藏的神秘力量。

一则童话引发的对世界文学的思考

1991 年中国作者刘雨仙和谢惠卿编著了一本儿童故事集《神话故事 365 夜》,书中收录了一则"老鹰、鸽子和国王"的童话,故事的全文如下:

很久以前,阿奴族中出现了一位强大的国王乌希纳拉。他那笃信宗教慈悲为怀的美名到处传颂。人们都说,他的法力甚至超过天帝因陀罗。有一回,天帝因陀罗和火神阿耆尼决定亲自去证实一下有关乌希纳拉的传说是否真实。因陀罗变成一只鹰,阿耆尼变成一只鸽子,他们以飞禽的面貌出现在王宫里。

鸽子装作躲避老鹰,落在乌希纳拉国王脚下,请求国王保护。而老鹰则对国王说:"国王啊,世上的人们都说你主持正义,请你来评判一下,我早就饿极了,你不应该把宇宙创造者早就指定给我的食物放走。你不能只可怜鸽子而眼睁睁地看着我饿死。你不是为了博得好心肠的盛誉才救这只鸽子吧?"

国王回答说:"这只小鸽子在你的利爪面前都吓得发抖了。他既然到我这里寻求保护,我就有义务拯救他的生命!"

老鹰说:"伟大的国王,难道你不知道只有进食才能维持我们的生命! 人要是不吃饭,也就不能活下去,任何动物都会因缺食而死亡的。如果你夺走我的合法食物,就等于夺走我的生命,鸽子虽然得救了,却使我陷入死亡。国王啊，要你中断你的食物供应，你也会一命呜呼的。这样，你既不能保护你的居民，也不能保护这胆小的鸽子。要是中断我的食物，我也会饿死，而且我的妻子儿女也会饿死。我们为一只可怜的鸽子丧生，你那正直的心灵将会蒙受沉重的罪孽，世上常有这样一些罪恶行为——为了某方面的利益而给另一方面带来不幸。为了不犯错误，请你好好思量思量，看哪样行动更好——到底是牺牲一个而救多数好呢，还是牺牲多数而救一个好?"

乌希纳拉为老鹰这番理智的言词所震惊，说道："聪明的老鹰啊，你判断得很明智，你似乎是飞禽之王迦楼陀。我不敢说你不懂法规，不过你可以另找其他食物充饥，别要我让出求我保护的鸽子。如果你愿意，我可以命令给你牛肉、猪肉或鹿肉吃!"

老鹰说："不，伟大的国王，我不需要牛肉、猪肉或鹿肉，请把鸽子给我。苍天今天只给我和我的一家送来这只鸽子——我们历来的法定食物。"

乌希纳拉说："老鹰，随你向我要什么，我都会给你的，我们先辈留下的任何东西——宝石、黄金和珍珠，只要你愿意都可以给你，只是请你别再要这只鸽子。请告诉我，你想从我这里要什么来顶替这只鸽子呢?"

老鹰说："国王，你既然对这可怜的鸽子情真意切，那就请你从自己身上割块与鸽子同等重量的肉给我，让你的肉作为我们一家的食物。"

乌希纳拉欣然同意老鹰的要求。他毫无惧色地从自己身上割下了一块肉。当他用手掂量感到还没有鸽子重时，又割了一块。再掂量时，国王惊奇地发现，鸽子越变越重。

国王一块儿又一块儿地割自己身上的肉，怎么也赶不上鸽子重量的增加。最后国王身上只剩下了骨骼。

这时候老鹰对乌希纳拉说："知道吗，正直的国王! 我是天帝因陀罗，而这只鸽子是火神阿耆尼。我们到这里来，就是想试试你那仁慈的心。国王啊! 从现在起，你的盛誉将与日月同辉，传遍整个宇宙。人们将永远歌颂你的忠厚仁慈，你本人也将升入天堂。"

万能的因陀罗的预言得到了验证,仁慈国王的美誉,流传至今。①

对大多数儿童来讲,童话有着强大的吸引力,虽然作为一种叙事性文学,但它却能够以善与美的精神信仰唤起儿童对纯真事物的心灵崇拜,在神性与平凡、幻想与现实、繁冗与单纯的思维冲撞中打开儿童对世界的想象之门。这是童话自身所具有的"精神"性的表现。闫春梅(2013)在《童话精神与儿童审美教育》中就曾指出:"当代文学的启蒙内涵就是帮助人们重建一个健康的精神家园,而童话以其本真的'童年精神气质'在今天承担了这一启蒙使命。它对精神家园的守护、创建不仅是多元的,而且也是现代的;启蒙的对象不仅是儿童,也包括成人。"②保罗·亚哲尔(1992)也认为:"安徒生那诗情丰盛的童话渗透着梦,从这梦境看见更美好的未来的梦。这就是安徒生的灵魂和孩子的灵魂相接触的地方。安徒生听出了孩子心中的愿望,协助他们实现,他认为这是自己的使命,他跟孩子们一起享乐,也借着孩子们的力量,防止人类的灭亡,更坚强地守护着人类,把人类导向理想世界。他就是那光明的灯塔。"③也就是说,对童话的理解东西方有着相近的立场。而对"老鹰、鸽子和国王"这则童话来说,虽然故事的地理位置以及人物的姓名对中国儿童来讲非常生疏,但故事中表达的国王对鸽子真心的仁慈之心以及因为真心的仁慈所得到的完美的结局,却能够让儿童真切地感受到"善良、美、理想世界"的存在,而这种仁慈之心也能够在他们一遍遍地听故事、讲故事的过程中内化成未来他们成人的行为准则,因为对仁慈、善良与爱的追求是贯穿人类一生的事情。这就是这个故事最独特的地方,而这个故事中所表达的内涵以及人物关系,却与本书的主旨"老鹰捉小鸡"游戏有着惊人的相似性,符合"袭击者、保护者、被保护者+对话"的机构形式。那么,这个故事从何而来呢?

事实上,对于熟悉世界文学的人来说,可以从"天帝因陀罗"与"火神阿耆尼"的名号中判断出,这个传说大约来自印度次大陆。印度早期史诗《梨

---

① 刘雨仙、谢惠卿编著:《神话故事 365 夜》(上),中国城市出版社 1991 年版,第 287—288 页。
② 闫春梅:《童话精神与儿童审美教育》,山东人民出版社 2013 年版,第 27 页。
③ (法)保罗·亚哲尔:《书·儿童·成人》,傅林统译,中国台湾:富春文化事业有限公司 1992 年版,第 192 页。

俱吠陀》中最重要的三个神即天帝因陀罗、太阳神苏利耶、火神阿耆尼。以此为线索，我们很快发现，这则童话故事其实是印度民间传说"鹰鸽试仁慈"的翻版，而"鹰鸽试仁慈"这个故事在中国国内则最早出现在1986年黄志坤编译的《古印度神话》一书中。根据黄志坤在序言中的记述，《古印度神话》这本书主要是根据前苏联的两位梵文学者埃尔曼与特姆基纳合著的《古代印度神话》一书编译的。① 事实上，原书《古印度神话》(Мифы древней Индии)首版是在1975年以俄语出版，专门为成人读者设计的一本普及性文学读物。"鹰鸽试仁慈"在原书中的名称是"乌斯希纳拉国王的传说"，故事的情节与"老鹰、鸽子和国王"童话故事的内容大致相同，从中我们可以窥视到古印度文化强大的影响力。从这个角度来看，古印度的文化不仅在人与人之间相互联系，而且在整个世界的视野中都是独特的结合。当它触及孩子们的意识时，对未知事物的无尽认识就为他们打开了想象的视野。

有意思的是，不仅仅存在于儿童故事集，我们发现"老鹰、鸽子和国王"的故事，或与此相类似的故事在中国古代文学作品的历史长河中也不乏先例。明代的寓言故事集《笑赞》中也记载了这样一则"僧与雀"的寓言：

> 鹞子追雀，雀投入一僧袖中。僧以手搦定曰："阿弥陀佛，我今日吃一块肉。"雀闭目不动，僧只说死矣；张开手时，雀即飞去。僧曰："阿弥陀佛，我放生了你罢。"
>
> 赞曰：此雀顷刻遭二死，竟能得生，盖亦一定之命。此僧杀生念佛，是名谤佛；不得杀生亦念佛，是名诳佛；只此便合入地狱也。②

这则被明朝人赵南星编写的寓言讽刺故事虽然并不完全发生在"老鹰、鸽子和国王"之间，但其中颇多类似。鹞子即雀鹰，鹰属，是小型猛禽。雀，或是麻雀，或是常见小鸟的代称。鹞子追雀，类似老鹰追鸽子，鸽子投入国王怀抱，小雀投入佛家僧人袖中。此时，鹞子、僧与雀之间的关系同"老鹰捉小鸡"游戏抑或者"老鹰、鸽子和国王"童话中"袭击者、保护者和被保护者"的关系相似，原本以慈悲相救度众生的僧人此刻却发生了逆转，想着吃肉的

---

① 黄志坤：《古印度神话》，湖南少年儿童出版社1986年版，第2页。
② (明)清都散客著，会因校点：《笑赞》，星云堂书店1932年版。

不只是鹪子,连同保护者的僧人也动了口欲,说:"阿弥陀佛,我今日吃一块肉。"此时的麻雀很聪明,佯装昏死,趁僧人不备,从手中逃脱。这时,更有趣的是,僧人再度转变念头,改曰:"阿弥陀佛,我放生了你罢。"通过讽刺和调侃来抨击原本以慈悲为立身基础的僧人的伪善,揭露他们以仁义之辞装饰自己的假道学面目,是当时社会底层人民常借用的情感表达方式。这也可以从侧面看出,当时的知识分子已经习惯借用人们熟知或信仰的事件或宗教故事进行适当改编来博取民众的喜爱,表达自身的观点或讽刺社会各层面的丑恶现象。

纵观中国古代寓言发展史,先秦的哲理寓言从神话、传说、诗歌中吸收创作题材和拟人、比喻等艺术手法,先秦诸子散文中的寓言故事开始有了小说的意味;唐宋的讽刺寓言又兼收佛经、传奇和变文的艺术成果,民间的口头演述开始有了书面底本;明清是中国小说的繁荣期,也是诙谐寓言融汇笑话、幽默进行创作的高潮时期,相较于之前很早就开始使用的讽刺、讽喻等修辞手法,"只有到了明清时期,小说家们才开始自觉并大量地运用反讽这一修辞方式"①。此外,这个时期也正经历着"汉传佛教世俗化、藏传佛教广泛化"②的过程,佛教的宗教理论和思想已经深入儒家思想内部,被宋明理学所借鉴,也推动了民间佛教"民俗化、巫术化和三教合一"的世俗化过程。郑群辉(2015)认为:"相比于宋元的福德佛教,明清佛教的入世性更强……佛教进一步丧失其宗教独立性,僧人失去了其宗教话语权力,而作为一个配角,以迎合、俯就庶民的宗教意识、现实利益、愿望追求等。"③从明代寓言笑话"僧与雀"叙述的内容来看,它便是刻意地借用佛教日常教化民众、传播教义的方式来"反话正说",用以制造前后印象之间的差异,从而增强其讽刺的力度。也就是说,"僧与雀"在含沙射影地讽刺某些佛门僧人的同时,其故事元素也很可能直接取材自佛教故事。

与此相似,在日本文学史上也流传有不少与"老鹰、鸽子和国王"童话相类似的传说。集成于日本平安时代末期(1130—1150)的《今昔物语

---

① 王平:《中国古代小说叙事研究》,河北人民出版社2001年版,第444页。
② 阮荣春、张同标:《从天竺到华夏:中印佛教美术的历程》,商务印书馆2017年版,第504页。
③ 郑群辉:《潮汕佛教研究》,暨南大学出版社2015年版,第92页。

集》，收录了当时流传的各种佛教故事和民间传说"，而其中"天竺部"中的"龙子免金翅鸟难"的故事与"狮子同情猿割肉予鹫"的故事，便会让我们联想到与"老鹰、鸽子和国王"和"老鹰捉小鸡"游戏类似的"袭击者、保护者、被保护者＋对话"的故事结构或游戏结构，尤其是在"狮子同情猿割肉予鹫"的故事中更明显出现了"割肉"这一雷同的、令人印象深刻的行为元素。

（一）"龙子免金翅鸟难"的故事

从前，诸龙王栖于海底，龙王都惧怕金翅鸟。不过龙王深居无热恼池，在这个池中可以免受金翅鸟之难。栖于海底的龙生子时，金翅鸟便用羽毛将大海扇干，取食龙子。

龙王因为此事非常悲伤，便来到佛的居处问道："我等的龙子被金翅鸟取食，如何可免此难？"佛对龙王道："你穿上比丘的袈裟，取袈裟的一角，将龙子置于其上。"龙王按照佛所说的将龙子放在袈裟的一角。金翅鸟飞来，用羽毛将大海扇干却看不到龙子。金翅鸟找不到龙子便飞回去了。

此鸟也叫迦楼罗鸟，双翅宽336万里，其庞大可想而知，但即便如此，也比不上袈裟尊贵可敬，取一角便可免金翅鸟之难，何况身着袈裟的比丘，和佛一样可敬。但不能破戒做出轻慢的事来。[1]

（二）"狮子同情猿割肉予鹫"

从前，天竺深山的洞窟里住着一头狮子，这头狮子心想："我是众兽之王，应该保护同情众兽。"此山中有两只猿夫妇生下二子，在外出采集瓜果时来到狮子洞请求狮王看护自己的孩子。狮子答应了，猿夫妇离去。

这时一只鹫飞来隐藏在洞前树上，等待时机，想将两只猿仔抓走。它在狮子打盹儿的时候，便伸出双爪抓住两只猿仔，飞回原来的树上，打算将猿仔吃掉。狮子惊醒，急忙来到那棵树下，向鹫讨要猿仔。

① 金伟、吴彦译：《今昔物语集1》，沈阳：万卷出版公司2006年版，第124页。

鹫答道:"可如果我不以这两只猿仔为食,把猿仔还给你,我今天就会饿死。回绝狮子虽然是件可怕的事情,但为了我自己的性命,还是不会还给你的。这是为了救自己的命。"狮子说道:"我用自己身上的肉代替猿仔,可将我的肉吃下,救你今日之命。"狮子说着,用剑一样的利爪在自己的腿上抓下与两只猿仔一样大小的肉块交给鹫。①

从"龙子免金翅鸟难"的故事中我们也不难确定三者的关系:袭击者—金翅鸟,保护者—袈裟,被保护者—龙子,但故事中龙王和龙子很怕这个叫做"迦楼罗"的金翅鸟,却会让不了解故事背景的人觉得蹊跷。事实上,金翅鸟与龙之间的宿怨已久,在印度史诗《摩诃婆罗多》中可见端倪。《摩诃婆罗多》是印度古代著名的梵文叙事史诗,称为"印度的灵魂"。该书从公元前4世纪至公元4世纪的800年时间里,是以口头的方式创作和传承的。史诗伊始关于蛇祭的四篇插话"蛇祭缘起""蛇祭前篇""金翅鸟救母""蛇祭后篇"②,介绍了千蛇的母亲伽德卢与金翅鸟迦楼罗的母亲毗那达打赌"高耳神驹的尾巴是什么颜色",伽德卢使用阴谋迫使毗那达沦为自己的奴隶。毗那达的儿子——力量非凡的金翅鸟恰在此时破壳而出。金翅鸟迦楼罗为了把母亲从奴隶地位解救出来,答应为蛇族去取存放于天帝因陀罗天宫中的甘露。金翅鸟的英勇神力与不贪心,打动了诸神。天帝因陀罗恩准从此以后"所有的那伽成为迦楼罗的食物",蛇族与金翅鸟的历史宿怨由此展开。印度文献中的"蛇",梵语称为 nāga③,龙树菩萨《大智度论》云:"那伽,秦言龙也。"所以此处的"蛇族"也可以被认为是"龙族"。这样就合理地解释了故事中当金翅鸟来袭时龙王为什么急于寻求佛的帮助利用袈裟来保护刚出生的龙子。此外,"龙怕金翅鸟"的典故在佛经中也有着非常详细的记述。西晋法立与法炬共译的《大楼炭经》卷三《龙鸟品第六》、隋代阇那崛多等译的《起世经》卷五《诸龙金翅鸟品第五》及达摩笈多译的《起世因本经》卷五《诸龙金翅鸟品第五》中都提及龙鸟之争,说龙有卵生、胎生、湿生、化生,四生龙,但不论哪

① 金伟、吴彦译:《今昔物语集1》,沈阳:万卷出版公司2006年版,第226—227页。
② 金克木编选:《摩诃婆罗多插话选》,赵国华等译,人民文学出版社1996年版。
③ 季羡林:《比较文学与民间文学》,北京大学出版社1991年版,第128页。

种出生的龙都会被对应于卵生、胎生、湿生、化生,四生金翅鸟饵食,这也是下文详述的"云乘太子以身代龙"故事之前因。

另外,对于《今昔物语集》第五卷的第十四个故事"狮子同情猿割肉予鹫"来说,就更接近"老鹰、鸽子和国王"的故事结构了,只不过国王被替换为兽中之王狮子。故事中鹫作为袭击者与保护者狮子的对话与割肉行为,同"老鹰、鸽子和国王"的童话如出一辙。也就是说,作为日本说话文学最主要源头之一的《今昔物语集》,其创作初期也必然是借鉴了许多与佛教有关的故事,并在此基础上加以改编以适应日本读者的需求。对此,小岛毅(2018)也认为《今昔物语集》的世界观其实是"佛教式的宗教故事"①。

回顾英国文学与世界文学的渊源,尤其是公元 1500 年前后,随着英国殖民地的扩张,英国逐步走向亚洲、非洲和美洲,学者们开始大量翻译各国的经典名著,搜集各地的奇闻轶事,涌现出了一大批具有人文主义思想的学者、诗人和戏剧家,并随着乔叟(Geoffrey Chaucer)推动英语成为文学语言,英国文学逐渐在全世界产生巨大影响,其中《威尼斯商人》和《鹦鹉的故事》就是这个时期创作和翻译的典型代表,书中同样有与"老鹰、鸽子和国王"的童话非常相近的故事情节。

《威尼斯商人》是英国剧作家莎士比亚早期创作的一部讽刺喜剧,深层次揭露了当时借者和贷者之间社会矛盾的宗教根源。细读文本,我们会发现莎士比亚在塑造夏洛克的贪婪和安东尼奥的善意时用到了与"老鹰、鸽子和国王"童话相似的故事情节。首先,商人安东尼奥与高利贷者夏洛克之间"割一磅肉"的契约纠纷与童话故事中的"割肉"情节相类似;其次,结合剧情,我们发现安东尼奥并不是因为自己而向夏洛克借款的,他是为了救济向他求助的朋友巴萨尼奥才立下契约,这也完全符合国王保护鸽子的"保护者与被保护者"的结构;第三,对白语言也有接近之处。在第一幕第三场中,夏洛克提出要从安东尼奥身上割下整整一磅白肉,作为处罚。"请您告诉我,要是他到期不还,我照着约上规定的条款向他执行处罚了,那对我又有什么好处?从人身上割下来的一磅肉,它的价值可以比得上一磅羊肉、牛肉或是

① (日)小岛毅、王筱玲:《东大爸爸写给我的日本史》,北京联合出版公司 2018 年版,第 182 页。

山羊肉吗？我为了要博得他的好感,所以才向他卖这样一个交情,要是他愿意接受我的条件,很好,否则就算了。请你们千万不要误会我这一番诚意。"夏洛克话中"羊肉、牛肉、山羊肉"的比较,同童话故事中拒绝"猪肉、牛肉、鹿肉"的狡诈老鹰如出一辙。而安东尼奥乐观地回答,"你提出这个要求,我认为是对我开恩"①,便更像是对鹰之要求欣然接受的乌希纳拉国王。

　　至于《鹦鹉的故事》这本故事集,严格来讲应该属于印度文学,它出自印度民间故事《鹦鹉故事七十则》(梵文版),但它的推广普及却是18世纪英国东印度公司为方便在印度开展贸易活动,要求员工必须学习当地的乌尔都语,并为此建立了福特·威廉学院,《鹦鹉的故事》这本书便是在这样的背景下于1801年在前人的基础上被重新编译和改写完成,也正是在这个版本的广泛影响下,原书梵文版的《鹦鹉故事七十则》被译为英语、土耳其语、俄语、法语、孟加拉语、印地语、蒙古语、波斯语、希腊语、德语和乌尔都语等②,对世界文学产生了重要的影响。《鹦鹉的故事》全书的35个故事只保留了梵文版70个故事中的15个,并从《佛本生经》《五卷书》《波斯语民间故事》③等典故中借鉴、改写了20个故事。其中,第21个故事"国王、王子、青蛙和蛇的故事"在梵文版的70个故事中便没有被找到,由此推定这个故事应该是基于其他民间典故基础上进行的改写。故事的梗概如下:

　　　　从前,有一位伟大的国王,他共有两个儿子。国王去世后,大儿子继承了王位,还想杀死自己的兄弟以绝后患。小王子得知这个消息,十分害怕,便逃出了城邦。几天之后,小王子来到一片池塘边,他看见一条蛇抓住了一只青蛙。青蛙大声求救:"哎,真主啊! 有谁来救救我吧,把我从该死的蛇口中解救出来!"

　　　　听到青蛙的呼救,小王子朝蛇大喝一声。蛇因为受到惊吓放走了口中之物。青蛙立马跳进水中,把蛇扔在岸边。小王子觉得愧对那条蛇,心想:我从蛇嘴里抢出来那么小小的一口肉,真是惭愧。于是他从

---

① (英)莎士比亚:《威尼斯商人》,朱生豪译,人民文学出版社1977年版,第1—8页。
②《乌尔都语民间故事集·鹦鹉故事·僵尸鬼故事》,孔菊兰、袁宇航、田妍译,中西书局2016年版,第6页。
③ 同上书,第3页。

第二章 『老鹰捉小鸡』游戏的起源争议

107

身上割下一点肉,扔在蛇前面。[1]

在故事中王子作为青蛙的保护者,割肉喂蛇,这与"老鹰、鸽子和国王"的童话以及"鹰鸽试仁慈"非常相似。利用"割肉"来救人或动物,成为这几个故事中共有的一个非常关键的故事元素。那么,"国王、王子、青蛙和蛇的故事"究竟是缘何而来,它的创作又是基于怎样的印度民间典故呢?北京大学外国语学院教授孔菊兰曾经对《鹦鹉的故事》的起源和变化做过详细的研究(2016)和对比分析(2006)[2],她发现,在35个故事中有22个故事在印度民间不同的故事集里同时出现,并做了一一对比。在她看来,"彼此情节雷同的故事,同出一源,脱胎同一母体是(印度)民间文学的一大特点"[3]。遗憾的是,孔教授并没有探究"国王、王子、青蛙和蛇的故事"的出处,也没有发现这个故事与其他故事的相似之处。但当我们循着这一思路重新阅读《佛本生经》《五卷书》《嘉言集》等著作时,发现《佛本生经》似乎是这些故事的源头。对此,基扬·钱达尔(1987)[4]在探讨《僵尸鬼故事二十五则》时也有类似的认知。

让我们再看看法国文学。出生于17世纪的法国人让·德·拉封丹,在他47岁那一年开始发表《寓言诗》,打破了法国人认为寓言这种文学是"专门写给孩子们、普通老百姓和没有文化的人看的低等文学"[5]的传统认知,并成为法国古典主义的代表作家之一。拉封丹寓言的题材大部分来自《伊索寓言》、古希腊罗马和印度《五卷书》以及各地民间故事。其中有一则寓言的标题是《鹞鹰、国王和猎人》,在故事末尾,拉封丹借皮尔培之口说:

> 皮尔培说此事发生在恒河附近。
>
> 在那地方,没有一个人

①《乌尔都语民间故事集·鹦鹉故事·僵尸鬼故事》,孔菊兰、袁宇航、田妍译,中西书局2016年版,第101—102页。
②张玉安主编,北京大学东方文学研究中心、北京大学东方学研究院编:《东方研究》(2006),经济日报出版社2007年版,第48页。
③同上书,第50页。
④基扬·钱达尔:《乌尔都语传说故事》,印度北方邦乌尔都语协会,1987年。
⑤刘板盛:《法国文学名家》,黑龙江人民出版社1983年版,第33页。

肯去碰一碰动物,杀害它们的性命;

就是国王,对于这种事也存有戒心。

他们说:"我们怎么会知道这只猛禽

没参加过特洛伊攻城?

也许它在那地方曾是一位最豪富、

最高贵的英雄或君主:

从前是什么,现在又会现出了原形。

根据毕达哥拉斯,我们

想念我们和动物都能使自己变形:

会变成鸽子,变成鹞鹰,

变成人,随后又会变成

家族布满空中的飞禽。"①

从上述寓言中的"恒河""没有一个人肯去碰一碰动物,杀害它们的性命"等字里行间,我们很容易联想到生活在印度次大陆的佛教信徒与他们的灵魂不灭论。此外,拉封丹在此又提及"根据毕达哥拉斯"②(因为毕达哥拉斯主张灵魂轮回说,认为灵魂不灭),也便佐证了印度佛教的典故对拉封丹甚至法国文学的影响。而再从"会变成鸽子,变成鹞鹰"以及"就是国王,对于这种事也存有戒心"等的内在关联中,我们很容易架构起这篇寓言文学与上述"老鹰、鸽子和国王"童话之间的联系。这也进一步让我们有了这样的认知:想要探究"老鹰捉小鸡"游戏的起源,首先要确定"老鹰、鸽子和国王"童话的起源,而要探究它的起源,从上述明朝"僧与雀"的讽刺笑话,到日本《今昔物语集》中的典型故事,再到英国莎士比亚对人物塑造的题材运用,以及《鹦鹉的故事》中的"割肉"和法国诗人拉封丹的寓言,这一切都指向一个共同的源头——印度文学或者说佛教。那么,让我们转向考察印度的古

① (法)拉封丹:《拉封丹寓言诗全集》,杨松河译,译林出版社 2004 年版,第 425—429 页。

② "毕达哥拉斯与其说是受埃及,倒不如说是受印度的影响。毕达哥拉斯的弟子所教的几乎全部宗教、哲学和数学理论,印度在公元前 6 世纪都已通晓,而且他的弟子像那教徒和佛教徒一样,不杀生,不食肉,还认为某些植物例如豆类是禁忌。"引自 A. L. 巴沙姆《印度文化史》,闵光沛等译,商务印书馆 1997 年版,第 630 页。

典戏剧或佛教经典，看能否从中找到"老鹰、鸽子和国王"故事的起源。

在公元 6—7 世纪的印度作家群里，有一个出身显赫的剧作家——北印度国王戒日王喜增，他的戏剧在印度古典戏剧发展史上有着特殊的价值。本文将要探讨的即是戒日王生前写得最好的也是最后的一部戏剧《龙喜记》，它属于印度古典戏剧"十色"排位第一的那吒迦型，在印度古典戏剧里属于正宗，其中与"老鹰、鸽子和国王"结构形式和故事情节最相似的片段是"云乘太子以身代龙"，故事内容节录如下：

> 云乘太子在海滨散步，看见摩罗耶山上和沙碛中到处堆积着龙的骨骼，那都是金翅鸟揭楼罗（即迦楼罗）每天吃掉一条龙的成绩，他不禁生起无限怜悯的心肠。正在这个时候，龙宫的螺髻太子亲自来做架揭楼罗的牺牲品，云乘太子看见螺髻太子和他的母亲难舍难分的悲惨情景，就做了用自己的身体去代替龙死的打算，暗暗地穿上结婚的红色礼服（被牺牲的龙也穿着红衫作为标识），躺在祭祀的岩石上面。揭楼罗飞来以后，不管是真是假，就把云乘太子一口叼起，飞向摩罗耶山的绝顶。

> 云明王夫妇和摩罗耶婆地公主跟随着沙滩上的血迹找到巉峻的山巅。这时候云乘太子已经是血肉模糊，白骨嶙峋，奄奄一息，没有活命的任何希望；但是他仍旧非常镇静，坚决，神色自若，感到替人受难的愉快。（揭楼罗看到云乘太子泰然赴死，深受震撼，故在云乘的教导下悔过）。揭楼罗觉得他犯的过失是严重的，要跳到烈火里自焚，后来又急忙跑到天上去向帝释天求甘露。正在紧张和混乱的当儿，合理女神拿着净瓶从天上降临，她用甘露洒在云乘太子的身上，云乘太子的身体的伤痕得到平复，而且复活了。在过去悠长的岁月里死难的诸龙，也都恢复了生命。揭楼罗发誓从此不再杀生，诸龙为之欢喜无量。①

我们发现"云乘代龙"这一幕的戏剧，不但故事结构符合"老鹰、鸽子与国王"的三方关系，剧作中还把与"割肉"行为如出一辙的"舍身献祭"设定为

---

① （印）戒日王：《龙喜记》，吴晓铃译，人民文学出版社 1956 年版，第 8—9 页。

篇章最高潮。而关于"云乘太子以身代龙"的故事来源,中国梵文学者吴晓铃教授在《吴晓铃集》中有过专门的研究,吴教授的观点如下:

> 关于"云乘菩萨以身代龙"的故事来源,戒日王在《龙喜记》的序幕里说得很清楚:说是根据《持明本生话》写成的。《持明本生话》现在已经失传,从名目看来,一定是原始佛教的典籍。现存的巴利语《佛藏》收入有《云乘菩萨譬喻》,我没有看见过,但是我怀疑《云乘菩萨譬喻》就是《持明本生话》,至少是《持明本生话》的改本,或是受了《持明本生话》的影响而写成的。不过,我总觉得尽管戒日王说自己是根据《持明本生话》的故事写成的《龙喜记》,这个母题故事的来源还应该更早一些。印度古典文学的"如是所说"体的伟大作品《摩诃婆罗多》里有一段叙述尸毗王割肉养鹰救鸽的故事,和《龙喜记》的内容有些相似,可能《持明本生话》是采取这个故事的内容加以铺衍的,因为北魏时代的慧觉翻译的《贤愚因缘经》卷一的《杂譬喻品第一》和赵宋时代的日称翻译的龙树菩萨的《福盖正行所集经》卷七的善声国善胜王的故事都和尸毗王的故事相似。我的意思总的来讲是,印度传统的"如是所说"影响了佛教典籍里的"本生故事"和"譬喻"。但是,"如是所说"里的故事实际上又是古代印度人民在绵长的岁月里所创造的,因此,《龙喜记》的故事来源应该不被《持明本生话》之类的佛教故事所局服,而是应该推到比《摩诃婆罗多》更前更早的时期,把它的创作权交还给勤劳、勇敢、喜爱和平、富有人道主义精神的古代印度的人民。①

从吴教授的分析中我们可以了解到,"云乘太子以身代龙"这个故事源于《持明本生话》,而这本书却是佛教典籍。以此为线索,在吴教授看来这个故事的母题故事可能是《摩诃婆罗多》里的"尸毗王割肉养鹰救鸽"的故事。本人认同吴教授的观点,不同的是,我认为《佛本生经》中的"尸毗救鸽"应该是它的直接源头。原因有三:第一,在宗教范畴内,"本生"梵语和巴利语读作 Jātaka,即指佛经三藏中讲述佛及其弟子们于过去生中的事,特别是释迦

---

① 《吴晓铃集》第 2 卷,河北教育出版社 2006 年版,第 93 页。

牟尼过去无数劫修行的故事。而由于《持明本生话》现已遗失,但从"本生话"的字面意思理解,这本书应该属于《佛本生经》的一部分,或者出自《佛本生经》。第二,云乘太子以身代龙所体现的牺牲精神与佛教一以贯之的理念是契合的。公元 6 世纪戒日王靠武力统一了印度北部和中部,在唐太宗贞观十五年(641)和中国建立外交关系。玄奘记载他"政教和平",包容各派宗教,但从戒日王与玄奘的交往来看,其晚年似乎更偏重于佛教。戒日王后期创作的《龙喜记》在序幕中直接将祝辞献给佛陀,奠定了该剧的佛教基调,这在印度梵语戏剧作品中并不多见。西藏佛教萨迦派大师雄顿多吉坚赞在法王八思巴的授命下,自公元 6 世纪时,已将《龙喜记》翻译成藏文。① 可见《龙喜记》在佛教界的重要性不输经典。第三,根据季羡林的研究,《佛本生经》中的很多本生故事源自《摩诃婆罗多》或史诗时期的经典,也就是说,"尸毗救鸽"故事是在"尸毗王割肉养鹰救鸽"故事基础上,佛教为宣传自身宗教文化进行的改编。谢柏梁在《世界悲剧通史》中认为"割肉养鹰、舍身饲虎、牺牲救龙,都是带有浓厚佛教色彩的证法善行。在这些苦行者和牺牲者的面前,以悲为欢,以苦为乐,以牺牲为解脱,以救赎众生为功德福音,这与基督教的罹难救民的教义有着相通的地方。所以《龙喜记》的悲剧意蕴甚至有着超越佛教、婆罗门教的普范宗教精神"②。从这些角度讲,"云乘太子以身代龙"故事的直接来源应该是佛教故事"尸毗救鸽"故事,也就是说"老鹰、鸽子和国王"童话故事的直接来源也很可能是"尸毗救鸽"故事。

那么,《摩诃婆罗多》"森林篇"中的"尸毗王割肉养鹰救鸽"插话故事在这个世界文学的循环过程中又扮演着怎样的角色呢?

"尸毗王割肉养鹰救鸽"故事

老鹰说:国王啊!人们说在所有的国王中,只有你以正法为灵魂,那你为什么还要做违背正法的事?国王啊!我为饥饿所苦,这鸽子注定是我的食物,你不要贪图正法而破坏正法,抛弃正法。

① 谢启晃等主编:《藏族传统文化辞典》,甘肃人民出版社 1993 年版,第 205 页。
② 谢柏梁:《世界悲剧通史》,上海古籍出版社 2013 年版,第 115 页。

国王说：大鸟啊！因为惧怕你，想保住性命，这只小鸟才惊慌失措地飞到我的身边，寻求庇护。老鹰啊！这只鸽子想要摆脱恐惧，飞到我的身边。我不把它交给你，你怎么看出这不合正法？老鹰啊！这鸽子战战兢兢，看上去惊恐万分，为求活命，飞到我的身边。如果我丢下它不管，我会受到谴责。

老鹰说：大地之主啊！一切生物靠食物生存，靠食物生长，靠食物活命。舍弃难以舍弃的东西，还能活很长日子；而舍弃食物，就活不多久。因此，民众之主啊！失去食物，我的生命就会抛弃躯体，走上没有回头的路。以法为魂者啊！我一死，我的儿子和妻子也会毁灭。你保护一只鸽子，却要毁掉很多性命。一个正法妨碍另一个正法，它就不是正法，而是恶法，以真理为力量的人啊！只有不妨碍正法，它才是正法。大地保护者啊，在发生抵触时，就应该考虑孰轻孰重。要没有妨碍，这样的正法才能遵行。决定是正法或不是正法，要考虑孰轻孰重，国王啊！然后，依据重要性确定正法。

国王说：卓越的鸟啊！你说了很多妙语，你是不是鸟王美翼（即金翅鸟迦楼罗①）？毫无疑问，你通晓正法，说了很多合乎正法的妙语。我看你没有什么不知道的，但你怎么会认为抛弃寻求庇护者是对的呢？鸟啊！你这样做，只不过是为了寻找食物，而你还能找别的食物，甚至比这更好的食物。母牛、公牛、猪、麋鹿、水牛或其他动物，你想吃的，今天都可以给你。

老鹰说：大王啊！我不吃猪，不吃牛，也不吃各种各样的鹿。这些食物对我有什么用？刹帝利雄牛啊！大地保护者啊！这是上天给我安排的食物，把这只鸽子给我吧！老鹰吃鸽子，这是永恒的规律，国王啊！你不要明知有路，却要爬上芭蕉树。

国王说：鸟类中的尊者啊！你就统治这富饶的尸毗王国吧！或者，无论你想要什么，我都给你，鹰啊！你就放过这只前来求我保护的鸟儿

① "名唤美翼的金翅大鹏"金克木编选；《摩诃婆罗多插话选》，赵国华等译，人民文学出版社1996年版，第102页。

吧！鸟中俊杰啊！你让我做什么事才肯放过这只鸽子，你就说吧！我会照办，因为我不把这只鸽子交给你。

老鹰说：人主优湿那罗啊！如果你爱护这只鸽子，你就从你自己身上，割下与鸽子等量的肉。国王啊！你割下的肉一旦与鸽子等量，就交给我，我会表示满意。

国王说：鹰啊！你提出这个要求，我认为是对我开恩。所以，我今天就把自己的肉割下，称足分量给你。

毛密说：于是，贡蒂之子啊！这位通晓最高正法的国王割下自己的肉，和鸽子一同放在秤上称分量。在秤上一称，鸽子比肉重，于是，优湿那罗王又再次把自己的肉割下添上，一次又一次割肉，肉也没有鸽子重，他就自己站到秤上去了。

老鹰说：知法者啊！我是因陀罗，这鸽子是火神，我俩是要考察你的正法，所以来到你的祭场。民众之主啊！你从身上割下肉，你的光辉名声将流传于世。国王啊！世上的人们称道你，歌颂你，你的美名和你的世界也会永垂不朽。①

读完这个插话，我们发现一个非常有趣的事情，《摩诃婆罗多》的"尸毗王割肉养鹰救鸽"故事正是本章开篇"老鹰、鸽子和国王"童话故事的原始文本，那个伟大的国王乌希纳拉正是此处尸毗国的尸毗王。如此严丝合缝的闭环对应是巧合还是必然？这是一个终始俱全的圆之轨迹还是人类文化史上偶然出现的句点？这些出现在不同大陆、不同时代但结构类似的传说、寓言、戏剧……只是人类文化长河中的不约而同吗？

季羡林认为"只要两个国家都有同样的一个故事，我们就要承认这两个故事是一个来源"，"因为创造一个真正动人的故事，同在自然科学上发现一条定律一样的困难"。"一个民族创造出那样一个美的寓言或童话以后，这个寓言或童话绝不会只留在一个地方。它一定随了来往的人，尤其是当时的行商，到处传播，从一个人的嘴里到另外一个人的嘴里，从一村到一村，从一国到一国，终于传遍各处。因了传述者爱好不同，他可能增加一点，也可

① (印)毗耶娑：《摩诃婆罗多(二)》，黄宝生等译，中国社会科学出版社 2005 年版，第 258—260 页。

以减少一点;又因为各地民族的风俗不同,这个寓言或童话,传播既远,就不免有多少改变。但故事的主体却无论如何不会变更的。所以,尽管时间隔得久远,空间距离很大,倘若一个故事真是一个来源,我们一眼就可以发现的"①。也就是说,当我们仔细审查中国 20 世纪 80 年代的《老鹰、鸽子和国王》《鹰鸽试仁慈》,明代寓言《鹬子追雀》、日本 12 世纪的《今昔物语集》、不晚于 14 世纪的印度民间传说集《鹦鹉的故事》、英国 16 世纪的《威尼斯商人》、法国 17 世纪的寓言《鹬鹰、国王和猎人》、印度文学中的《龙喜记》《摩诃婆罗多》等著作时,我们会发现这些横跨大陆、贯穿历史的世界文学作品中都有着类似的故事情节和人物关系,通过这些故事所要传递的价值观,我们很容易将它们锁定在一个共同的起源上,即"尸毗王割肉养鹰救鸽"故事。然而,也正如季羡林在许多著作中总是提及印度文化对世界文化的辐射一样,这些大量出现在世界文学中,被民间广泛流传的寓言、童话、小故事等,都很难避开一个共同的源头——印度佛教。再将这些与"老鹰捉小鸡"游戏进行比较,我们会产生一个非常大胆的猜测,即"老鹰捉小鸡"游戏也是起源于"尸毗王割肉养鹰救鸽"故事,而且佛教借以阐述释迦牟尼本生的"尸毗救鸽"故事则是它的直接源头。

那么,我们该如何证明这一推论呢? 我们又该如何解释从"尸毗救鸽"到"老鹰捉小鸡"以及为何"老鹰捉小鸡"游戏遍及全世界的文化变迁过程呢?

美国气象学家爱德华·洛伦兹在 1960 年提出"蝴蝶效应"——事物发展的结果,对初始条件具有极为敏感的依赖性,初始条件的极小偏差,将会引起结果的极大差异。② 仿佛蝴蝶效应一般,"尸毗王割肉养鹰救鸽"故事可能只是印度古代史中一个带有随机性质的传奇故事,但或许就是因为佛教或其他宗教的一个无心借鉴,在人类文明共同体的复杂系统中,就掀起了一缕贯穿历史的"鹰鸽风"。也如彼得·弗兰所说:"大陆与大陆之间在相互影响,中亚大草原上发生的事情可以在北非感同身受,巴格达发生的事件可以在斯堪的纳维亚找到回响,美洲的新发现会影响中国产品的价格,进而使印

① 季羡林:《比较文学与民间文学》,北京大学出版社 1991 年版,第 44—45 页。
② (英)彼得·弗兰科潘:《丝绸之路:一部全新的世界史》,邵旭东、孙芳译,浙江大学出版社 2016 年版,第 139 页。

度北部的马匹市场需求剧增。"我们试图将这个小游戏在人类历史中的这种文化变迁现象称为"鹰鸽效应",如一只雄鹰追击一只鸽子从古印度大陆起飞,飞过全世界,在不同的地方激起不同的反应,而这种反应不会囿于形式,而会依靠不断变化来完善自身,但是会以逐步失真为代价,正是这种动态影响与共构才真正促成了不同区域文化模式的不同。在接下来的章节中,我们将试图回答上面两个问题,来还原历史的真相、串起文化的记忆。

游戏起源的推论

从"尸毗救鸽"到"老鹰捉小鸡"游戏,其实是一个历史理解问题,可以借助 20 世纪法国最突出的一位哲学家、历史学家雷蒙德·阿隆(Raymond Aron,1905 年 3 月 14 日—1983 年 10 月 17 日)在《历史中的证据与推论》(*Evidence and Inference in History*)中的分析来理解这个过程:

历史学的研究对象是现实,就其本质而言,现实已经不复存在,也永远不会再存在。罗马帝国的衰落只发生过一次,而且只有一次。这是独一无二的,任何努力都不可能使它再次发生。因此,历史的理解,正如几个世纪以来对它的解释,必然要求抓住诗人所说的"人永远不会看到两次"的东西。我们只有对现在的直接经验,而没有对过去的直接经验,过去已经不复存在。这些资料是人工制品、文本和庙宇、勋章和铭文、废墟和坟墓。正如罗马共和国的杰出军事统帅凯撒大帝(Gaius Julius Caesar)在 3 月 15 日被暗杀一样,人们对这件事情的理解是通过所使用的思想,并基于对历史社会局面的逐步重建而使其成为可理解的事实。

历史知识不是事实的简单积累,它由活着的人阐述,往往重建死者的存在。它同时受到活人的好奇心和科学意图的制约,后者不是设想可能发生的事情,而是确立已经发生的事情。也就是说,一个人希望知道在某一特定地点和日期发生了什么,这不是立即可理解的。事件不会重演,罗马帝国不会重生。正如本书所探讨的:人们想知道从"尸毗救鸽"到"老鹰捉小鸡"游戏的确切记录是几乎不可能的,这只不过是历史长河中最不起眼的偶然事件。事件的发生不像季节的变换那样有规律。在自然科学甚至行为科学中寻找规律,都以决定论为前提,并力图加以阐述。在历史特别是人类历史中寻找原因,则以偶然性(这并不意味着非决定论)为前提,即在某一时空点出现的某一事实,并不是规律的必然结果。

为此,本书在第三章的"在玩耍中悟道:游戏的产生"一节中认为:随着对佛法理解的深入,从"低头举手,积土弄砂,皆成佛道",到"贪爱、魔怨是佛母""地狱界有佛性""贪欲即道""众生即佛""生佛互即",再到"随心任运""藉师自悟""众生有情""见性成佛""平常心是道""无心是道",最后到"触类是道而任心""尸毗救鸽"这个原本描述释迦牟尼转生的故事,或许就是在对修佛、悟法的认识逐步深入的过程中被某个有悟性的文人或民间宗教人士借取并创新,并用"老鹰捉小鸡"游戏的形式表现出来,希望通过游戏的形式来表达"触类是道""见性成佛"的观点。

历史不是编年史,它所追求的不仅仅是列举事实或按时间顺序排列事件。历史科学的目标不是了解一切,而是理解整体。这也就说明了一个简单但基本的事实:没有任何东西能证明对一个人、教派、社会、时代的解释是唯一正确的,或者比其他解释更正确。也就是说,历史的理解便是去感知相似现象之间的差异和不同现象之间的相似性。探究因果关系的目的是揭示历史进程的结构,解开重大的深层原因和具体事件之间的纠缠。这些事实使我们能够重新发现主动性和必然性、偶然性和决定性相互交织的局面。然而,又因为人类的现实本质上是模棱两可的,一个人对另一个人的看法取决于他们两个人本身是什么。人与人之间的相互理解本质上是一种对话、一种交换。历史学家的科学努力不是要压制这种对话的因素,而是要消除武断、不正确和片面的因素。

当然,无法反驳的证据是不可能的,我们无法重复历史。我们所能做的只是把形势的基本数据和各种意外事件结合起来,得出结论:在大多数情况下(或全部情况下,或仅在少数情况下)事件会发生。推论是从事实中得出的,但又超出事实。[1]

基于阿隆对历史学中证据与推断的理解,结合前文对世界各大洲主要

---

[1] R. Aron, S. Keller & J. K. Davison, *Evidence and Inference in History*, Daedalus, 1958, 87(4), 11–39.

国家"老鹰捉小鸡"这个小游戏存在状况及本土化认知的探讨和分析,以及日本学者一个多世纪以来的研究,我们可以初步达成两个共识:第一,"老鹰捉小鸡"这个游戏的起源是有争议的,争议的解决需要有确凿的证据或严密的推理,但由于这个小游戏在千年的传播、变迁过程中主要是通过民间口口传播的方式,如果要找到确凿的证据几乎不可能,所以依靠严谨细致的推理来追溯它的起源则成为当下最有效的方式;第二,作为一种文化和社会现象,从游戏所具有的表现特征来逆向溯因是有效的思路,并结合上文"老鹰捉小鸡"游戏直接起源于佛教借以阐述释迦牟尼本生的"尸毗救鸽"故事的猜想,我们可以从以下几个方面进行论证:

第一,基于类型学分析基础上的"类型"归类

所谓类型学是将相同或相似特质的事物作为某一个类别加以分类研究的方法。① 这一方法被广泛应用于考古学和人类学的研究中。在考古学中,类型学属于最高一级的记述,它是客观地把所有"器物"统一纳入各种有意义的范畴的一种分类方法,这种分类法是以类型作为主要依据,这样得出的关于类型的各种范畴代表了一定的真实情况。② 在人类学中,这一方法常被用在"种族""文化区""黏着语""多式综合语"以及"孤立语言"③的研究方面来推断事物演进的时间序列。

基于此,首先我们对比一下佛教的"尸毗救鸽"故事:

时天帝释。五德离身。其命将终。愁愤不乐。毗首羯摩。见其如是。即前白言。何为慷慨。而有愁色。帝释报言。吾将终矣。死证已现。如今世间。佛法已灭。亦复无有诸大菩萨。我心不知何所归依。是以愁耳。毗首羯摩。白天帝言。今阎浮提有大国王。行菩萨道。名曰尸毗。志固精进。必成佛道。宜往投归。必能覆护。解救危厄。天帝复白。若是菩萨。当先试之。为至诚不。汝化为鸽。我变作鹰。急追汝后。相逐诣彼大王坐所。便求拥护。以此试之。足知真伪。毗首

① 冯莉:《文选·赋研究》,北京语言大学出版社 2016 年版,第 7 页。
② (美)詹姆斯·赫斯特:《考古学概论》,秦学圣、李小川译,成都市文管会办公室,1987 年,第 88 页。
③ C. Kluckhohn, "The Use of Typology in Anthropological Theory", In R. L. Lyman, M. J. O'Brien, R. C. Dunnell (eds), *Americanist Culture History*, Springer, Boston, MA. 1997:459.

羯摩。复答天帝。菩萨大人。不宜加苦。正应供养。不须以此难事逼也。尔时帝释。便说偈言。

　　我亦非恶心　如真金应试

　　以此试菩萨　知为至诚不

　　说是偈已。毗首羯摩。自化为鸽。帝释作鹰。急追鸽后。临欲捉食。时鸽惶怖。飞趣大王。入王腋下。归命于王。鹰寻后至。立于殿前。语大王言。今此鸽者。是我之食。来在王边。宜速还我。我饥甚急。尸毗王言。吾本誓愿。当度一切。此来依我。终不与汝。鹰复言曰。大王。今者云度一切。若断我食命不得济。如我之类非一切耶。王时报言。若与余肉。汝能食不。鹰即言曰。唯得新杀热肉。我乃食之。王复念曰。今求新杀热肉者。害一救一。于理无益。内自思惟。唯除我身。其余有命。皆自护惜。即取利刀。自割股肉。持用与鹰。贸此鸽命。鹰报王曰。王为施主。等视一切。我虽小鸟。理无偏枉。若欲以肉贸此鸽者。宜称使停。王敕左右。疾取称来。以钩钩中。两头施盘。即时取鸽。安着一头。所割身肉。以着一头。割股肉尽。故轻于鸽。复割两臂两胁。身肉都尽。故不等鸽。尔时大王举身自起。欲上称盘。气力不接。失跨堕地。闷无所觉。良久乃稣。自责其心。我从久远。为汝所困。轮回三界。酸毒备尝。未曾为福。今是精进立行之时。非懈怠时也。种种责已。自强起立。得上称盘。心中欢喜。自以为善。是时天地六种震动。诸天宫殿皆悉倾摇。乃至色界诸天。同时来下。于虚空中见于菩萨行于难行。伤坏躯体。心期大法。不顾身命。各共啼哭。泪如盛雨。又雨天华而以供养。尔时帝释还复本形。住在王前。语大王曰。今作如是难及之行。欲求何等。汝今欲求转轮圣王帝释魔王。三界之中欲求何等。菩萨答言。我所求者。不期三界尊荣之乐。所作福报欲求佛道。天帝复言。汝今坏身。乃彻骨髓。宁有悔恨意耶。王言无也。天帝复曰。虽言无悔。谁能知之。我观汝身。战掉不停。言气断绝。言无悔恨。以何为证。王即立誓。我从始来乃至于今。无有悔恨大如毛发。我所求愿。必当果获。至诚不虚如我言者。令吾身体即当平复。作誓已讫。身便平复。倍胜于前。

天及世人。叹未曾有。欢喜踊跃。不能自胜。①

从上述记载中我们可以了解到佛教的这个本生故事发生的大概背景：在阎浮提(现今西藏)做大国王的尸毗是一位精于礼佛、行大慈悲、慷慨贤德的君王,帝释天为考验他对佛、对普度众生的诚心便化为鹰,毗首羯摩天自化为鸽。鹰急追鸽,想将其捉食。鸽子惶恐疾飞,躲在了尸毗王的腋下,于是,便产生了袭击者与保护者之间以下的对话：

鹰言:今此鸽者,是我之食,来在王边,宜速还我,我饥甚急。

尸毗王言:吾本誓愿,当度一切,此来依我,终不与汝。

鹰复言曰:大王,今者云度一切,若断我食命不得济,如我之类非一切耶。

王时报言:若与余肉,汝能食不。

鹰即言曰:唯得新杀热肉,我乃食之。

王复念曰:今求新杀热肉者,害一救一,于理无益,内自思惟,唯除我身,其余有命,皆自护惜,即取利刀,自割股肉,持用与鹰。

通过对比可以发现,"尸毗救鸽"故事有着与"老鹰捉小鸡""比比丘女""狐狸与鹅"等游戏一样的"基本型",即"袭击者、保护者、被保护者＋问答",如图 36 所示。

类型学认为:"每种器物的固有用途限定他的形态变化在一定的范围……这就使得新器形往往多方面保留有强烈的旧器形特点。因而许多新的器物形态不是突然产生,而是逐渐从旧形态蜕变而成的。"②借助类型学对远古器物形态蜕变过程的理解以及人类学对事物时间序列的推论方式,我们可以将其同样应用在对这一小游戏文化变迁的理解中,即:无论"尸毗救鸽"故事描述的是怎样的情节,也无论故事的最终结果是什么,这个故事都有着限定它固有用途的基本形态范畴,也就是"袭击者、保护者、被保护者＋问答",由于这一范围的限制,就使得之后所被创新的各种游戏形式都保留着"尸毗救鸽"故事原有的形态特点。从这个意义上讲,诸如"老鹰捉小鸡"

① (北魏)慧觉等译撰,陈引驰主编,温泽远等注译:《贤愚经》,花城出版社 1998 年版,第 10 页。
② 冯恩学:《田野考古学》,吉林大学出版社 2008 年版,第 34 页。

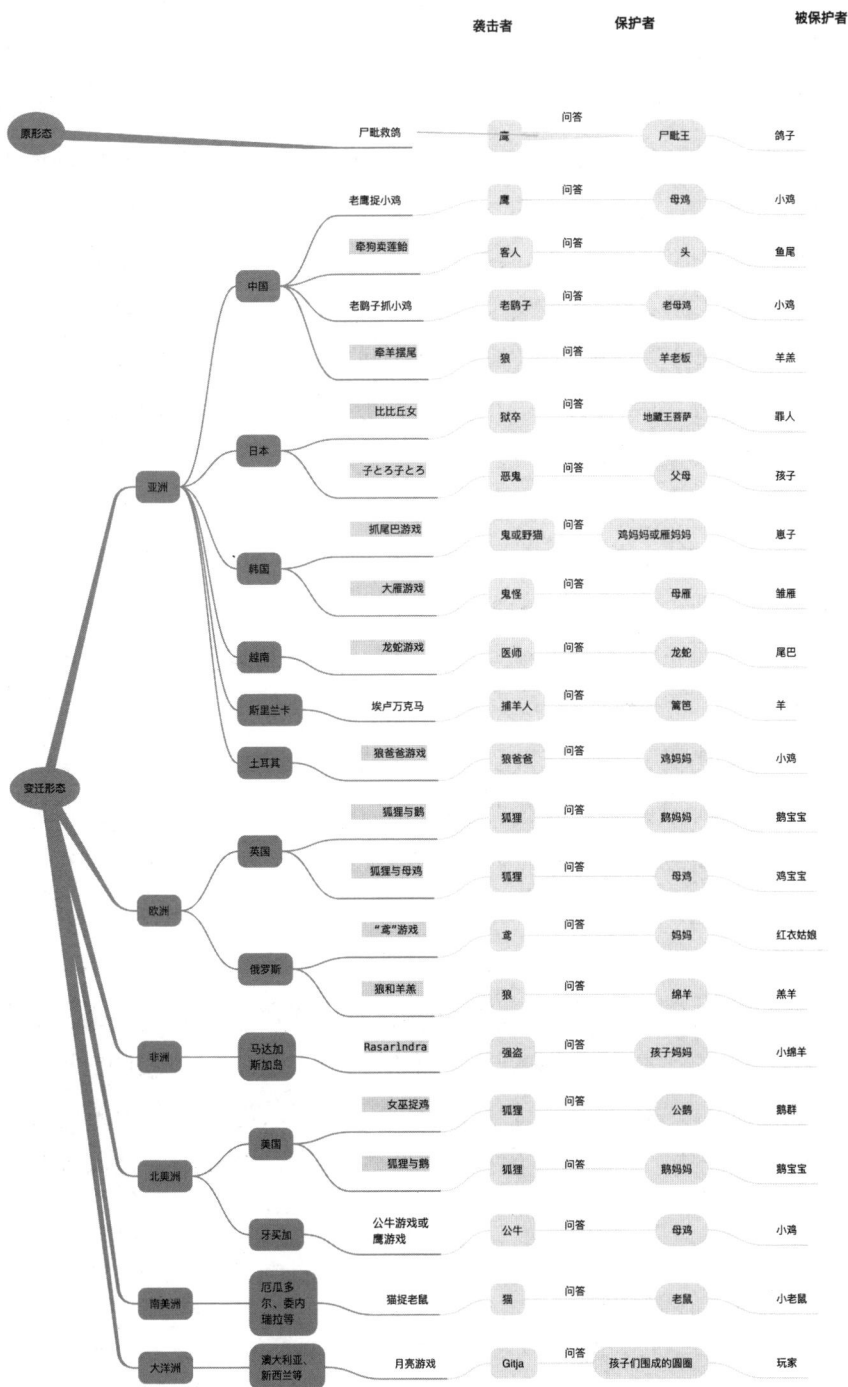

图36 "尸毗救鸽"故事结构与世界各国"老鹰捉小鸡"游戏结构类比

此类的游戏都不是凭空产生的,他们都是从"尸毗救鸽"故事逐渐蜕变、创新而成的。也正是因为这种蜕变与创新,使得"尸毗救鸽"故事在时间序列上更早于"老鹰捉小鸡"等类似游戏的产生。从这个角度上讲,"尸毗救鸽"故事与"老鹰捉小鸡"等有着密不可分的序列联系。然而,如果这种时间序列关系成立,便又会产生一个新的问题,戈登·柴尔德在《历史的重建:考古材料的阐释》中曾指出:"我认为,人类学的一个重要目标正是建立这样的方向性法则或总体趋势,以便我们确定文化朝何种方向演进,由此判断某项演变是进步还是衰退。"①也就是说,根据柴尔德的观点,人类学视野下的文化必然经历两个过程:进步或衰退。那么由"尸毗救鸽"向"老鹰捉小鸡"的文化变迁究竟是进步还是衰退呢?

第二,"相似性"论证

"尸毗救鸽"故事里所涉及的动物是鹰和鸽,"老鹰捉小鸡""狐狸与鹅""狼与羊"等类似小游戏里所牵扯到的动物则分别是鹰、鸡、狐狸、鹅、狼、羊等。从相同动物角度看,鹰是联系这个故事与游戏最紧密的纽带,"尸毗救鸽"中鹰是特指的动物,而在分布于全世界的小游戏中,鹰也最广泛地存在于世界各国的类似游戏中,所以从这个角度来看,两者必定存在密切联系。

根据上文所列举的与"老鹰捉小鸡"相似的游戏,比如"狐狸与鹅""抓尾巴游戏""公牛游戏"等,它们除了具有相同的"类型"以外,日本学者寒川恒夫教授(1983)也开创性地从动物的归属性上进行了归类分析,他认为鹰、狐狸、狼都属于野生动物,很难被驯服,而鹅、母鸡、羊等都属于家畜,容易被驯养,根据民族学"质基准"的原则,他认为这些相似的游戏是通过传播而遍布世界的。② 事实上,寒川教授在研究中所引用的"质基准"原则指的应该是它的"可验证性",即"科学知识是相互依存的,引用了以前的工作,将理论彼此联系起来,并继续了先前研究的思想。比喻'巨人的肩膀上的矮人'(如图37)清楚地说明了这种科学观念"。

———————————

① (英)戈登·柴尔德:《历史的重建:考古材料的阐释》,生活·读书·新知三联书店 2008 年版,第 150 页。
② 寒川恒夫:《比々丘女的起源に关する民族学的研究》,载《体育学研究》1983(28):191。

小游戏与大历史——从『老鹰捉小鸡』到人类的文化视界

图37　1410 年,巨人和矮人的隐喻作为插图出现在一份手稿中

　　通过这段话,我们可以换个角度来理解寒川教授的分析,即:正是基于某个先有的思想知识(也就是关于野生动物和家畜的已有的思想知识),然后在这个思想知识的基础上不断变迁、传播,进而产生了遍布世界的这种游戏。而"尸毗救鸽"故事所表现的野生动物"鹰"追击家畜动物"鸽子",正是符合这种先有的思想知识的特征。所以,同样根据民族学"质基准"的原则,"尸毗救鸽"与"老鹰捉小鸡""狐狸与母鸡"等具有相似性,而且很有可能是"老鹰捉小鸡"类似游戏思想产生的源头。

　　此外,这种相似性从故事或游戏的袭击方、保护方与被保护方的捕食能力、逃跑能力与保护能力等同类量入手,结合相似性第一定理,也可以得到证明。

根据相似第一定理:"对相似的现象,其相似指标等于1"。基于此,我们先要对"尸毗救鸽"与"老鹰捉小鸡"之间的同类量进行表示:

将"尸毗救鸽"中的鹰称为鹰1,"老鹰捉小鸡"中的鹰称为鹰2,这里记袭击方鹰1的捕食能力为x_1,鹰2的捕食能力为x_2;

鸽子和小鸡都属于被保护方,它们在故事或游戏中的角色定位是逃跑,这里记鸽子的逃跑能力为y_1,小鸡的逃跑能力为y_2;

尸毗王和母鸡分别承担着保护鸽子和小鸡的责任,这对它们的保护能力也是有要求的,记尸毗王的保护能力为z_1,母鸡的保护能力为z_2;

"尸毗王与鹰"以及"鹰与母鸡"之间的问答设为常量d;

因为这个游戏对于双方是公平的,且常量d属于两方所共有的基础常量,在运算的过程中会自然约除,在公式中就不加入运算,所以应为:

$$z_1 = \frac{x_1}{y_1} \tag{1}$$

$$z_2 = \frac{x_2}{y_2} \tag{2}$$

将c作为相似指标,如果相似,那么$c=1$,

基于此,设x_1与x_2,y_1与y_2之间的相似常数为c_1,c_2,以及z_1,z_2的相似常数c_3。

$$c_1 = \frac{x_1}{x_2}, c_2 = \frac{y_1}{y_2}, c_3 = \frac{z_1}{z_2}$$

将有关相似常数项改写为:

$$x_1 = c_1 * x_2$$

$$y_1 = c_2 * y_2$$

$$z_1 = c_3 * z_2$$

作相似变换时,为了保持一致性,需使

$$c_3 = \frac{c_1}{c_2}$$

又因为由(1)式得:

$$z_1 = \sqrt{\frac{x_1}{y_2}} = \sqrt{\frac{c_1 x_2}{c_2 y_2}}$$

$$即: \frac{x_2}{y_2} = z_1 * \frac{c_2}{c_1} \tag{3}$$

再由(2)式得:

$$z_2 = \frac{x_2}{y_2} = z_1 * \frac{c_2}{c_1} \tag{4}$$

综合(3)式和(4)式得:

$$c_3 = \frac{z_1}{z_2}$$

所以:再由(4)式得:

$$\frac{c_1}{c_2} = \frac{z_1}{z_2} = c_3$$

所以:

$$\frac{c_3 c_2}{c_1} = c = 1$$

综上,

$$\frac{c_1}{c_2} = c_3$$ 与所需一致,且相似度为1。

由此通过上述证明可以得出"尸毗救鸽"与"老鹰捉小鸡"具有相似性。

第三,由神到人:文学创作视角的变迁

人类历史由中世纪转到近代,对东西方文明来说意义重大,都发生了思想文化的历史性变革。中世纪及以前(约 476 年之前)"神学"或"圣学"长时间具有支配社会的地位和权威。① 在这种"神""圣"思想的影响下,人们对上帝、佛祖、菩萨、神仙等至高的存在深信不疑,这种思想反映在文学作品的创作中,往往表现在神灵无处不在,具有无边的父性、母性与大爱。"尸毗救鸽"故事传入中国,最早出现在《贤愚经》卷第二《波斯匿王女金刚品》第八中,故事中尸毗王致力于修行菩萨道,而作为神灵的帝释天与毗首羯摩天为考验他的诚心,分别化身鹰与鸽进行测试。在这个故事中,袭击者、保护者与被保护者三者其实都是神灵,而他们之间的"问答"对话,则充满了神性的大爱与无私,此时《贤愚经》的命名年代为公元 435 年。② 此外,在敦煌莫高窟第 275 窟北壁中层的尸毗王故事画,作为中国现有最早对释迦穆尼本生故事的经绘壁画,也同样将尸毗王的神性描绘得淋漓尽致,而 275 窟的开凿时间为公元 421—442 年③,由此推论"尸毗救鸽"故事被壁画的时间约为公元435—442 年之间。也就是说,"尸毗救鸽"故事的创作和原形态的传播发生在中世纪人们逐渐觉醒并抛弃对社会异化力量的依附和奴性之前,具有典型的"神权"支配一切的特征。

从中世纪转入近代,东西方思想文化在启蒙运动或新思潮的影响下产生了巨变。在这个过程中,东西方表现出了历史发展过程的一致性。"人"的自我主体意识高扬,丢弃对彼岸世界、圣贤标格的追求,冲破禁欲主义,不再屈从于"神"或"圣"④,开始重视"人"自身的价值与创造力,追求创造理想的社会并支配自然,强调用浓厚的生活情调削弱神与人的距离。⑤ 这种思想的骤变表现在文学中则是中国明代的李贽在他的《道古录》中,将"圣心"转化为"俗心",完成了由"圣"到"凡"的转化,成为新思潮的代言人。⑥ 达芬奇

---

① 孙静:《从"神"到"人"与从"圣"到"凡"——中、西近代启蒙思想文化运动差异一论》,载《北京大学学报(哲学社会科学版)》2010,47(03):138—145.
② 袁书营、王飞:《老鹰捉小鸡"游戏的起源与文化变迁分析》,载《体育与科学》2019,40(04):56.
③ C. Soper Alexander, "A T'ang Parinirvana Stele", in *Artibus Asiae*, 1958, 22 (1—2):159—169.
④ 孙静:《从"神"到"人"与从"圣"到"凡"——中、西近代启蒙思想文化运动差异一论》,载《北京大学学报(哲学社会科学版)》2010,47(03):138—145.
⑤ 陈铭溪:《从神到人:〈蒙娜丽莎〉与文艺复兴》,载《艺术教育》2015(08):42—44.
⑥ 孙静:《从"神"到"人"与从"圣"到"凡"——中、西近代启蒙思想文化运动差异一论》,载《北京大学学报(哲学社会科学版)》2010,47(03):145.

的《蒙娜丽莎》也代表整个欧洲开始将眼光真正从神的身上转移到人的身上,艺术从此真正成了人的艺术。[①]

从这个角度来看,"尸毗救鸽"故事在中国出现并壁画在敦煌莫高窟中,正是处在中世纪国内外思潮涌动的关键期,这种在历史进程推动下表现出的文学创作视角产生由神到人的变迁便非常自然且合理。而这种变迁的过程反映在"尸毗救鸽"故事中,便非常有可能会演化成"老鹰捉小鸡""狐狸与鹅"等基于"人"这一角色扮演的民间传统游戏,以此来重新发现"人"自身,回归"人"的客观世界。

第四,地位与角色

另一个可以继续推论"尸毗救鸽"这个小游戏起源的特征便是"角色"扮演,这也是人类学看待个体的人这一问题的思维视角。"老鹰捉小鸡""狐狸与鹅"等类似游戏都是孩子根据游戏特定角色扮演成老鹰、小鸡抑或是狐狸和鹅,不同的角色让孩子们身占某位,同时这个位置也为孩子们带来相应的责任和权力。人类学家拉尔夫·林顿(Ralph Linton)[②]用"地位"指代人在某个社会系统中的身份,与此相关的"角色"则指对占据某种地位的人所期望的行为。老鹰或者狐狸在游戏中所扮演的地位使得他们在游戏过程中被期望有追击、猎杀的行为,小鸡或者鹅的游戏地位也让他们的行为变得怯弱、恐惧,而鸡妈妈则要努力去保护小鸡,哪怕有可能牺牲自己,这种不同的角色任务既保证了游戏的有序进行,又可以让不同的角色在游戏的过程中获得应有的地位,也就是林顿所称谓的"获致地位"(achieved statuses),这种类型的角色地位在这一小游戏中很生活化、很接地气,人们必须与游戏赋予的地位相关联以便保持行为的一致性和人格的一体化。那么,对于"尸毗救鸽"来说,这个故事同样通过"角色"扮演来得到获致地位,帝释天扮演成了鹰,毗首羯摩天则化成了鸽,尸毗王承担起了保护神的角色,只不过这种独特的角色的扮演、地位的获得则更神圣化、更带仙气,但即便这样,神仙们因为角色扮演而拥有的地位也规定了他们追

---

① 孙静:《从"神"到"人"与从"圣"到"凡"——中、西近代启蒙思想文化运动差异一论》,载《北京大学学报(哲学社会科学版)》2010,47(03):145。

② Ralph Linton, *The Study of Man*, New York: Appleton Century Crofts, Inc., 1936.

击、躲闪与求救的行为。

也就是说,在"老鹰捉小鸡"游戏中,孩子们因为角色的扮演而获得了老鹰、母鸡和小鸡这三者角色所赋予的社会地位;而同样在"尸毗救鸽"故事中,由于帝释天和毗首羯摩天的角色扮演,也同样赋予他们相应的社会地位。从这个角度来看,"尸毗救鸽"与"老鹰捉小鸡"有着惊人的相似性。根据亚里士多德的关联法则,当两件事物相似时,其中一件事物的想法会触发另一件事物的想法。从这点来看,更早出现的"尸毗救鸽"故事就更有可能触发了"老鹰捉小鸡"游戏创作的灵感。因此,我们似乎对"尸毗救鸽"是这个小游戏的起源有了更多的确信。

第五,历史:农民(大众)的文化权利

在对世界各国早期的研究中,人类学家都把农民(大众)群体看做是一个多少与世隔绝的传统遗迹。在中国古代奴隶制社会,"学在官府"是历史上统治阶级试图推行的专断性的教育行为,只有贵族子弟才有享受教育的权利,农民只是被教化的对象,使其能够安做顺民。尽管随后的封建社会随着养士之风盛行,出现了"学术下移"的现象,但由于阶级社会的存在,农民仍旧是被残酷剥削的对象,被束缚在繁重的生产劳动中,根本无暇同贵族一样著书立传。而即便是在某个稳定繁荣的时期,有农民同样希望通过编著让某些比较重要的传统文化知识记录下来。但纵观历史数千年合久必分、分久必合的战争、流离与漂泊,农民原本就不多的以书籍为保持形式的史料,在那个颠沛流离的时代也很难被保存下来。而在欧洲,随着西罗马帝国的灭亡,一个时代结束了,有着千年历史的古希腊文明被四分五裂地散布在欧洲大陆上,教会和修道院成为保存以往历史典籍和传播文化的渠道,也是"文化教育的唯一场所,僧侣是唯一受到正式教育的阶层。很多声名煊赫的国王和贵族骑士都目不识丁,而普通的农夫更是没有受教育的权利"①。从这点来看,东西方的农民(大众)群体在古代较各国的正统文化来说都处在边缘位置。也就是说,农民是经济基础的缔造者,是农村文化的主体,却是文化特权的边缘人,也被脱离于农村文化主体性的认知过程。美

① 孙鹏:《世界文学》,汕头大学出版社 2016 年版,第 42 页。

国人类学家莱德菲尔德(Redfield)在描述 Yucatan 民间文化时指出:"在被西班牙人征服并遭受严厉暴行的情形下,本土的 Chan Kom 祖传文化留下了一道伤痕,这道裂痕极广,体现了西班牙观念与土著观念之间的隔阂。"①同样,在本人对这个小游戏起源资料的收集过程中,发现这个小游戏在全世界分布非常广泛,被全世界的普通民众所喜爱和传承,但现存相关的文字资料却很少,这个小游戏的农民(大众)普及度与它的被保存、被推崇程度却是两个极端。原因是什么呢? 像"蹴鞠""竹马""相扑""击剑""雅各布的阶梯"(Jacob's ladder)、"跳房子"(hopscotch)等这些同样传统的游戏史料众多,但分布却并不广泛。究其原因,这些游戏往往更多的是被古代贵族阶级或文人所喜爱和推崇,成为贵族文化、绅士文化或者士文化的一部分而被记载保存下来。也就是说,在古代的世界各国中农民(大众)与贵族、文人是有着不同的文化权利的,正如西班牙与土著的观念隔阂。

尽管农民群体在古代传统社会的发展中表面上是稳定的,他们更多的被束缚在繁重的农耕过程中,知识结构简单,然而这并不等于没有任何的改变。随着农耕工具的不断改进,更容易种植的新品种植物的引进以及农耕方法和技术的提升,越来越多的农民开始从表面上僵化的乡村经济中解放出来,更多地关注农业体制、生产结构、信仰习俗、等级观念以及祖辈传承,农民之间开始出现了社会的分化,领主、地主、富农、乡绅、贫农等阶级的出现使得一部分人产生了维护、稳定这种状况的自身固有驱动力。所以,在这种力量的作用和因素的配合下必然会有人寻找、借用某种特定的文化思想,用来强化乡邻、亲朋、家族成员始终传承的"民以食为天""多子多福"等朴素观念,所以保护好现有的来之不易的食物或子孙,保证家族的繁衍,是每个农民根深蒂固的传统观念。也就是说,"农民已经学会如何在时代主流的话语之下,建构另类的意义表达"②。古代农民(大众)的文化权利是他们自身为满足生活、生产、繁衍的需求所采取的主动行为。佛教恰在此时为这些有需求的人提供了一个可以被借用的机会。

①　R. Redfield, *The Folk Culture of Yucatan*,Chicago,University of Chicago Press,1941.
②　沙垚:《吾土吾民:农民的文化表达与主体性》,中国社会科学出版社 2017 年版,第 173 页。

"佛教虽言是出世的宗教，但实际上从一开始即与现实社会不可分割，它欲借教义、图像等各种方式渗透、改变人们的思想和行为，但同时又受人的控制和利用，成为为达到某种目的而使用的手段。"[1]也就是说，源于异域的佛教进入中国后，起初只是被许多能够理解异域语言和思想的贵族、文人所信奉，但它讲究普度众生，于是教徒们将晦涩难懂的佛经进行改编，用讲唱的形式将佛经中的道理和佛经中的故事传播给农民（大众），而本生故事则是其中最生动活泼、易于理解的佛教传播方式。或许正因为如此，佛教的本生故事"尸毗救鸽"才会被当时某位或一些有一定文化素养并信仰佛教或对佛教有所了解的民间人士所借用，被改编成"老鹰捉小鸡"游戏。故事中所宣扬的慈悲心、担当感与意志力被完美地嵌入"老鹰捉小鸡"游戏中，这正迎合了当时广大农民群众守护家人和生活的现实需求。正如佩里·施密特-洛伊克尔(2017)指出的，"根据传统佛教的观点，涅槃不只是一种精神状态，而且还是觉悟者的状态。涅槃应被理解为一种'无为法'(asamskrta)，'超验'（出世间）的实在，涅槃的存在是可能的拯救条件"[2]。也就是说，在玩耍"老鹰捉小鸡"的过程中，"母鸡"作为迎击或直接面对"老鹰"的直接对象，它才是最危险并面临丧生的第一人。然而或许正因为如此，只有"母鸡"的涅槃，才能够真正获得对"小鸡"的拯救。所以，"母鸡"所具有的应该是一种觉悟者的精神状态，它完全脱离了一切邪恶的根源并只受唯一的完全的慈悲的驱动。或许因为这样，将"尸毗救鸽"改编成的"老鹰捉小鸡"游戏才能够完美地适应朴素的、简单的、善良的广大农民的知识结构和对世界的理解，进而被他们接受、认可并玩耍。佛说："见我者见法。"[3]这也就使得人们每次在玩耍游戏的过程中，都能够有意或无意地感受佛教的化身信仰，在每次努力"假扮"角色保护孩子的过程中，感受"报身"[4]成佛的状态，并通过"玩

---

[1] 高海燕：《舍身饲虎本生与睒子本生图像研究》，甘肃教育出版社 2018 年版，第 315 页。

[2] 佩里·施密特-洛伊克尔：《通过整合走向转化：信仰间相遇如何转变基督教》，宗教文化出版社 2017 年版，第 124 页。

[3]《相应部》22，87。

[4] 只要把佛的存在从根本上理解为一直以来就是利他主义的，那么"报身"就可能一方面指作为享受自己努力结果的成佛状态，另一方面指享受他人成佛的状态。见佩里·施密特-洛伊克尔《通过整合走向转化：信仰间相遇如何转变基督教》，宗教文化出版社 2017 年版，第 126 页。

耍"这种有为的行为,在可能"涅槃"的过程中完成佛陀的道路。也就是说,将"尸毗救鸽"改编成"老鹰捉小鸡"不仅符合农民对文化知识的诉求,更迎合了农民朴素的认知结构,并通过玩耍,再给农民们一个看似完美的未来。

第六,佛教本土化传播的世俗需求

任继愈(1985)在《中国佛教史》中曾提到:"一种新的宗教思想信仰,传到一个陌生的民族中间,并要求取得当地群众的信任,不是一件容易的事。传教者要善于迎合当地群众的思想和要求,并且采取一些办法以满足他们的要求。理论在一个民族中实现的程度决定于理论满足于这个民族的需要的程度。"[1]佛教源于古代印度,当时的印度社会重精神轻物质,这使得佛教具有了天然的出世性和超越性。佛教在中国的传播和发展,经历了近两千年的漫长的岁月。随着汉明帝时代佛教进入中土,佛教的"义理性"[2]特征很难得到最广泛的传播,于是佛教为适应新的环境必须进行自我调适,游走于神圣与世俗之间。[3] 所以,佛教为了达到宗教宣传的目的,便充分利用俗讲等形式,以适应普通民众的需要。而这种俗讲的话本,被称为"变文"。敦煌变文便是佛教的这种世俗化过程的直接体现,它是 1899 年在敦煌石室发现的大量写本,主要记载了唐宋时期寺院进行佛教经典传播时运用的"俗讲"文字,即"变文",这种变文是当时佛教宣传大乘的一种方式,主要是讲唱佛经故事,借以宣传教义。由于这种俗讲的形式更接近于日常老百姓的口语,所以更有利于将有关佛教经典以故事、说唱、鼓词、传说的形式传递给普通百姓。

也就是说,敦煌变文完成了佛教人生化、现实化、世俗化的过程[4],这也对后世的文人创作,特别是散韵合体传奇的创作具有非常重要的影响。陈寅恪先生在 1930 年对敦煌学的变文研究中对此有明确的阐释:"佛典制裁长行与偈颂相间,演说经义自然仿效之,故为散文与诗歌互用之体。后世衍变既久,其散文体中偶杂以诗歌者,遂成今日章回体小说。其保存原式,仍用

① 蒋维乔:《中国佛教史》,中国书籍出版社 2016 年版,第 5 页。
② 陈大为:《中古时期敦煌佛教的特点探析》,载《石河子大学学报(哲学社会科学版)》2015,29(04):15。
③ 同上。
④ 李正宇:《敦煌佛教研究的得失》,载《南京师范大学学报(社会科学版)》2008,(5):51。

散文诗歌合体者,则为今日之弹词。此种由佛教演变之文学,贞松先生特标以佛曲之目。然古杭梦余录武林旧事等书中有说经旧名,即演说经义,或与经义相关诸平话之谓。敦煌零拾三种佛曲皆属此体,似不如迳称之为演义,或较适当也。今取此篇与鸠摩罗什维摩诘所说经原文互勘之,盖可推见演义小说文体原始之形式,及其嬗变之流别,固为中国文学史绝佳资料。"①

从上述陈寅恪先生对敦煌变文过程的推论中,我们可以了解到,佛教经典通过讲唱的形式成为变文,然后经历了以下变迁过程(如图38):

图38　根据陈寅恪先生对敦煌变文过程的推论构建的佛教本土化变迁过程

遵循陈寅恪先生对敦煌变文的变迁逻辑,并结合上文对"尸毗救鸽"是"老鹰捉小鸡"民间游戏起源的论证,我们也可以推导出"尸毗救鸽"演变成"老鹰捉小鸡"游戏的变迁过程(图39)。

第七,民间故事的巧合旁证

1929年《儿童世界》第23卷第10期上刊登了一则民间故事,名为《老鹰攫小鸡》,作者是金攻夫。《儿童世界》是20世纪初由商务印书馆推出的一本儿童文学期刊,在学界被誉为中国最早的儿童期刊,主要刊登采集自世界各地的童谣、童话、寓言、小说、格言等。主编郑振铎在开篇宣言中谈道:"儿童心理与初民心理相类,所以我们在这个杂志里,更特别多用各民族的神话与传说。"《儿童世界》第23卷中刊登的《老鹰

① 刘梦溪主编:《中国现代学术经典·陈寅恪卷》,河北教育出版社2002年版,第742页。

图39 遵循上述变迁逻辑构建的从"尸毗救鸽"到"老鹰捉小鸡"游戏的变迁过程

捉小鸡》在目录中被标注为"民间故事",想来这篇文章也是采集自流传于乡野民众口中的传说,这恰好可以作为佛教信仰在民间传播中不断衍变的一个证据节点,也在无形中佐证了前文关于游戏起源的推断。下面是当时发表的故事全文:

老鹰攫小鸡[①]

金攻夫

大概是二三千年以前的事情吧。距我们四十里外的山地,聚着几个小小的村名叫安乐乡。这乡中有位老头子,长着雪白的胡须,面上皱纹像水面被风吹起来的波纹一般,密密怖着,煞是好看,可是他的精神还矍铄得像青年一样;倘若没有脸上的皱纹、白须,那里能看得出他有这样高的年纪呢!他家里有一百多亩田,统统用自己的力气去耕种的,不借助外面的一分人力;因为他的儿子孙子很多,足够支配他们的生活了。他们每天清晨起来,就开始工作,直等到一颗太阳,倦颓无力地下了山,黑暗罩住了一切,方才停止。因之他的财产,一天一天地增加到无限数了。

他的亲戚、邻居,以及一切有关系的人,都受他的恩惠,实在写述不盛。甚至沿途叫喊的叫化子,一受他的感化,都能够去邪归正。可是其

---

① 郑振铎:《儿童世界》,商务印书馆 1929 年版。

中有一个女乞丐,他二次三番地规劝她,感化她,终于改不过她极深的恶根性。后来养在他的家里,这也不在话下。总之他处处是宽宏大量,和平博爱,远近四方,大大小小、男男女女,没有人不晓得他的了。

一天,神仙听到这般情形,心里默默地想:"我要化身去试试他的心,看看他的家里究竟怎样。"便打定主意,匆匆地下了凡。

恰巧那老头子在田间正忙着灌溉、除草,猛抬头看见一跛一跛的乞丐走来,满长着一身肮脏的赖麻风。一股臭烘烘的气息,直冲进他的鼻子;可是他慈悲的心肠,顾不得这些了。便非常可怜他,呆呆地望了一望,就很亲昵地同乞丐谈话了。

最后听说只要在酒缸里洗一洗澡,就能好的。那老头子便笑嘻嘻地答道:"仅仅这样一个简单的要求吗?那是极容易的事啊!"

一会儿,他俩谈谈说说,不觉到了家中。他——老头子——告诉了合家人等。他们都被好奇心激动着瞧看,只见他从从容容地爬进了酒缸,同时里面的酒淌涨了出来,潺潺地流到地上。他们眼看得这醇酒渗入地里,不免心内可惜,大大小小都伏着押的押,舀的舀,忙得不可开交,连他们养的一群小鸡,也争先恐后地饮了。惟有上面讲过的女乞丐大模大样地坐着,动也不动,反而冷笑不休。

霎时,那跛子变成了另一种模样,衣冠楚楚,相貌非凡,脚也不跛了,他们都异常惊喜,莫明其妙。

后来,神仙详详细细地说明了他的来历,并且叫他们收拾家伙,同登仙境。一时女乞丐着了慌,苦苦地哀求,自愿忏悔,终算勉勉强强地允许了。但是刚走了一半路程,神仙记起一群小鸡,剩在家里。吩咐女乞丐转来,还说他们在仙境门口等候。她哪里晓得他们的用意,便转身来了。

霎时间,他们很快乐地进了仙境。等到女乞丐带着小鸡上来,那仙门早已关闭得像铁门一般,那时女乞丐恨毒入骨,把小鸡狠命地向天空丢去,自己变成一只老鹰,在天空翱翔着。从此以后,她恶狠狠地圆睁着眼,望着那地上的小鸡,实行她的报复主义。

根据这个故事的基本叙述结构,我们可以很容易判断这个传说与"尸毗救鸽"故事有关,在叙事功能上也是饱含意趣的同一母题。① 故事中的"老头子"相当于"尸毗王",他善待他人、宽宏大量、和平博爱,同样也有神仙质疑"老头子"的善良,并化身"跛子"去考验他的诚心,最终被"老头子"的善良感化,带着他荣登仙境,而深具"恶根性"的女乞丐不断索取,仿佛贪婪的因陀罗。这符合刘守华在故事学中对"母题"的分析:"(母题)通常被认为是一种情节要素,或是难以再分割的最小叙事单元,由鲜明独特的人物行为或事件来体现。它可以反复出现在许多作品中,具有很强的稳定性;这种稳定性来自它不同寻常的特征、深厚的内涵以及它所具有的组织连接故事的功能。"②母题(又称为"情节单元解析")作为比较故事学的基本研究方法,即芬兰学派所倡导的历史地理比较研究法③,是将故事中的情节单元置于特定的时空背景上进行考察。借助母题理解佛经故事与民间故事之间的内在关联性,已成为故事学领域中为国际学人所公认的通行概念。④

不同的是,这个故事的结尾处明确提到了老鹰和小鸡,而故事的名称也是"老鹰攫小鸡"。串联这些细节,并结合前文的推论,我们找到了从佛经故事"尸毗救鸽"衍变到民间游戏"老鹰捉小鸡"的文本证据,我们可以确定地说,"老鹰捉小鸡"游戏起源于"尸毗救鸽"。

那么,为何这个基本结构相同的小游戏在全世界拥有不同的名称呢?甚至同一个国家不同民族间都有着迥异的叫法呢?下文将对此进行分析。

---

① 刘守华:《刘守华故事学文集》第 6 卷,华中师范大学出版社 2022 年版,第 10 页。
② 同上书,第 4 页。
③ 刘守华:《比较故事学》,上海文艺出版社 1995 年版,第 4 页。
④ 刘守华:《刘守华故事学文集》第 6 卷,华中师范大学出版社 2022 年版,第 5 页。

第三章 "老鹰捉小鸡"游戏的产生与传播

印度学者辛加尔(Damodar P. Singhal)在《印度与世界文明》一书中对全世界文化之间的相互影响曾有以下理解:

> 文化相互影响不是文化全部移植。它表现为各参与群体方面一定程度的文化发展。在估价相互影响的程度时,一定要考虑不同地区知识传统的独立发展。因为,一切思想和概念有共同的开端,它们无论多么微弱,距今多么遥远,均源于我们共同祖先所在的原始社会;所有人类群体分别以各自特有的方式对周围世界好奇而探索,并寻求超越它的实在。探究的共性可能导致独立地得到相似的结果⋯⋯然而,如果文化相似之处在细节上极为接近、在既定的环境中极为频繁,或者伴随有接触的迹象,那就应该承认相互影响。[①]

也就是说,当我们试图从遥远的历史长河中回溯、梳理"老鹰捉小鸡"游戏为什么能够产生如此广泛的世界性影响时,需要尽可能从这一思想或概念起源的开端开始探究,并要注意在这个过程中因为人类群体对世界认知的迥异态度所造成的文化之间相互影响的复杂性和独立性。让我们再回顾一下这个小游戏的规则和基本形式(如图40):

图中 A 是袭击者——老鹰,B 是保护者——母鸡,C 是被保护者——小鸡们,X 是最后一个小鸡——特殊的个体。在全世界的类似游戏中,无论游戏的内容和规则如何改变,但游戏的基本结构确实一致的。也就是说,无论袭击者、保护者与被保护者是人还是神,是鬼或者是动物,他们都

---

① (印)D. P. 辛加尔:《印度与世界文明》上,庄万友译,商务印书馆 2019 年版,第7页。

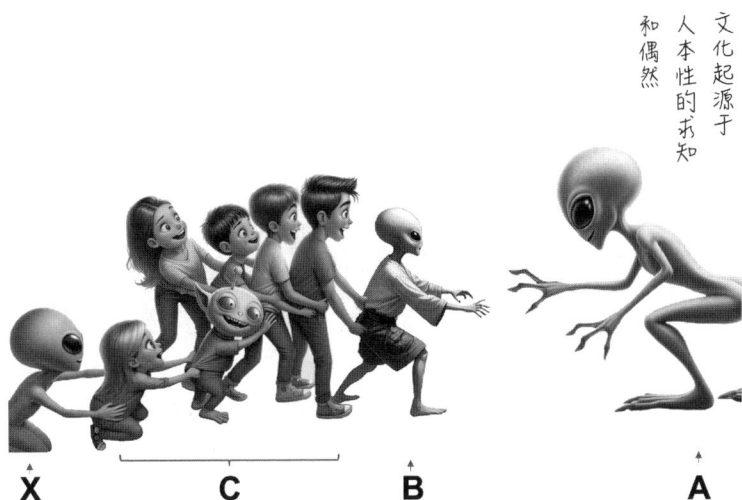

X　　　C　　　B　　　A

图 40　"老鹰捉小鸡"游戏想象图

是在"拟人态"的外在表现中传递着共同的价值观——"善"和"忍受"。因为"善","母鸡"在没有任何生物学优势的前提下果断地挡在"小鸡们"面前，并"忍受"来自"老鹰"可能的攻击和蚕食，而在这样毫无胜算的保护过程中"母鸡"是否会"死亡"或者是否"不朽"，则成为它是否能够实现"善"的宏愿的关键，而作为迫切需要得到保护的小鸡们，特别是最后一只小鸡X，在不断躲闪的过程中也在一直观察狡黠的老鹰 A 的行为以及"母鸡"是否全力在保护自己，哪怕面临的是自身肉体的"死亡"，观察的过程也是学习、探索的过程。所以，从这个角度来看，"老鹰捉小鸡"游戏的过程其实也是探究"人"如何获得自我实现这一终极思考的过程，而对这一问题的思考则可以串起人类的文明。

"人"的终极追求

我们知道,随着19世纪欧洲产业革命的爆发,改变的不仅仅是世界的生产力,同样也使得西方史学家和理论家的思想随之产生了违背历史的转变,"欧洲中心论"在弗雷德里克·莫罗(Frederic Mauro)、伊曼纽尔·沃勒斯坦(Immanuel Wallerstein)等众多西方学者的鼓吹下,将其历史过程向前延伸了1500年。而当今天我们再审视这一切的时候,发现这不过是特定人类历史阶段的闹剧而已。事实上,人类最早大概演化于250万年前的东非,到大概200万年前其中一些远古的人类开始离开家园进入北非、亚洲和欧洲,大约15万年前智人开始出现在东非,而到大概7万年前,一部分智人开始进入阿拉伯半岛和亚欧大陆,并造成其他人类物种的灭绝。之后,从7万年到3万年左右长达4万年的历史演变中,智人出现了新的思维沟通方式,产生了认知革命,人类语言成了彼此之间沟通世界信息的方式,无论是"八卦理论"(认为人类的语言发展是为了成为八卦的工具)还是"河边有只狮子理论"(认为是为了便于同伴之间沟通河边的情况,为了赶走狮子,让野牛成为自己的猎物),都标志着人类开始为了集体利益而结合成为更有效的社会组织。在这种结合的过程中,人类依靠自身所具有的能够向邻居不断学习的能力,使得适应社会环境的各种知识不断汇集。人类社会从采集野果、猎捕野绵羊,开始学会操纵几种动植物的命运,小麦、山羊、豌豆、小扁豆、橄榄树、马、葡萄、骆驼、腰果、玉米、马铃薯、稻米、小米和大麦等逐渐被驯化,人类进入了农业社会。而农业社会在许多学者看来是人类社会的大跃进阶段,因为人类脑力在这个演化的过程中变得越来越聪明,开始学会驯化动植物,逐步脱离与自然紧密联系的共生关系,开始尝试去解释大自然发生的"奇迹"现象。在这种对自然、社会环境产生的"奇迹"的集体反应,并对存在逐步产生敬畏的总结、汇总中,形成了人类现存最古老的著作之一《梨俱吠陀》。

作为印欧语系最早的杰出文学作品,《梨俱吠陀》大概成书于公元前1500—前900年,代表宗教意识演进和人类对宇宙的浩瀚和生命的无穷无尽奥秘所做出的反应的最早发展阶段。作为取代哈拉帕文化的吠陀文化的重要组成部分,《梨俱吠陀》描绘的主要是对代表自然之力的因陀罗(天神、雷神及战神)、阿耆尼(火神)等诸神的祭祀及对土著人的征服。虽然有着关于宇宙和宗教的思考,但它是自然主义和功利主义的。人类祭祀神,是为了根据契约获得物质上的丰盛。对他们来讲,神与神之间没有明确的区别,人类在崇拜风、火、雷、电等半人格化神的过程中,逐渐认为这一切都源于一个单一的统一体,并将其称为"多元归一"(many who is really one)。所以,森林在他们的生活中有着更重要的影响,并将动物、鸟和树提高到宇宙系统中重要的位置以及对神的女性方面的高扬等。① 这种外来的吠陀文化思想逐步适应并改变了印度自身的宗教、文化和经济,构成了印度文化的基础。然而,这种将动植物置于人类同等地位的思想文化,并不符合农业社会致力于将动植物变成人类所有物的趋势观念,因为人类在拥有、捕杀圈养或农田里的动植物时,并不会屈尊去跟他们自己的"财产"协商该如何做,所以这也就成为农业社会最初所具备的宗教意义,它打破了人类与动植物之间平等的地位。这种思想逐步唤醒了人们对实在及人类存在本质的终极思考和探索。

在这个探索的过程中,人类世界迎来了一场史无前例的知识革命,摆脱了泛神论时期与神签订"法律契约"的朴素认知,走出了主宰世界的最高权力从全知全观的角度对人类世俗的欲望不带任何私心和偏见的多神论阶段,进入了以《奥义书》的出现为先导的对人类存在的最高义务的反思与探求阶段。《奥义书》探索的精神实质不同于印度教所坚守的多神信仰,而是一元的,认为整个宇宙、每个人、每个现象所表现出来的终极本质、真理或灵魂是阿特曼,即万物内在的神妙力量,宇宙是梵,但梵是阿特曼,认为人类的最高义务是在探求其本质的过程中获得自我实现,摆脱束缚,实现解脱。在这种思想的影响下,佛教作为正统印度思想体系的异端派别被启迪,宗教的形式主义和仪式主义手段被舍弃,凭借"智"的超验知识手段,试图将束缚在人的肉体、精神和理解力之内的阿特曼"解脱出来",寻找到纯粹意识的自我

---

① Sarvepalli Radhakrishnan, *History of Philosophy*: *Eastern and Western Hardcover*, George Allen & Unwin, London,1953, pp. 31 - 38.

(atmanam viddhi)。而如果要实现真正的解脱,接近这个宇宙至高的权力,就需要放下所有欲望,坦然面对生老病死、贫穷富贵、健康与疾病。在这样的背景下,宣布神的启示的先知们,例如阿摩司、何西阿、以赛亚(前760—前700)等出现在中东,他们发起了先知运动,并强调相比祭祀上帝更喜爱善良;生长在恒河流域的乔达摩·悉达多(公元前6世纪)目睹了太多人类痛苦的老、病、死的生存状态,不满传统的吠陀教义和习俗,他希望通过热情、努力地"游走善行",改变人们对苦果、苦因的认知,并基于八正道,来更"实在"地帮助人们抑制苦因,继而走向正确的道路,学会"仁慈"与"博爱";在伊朗,查拉图斯特拉(又称琐罗亚斯德,前628—前551)将伐楼那(Varuna,人神之王)上升到至高无上的"天道"位置;而始于公元前6世纪的俄耳甫斯运动不同于希腊对人的肉体和灵魂的传统认知(有肉体的人才是真正的人,灵魂仅是一种映象),认为灵魂是不朽不灭的,应该从身体中解放灵魂,俄耳甫斯运动的影响一直持续到基督教时代,对希腊及基督教思想产生了深远影响;此时,远在东方的孔子(约前560—前480)则在努力周游列国宣传"仁"即"爱人"的思想,努力让人们明白"己欲立而立人,己欲达而达人"的道理;在俄耳甫斯运动的影响下,"罪孽"和"良心"的概念被希腊接受,毕达哥拉斯(约前582—前506)及其门徒对人的肉体与灵魂的二元问题的抽象思维形成了希腊独特的思潮,他们在强调禁绝杀生观念的基础上,相信灵魂不朽,认为人和其他生物的明显不同不是最终的,生活的目的是通过德行在再生中获得解脱;类似于俄耳甫斯运动,埃琉西斯崇拜则更加重视仪式在拯救灵魂中的作用,这也影响了索福克勒斯(Sophocles,前495—前406)和欧里庇得斯(前480—前408)的创作,并认为命运并不是生来注定的,人要对自己的行为负责;苏格拉底(约前470—前399)进一步完善了对人本主义的认知,将哲学的中心问题回归到人的问题,并认为"美德即知识",人生最重要的事情是要知道自己是什么、追求什么,要关心自己的心灵;犬儒学派(创立于公元前435年之后)延续了苏格拉底的观点,并认为人应该摆脱欲望,追求唯一值得拥有的"善";柏拉图(前427—前347年)延续了对人的问题的理解,他透过表象到实在中去寻求答案,认为灵魂是永生的,人并不是清醒的,躯体只是灵魂的坟墓,人们所看到的物质世界不能够作为真理的可靠源泉,误将燃烧的火焰投射到洞壁上的影子当做实在,而这只是由"表象"构成的,是实在的"影子",真理是永恒不变的,灵魂上升到神性实在的幻象便是"善",知识的最高目标便是去追求、感知这种最高的思想、形式或神本身,即"善";而斯多葛哲学(约前336—约前264)则更强调"理性"的重要性,并认为神是理性,人体内有神的理性成分,这也决定着人类的生活方式和行为准则;与斯多葛哲学相竞争的伊壁鸠鲁(前341—前270)哲学,虽然对宇宙存在的理解与前者相比有所不同,但他同样强调个人主义,认为人的灵魂世界有着神性的火花,所以人才能够表现出无私的行为;诞生于奥古斯都·恺撒统治时期的耶稣(约公元前4年),生活在宗教信仰复杂、动荡并充满怀疑的巴勒斯坦北部的加利利地区,他赋予宗教新的意义,基于具有直接经验事实的"正直、善行与仁慈",让人们明白对"人类的同胞之爱"是首先要坚守的信仰;而作为先知的穆罕默德(约571—632),因其出色的政治与军事才能,建立了国家政权,来维护和发展在犹太教和基督教的基础上创造的一套与众不同的、同样基于"爱与善"的信仰体系。

也就是说,从《梨俱吠陀》时期人类对人、神、自然与动植物关系的最初认知,到《奥义书》时期对人存在的反思与探索,再到先知们对人类"善良"的推崇以及俄耳甫斯、孔子、毕达哥拉斯、埃琉西斯、苏格拉底、柏拉图等对人类最高目标"善""仁""爱"等的追求,人类在探索其存在本质与实在的历史过程,正是理性思想与分析同宗教神秘主义不断对话的过程,在醉心于探究灵魂是否不朽以及如何获得解脱以实现自我的过程中,理性主义和神秘主义沿着各自独立的道路前进,并伴随着交叉和融合,形成新的思想。但无论怎样,新的哲学或信仰在改造人的生活并引导人们走向自我实现之路的过程中,都会不约而同地将人们带入"善""仁"的行为准则与自我实现目标中,使人们以类似的标准分担社会生活中的不同义务,并用"爱"和完美的人性将人们联系在一起。

那么,让我们结合上述分析反思本节开头所介绍的"老鹰捉小鸡"游戏,我们会发现,"仁慈""善""爱"是与"老鹰捉小鸡"游戏和人类文明历经久远所不懈探寻自我实现的本质如出一辙的,难道这仅仅是历史的巧合或者刻意的模仿吗?如果"老鹰捉小鸡"游戏同其他传统游戏一样,只是存在于特定的区域或者很小范围的普及性,我们不会如此费尽心机去探寻这个游戏产生背后的原因,可正是因为它在人类交通、交流、贸易、传播都不是很顺畅的工业革命之前就已经在全世界普遍存在的特殊性,它在全世界各地表现出了游戏的文化形式在细节上极为接近的特征,而且在既定的环境中又有着不同内容表达方式的变迁,所以它又呈现出了频繁的交流迹象。也就是说,这些共有的、类似的对"善""爱"等的坚守和追求的思想和理念,应该有着共同的开端,这种开端无论是多么的微弱,距离多么遥远,都应该源于人们对特定事件、信仰、理念、观点或故事的认可与传承。所以,对"老鹰捉小鸡"游戏来说,历史似乎融合进对"尸毗救鸽"故事的不同理解、解说与表达中,时间在它身上失去了真实性并降到了次要的位置。

先有"神话故事"还是"民间故事"

为了说明白这个问题,我们首先要厘清故事、神话、宗教与传播之间的关系。事实上,神话作为一种具有想象性的、创新性的对远古自然现象、人际关系及社会形态等思考、解释和理解的自发性创造,使得人类早期的各种民间故事都取材于神话,并在人们口头相传的过程中产生了许多变化。然而,在全世界,虽然有着历经千年的人类文明发展过程,但仍旧存在着许多彼此相隔很远但结构及情节相似的故事形式,这些故事遍及人类的文学作品及宗教信仰。弄清楚这一现象的原因,就需要综合考虑故事产生的背景及其传播、存在的社会文化环境,而这其中,人们的现实生活和广义上的宗教扮演非常重要的作用。正如弗·普罗普在《神奇故事的转化》中所认为的:"故事一般都来源于生活。但是故事却很少反映日常生活。一切来自现实的东西都是次要的形式……故事的真正起源……显然是与古代的宗教表现有某种联系。"[1]为此,他假设了两条联系的原则:"其一,我们可以作如下的假设:如果在一篇宗教文献和一个故事里发现同一种形式,那么宗教的形式是原生的,而故事的形式是次生的。特别在涉及古老的宗教时,这一点更加肯定;其二,如果在两种形式中发现同一种因素,其中一种

[1] 茨维坦·托多罗夫编选:《俄苏形式主义文论选》,载鸿滨译,中国社会科学出版社1989年版。

形式可追溯至宗教生活,另一种形式起始于实际生活,那么宗教的形式便是原生的,实际生活的形式是次生的。"对此,弗·普罗普进一步阐述了这一原则的假设所适用的范围和遵循的方法,并举例:"在一个故事里,如果伊凡接受芭芭亚加(俄国童话故事中的女性神奇人物)给他的一件神奇的赠品,而在另一个故事里,他接受一个过路的老太太的一件神奇的赠品,那么,第一种情景是先于第二种情景的。"尽管如果毫无顾忌地试图把人类社会各种故事的一切基本形式都追溯到宗教,把所有的派生形式都追溯到实际生活,这种做法显然是错误的,也是不可信的,但是在我看来,弗·普罗普这种关于远古的记述中"宗教形式是原生"的理解非常适合对"尸毗救鸽"传播过程的理解。依照这种理解,作为印度教的神圣文本,《摩诃婆罗多》中以神话形式记载的"尸毗王割肉救鸽"故事必然要早于以民间故事记载的同一种形式。

然而不同的是,2016 年巴拉兹·加尔在他所做的《尸毗王在东方和西方:跟随一只乞求的鸽子飞行》的研究中认为,"被一只鹰追逐的乞求的鸽子的传说,是从古希腊世界进入印度传说中的"。为支撑自己的观点,巴拉兹·加尔在古希腊文学中找到了第欧根尼·拉尔修(Diogenes Laertius)和埃里亚努斯(Claudius Aelianus)所记述的两则类似的关于古希腊哲学家柏拉图的门徒色诺克拉底(Xenocrates,前 4 世纪)的个人轶事:

> 有一次,一只被老鹰追逐的小麻雀跳到他的膝盖上。他抚摸了它之后,把它放了,并说一个求饶的人是不能放弃的。
>
> ——第欧根尼·拉尔修(3 世纪左右)

> 加尔西顿的色诺克拉底,柏拉图的门徒,喜欢对所有东西表示同情,他不仅对他的同胞仁慈,甚至同情许多无理性的动物。有一次,他坐在户外,一只被老鹰追逐的麻雀飞到他的膝盖上。他热情地接受了这只鸟,并把它藏起来保护它,直到它的追赶者离开。当他把它从恐惧中解放出来后,他打开膝盖放了这只鸟,同时说他不会放弃这只恳求者。
>
> ——埃里亚努斯(Claudius Aelianus,170—235)

从对色诺克拉底轶事的两则记载中，我们可以看出故事所讲述的内容同"尸毗王割肉救鸽"故事的情节极其相似，而且这两个记载之间内容也非常相近。为此，巴拉兹·加尔认为第欧根尼·拉尔修和埃里亚努斯记载的故事直接源于比他们更早的古罗马学者法沃里努斯(Faworinus, 80—160)编著的《普遍历史》。而这个故事的最终源头，巴拉兹·加尔也只是想当然地认为源于希腊化的传记作家的记述。也就是说，巴拉兹·加尔对"尸毗王割肉救鸽"故事的整个探究过程，都是建立在他试探性地(Tentatively)分析基础上，他忽略了上文所探讨的远古宗教与民间故事之间更符合逻辑的先后顺序，而只是将对以往研究的批判着眼于故事中所表现的自我牺牲主题之上，忽视了故事中所蕴含的更深层次的主题。①

我们知道印度、英国、德国、法国、中国等学者曾用一个多世纪对《摩诃婆罗多》的成书年代进行研究，到目前为止，大多数学者似乎同意奥地利梵文学者温特尼茨(M. Winternitz)博士的推论，这本书应该最早创作于公元前400年，然后经过800年的记录和变化形成今天我们看到的样子。也就是说，即便书中"森林篇"第130章和131章记述的"尸毗国王割肉喂鹰救鸽"的故事恰巧创作于公元前4世纪，但同古希腊传记作者所记载的色诺克拉底在世期间(前396—前314)发生的"保护麻雀"的个人轶事相比，两者之间的先后顺序便存在很大的争议空间。当然，这种争议的前提是巴拉兹·加尔所认为的古罗马学者法沃里努斯关于色诺克拉底的记载确有其事。我们知道，法沃里努斯编写的《普遍历史》被归类为杂记(Miscellaies)作品，虽然迪娜·古斯(Dina Guth)在《史学框架和古代杂记》(*Historiographic Frames and Ancient Miscellaies*)中曾认为："从史学角度看，如果像普帕希拉(Pamphila)编写的《复杂的历史记忆》(也是被归类为杂记作品)，就其整体形式和功能而言能够以史学传统为基础，那么它们所记述的轶事内容也不应该简单地被严重怀疑，而应该作为具有历史价值的故事仔细研究。"但是古代杂记作为当时为娱乐观众而制作的作品而言，其集体性和流行性是杂记作品产生的必要条件，而就上述对色诺克拉底"保护麻雀"个人轶事的记载便更像是

① Balázs Gaál, King ibi in the East and the West: Following the Flight of a Suppliant Dove.

法沃里努斯基于对古希腊特定文化的了解,借古希腊典籍中对色诺克拉底美德与善的记载,再套用已有的故事形式,以色诺克拉底"保护麻雀"的故事来暗讽色诺克拉底的伪善。为什么会有这种猜测呢?因为根据记载,法沃里努斯自认为是一位学术怀疑论者,而且一直在学习希腊语,并且他的职业生涯中只是用这种语言,所以他必定对古希腊哲学家色诺克拉底有更深入的了解,同时也对古希腊所存在的各种宗教、神话、故事等应该有较广泛的涉猎。综合这些因素,这也就有了创作与"尸毗王割肉救鸽"故事形式类似的"保护麻雀"故事的可能性。

当然,这也只是依据现有资料和前人研究的漏洞进行的一个推理假设。那么,如果假设不成立,而关于色诺克拉底的记载确有其事,那我们又该怎样理解《摩诃婆罗多》中记载的"尸毗王割肉救鸽"故事必定早于古希腊哲学家柏拉图的门徒色诺克拉底(公元前 4 世纪)"保护麻雀"的个人轶事呢?

首先,延续上文弗·普罗普对"一篇宗教文献和一个故事里发现同一种形式,那么宗教的形式是原生的,而故事的形式是次生的"理解。由于《摩诃婆罗多》既是 itihāsa('itihāsa'这个词来自 iti + ha + āsa,意思是"它发生了",即"历史文本"的意思,但它不是我们今天理解的意义上的"历史",它是一个包罗万象的术语,包括神话、历史、故事和轶事等),又是 ākhyana(被叙述的以往的事情)。所以,克里希纳·沙斯特里(A. R. Krishna Sastri)教授认为:"就像吠陀经一样,摩诃婆罗多也植根于佛法。"所以,对这两个年代差距并不大的"神话故事"和民间故事而言,作为具有宗教色彩的神话故事"尸毗王割肉救鸽"可能更早产生。

其次,就是从"尸毗王割肉救鸽"故事赞扬的人物背景来分析。《摩诃婆罗多》作为印度两大史诗之一,被称为"印度的灵魂",主要叙述了婆罗多族两支后裔俱卢族和般度族之间的争斗,传递了人们热切期望公正、仁慈的君王能够一统天下的愿望。然而,印度史诗的叙事结构采用的是话中套话、故事嵌套故事的插话形式,所以围绕两支后裔之间的争斗,书中插入了许多神话故事、世俗故事和寓言故事,将一部英雄史诗从天神和阿修罗、婆罗门和刹帝利以及人与动物的不同角度表达出来,囊括了人生的"正法、利益、爱欲和解脱"四大目的。① 通过书中的记载我们可以知道,这个故事歌颂的是尸毗国王的英勇、慈悲与爱民,它是通过森林中的婆罗门仙人为般度族兄弟讲述故事的形式展现的,而这也是一则融合了神话、寓言与世俗的故事形式。这个故事被记载在书中第 131 章。而在第 130 章的结尾,婆罗门仙人还为这个故事简单介绍了一下发生的背景:

> 般度之子啊! 你已经听说三昧的缩影,大王啊! 现在你将看到名叫婆利古峰的大山。还有阎牟那河附近的阎罗河和优波阎罗河。优湿那罗王在那里举行祭祀后,胜过因陀罗。民众之主啊! 婆罗多后裔啊! 为了考察他是否与天神相当,因陀罗和火神走近这位国王。为了考察灵魂高尚的优湿那罗,赐恩的因陀罗和火神变成老鹰和鸽子,来到他的祭祀。国王啊! 鸽子惧怕老鹰,飞落在优湿那罗的大腿上,寻求庇护。②

从故事讲述的人物背景我们可以明确知道,被歌颂的尸毗王便是优湿那罗,而从《金克木集》第七卷的记载中我们可以知道,优湿那罗是一位勇武的王者,也是战车武士,他武力高强,伟大无比。③ 再结合印度特殊的种姓制度分工:第一种姓婆罗门(Brahmana) 是祭司阶级,掌管宗教;第二种姓刹帝利(Ksatriya) 是武士阶级,掌管王权;第三种姓吠舍(Vaisya) 是平民阶级,主要从事农业、畜牧业、手工业和商业;第四种姓首陀罗(Sudra) 是低级种姓,主要充当仆役。④ 我们便可以确定优湿那罗是刹帝利种姓,这一推断也与黄宝生在他主译的《摩诃婆罗多》一书中所撰写的导言中的说法一致:"(老鹰和鸽子)这个传说颂扬刹帝利国王保护弱小和慷慨布施的精神。"⑤也就是说,结合上述故事背景,我们可以明确这一点:作为刹帝利种姓的优湿那罗王在故事中战胜因陀罗之前,先举行了祭祀仪式。事实上,"祭祀只能由婆罗门阶层主持,他们既是宗教教义的解释者,又是宗教仪式唯一有资格

① (印)毗耶娑原著;(苏)B. 埃尔曼,(苏)Э. 捷姆金改写:《摩诃婆罗多》,董友忱译,湖南人民出版社1984 年版,第 5 页。
② (印)毗耶娑:《摩诃婆罗多(二)》,黄宝生等译,中国社会科学出版社 2005 年版,第 258 页。
③ 金克木:《金克木集》第 7 卷,生活・读书・新知三联书店 2011 年版,第 18 页。
④ 黄宝生编译:《奥义书》,商务印书馆 2012 年版,第 2 页。
⑤ (印)毗耶娑:《摩诃婆罗多(二)》,黄宝生等译,中国社会科学出版社 2005 年版,第 9 页。

的主持人。这就确保了其在宗教方面无可替代的地位。"①而从婆罗门仙人讲述的故事背景中我们可以了解到:(1)优湿那罗王作为第二种姓却举行了祭祀仪式;(2)婆罗门仙人是在为身为婆罗门的般度族兄弟讲述故事,故事的主角是身为刹帝利的优湿那罗王即(尸毗王)。此外,通读《摩诃婆罗多》后会发现,无论是毛密仙人、那罗陀仙人还是般度族兄弟等婆罗门种姓的优秀人物,都将尸毗王视为需要被朝圣的对象。通过上述分析,我们可以发现此时的婆罗门和刹帝利还保持着非常好的互相学习阶段,虽然婆罗门相较于刹帝利等级地位要高,但并没有表现出严格的阶层芥蒂。这种关系同《奥义书》时期跋罗基手持柴薪拜阿阇世为师的情节相似(跋罗基说道:"让我拜你为师吧!"阿阇世对他说:"刹帝利接收婆罗门学生,我觉得确实是次序颠倒。"②)。从这些细节我们可以推测"尸毗王割肉救鸽"故事的撰写者同《桥尸多基奥义书》的撰写者应该生活在同一时代或者相距不远的时代,再结合这两本书的成书年代,我们可以大胆推测"尸毗王割肉救鸽"故事的创作时间应该不晚于公元前5世纪。

此外,在通读《桥尸多基奥义书》的过程中我发现了这段文字:

> 还有,在满月之夜,以同样的方式敬拜出现在东边的月亮,说道:"你是聪明睿智的苏摩王;你是有五张嘴的生主。婆罗门是你的一张嘴。你用这张嘴吃众国王。你用这张嘴使我成为吃食物者吧!国王是你的一张嘴。你用这张嘴吃众吠舍。你用这张嘴使我成为吃食物者吧!兀鹰是你的一张嘴。你用这张嘴吃鸟类。你用这张嘴使我成为吃食物者吧!火是你的一张嘴。你用这张嘴吃这个世界。你用这张嘴使我成为吃食物者吧!你还有第五张嘴。你用这张嘴吃一切众生。你用这张嘴使我成为吃食物者吧!"③

从这一段文字我们可以发现这些与"尸毗王割肉救鸽"故事雷同的元素:国王、食物、鹰、鸟(相当于鸽子),也有类似的歌颂方式:"你是聪明睿智

① 何平:《世界文明简史》,首都经济贸易大学出版社2017年版,第42页。
② 黄宝生编译:《奥义书》,商务印书馆2012年版,第355页。
③ 同上书,第342页。

的苏摩王"与"国王啊！人们说在所有的国王中,只有你以正法为灵魂。"从《奥义书》中我们可以发现这么一个有趣的现象,古印度的人们在表达对自然之力——太阳、月亮、风、雷、闪电、水、空、火、地等的崇拜时,往往将这些自然的对象假借为崇拜的对象加以歌颂,正如苏摩王代表月亮一样,在《大森林奥义书》中遮那迦也是一位非常著名的国王,人们将对遮那迦的崇敬与咱们转嫁到对阿阁世王的赞美中。从这些零零碎碎的细节中我们同样也可以大胆推测,编者撰写"尸毗王割肉救鸽"故事的灵感或许正是来自《桥尸多基奥义书》中的这段文字,或者也同样是怀着对苏摩王的崇敬之情,并认为尸毗王的功德堪比苏摩王。消失在尘埃中的历史虽然无法考证,但接近并类似的细节还是给了我们一个可能性的探索空间,即:"尸毗王割肉救鸽"故事的灵感源自《桥尸多基奥义书》,而故事的编写时间是在《桥尸多基奥义书》之后,应该不晚于公元前5世纪。正如歌德所认为的:古代各民族在幻想的直觉中表现他们的思想。"尸毗王割肉救鸽"最开始或许只是源于某个人读《桥尸多基奥义书》后产生的灵感,而这一灵感放入歌颂某个国王的仁慈而编纂的自娱的简单故事内容中,但经过了一段时间后,在人们的传颂、讲述中,便提供给他某种"寓意",从而成了给予道德教化,或者以有趣的方式给予智慧的一种载体。[①]

　　基于上文的分析,我们可以形成这样的认知:色诺克拉底保护麻雀的个人轶事是由公元前4世纪左右的希腊化传记作家根据自己听到的"尸毗王割肉救鸽"故事进行的改编,而改编的目的也很简单,或许就是为了借助这个故事的形式来表达对色诺克拉底美德的赞扬,又或者是聪明的柏拉图门徒希望借这个故事来提升自己的地位。历史的真相现在已经无处可寻,无论怎样,我们可以确定的是那位希腊化传记作家必定是受"尸毗王割肉救鸽"故事的影响才写出了如此相似的故事情节。那么,这个故事是如何不远千里,从遥远的印度传播过去的呢?

"尸毗王割肉救鸽"的传播

　　我们知道人类的知识总是在不断汇集,即便是在文明的拂晓时期。"由

---

① (印) D. P. 辛加尔:《印度与世界文明》,庄万友等译,商务印书馆2019年版,第250页。

于人类所特有的向自己邻居学习的能力，一个社会为适应特殊环境而进行的创造发明，能被另一个社会采用，以满足其不同的需要。"①琼·菲约扎认为："没有哪一种文明在古代能像印度文明那样在国外广泛传播。"②从这点来看，"尸毗王割肉救鸽"故事能够在与其他文明接触的过程中被其他文明借用和变迁也便有了很大的可能性。

印度与西方的接触有着悠久的历史，是以民族迁徙为先导的贸易关系引发的文化关系。这一观点不仅反映在语言学和考古学的大量实物证据中，更表现在吠陀文学和本生经、犹太人的编年史和希腊史学家的叙述中。虽然印度哲学思想历史悠久，有着丰富的理论体系，产生了印度教的六种基本理论体系、佛教的四个主要派别、耆那教的两个派别以及斫婆迦的唯物主义思想，但由于古代印度人似乎将全部注意力放在对哲学与人生关系的思考中而忽略了哲学体系发展的年代学标记，所以我们很难用精准的历史观来展现印度哲学思想产生、发展与传播的细节，但为了弄明白"尸毗王割肉救鸽"故事产生、传播与变迁的前世今生，我们还是在繁杂的历史过程中将这个过程分成了九个阶段：

第一个主要阶段：公元前第三千纪（前3000—前2000），贸易引起的交流

人类的历史远比有文字记载的文明时期要久远得多，从印度河流域向西越过西亚、向北沿着北非海岸直到大西洋、向东绵延至长江流域，人类文明开始萌芽。到大约公元前2500年哈拉帕文明在印度河流域繁荣起来，坚固的城堡和发达的船舶制造工艺使得他们可以同在同一时期繁荣的古埃及和美索不达米亚等独立存在的文明实体进行直接接触。完善而强大的陆地和海洋贸易网络无疑成为架构起印度与西方世界之间联系的直接渠道。在贸易的过程中印度特色的图案、工艺、棉花、带柄的贝壳和符号等被幼发拉底河和底格里斯河地区的文明、美索不达米亚文明和复活节岛等地区的人们接受和使用，通过美索不达米亚，古代印度

---

① Vere Gordon Childe, "A Prehistorian's Interpretation of Diffusion", in *Independence, Convergence and Borrowing in Institutions, Thought and Art*, Harvard Tercentenary Publications, Cambridge, Mass.：Harvard University Press, 1937, pp. 15-16.

② （印）D. P. 辛加尔：《印度与世界文明》，庄万友等译，商务印书馆2019年版，第12页。

同埃及不断接触,并使得两个繁荣的文明之间产生了许多相似的文化现象,比如与摩亨佐-达罗(Mohenjo-Daro)相似的陶制装饰品、与埃兰相似的文字、将莲花视作圣物、接近的神灵信仰[将印度的天界大神湿婆(Siva)、毗湿奴(Visnu)和梵天(Brahman)等比作埃及的太阳神]。越来越多的印度商人行走在这条漫长、耗时的同西方文明接触的经商路途中,他们在为苏美尔、阿卡德等西方文明的源头输送各种制造品的同时,浓烈的异国思乡情结也使得他们对自己的宗教慰藉更加依赖,这便导致了崇拜的传播和普遍的宗教扩散。戈登·蔡尔德认为:"在公元前第三千纪,印度已处于为建立构成我们(西方)精神遗产的文化传统做贡献的地位,正如她像众所周知的自从亚历山大时代以来所做的那样。"[1]也就是说,尽管在五千年前不同文明之间的交流与贸易会受限于交通、地理环境等的限制,但古老的印度哈拉帕文明仍旧因为它特有的魅力和感染力影响了西方早期精神遗产的产生和方向,这也就为"尸毗王割肉救鸽"故事的可能传播和借鉴埋下了具有生命力的种子。

第二个主要阶段:雅利安人的迁徙带来的文明复苏

雅利安人与印度文明之间的先后与传承关系一直以来在学术界存在很多的争议,而以往很多学者特别是印度学者试图否认这段历史。如今,当我们从语言学上来对比《吠陀》(Vedas)的语言与阿维斯陀语时,发现两者存在惊人的相似。此外,《吠陀》所展现的文化背景与琐罗亚斯德教(祆教)最古老的文献《伽萨》也非常接近。依托这些相似的线索,现今大多数历史学家相信从公元前第二千纪开始陆续有许多零星的雅利安群体在漫长的时间里渗透到印度河流域。虽然此时的哈拉帕文明已经消失,"但在那些荒废的城市里可能还有一些散居者,或许存在重叠和交流的情况,而且一些雅利安人也可能接受了当地宗教信仰的要素,并与他们自己的宗教信仰结合起来"[2]。本研究对"尸毗王割肉救鸽"故事产生、传播与变迁过程的分析也是基于这

① E. B. Havell, *The History of Aryan Rule in India from the Earliest Times to the Death of Akbar*, New York, Frederick A. Stokes Company, 1918, p. 63.

② (英)凯伦·阿姆斯特朗:《轴心时代:人类伟大思想传统的开端》,孙艳燕、白彦兵译,生活·读书·新知三联书店 2019 年版,第 27 页。

一历史观。

雅利安作为"高贵的""可敬的"种族术语,在公元前4500年起便成为一些有着共同文化的松散部落的代称,在长达3000年的时间里,无论是使用阿维斯陀方言的雅利安人部落,还是使用古代梵语的雅利安人部落,他们并没有与其他部落发生大规模的冲突,没有太多的敌人,也没有征服领地的野心。为此,他们形成了朴素而平和的宗教观念,"雅利安人在内心深处,以及在他们看到、听到和触摸到的万物当中体验到一种无形的力量",并感受到这种力量与他们之间的亲和关系,所以将各种自然现象尊为神圣。在此基础上,雅利安人逐渐发展出了条理清晰、层次分明的众神体系,并遵循人类与自然界和谐统一的规律,服从万物互联、各得其所的神圣秩序,这使得生命成为可能,"讲阿维斯陀语的雅利安人将这种秩序称为天则(asha),而讲梵语者则称之为梨多(rita)"[1]。这种对自然、对人与人之间关系的重视使得雅利安人敬畏誓约,特别是口头所表达出来的约定。因为对他们来说,"言语也是一位神灵,即迪弗"[2],通过语言的表达与倾听更能够让他们接近神灵,所以外在形象化的雕塑或者画像反而并不重要,"一句誓言一旦被说出来,便具有永恒的约束力,而一句谎言则绝对是邪恶的,因为它滥用了话语世界中特有的神圣权威"。[3]

此外,献祭对雅利安人来讲至关重要,他们相信宇宙便起源于献祭(他们认为神灵通过七个步骤创造了世界,而将三个生物——"一株植物、一头公牛、一个人"的献祭仪式则是其中最重要的一步),只有这样,神灵对世界的创造性消耗才能补偿,才是对"灵魂"的敬重,世界也得以正常运转。在他们看来,人们的生与死、创造与毁灭始终相互纠缠在一起,"自己的生命依赖于其他生灵的死亡。三个原型生物放弃了他们的生命,因而其他生物才有了生存的可能,如果没有自我牺牲,便不会有物质或精神上的进步"。所以,在献祭的过程中敬拜者会感受到自己身处神圣之中,这也便成为雅利安文

[1] (英)凯伦·阿姆斯特朗:《轴心时代:人类伟大思想传统的开端》,孙艳燕、白彦兵译,生活·读书·新知三联书店2019年版,第17页。
[2] 同上。
[3] 同上。

化一个非常有代表性的象征。

　　然而，即便是缺少敌人、崇尚对等，但一部分雅利安人族群仍旧会被其他以因陀罗为名义的族群所侵扰，并发生战争。对神灵原本朴素的信仰，在这个过程中便开始动摇。因为人们相信"地上发生的事件往往反映了天上的事件"，所以究竟是站在正义、秩序的一边，还是站在贪婪、邪恶的一边，便成为摆在雅利安人面前的一个选择。琐罗亚斯德(约公元前1200年)作为一名优秀的祭司，在经历了"Vohu Manah"("善思")神的指引后，便开始投入这场反对恐怖和暴行的圣战之中，他将对道德的诉求融入对武士精神的要求中，形成了对英雄、武士以及善良的道德标准："真正的英雄不会恐吓他们的同伴，而是努力反击侵略。神圣的武士献身于和平，那些选择为马兹达神而战的人坚韧不拔、遵守纪律、英勇无畏，会毫不犹豫地保卫一切善良的生灵，抵御邪恶势力的袭击。"①在琐罗亚斯德的影响下"效法诸神"形成了捍卫秩序、向善的潮流，向善者(ashavans)必须以"善思"和"善治"两位正义的神灵为榜样，来保护动物、保护脆弱的人民，并同袭扰他们的恶灵做斗争。此外，琐罗亚斯德还打破了以往只有贵族才能够进入天堂的说教，并开始面向妇女和农民宣传教义。尽管他的思想在当时远超出了人们对世界的理解，但随着讲阿维斯陀语的雅利安人从北方的高加索大草原向南迁居到伊朗东部，琐罗亚斯德教成了国教，又因为伊朗连接着幼发拉底河平原和印度河平原，从远古时期开始就有着天然的成为商业、征服和文明交汇的重要地理位置，它促进了东方与西方的文化交流。因此，琐罗亚斯德教的影响也随着雅利安人早期的信仰开始蔓延开来。

　　随着一部分雅利安人南迁到印度河流域的旁遮普(Punjab)，他们开始奠定了吠陀文明的基础。在吠陀文献里，人类从崇拜诸如火、风和雨之类半人格化的自然力到绝对统一的概念的独特历程清楚可见。一个神和另一个神之间起初没有明确的区别，因为它们都是自然现象。到大约公元前第二千纪印度文明开启了新的发展阶段，某一位或一些博学的人编纂了所感受到

① (英)凯伦·阿姆斯特朗：《轴心时代：人类伟大思想传统的开端》，孙艳燕、白彦兵译，生活·读书·新知三联书店2019年版，第13页。

的或听到的关于神灵启示的赞美诗《梨俱吠陀》，泰戈尔形容这本书是"人们对奇迹所产生的集体反应、对存在的敬畏的富于诗意的表达"[①]。也就是说，"《梨俱吠陀》代表宗教意识演进和人类对宇宙的浩瀚和生命的无穷无尽奥秘所做出的反应的最早发展阶段"[②]，其中，声音对雅利安人和印度人来讲是神圣的实体，并被称为"迪弗"，他们认为声音是事物的本真，万事万物皆由它衍生而来。所以，当人们"聆听这些神圣的经文时，会感到被神灵附体"，人们对神灵各种知识的了解并不仅来自《梨俱吠陀》中各种诗句的语义内涵，更是来自它们的声音："当他们聆听的时候，感到自己与将世界联结在一起的神秘力量发生了联系，这种力量便是'梨多'，翻译成人类的语言就是神圣的秩序，当圣人清晰地发出神圣的音节，梨多便鲜活起来。"[③]或许正因如此，冗长且语言生僻的赞美经文在漫长的时间里依靠口耳相传的形式仍旧能够被保存下来，使得外来的吠陀文化逐渐适应印度环境，渗透到印度人的生活、思想和社会中，它形成了印度科学思想形而上学和宗教性的起源。人们在聆听神的各种幻象、对话诗或者光明神与黑暗恶魔之不断战争的过程中，通过声音(迪弗)为人们的直观理解与神圣之间建构了一座桥梁，让人们可以在超脱经验的基础上更直观地感受到根本性的真理，特别是在诸如"葬仪神曲"中神圣的苏摩神化做飞鸟，飞到祭桶上；在摩奴和鱼的故事中，因陀罗也变成鸟；在对太阳神苏利耶的赞美中将其比做一只雄鹰等，这都使人们明白灵魂轮回同样也适用于人和动物，你面前的动物可能是神的化身，可能是神对人的试探，这便为人们接下来或者未来的战斗或行为表现赋予了"灵魂"，使得凡人之间的斗争或行为更富有神性。也就是说，对当时的人们来讲，《梨俱吠陀》是具有神性的赞美诗，虽然诗歌的表述是以一种朦胧、难以连贯理解的方式展开的，但对这些诗歌的诵读或者对诗中故事形象或行为的模仿，被看做是具有神赐的非凡才能够理解的事情。所以，这些行为被看做是接近神，与并神产生共鸣的有效途径。然而，这个过程中的诵读或模

① (印) D. P. 辛加尔：《印度与世界文明》，庄万友等译，商务印书馆 2019 年版，第 25 页。
② 同上。
③ (英) 凯伦·阿姆斯特朗：《轴心时代：人类伟大思想传统的开端》，孙艳燕、白彦兵译，生活·读书·新知三联书店 2019 年版，第 31 页。

仿,更多的是怀着敬畏与虔诚的心态,因为智慧或对真理的理解是神赐予的,这并不同于后世故事或寓言中目的性特别明确的行为。

到公元前 10 世纪,流动性仍然是雅利安人在恒河流域表现出来的主要特征。征服、掠夺与殖民依旧是维持这时雅利安人繁衍生息的主要方式,这同样依旧表现在他们的各种宗教献祭仪式中。"梵"(brahman)的理念在这个过程中被创造出来,并认为梵是生命本身,是主导事物强大并扩张的根本原则。所以,劫掠被认为是成为"梵"的手段。在这种宗教理念的支撑下,掠夺与暴力征服对一个长期移动、不稳定的民族来说便成为司空见惯的事情,崇尚暴力成为在这个特定时期自上而下的民众信仰。

然而,到吠陀时代晚期(前 9 世纪—前 7 世纪),随着雅利安人的生活逐渐稳定,农业生产对人们经济生活的助益作用逐渐提升,对外掠夺的传统逐渐被放下。僧侣阶层(婆罗门)的地位在这个时期变得日益显赫,一些思想通达的僧侣开始尝试改革献祭的仪式。因为传统仪式支撑的掠夺的合法化与神圣化,所以,僧侣阶层在努力劝说刹帝利消除献祭的暴力过程中逐渐发现了内在的自我,引起了一场精神上的觉醒①——戒杀(ahimsa)逐渐成为轴心时代的美德。在这个过程中,古老的印度雅利安人努力寻找通往具有意义和价值的新途径而进行着大胆的尝试。在献祭中,杀死动物开始被认为是残忍的,他们渴望找到一种不会给任何参与者造成伤害的礼拜仪式。"谁是人和牲畜真正的主?谁拥有被白雪覆盖的山峦和威力无边的海洋?哪位神灵能够撑起天空?"等一系列疑问在《梨俱吠陀》中表露出来。生主(Prajapati,梵的人格化表现)等一系列符号化体系在这个过程中被创造出来,并通过生主吞下死神的神话,将古老的杀戮祭祀仪式转变为新式宗教祭祀仪式。在新的献祭仪式中,生主既是献祭者又是祭品(动物),这便摆脱了以往通过杀戮而获得永生的方式,在这个献祭过程中,生主将自己作为祭品是获得永生的方式,从而进入神灵的永恒世界。而对人类来说,能否实现这种永生的目标,《梵书》中认为:献祭者必须具有原始直觉式的领悟,需要明

---

① (英)凯伦·阿姆斯特朗:《轴心时代:人类伟大思想传统的开端》,孙艳燕、白彦兵译,生活·读书·新知三联书店 2019 年版,第 104 页。

白他自己在做什么,要知道祭祀的过程神灵与人类相关联,人类与动、植物和各种器具相关联,超然物与内在物相关联,有形之物与无形之物相关联。[①] 只有具备这种领悟性,献祭者在祭祀的过程中便可以与生主合为一体,获得重生。也就是,吠陀时代晚期改革的新宗教仪式,开始更多关注献祭者自身的意识和精神状态,内在的自我通过外在的仪式被挖掘和解放出来。这种观念同后来"尸毗王割肉救鸽"所表现的自我牺牲、救赎与重生理念如出一辙,或许这便是"尸毗王割肉救鸽"故事被创造出来的思想源头。

从公元前 10 世纪到公元前 7 世纪前后,在通过宗教祭祀仪式来稳定民心、巩固政权的过程中,无论是采取劫掠还是新式的宗教仪式,恒河流域的古印度人在与雅利安人交流融合的漫长过程中,始终都在坚持对自然、宇宙和自我的思索与探求,并在这个过程中发展出一支更加内敛的灵修方式——隐修。隐修的过程是通过圣洁的梵行(brahmacarya)生活方式,不断探索内心世界的过程,并将这种生活方式视为更高形式的献祭和梵的至高实在表现。这种修行方式逐渐取代了婆罗门主导的公共祭典,成为宗教改革的动因,并塑造了轴心时代印度的精神主体。

相比此时的古印度,从公元前 8 世纪开始撰写的《荷马史诗》中我们可以了解到,公元前 9 世纪前后的古希腊仍旧是乡土社会,处于教育缺乏和相对野蛮的状态,财富仍旧以绵羊、牛和猪来衡量,宗教则被各种悲观的情绪所笼罩。从创世之初的神灵卡俄斯(Chaos,混沌)和该亚(Ga 团,地母神),到第二代神族赫斯提亚(Hester,神圣炉灶的守卫者)、厄瑞卜斯(Erebus)、厄里倪厄斯(Erinyes)等,对那时的古希腊人来讲神灵是危险的、残忍的、专横的、不可靠的,黑暗主导着希腊宗教。此时的人们处在极端软弱无助的状态中,在悲伤中饮酒,不去思考作为个体的自我的价值。然而,这个黑暗时期是短暂的,到公元前 8 世纪,处于政治和社会环境相当稳定时期的古希腊尝试改革,渴望向此时更优秀的东方学习,并逐渐形成了可以体现相对平等主义的城邦社会。在这种文化变迁的过程中,逐渐形成了由贵族精神、竞争意

---

① (英)凯伦·阿姆斯特朗:《轴心时代:人类伟大思想传统的开端》,孙艳燕、白彦兵译,生活·读书·新知三联书店 2019 年版,第 107 页。

识和暴力文化所建构的早期系统性希腊思维模式——对英雄的崇拜。这种思维模式在《伊利亚特》(*Iliad*) 和《奥德赛》(*Odyssey*) 中被无限放大,也导致了古希腊人对古老宗教信仰的延续。也就是说,对此时的古希腊人来讲,尽管经过了黑暗时代的茫然,但对英雄的崇拜和古老的多神信仰并没有促使他们开始对自我意识和内心世界的探索,还未形成"尸毗王割肉救鸽"故事中所表现出来的人生观和世界观。

同样,对于此时的以色列来说,耶和华战胜巴力成为更多民众信仰的对象,并逐步成为一神崇拜的对象。社会公义作为耶和华推崇的要素成为此时中东宗教信仰的核心。到公元前 8 世纪左右,随着读写技能的传播,人们在期望打破原有习俗、更深刻地领悟古代传说和上帝悲悯的心态中开始撰写《圣经》,阿摩司和何西阿在这个过程中起到了至关重要的作用,并削弱了以色列人的自尊心和民族自豪感。在这个过程中,自省、摒弃自我中心主义并追求正义、公平、具备体恤他人的同情心成为这个时代赋予以色列人的宗教要求,但仍旧没有产生自我牺牲、救赎与重生等的观念。

第三个主要阶段:日渐成熟的印度哲学思想

如果说以往的宗教祭祀仪式更多的是借助于外在的行为过程,公元前 7 世纪后随着《奥义书》对印度人灵性塑造方面的影响力不断提升,宗教仪式逐渐摆脱了对外在有形方式的依赖,开始探索内在的意义,关注内在的自我,并希望在这个自省的过程中实现自我与梵的同一。而这个过程,在他们看来"超乎饥、渴、忧、痴、老、死者也"。对此,毗提诃国王遮那迦的御用哲学家耶若婆佉指出:(它)"非可毁灭……无损伤"。而要达到这种状态,《奥义书》的圣人们认为,人们必须经历一场找到真正自我的过程,不留恋此世,超越精神和肉体探求内在自我,达到开悟的状态,即"至若无欲望者——彼无所欲,已离乎欲望,欲望皆已圆满,即以性灵(个我)为其欲望者一彼之生命气息不离,彼即大梵,彼已臻至于大梵也"。而这种状态被认为可以使他们"归于安静、柔和、敛退、坚忍、定一",从而帮助他们摆脱畏惧和焦虑,实现《歌者奥义书》中生主所指出的"无老,无死,无忧,不饥,不渴,以真实为欲望,以真实为意愿"的状态,而对这种状态的领悟"维罗遮那只认识到人的肉体自我,而因陀罗进一步认识到梦中的自我和熟睡中的自我,最后认识到无身体的自我"①。也就是说,摆脱欲望和情感、超越精神和肉体的束缚逐渐成为此时印度人探求自我或神我修行状态的主流方式。而或许又是因为对伟大的因陀罗神的敬奉和亲近(尽管因陀罗的神格在雅利安人迁移过程中发生了许多变化,但在移民印度的雅利安人心目中因陀罗是一位福善大神,是民族之神,在印度本土化的过程中因陀罗的神格被进一步提升,成为超级大神。吠陀诗人又将因陀罗人格化,他有着完整的人的肉体。也就是说,因陀罗对当时的印度人来讲首先是人间的英雄,其次才是神祇),才使得更多的印度人想要达到与因陀罗一样的自我认知状态——无身体才能无老、无死、永生、无畏。同时,在《大森林奥义书》中也记载了因陀罗曾有化为鸟行善的先例。这些因素或许便是逐步创造出"尸毗王割肉救鸽"故事的前因。

通过《梨俱吠陀》中的记载,也可以了解到因陀罗被描绘成一位拟人的神。他嗜酒如命,特别是在战斗前爱喝苏摩(Soma)酒,对敌人是好战且可怕的,对追随者则慈善和宽容。或许也是因为对因陀罗的崇敬:"我随因陀罗之转而转,我随太阳之转而转。"在《桥尸多基奥义书》对月亮神苏摩王的赞美中也借用了因陀罗的这些特征,才创作了书中的这段文字:"你是聪明睿智的苏摩王;你是有五张嘴的生主……你用这张嘴使我成为吃食物者吧!"这便延续、传承了《奥义书》中关于业报、轮回、转生和解脱的观念:"因善业而成为善人,因恶业而成为恶人。"或许正是对这一系列朴素信仰或信念的坚守,创立于公元前6世纪的佛教传承了轮回(sarhsara)的观念并使其成为思想体系的基石,并强调从恐惧和欲望的世界中彻底解脱(moksa)出来是智慧的最高目标。正是在这些主流观念的影响下,印度的思维方式逐步从神话的、形象的思维向更成熟的哲学的、抽象的思维转变,"尸毗王割肉救鸽"故事才逐渐被塑造出来。

此时的希腊人却走向了与印度不同的道路,许多学者习惯地理想化这段时期的希腊历史和文明进程,然而现实中的希腊在这个时期却充满了广泛的社会问题,赫西俄德(公元前7世纪左右)笔下的希腊世界此时正经历着黑铁时代,人们不再追求进入神圣的世界,而是被牢牢地束缚在诸神与动物

———————————
① 黄宝生编译:《奥义书》,商务印书馆2012年版,第7页。

之间的位置上,军事成了这个时期更为重要的事情,人们面临艰难的抉择:希腊社会究竟是公平、正义的还是英雄式的傲慢、自私的?作为经济基础的农民与贵族之间产生了危险且难以逾越的鸿沟,不顺从并掌握自己的命运成为此时组织起来的农民甲兵的集体认识,他们希望得到经济救助、返还被征用的财产以及法律上的保障。在这一系列动荡改革中希腊世界崇尚个人名誉和荣耀的传统的武士观念被抛弃,"美德"(阿瑞忒 arete)的观念被重新界定,爱国、忘我且献身于公共利益的集体主义观念成为主流。到公元前6世纪,梭伦倡导的新公正秩序——欧诺弥亚(eunomia)在希腊社会产生了广泛的影响,并促使希腊人开始以一种新的分析方法进行思考,探寻更广泛适用的、抽象的、普遍的社会原理。此后,无论是庇西特拉图的泛雅典娜节(Panathenaea)、埃琉西斯的秘密祭拜仪式倡导的共同感受(sympatheia),还是狄俄尼索斯的神灵附体(entheos),此时的希腊人虽然希望以一种更严谨的逻辑思考世界,但只是暂时离开"其正常的、平日里的自我,得到新的体悟"①。此时希腊人的思维方式是公开的,他展现在几千人的面前,不同于印度人此时以内省的方式实现对自我的探求。此后,无论是俄耳甫斯(Orpheus)教派严格素食、信奉非暴力的理念,或者毕达哥拉斯(Pythagoras)在推动传播印度业报教义的过程中提倡生活的目的是通过德行在再生中获得解脱,又或者米利都学派为希腊哲学播下的理性主义的种子,大多数希腊人仍旧延续传统的方式崇拜诸神,"神灵与妖怪搏斗,从混沌中建立秩序的故事暴露了生命核心之处根本性的痛苦挣扎,它总是依赖于其他生物的死亡或毁灭"②。也就是说,此时的希腊社会思想仍旧是形而上的,还没有建构起舍身利他的人本主义思维习惯,"尸毗王割肉救鸽"故事所展现的认知观念在此时的希腊世界还没有形成。

第四个阶段:苏格拉底的"无知"。

随着希波战争(前492—前449)冲突的不断升级,为了缓和区域局势,公元前445年,雅典与斯巴达签订了《三十年休战合约》,一段时间的和平与繁

① (英)凯伦·阿姆斯特朗:《轴心时代:人类伟大思想传统的开端》,孙艳燕、白彦兵译,生活·读书·新知三联书店2019年版,第234页。
② 同上书,第238页。

荣使得年轻一代的雅典人开始质疑以往苦涩难解的哲学思想,尝试融入世俗社会,使哲学变得实际一些,希望使其与人们的生活更相关,期待并探讨新思想便成为这个时期古希腊思想的重要特征。苏格拉底(约前470—前399)便是这个时期的佼佼者,他说:"我只知道我什么都不知道",并认为"不经受审省的生活是没有价值的"①,或许正是因为他这种大胆地承认无知,把无知作为一种境界的行为方式以及对生活的理解,使得他将古希腊哲学的中心问题回归到人自身,在现实生活不断同不同人交谈、辩论的过程中,解构了以往人们对美德等传统哲学或宗教的理解过程,创造了辩证法,即通过一种对话问答的形式,以揭示人们观点的问题,从而引导出真理。凯伦·阿姆斯特朗认为:"苏格拉底的辩证法是印度'谜题问答'的希腊理性版本。"②而根据基督教史学之父尤西比乌斯(Eusebius,约265—339)的记载,亚里士多德的学生亚里斯多希努斯(约前330)曾提到有些印度学者访问雅典,其中之一向苏格拉底问起他对哲学范围的观点。苏格拉底答道:"对人类现象的探究。"那个印度人惊叫:"在我们对神的现象无知时,我们怎么能探究人类现象呢?"③对于这个苏格拉底与印度学者辩论交流的故事,亚当斯·贝克(L. Adams Beck)也认为:"没什么理由否认这段轶事的真实性。"④也就是说,在那个不断接触新思想并创新理念的时代,苏格拉底很可能是在与印度学者交流或者接触印度文化的过程中创造出辩证法。这种方法违背了希腊传统对复仇这一神圣诫命的坚守,而认为宽容与善是获得幸福的唯一方式,并可以让灵魂受益。基于此,苏格拉底通过讨论来教育学生,以此来发现内心里真正的知识,引出他对生活、道德的正确理解:即存在是善的,并且除了善之外别无其他,所以人们只有认识到自己无知的深度,才能有足够的诚意去探寻这种存在,从而使善成为真实,善德的信仰不可动摇。

尽管苏格拉底不赞同写作,没有将他对哲学的理解记录下来,但他的辩

① (英)凯伦·阿姆斯特朗:《轴心时代:人类伟大思想传统的开端》,孙艳燕、白彦兵译,生活·读书·新知三联书店 2019 年版,第 322 页。

② 同上书,第 321 页。

③ S. Radhakrishnan, *Eastern Religions and Western Thought*, Oxford University Press, 2014, p. 151.

④ (锡兰)L. A. 贝克:《东方哲学的故事》,赵增越译,中国盲文出版社 2002 年版,第 7 页。

证法却是一种思想的启蒙,并深深地影响了他的学生柏拉图以及后来的人。凯伦·阿姆斯特朗在书中记述的这段文字很好地诠释了这一点:

> 在柏拉图的对话录中,我们可以感到苏格拉底对他人产生的影响。伯里克利的侄子阿尔基比亚德似乎爱上了苏格拉底,把他看做不可思议的人物。苏格拉底会在最令人意外的时候出现。他就像森林之神西勒诺斯(Silenus)的小雕像,被旋开之后,里面还有一个小神像。他就像森林之神玛耳绪阿斯(Marsyas),他的音乐使听众如醉如痴,渴望与神灵合为一体。但苏格拉底并不需要乐器,他的言语足以触动人们的内心深处。"每当我听他讲话时,我的心都会比处于一种宗教迷狂时跳得更快,眼泪会夺眶而出。"阿尔基比亚德坦言。他在听叔伯伯里克利讲话时从未有过这种感受。当苏格拉底讲话时,他会使阿尔基比亚德"深感自己的卑微"。苏格拉底是世界上唯一让他感到羞愧的人。苏格拉底看上去像个小丑,吊儿郎当,爱开玩笑,和年轻男子相爱,整夜饮酒。但是,阿尔基比亚德说:"我不知道是否有人曾在他严肃的时候把他的内心打开,看到里面隐藏的珍宝。但我曾经见过一次,并发现它们是那样的神圣、优美、奇妙,以至于,简单地说,我除了一切服从苏格拉底的意志之外别无选择。"苏格拉底的言谈(logoi)使他的听众充满了像在酒神节入会仪式上一般的"欢欣鼓舞"。听众感到"迷狂"(ekplexis),仿佛濒于启蒙的边缘。[1]

或许正是由于苏格拉底带给青年人的这些"迷狂"般的影响,使得苏格拉底对灵魂的培养、对崇高的"善"的执着追求与坚守,成为后来柏拉图以及整个希腊哲学体系所推崇的至高理想,尽管在其他观点上不同时期希腊哲学家的观点有所不同,但对"善"的推崇与关心始终在各种哲学体系如亚里士多德哲学体系,犹太—希腊哲学体系、新柏拉图主义哲学体系和基督教哲学体系等传播。

而同样,柏拉图在继续阐释"善"和灵魂(psyche)的思想以揭示希腊世界

---

[1] (英)凯伦·阿姆斯特朗:《轴心时代:人类伟大思想传统的开端》,孙艳燕、白彦兵译,生活·读书·新知三联书店2019年版,第324页。

存在的人及其社会、政治和宗教行为等问题时,也表现出曾借鉴印度哲学《奥义书》中各种观点的特征。对此,辛加尔在书中也做了分析:

柏拉图关于善的思想,与《奥义书》的至高神极其相似。最古老的《奥义书》的祈祷诗文:"诗引导我从虚幻到真实,从黑暗到光明,从死亡到永生。"在柏拉图的《对话集》中能找到许多共鸣处。在柏拉图那里占主导地位的思想是:人并非真正是清醒的,而是像追逐幽灵的夜游者那样在徘徊。我们看到的事物是我们的影子,真理和实在的王国在它们之外。他将没有意识到真理的人们的位置比喻为洞穴的著名穴喻,使我们想起印度教的摩耶即"感觉的错觉"的学说。柏拉图将人类比做一群被缚的、背对一堆燃烧着的火的人群,他们看见从他们身后走过的人们投射到面前洞壁上的影子,误将影子当做原物。他在表象与实在,还有思想和感知的世界之间,做了清楚的区别。柏拉图将灵魂视为持久和永生的,人与身体"犹如牡蛎之于贝壳"被束缚于桎梏之中。躯体是灵魂的坟墓,是灵魂渴望从中得到净化的邪恶之源。"灵魂"在人死后进入其他生物体,其高低等级的不同要根据灵魂在以前的化身中所追求的关于善和恶的知识的程度而定。灵魂上升到神性实在的幻象,柏拉图称之为"善",它是最高的思想或形式或者神本身。知识的最崇高目标是感知这种善,追求智慧就是要将灵魂从被束缚或被缠裹于身体的状态中解放出来。对柏拉图而言,禁欲主义是将灵魂从其肉体累赘中解放出来的最有效方法之一,因为每一种愉快和痛苦的情感都是一颗将灵魂钉在身上的钉子。这种概念是希腊精神有点陌生的。

对普通希腊人而言,身体极受重视。他们通过相当重视运动会而使体育成为其训练的重要部分。人的灵魂与神性精神的基本统一,人的灵魂不朽,它从无休止的再生历程中的逃避、轻视身体和物质世界的现象性等,都是与希腊流行的信仰直接冲突的。对希腊人而言,"灵魂"(psyche)一词在公元前 5 世纪前没有任何宗教上极端拘谨的意味或者形而上学的成分,人们也没有将灵魂视为身体的难以驾驭的囚徒;它是生命或者身体的精神,在那里舒适自在、毫无拘束。新宗教思想持久的贡献,在于不断与躯体发生冲突的灵魂的神性起源的建议。罗德称为"希腊人血管里的一滴外国血液"的,正是这种新思想。这滴血从何而来呢？学者们作出了各种回答,但是多数人认为源于东方的小亚细亚或者是印度那边。神秘主义的实质即实在不能被感觉感知而只能由内在经验获得,在从毕达哥拉斯到柏拉图的希腊思想里以某种形式或其他形式出现。拉达克里希南在对印度和西方宗教思想的分析中说:"灵魂的神性起源,它先于存在,它降临肉体,死后对它审判,它根据自己的性质在动物和人的身体内进行赎罪漫游,它从再生周期中最终获得拯救并回归于神,在柏拉图和恩培多克勒的神秘崇拜中是常见的。这是一种没有受到外国理论影响的希腊思想不大可能形成的传统,它在我们印度宗教里以引人注目的形式呈现出来。"

也就是说,无论苏格拉底抑或是柏拉图关于"善"的信仰,都直接或间接受到古老的印度哲学思想的影响,正如约翰·鲍尔所说:"(这)完全是早期希腊思想所陌生的",并呈现了《奥义书》学说的味道。而这个时期也正是"尸毗王割肉救鸽"故事被创作出来(上文对此已经做了分析:"尸毗王割肉救鸽"故事的创作时间应该不晚于公元前5世纪)并口头传播一个世纪前后的阶段,从当时的交通状况来看:波斯帝国从印度河绵延至爱琴海的广阔疆域面积使得波斯与希腊之间的陆路和海路交通更加便捷;从社会政治文化方面来看:公元前5世纪到前4世纪的100年时间里,原本独立发展文化与制度的希腊城邦迫于波斯帝国的战争压力而组成国家,希腊内部差异化的文化交流逐渐频繁起来,开启了希腊古典时代的序幕,此时逐渐稳定的希腊社会在苏格拉底、柏拉图、亚里士多德、伯里克利、希罗多德、索福克勒斯和欧里庇得斯的思想影响下,对"善"的思索与探求也达到了空前的程度,各种关于"善"的异文化故事或者思想也必然成为他们思索与借鉴的对象。由此我们可以大胆推测:正是在这个时期前后,"尸毗王割肉救鸽"故事被当时的希腊哲学家所借用并改编,用以呈现以色诺克拉底为代表的希腊哲学家们对"善"的理解和诠释:即人类一切愿望的本质。

所以,我们可以明确这一点:源于吠陀文学的"尸毗王割肉救鸽"故事在伴随印度哲学启迪西方哲学和宗教教义的漫长岁月中被逐渐传播,并开始影响西方人的思维习惯和行为方式,随着此后亚历山大的崛起、罗马帝国的强势以及阿育王的努力,使得印度对西方哲学的影响更加深远而细微。正如埃文斯·温茨所言:"如同毕达哥拉斯、柏拉图、柏罗丁、提亚纳的阿波罗尼奥斯和其他塑造西方文化与信仰的真理追求者的时代一样,今天灵光来自东方。"①

第五个阶段:帝国崛起与佛教快速传播时期

随着公元前334—前324年连续10年的东征,马其顿国王亚历山大打败波斯,建立东起印度河,西至巴尔干半岛、尼罗河的庞大帝国,开启了希腊-马其顿统治时代。根据辛加尔的记述:"亚历山大远征印度时有大批学者相随,他们的目的是要获得思想和宗教方面的知识。"这对希腊与印度之间的文化交流产生了深远的影响。此时的印度和希腊都正在经历一个精神骚动和理性鼓动阶段,在亚历山大所建立的希腊-亚洲帝国的桥梁纽带下,打破了印度与希腊之间长达几个世纪的间接、偶然的接触,两种文化在遍布各地的亚历山大城中得以更直接、广泛的接触和交流,开创了东西方文化融合的新进程。对此,维切罗特指出:"亚历山大城的哲学除了其语言和方法之外,没有从希腊哲学中吸取任何东西,其本质全是东方的。"这一现象的产生或许与轴心时代的哲学家对不断追求突破的精神信仰有关,印度神秘主义所特有的戒杀、同情等特征,深深吸引着亚历山大希望更进一步深入印度,探究这个神秘富饶、夏季烈日炎炎并且有很多"裸体哲学家"的东方古国。

同时,亚历山大的东征也促进了孔雀帝国(又被称为"摩揭陀帝国")的兴盛,孔雀诸王一直与希腊化王国保持着密切的外交联系。佛教在这个过程中也得到了更广泛传播和重视,但相比耆那教和婆罗门教,佛教的影响仍有限。到第三代国王阿育王(Asoka,前273—前232年在位)时期,佛教已经被传播了近300年,也是在这个时期,阿育王开始反省以往的杀戮,开始学习佛法并皈依佛门,佛教成了当时的国教。在阿育王的推动下,不同派别的佛

---

① (印) D. P. 辛加尔:《印度与世界文明》,庄万友等译,商务印书馆 2019 年版,第 37 页。

教徒进行了第三次大集结,各种佛教典籍和故事开始被整理并统一。佛教作为使人改变信仰的宗教,在这个时期开始正式以宗教使团的形式被传播到印度全境和其他国家。根据阿育王第 13 号岩石敕令的记载:阿育王曾努力将佛教传播到安条克、叙利亚、埃及、马其顿和伊庇鲁斯(古希腊北部地区)等地区。[①] 云游四方的和尚(比丘)遵循"你们不要两人走同一条路"的重要教诲外出宣教,在不同的地域不断建立寺院的过程中,和尚不断将自己对佛教教义的理解同当地的俗人交流,并逐渐影响了他们文化生活。或许就是在这个时期,佛教徒在教义传播过程中表现出了前所未有的热情,在阐述佛诞生故事的仁慈、博爱、献身等精神时,借鉴了《摩诃婆罗多》中的"尸毗王割肉救鸽"故事,并以此为基础形成了《本生经》中的"尸毗救鸽"。这一推断也与黄俊威(1993)在"《本生经》最初兴起的时间"中的时间界定相符合:"本生经……被编纂出来的时间也相当早,早在九分教的时代即有……据此以推,至少本生的流传和结集当不会晚于公元前三世纪。"[②]也就是说,正是从这个时期开始,"尸毗救鸽"故事随着佛教的传播也同"尸毗王割肉救鸽"故事一样,在其他国家开始产生更广泛的影响,并在这个过程中影响了远远超过其边界的许多人的思想习惯和生活方式。正如詹姆斯·M. 汉森(James M. Hanson)所言:"不可避免的结论是,在基督诞生前的两个世纪里,巴勒斯坦和小亚细亚的许多其他地区都被佛教的宣传所淹没。"[③]而佛教的这些活动的影响也促使了"耶稣所属的苦行派的兴起"[④]。

此后,随着罗马帝国的不断强盛,从共和执政时期(前 509—前 28)到帝国时期(前 27 年—15 世纪),其"版图西起西班牙,东至幼发拉底河,南有埃及,北到莱茵河,横跨欧、亚、非三洲,地中海成为内海"[⑤]。罗马帝国所特有的希腊化的东方和罗马的西方,使得东方文化和希腊文化在埃及托勒密王朝的首都亚历山大城交汇,来自地中海、印度等地的哲学家、学者、僧人等在

---

① 赵立行:《世界文明史讲稿》(修订版),复旦大学出版社 2017 年版,第 69 页。

② 释依淳:《中国佛教学术论典——本生经的起源及其开展》,佛光山文教基金会印行,2004 年。

③ James M. Hanson, "Was Jesus a Buddhist?" in *Buddhist-Christian Studies*, Annual 2005, v. 25, p. 75.

④ (印) D. P. 辛加尔:《印度与世界文明》,庄万友等译,商务印书馆 2019 年版,第 75 页。

⑤ 崔钟雷编著:《世界上下五千年》,浙江人民出版社 2017 年版,第 26 页。

这里进行思想的碰撞。此外，印度与罗马帝国密切联系，也使得双方的商业联系更加紧密，随着货物从印度经陆路和海路运往欧洲，拥有不同宗教信仰的罗马和印度商人在这个过程中不断交流，也同样为"尸毗救鸽"故事或者"尸毗王割肉救鸽"故事的进一步传播提供了机会。

第六个阶段：理性的宗教改革时期（大众化）

随着孔雀王朝的瓦解，印度进入了政治动荡的黑暗时代，精神上发生了重大的变化。佛教和耆那教从公元前 200 年至公元 200 年间成为印度最普及的大众化宗教，并逐渐形成了不同于以往吠陀宗教只关注神灵的言行和思想的信仰方式，开始关注神灵的形象（这一过程首先出现在印度西北部的犍陀罗，是一种基于心理认知的人格神概念化的偶像作品，也被称为"希腊-佛教徒雕刻"，其主体纯粹是印度主题且几乎都是佛教主题，是对佛教虔诚的结果），产生了"守贞专奉"（Bhakti，梵语）的信仰形式，这个过程在《薄伽梵歌》中可以找到显著的证据，也成为印度宗教改革的重要标志。"守贞专奉"代表了"爱"和"虔诚"，"这是基于对一位神灵的专心恋慕，奉爱者（bhakta）可以是湿婆或毗湿奴等神灵的虔诚信徒"①。这反映出印度民众开始渴望一种更为亲密的、个人化和情感化的神灵信仰方式，在这个过程中各种光彩夺目的神祇、雕像和神庙开始明显地取代"迪弗"的声音信仰，并希望从这些具象化的偶像信仰中体验神圣，这反映了当时一场深层次的大众信仰变革。或许正是从这个阶段开始，越来越多的佛教徒转变了佛陀以往不鼓励个人崇拜的初衷，开始认为注视安详且慈善的脸庞，更容易帮助理解佛陀是怎样的人以及他虽涅槃却具有人的形态的超然状态，而原本只存在于精神和声音信仰中的"尸毗救鸽"故事，也便开始以雕像或者壁画的形式被表现出来。

而对于"守贞专奉"来说，化身（avatara）是最根本的一个神性放弃的举动，并要在这个过程中学习神灵化身所传达的仁慈、以己量人与恕，只有这样才能够更好地从弱势者的角度去同情他人。尽管化身观念是许多不同宗教融合形成的，但在那个"守贞专奉"的时代，对普通的大众来讲，如果神灵

---

① （英）凯伦·阿姆斯特朗：《轴心时代：人类伟大思想传统的开端》，孙艳燕、白彦兵译，生活·读书·新知三联书店 2019 年版，第 530 页。

可以依靠化身"降凡",以此拯救陷入苦难中的人们,这其中的意义或许更为重要。或许也正因为此,无论"尸毗王割肉救鸽"故事中天王因陀罗化身为老鹰,火神阿耆尼化身为鸽子,还是"尸毗救鸽"故事中的帝释天(因陀罗)化身为老鹰,毗首羯摩天(梵名 Visvakarman,帝释天的大臣)化身为鸽子,都是表达了对神灵无私奉爱精神的崇敬,并基于这种崇敬以及对仁慈和善的开悟,便逐渐开始产生了仿效"尸毗王割肉救鸽"故事或"尸毗救鸽"故事的外在表现形式,并作为一种自我献祭的象征。遍及全世界的"老鹰捉小鸡"游戏的产生或许也与这种古老的精神信仰有关,并希望以此指引更多的大众通往开悟的道路。

此后,经过希腊-罗马世界的前期联系与战争影响,古罗马世界下的人们身处水深火热之中,面对抗争的无望与乏力,无数的奴隶、穷人和无权者渴望得到解脱与拯救。在这种背景下,生活在巴勒斯坦北部加利利(这里与叙利亚相连,有着复杂的种族以及来自希腊化世界各种各样的文化和信仰,动荡的精神信仰体现在杂糅的宗教信仰中)的耶稣于公元 1 世纪创立了基督教。基督教基本教义的形成,不仅与古代埃及、希腊、西亚等地区的宗教信仰和教派的教说以及神秘主义哲学和神话人物形象有关,更是间接地接受了印度思想的影响。对此,辛加尔认为:

> 耶稣主要扩大和改造了犹太人的概念,但他是在一个包括印度文化在内的各种文化混合产生独特的宗教环境的世界主义的地区,凭借个人的体验这样做的。耶稣基督在他的上帝的王国、生命不朽、强调禁欲以及未来生活的教义里放弃了犹太人的传统,并接近印度教徒和佛教徒的思想。虽然他的教义从历史上讲与犹太教一脉相承,但它从本质上说不是从犹太教发展而来的。犹太教不是劝人改宗的宗教,而基督教和佛教却是。[①]

也就是说,当古罗马统治延伸至希腊化世界的时候,动荡的社会、频繁的宗教冲突以及不安的人心都需要寻求适应新世界的新的表达方式,在这

① (印)D. P. 辛加尔:《印度与世界文明》上. 庄万友译,商务印书馆 2019 年版,第 146 页。

个过程中萌生于犹太教的基督教糅合了希腊和东方宗教思想,并赋予其新的意义。基督教教义形成的这种社会和政治演化进程可以在陆续被发现的各种死海卷轴中找到越来越多确凿的证据,这体现出了早期基督教思想的调和性是在不断互补的过程中完善的。因此,希腊化世界的基督教开始具有不同于犹太教和在巴勒斯坦建立之初的特征,对此布尔特曼也认为:"希腊化世界的基督教不是一个单一现象,而主要是结合的杰出产物。它充满倾向性和矛盾,其中有些后来被正统基督教谴责为异端邪说。"[1]或许正是因为基督教产生于那个不同信仰更迭、杂糅、摸索的性格养成阶段,使得耶稣在最后的晚餐(圣餐)中做出了与"尸毗救鸽"故事类似的将其自身的血肉分割给使徒的行为:

最后的晚餐

除酵节,须宰逾越羊羔的那一天到了。耶稣打发彼得、约翰说:"你们去为我们预备逾越节的筵席,好叫我们吃。"他们问他说:"要我们在哪里预备?"耶稣说:"你们进了城,必有人拿着一瓶水迎面而来。你们就跟着他,到他所进的房子里去。对那家的主人说,夫子说:'客房在哪里?我与门徒好在那里吃逾越节的筵席。'他必指给你们摆设整齐的一间大楼,你们就在那里预备。"他们去了,所遇见的正如耶稣所说的。他们就预备了逾越节的筵席。

时候到了,耶稣坐席,使徒也和他同坐。耶稣对他们说:"我很愿意在受害以先和你们吃这逾越节的筵席。我告诉你们,我不再吃这筵席,直到成就在神的国里。"耶稣接过杯来,祝谢了,说:"你们拿这个,大家分着喝。我告诉你们,从今以后,我不再喝这葡萄汁,直等神的国来到。"又拿起饼来,祝谢了,就擘开,递给他们,说:"这是我的身体,为你们舍的。你们也应当如此行,为的是记念我。"饭后也照样拿起杯来,说:"这杯是用我血所立的新约,是为你们流出来的。看哪,那卖我之人的手与我一同在桌子上。人子固然要照所预定的去世,但卖人子的人有祸了。"他们就彼此对问,是哪一个要作这事。

---

[1] Rudolf Karl Bultman, *Primitive Christianity*, Meridian, 1966, pp. 177-178.

门徒起了争论，他们中间哪一个可算为大。耶稣说："外邦人有君王为主治理他们，那掌权管他们的称为恩主。但你们不可这样。你们里头为大的，倒要像年幼的；为首领的，倒要像服事人的。是谁为大？是坐席的呢？是服事人的呢？不是坐席的大吗？然而我在你们中间，如同服事人的。我在磨炼之中，常和我同在的就是你们。我将国赐给你们，正如我父赐给我一样，叫你们在我国里，坐在我的席上吃喝。并且坐在宝座上，审判以色列十二个支派。"[1]

尽管基督教这一割肉喂使徒的仪式可能有很多来源，比如远古的吃人肉习俗或者密特拉教的圣餐，但当我们了解到印度思想在基督教教义形成过程中所产生的潜在影响，特别是对耶稣产生重要影响的苦行派灵魂不朽思想产生的影响时，也便有了上述推论：基督教圣餐的割肉喂使徒行为与"尸毗救鸽"故事之间或许有着千丝万缕的联系。所以，1867 年德国学者海尔金费尔德基于死海卷轴，在分析苦行派信徒对基督教教义发展中的作用时将他们称为佛教徒。此外，对比讲述基督降生的"福音故事"与佛陀的"本生故事"，同样会发现许许多多几乎是雷同的细节："佛陀和基督两者均是奇迹般的怀胎和奇妙的降生；基督生于犹大的国王部落而不是列维的祭司部落；佛陀诞生于刹帝利（武士）王室而不是婆罗门（祭司）种姓；耶稣和悉达多两人都在大约相同的年龄即 12 岁时，表现出非凡的智慧；佛陀和基督两人都是奇妙的医治者；佛陀用一块饼奇迹般地喂养 500 位'兄弟'，而基督则用几片面包喂养四千大众；基督和佛陀都要求以自然存在的牺牲作为新的更丰富生活的条件。"通过这一系列细节，我们更有理由相信：基督教在不断接触更多佛教思想的过程中，主动借取了佛教思想或佛教故事中的优秀思想和逻辑，促进了现在我们看到的圣经故事和基督教教义的形成。也就是说，"基督教的胜利是一种发展，而不是一场革命"[2]。或许也正是因为这个过程，才形成了圣经中与"尸毗救鸽"故事非常相似的"耶和华救摩押"故事：

---

①《圣经·路加福音》22：7—30.

② Franz Valery Marie Cumont, *The Oriental Religions in Roman Paganism*, Dover Publications, 1980, p. 10.

耶和华如此说："仇敌必如大鹰飞起,展开翅膀,攻击摩押。加略被攻取,保障也被占据。到那日,摩押的勇士心中疼痛,如临产的妇人。摩押必被毁灭,不再成国,因她向耶和华夸大。"耶和华说:"摩押的居民哪,恐惧、陷坑、网罗都临近你。躲避恐惧的,必坠入陷坑;从陷坑上来的,必被网罗缠住。因我必使追讨之年临到摩押。这是耶和华说的。躲避的人,无力站在希实本的影下;因为有火从希实本发出,有火焰出于西宏的城,烧尽摩押的角和哄嚷人的头顶。摩押啊,你有祸了! 属基抹的民灭亡了! 因你的众子都被掳去,你的众女也被掳去。"

耶和华说:"到末后,我还要使被掳的摩押人归回。"摩押受审判的话到此为止。①

第七个阶段:阿拉伯人的影响时期

尽管有着宗教间的冲突或者互相争论的现象,古代世界从整体上来看相较于今天有着更大的文化包容性和国际性,这种状态一直持续到基督教在罗马帝国占据压倒性的优势前。然而,随着君士坦丁大帝和他的后继者们开始重视基督教并将其尊为罗马帝国的国教以来,基督教教会的势力日益庞大。但由于基督教与其他宗教长久以来的冲突以及罗马帝国东西两部分语言与文化的差异,罗马主教和君士坦丁堡主教分别以希腊语地区的东部和以拉丁语地区的西部为中心,开始了旷日持久的争夺权力和排除异己的斗争,这个过程的宗教冲突同样杂糅着复杂的政治权力斗争。也就是说,尽管"佛教传入埃及和巴勒斯坦,给宗教史上无数的难题提供了唯一正确的答案",但在基督教纷杂的斗争冲突中,到公元 2 世纪左右,也逐渐失去了进一步直接传播生存的根基,但佛教或者印度古老典籍中的东方智慧仍旧在以不同的方式影响着这片欧洲大陆。

在现代欧洲人看来,他们的文明成果源于古老的希腊文化,并在一次次想象《荷马史诗》所记载的特洛伊战争的场景中找到统一的文化基础和灵感的源泉,这种根深蒂固的文化认同意识源于亚历山大及其继承者所建立起的强大希腊帝国对地中海及其周边区域长达 3 个世纪的统治。在亚历山大

①《圣经·耶利米书》,48:40—47.

帝国的统治下,希腊文化得以在欧洲大陆产生了广泛的影响,也为西方提供了民主制度的样板和哲学思索、文学想象、宗教理念的源泉。然而,正如上文分析中所了解到的,从克里特文明(约前 3000 年起始),到米诺斯文明(约前 2000 年起始),到迈锡尼文明(约前 1450 年起始),到《荷马史诗》所代表的"黑暗时期"(约前 11 世纪—前 9 世纪),到城邦时代(约前 8 世纪前后),再到亚历山大帝国时期(约前 4 世纪),一直到西罗马帝国灭亡,欧洲开始进入意大利学者所定义的中世纪黑暗时期(约 5—11 世纪,欧洲大部分地区处于战争不断的混乱状态,政教合一的态势使得当时的思想、文化被束缚,与古希腊和古罗马文明脱节,经济也因战争和压迫而裹足不前,老百姓更多的是不得不面对饥荒、疾病和瘟疫所带来的痛苦),希腊文明的繁衍和变迁始终与古印度的思想文化有着千丝万缕的联系,而这种联系也随着中世纪黑暗时期阿拉伯人对印度思想、文化的热情与多产而再次紧密。

自古以来,久居在阿拉伯半岛上的阿拉伯人就通过叙利亚或者亚历山大城等媒介不断接触到印度的各种文化和哲学著作,并被古代印度人所表现出来的智慧、慈善和正义感所折服,所以他们非常尊崇印度的社会文化,也始终致力于不断搜集和翻译印度名著。阿拉伯史学家赛义德·安达卢西将其称为"智慧的宝库,法律和政治的源泉"。到大概公元 8 世纪中期,随着阿拉伯军队在哈里发的统帅下先后征服西亚、北非、西班牙、中亚等区域,阿拉伯帝国更具备了与亚洲、非洲、欧洲接壤的地理优势,东西方文化也便在这有了更多交汇和传播的机会,巴格达也因此成了印度学术思想集会的中心,并以阿拉伯文为传承载体,将更多印度知识传入中世纪思想文化衰落的欧洲人手中。这其中,由阿拉伯作家伊本·阿里-穆加发在公元 750 年左右将巴列维文版本的《五卷书》翻译成阿拉伯文译本《卡里来和笛木乃》,并因为在翻译的过程中考虑到儿童阅读的需求,所以"有意增删内容,修饰文字,成为世界上第一个为少年儿童改写成人文学作品的作家"[1]。此外,《卡里来和笛木乃》翻译成书的过程也融合了印度其他典籍中的故事内容,这也说明阿拉伯学者翻译的过程其实也是将自己对印度思想文化整合成型的过程,

① 郭大森、高帆主编:《中外童话大观》,东北财经大学出版社 1990 年版,第 647 页。

这也使得《卡里来和笛木乃》不仅在阿拉伯文学史上占据重要的地位,更是被先后翻译成40多种欧洲和亚洲语言。民间故事文学也便在这个过程中在阿拉伯世界兴起,并随着东西方的贸易和市民、商贾的谈资需求而不断被进一步传播。随着阿拉伯帝国的进一步扩张,一方面,印度的信德和木尔坦等地也先后被阿拉伯人占领,更多的佛教典籍诸如《因缘》(Nidana)[1]也在阿拔斯哈里发统治时期被翻译成巴列维文和阿拉伯文传入欧洲,而代表佛教转生故事的《本生》(jataka)或者说《本生》中所讲述佛祖转生故事的形式,或许在这个过程中也同样经由阿拉伯人的翻译通过西西里岛或其他途径在欧洲得到了进一步传播。对此,我们也可以从"巴拉姆和约萨法特"(阿拉伯文:Balauhar wa Budasaf)故事在欧洲的产生以及流行中窥见历史过程的一角。这个故事在欧洲也有着上千年的历史,一直以来也深受欧美学者、教士和信徒们的研究、信仰和争辩。故事的大概如下:

> 相传,君士坦丁大帝在位期间,在古老的印度有一位国王,名叫阿文尼尔(King Abenner / Avenier),他非常排斥基督教会在印度传播的思想和教义,所以在自己的领土上关闭了由使徒托马斯创立的基督教会,并将其杀害。然而,当一位占星家为国王阿文尼尔占卜,并预测他的儿子有一天会成为基督徒时,阿文尼尔为了阻止这个"预言"的出现,便将他年轻的儿子约萨法特(Josaphat)王子软禁了起来,不让他与外界接触。阿文尼尔将王子和他的仆人和老师关在一个偏远的宫殿里,并建议他们不要告诉孩子任何有关基督教信仰的事情。约萨法特在那里长大,接受了很好的教育。但他对他所居住的禁闭印象深刻,并要求知道原因,但是没有人告诉他任何事情。然而,在多次向父亲恳求后,约萨法特设法说服父亲,并离开了宫殿,但受到了严密的监视。然而,在一次散步中,他遇到了两个可怜的老人,他们慷慨地施舍,他们兴奋地向他透露了他被监禁的秘密。从那时起,约萨法特就渴望了解基督教,并遇到了一位以谈判代表的身份进入宫殿的基督教牧师巴拉姆(Barlaam),并在巴拉姆的引导下皈依了基督教,成为基督徒。但是,即

① (印)D. P. 辛加尔:《印度与世界文明》上. 庄万友译,商务印书馆 2019 年版,第 174 页。

便当国王知道情况后异常愤怒并采取各种劝说制止的方式,约萨法特仍然坚持自己的信念。最终,阿文尼尔却被他的儿子感化选择皈依,并将他的王位交给了约萨法特,继而选择隐居沙漠修行,成为隐士。没过多久,约萨法特本人也选择退位,并跟随巴拉姆一起隐居修行。

乍一看这个故事就只是基督教用来传播教义时所使用的一个故事形式,但事实上这个故事却是以释迦牟尼的本生故事为基础改编的。欧洲的学者和基督教的教士们争论的焦点也在于这个故事的起源究竟是由佛教的本生故事经过各种借取、创新与再解释的过程变迁成为基督教现有的故事形式,还是像有的学者所认为的,这个故事的形式和内容本身并不是佛教所特有的,而是来自一部产生于中亚的摩尼教小册子,只是在当时受到阿拉伯人和格鲁吉亚人的追捧和欢迎才得以变迁传遍基督教世界的? 从这两个争论的焦点我们可以很轻易地看出,这其实就是文化优越性心理所驱使的一种狡辩。欧洲为了维护自己所谓的优越文化、先进文化、文明代表的形象,也就形成了一套西方的话语表达方式和思维体系。当然,这个过程中也有相对客观公允的学者,澳大利亚学者约瑟夫·雅各布斯(Joseph Jacobs,1854年8月29日 — 1916年1月30日)被认为是英国民间传说最重要的研究专家之一,他于1896年专门写了本书 *Barlaam and Josaphat—English Lives of Buddha* 用以研究"巴拉姆和约萨法特"故事形成和传播的前因后果。本书认同他的研究结论(如下),并引用以辅证本书关于以"尸毗救鸽"或"尸毗王割肉养鹰救鸽"故事为代表的佛教本生故事也同样经历了与"巴拉姆和约萨法特"故事类似的借取、创新与再解释过程,继而在欧洲广泛传播并产生了广泛影响。

在希腊教会的伟大 Menology 中,日期为8月26日,有这样的记载:[μνὴ μη] τοῦ ὀσίου Ἰ ωάσαφ, υἱοῦ Αβενὴ ρ τοῦ βασιλέωs(纪念约萨法特和巴拉姆)。在 Martyrologium Romanum,日期为11月27日,也有一个类似的记载,"Apud Indos Persis finitimos (commemoratio) sanctorum Barlaam et Josaphat, quorum ados mirandos sanctus Joannes Damascenus conscripsit"(纪念与波斯人接壤的印第安圣人约

萨法特和巴拉姆)。在希腊教会,直到 10 世纪以后,因为巴西利乌斯皇帝的备忘录没有提到约萨法特。在天主教的殉道论中,圣人中第一次提到约萨法特是在彼得·德·纳塔利布的 Catologus Sanctorum(ob. 1370)。在后一种情况下,我们可以推测,巴拉姆和约萨法特之所以被列入神圣的历法,就像雅各布·德·沃拉吉纳的《黄金传说》一样,是因为寓言的流行,正如我们将看到的,这些寓言与他们的名字有关……尤达萨(Yudasaph)在阿拉伯文学中经常被称为印度禁欲宗教的创始人。同样的名字被写成布达萨(Budasaph),只是改变了一个变音符号。雷诺是第一个提出后一种变体只是菩萨(Bodhisattva)的一种形式的人,菩萨是佛教文学中的专门术语,指的是注定要成为佛的人。菩萨是在哪里,又是如何成为博达萨(Bodasaph)的呢? 显然在波斯,以 a&'p 结尾的字母是人们喜欢用在专有名词上的。另一个名字以一种最有启发性的方式证实了这一结果。故事中,年轻的王子第一次走进这个世界,看到了它的一些苦难,他的老师陪伴着他,他的名字在希腊语中叫扎尔丹(Zardan),在格鲁吉亚语中叫赞达尼(Zandani)。毫无疑问,这些形式最终是源自钱德卡(Chandaka),佛陀的车夫。希腊和格鲁吉亚形式的变化只能解释为它们源自 n 和 r 不可区分的文字。这在佩利瓦字母中出现,而不是在叙利亚语中:所以我再次证实了我对库恩博士观点的异议,即格鲁吉亚语是从叙利亚语版本衍生而来的。格鲁吉亚的赞达尼(Zandani)至少离印度更近了一步。顺便说一句,这个名字告诉我们这个传说是从印度的哪个地方来的。在南印度的佛教徒中,大师的车夫被称为 Channa,在北方的佛教徒中,他有更完整的名字,Chandaka。通过格鲁吉亚和希腊形式的 d 的存在,我们知道,正如预期的那样,它们的来源是在北方佛教徒中找到的……我们得出的结论是,这个原始点是在 Pehlevi,在这一点上,与最近的研究者实际上是一致的。但从表面上看,这本书是一种宣传,问题就来了,它是什么宗教,它的利益是为了进一步发展? 库恩博士宣称自己是基督教作家,但在我看来,依据并不充分。确实,有一定数量的证据可以证明基督教佩列维文学的存在。的确,景教教会在伊朗东部建立牢固。因此,在那个地区,不能否认基督教操纵佛陀传说的可能性。但是巴拉姆的书在佩利维的形式中很少有神学倾向。希腊文本中的神学是多余的，是那个版本所特有的。库恩博士能指出的基督教影响的唯一痕迹是 Tlie 播种者的寓言，奇怪的是，它与佛教有强烈的相似之处（《佛陀福音》）。我认为，任何以传播信仰为目的而写的作品，都不可能如此不带任何教条色彩。希伯来语版本的存在让我坚信，原著不是有意的，也不是被认为是特别宗教的，至少不是神学的。它的教义是禁欲主义的，这是真的，但所有的宗教都有一丝禁欲主义。这本书被穆斯林、犹太和基督教作家同样地接受，是为了其中的比喻，而不是为了它的神学。希伯来语版本的比喻更丰富，包含了不少于 10 个其他版本所没有的。其中，至少有 4 个可以追溯到印度（鸟和天使，爱的力量，动物的语言，和强盗的复仇女神）。因此，我看不出有什么理由我们不去佩列维的背后寻找原始的完整的形态，因为我们可以确定地追踪到它的元素，直到印度本身。简而言之，我认为巴拉姆文学的文学史与《Bidpai 寓言》的文学史是完全平行的。最初是佛教书籍，在它们离开印度之前都失去了它们特有的佛教特征，它们通过寓言而不是教义来吸引读者。这两本书都在 Chosroes 统治时期被翻译成 Pehlevi，并从那时开始在所有伟大信仰的文献中流传。单单在基督教中，就有一本书，就是巴拉姆的书，充满了教条，被用于辩论，奇怪的结果是，佛陀成了教会的捍卫者之一。[1]

另一方面，从 8 世纪初至 13 世纪末，阿拉伯人对西班牙征服后通过允许自由选择宗教信仰、鼓励东西方文化的交流与融合等一系列措施，彻底影响了西班牙人的思想和生活，并以西班牙为起点将这种影响扩散至整个欧洲；其次，任何一个文化如果想要在特定区域产生期望的影响，除了传播者的辛苦努力外，还需要该地区统治者的支持和鼓励，阿拉伯人将东方智慧传入欧洲大陆的过程便是恰逢这种双向需求的时机。公元 780—800 年左右，法兰克国王查理曼写了封致富尔达的鲍格夫的信(Letter to Baugaulf of Fulda)这封信说明了查理曼大帝对促进其帝国学习热情的关注：

---

① Joseph Jacobs, *Barlaam and Josaphat*：*English Lives of Buddha*, Hansebooks, 2020.

虽然正确的行为可能比知识更好,但是知识先于行为。因此,每个人都应该研究他想要完成的事情,以便头脑更充分地知道应该传达什么……因为在刚刚过去的几年里,经常有几家寺院给我们写信——据说住在那里的弟兄们为我们献上了神圣而虔诚的祈祷,我们在这些大部分信中虽然看到了正确的思想,却是粗鲁的表达;因为虔诚的奉献忠实地向头脑发出指示,由于疏于学习而没有受过教育的舌头,无法在信中准确地表达出来。从那时起,我们开始害怕万一,因为写作技巧较少,所以理解圣经的智慧也可能比它应有的要少得多。我们都知道,虽然言语错误很危险,但更危险的是理解错误。因此,我们劝你不仅不要忽视文字的学习,而且要以最谦卑的心,讨上帝的喜悦,认真学习,以便更容易、更正确地理解圣经的奥秘。①

从查理曼大帝的信中我们可以了解到,即便是代表知识分子阶层的僧侣和教士在当时的社会中仍旧处在知识薄弱、表达匮乏的境况,更何况普通老百姓。对此,赵立行在《世界文明史讲稿》中也认为:"从宗教的角度而言,并不是所有的教区教士都能够阅读拉丁文《圣经》的状况,也造成信仰的危机……各地相互之间越来越无法了解,一个地区的学者无法和另一个地区的学者沟通。"②也就是说,努力学习新的先进的思想,整理、收集、借鉴以往的古典文献,努力提高整个国家或者欧洲的文化水平成为当时欧洲的现实需求。许多基督教传教士也是在这种需求影响的作用下"纷纷冲破宗教信仰隔阂的壁垒,负笈远涉至此(科尔多瓦大学)学习"。科尔多瓦大学在当时被西方誉为"世界的宝石",而科尔多瓦作为当时西班牙的首都,也是欧洲当时最大的城市、文化中心。在这一系列开明的政策引导下,更多的西班牙学者前往东方旅行,将更多的东方智慧带回西班牙和欧洲,极大地推进了欧洲经院哲学的产生。也是在这个时期,西班牙在阿拉伯人的带领下对整个欧洲的哲学、科学、艺术和诗歌等方面都产生了深远的影响,并促进像经院哲

① D. C. Munro, *Dept. of History*: *Translations and Reprints from the Original Sources of European history*, Philadelphia, University of Pennsylvania Press［1900］. vol. VI, no. 5, pp. 12 - 14.
② 赵立行:《世界文明史讲稿》(修订版),复旦大学出版社 2017 年版,第 168 页。

学家托马斯·阿奎纳(Thomas Aquinas)以及文艺复兴开拓者但丁(Dante Alighieri)等学者的思想启蒙。正如辛加尔所说的,"没有阿拉伯人的贡献,西方能像这样吸收印度、波斯、希腊和亚历山大城的科学知识从而奠定它自己极大进步的基础是不可思议的"①。

也就是说,阿拉伯人不仅保存了古印度和古希腊的思想文化和科学知识,而且在西方最需要的时候将这些先进的知识传播过来,打破了中世纪期间印度与欧洲之间的交流障碍,对西方文学、宗教、哲学思辨等产生了间接影响,或许正是因为这些影响才使得欧洲在再次深入接触以"尸毗救鸽"或者"尸毗王割肉养鹰救鸽"为代表的东方古老智慧中,重新燃起对自身古老历史回望与探索的热情,也是在这个过程中掀起了欧洲文艺复兴的浪潮。

第八个阶段:谋生的流浪者——罗姆人

罗姆人是欧洲最大的少数民族群体,在现代汉语中我们常将其称为"吉普赛人",这源于以往欧洲对罗姆人起源于埃及的误解性命名(Gypsy)。事实上,罗姆人起源于印度中部,并一直定居在印度的西北部。10世纪左右,罗姆人开始四处迁徙,至少从14世纪以来便出现并生活在欧洲东南部的一些地区,15—16世纪罗姆人已经遍及整个欧洲,迄今已经繁衍生息了700多年。一直以来罗姆人在欧洲都被视为流浪者、小偷、讲故事者、街头艺人、吟游诗人等,加上肤色等原因,他们一直被认为是次等民族。正是由于种族归属和社会状况,他们在欧洲一直被边缘化,因此处于两种相互加强的社会排斥形式的交汇处,在罗姆人身上,不断遭受迫害与强烈的谋生欲也便在这种复杂的文化碰撞中体现出来。所以,如何在流浪与极端贫困的生活状态中谋生便成为罗姆人在欧洲长达几百年的时间里所考虑的事情。在各种合法与不合法的谋生手段中,罗姆人最希望的则是"以基督徒身份出现的愿望",这是最直接的融入欧洲信仰文化圈的方式。然而,又由于罗姆人的祖先信奉印度教,这一点可以从他们所信奉的神圣象征 Trishula(梵文:triśūla,一种三叉戟,印度教的主要象征之一,其作用

① (印)D. P. 辛加尔:《印度与世界文明》上,庄万友译,商务印书馆2019年版,第201页。

类似于基督教的十字架)中得到证实,而印度教所依赖的主要经典是《吠陀经》《奥义书》《往世书》《摩诃婆罗多》《罗摩衍那》《阿伽玛》。所以,在罗姆人所传承的古老的印度教的信仰知识储备中也必然会有"尸毗王割肉养鹰救鸽"的故事。而在当罗姆人努力融入欧洲文化圈的过程中,也必然会将他们所传承的印度教信仰知识与新的基督教、天主教、伊斯兰教等信仰融为一体,并用自己的方式在几百年的时间里游走在欧洲的普通老百姓中,通过自己所擅长的讲述、音乐等方式,在不断遭受迫害和打压的过程中向欧洲人展示着一股为生活热诚向上、宽以待人和与人为善的潮流。而这股潮流,也随着欧洲黑暗时期的思想涌动和文艺复兴时期的旁征博引而被欧洲人以流行的寓言、故事等的形式再现出来,这也便促进了前文中所提到的拉封丹《寓言集》中的"鹞鹰、国王和猎人"故事、《威尼斯商人》中的"割一磅肉"故事等。或许,也正是在这个过程中,在西方国家出现的与"老鹰捉小鸡"类似的游戏形式才逐渐被借取、创新与再解释,而这个过程也类似于下文中游戏在中国产生并传播的过程。

第九个阶段:佛教传播受阻与中国的本土化过程

我们知道,早在公元前2世纪前后的西汉时期,中国便与印度之间有了海上的商业往来,这如同印度与其他西方国家一样,贸易始终是实现文化早期接触与交流的首要动机。到公元之初的几个世纪,两国在丝绸、瓷器、纺织品、伍兹钢(wootz)等方面的交易已经具有了较大的规模,这些货物都是经过中印之间的三条陆路和一条海路来实现的,尽管无论陆路还是海路对当时的人们来讲都是漫长且充满危险的,但或许正是因为这个艰险的贸易过程,佛教思想所特有的节制、仁慈以及四圣谛的真谛得以成为支撑这些有着信仰的商人达成交易的精神支撑,佛教的这些思想也便不可避免地随着货物、商人和旅行者而流动,继而在印度和中国两个文明古国之间建立起了思想交流的桥梁。

事实上,当佛教在两汉时期开始进入中国并与中国的哲学体系之间产生相互作用时,中国的哲学体系早已在公元前6世纪至前5世纪前后形成并逐渐成熟。孔子所生活的年代,社会处于不断动荡的阶段,"礼"不再是约束贵族和统治者行为的精神准则,关注现世并致力于克己复礼成为孔子一生所追寻的"道",并希望在这种追寻的过程中实现天下归仁的宏愿,这一点清晰地表现在孔子对"颜渊问仁"的回复中:"克己复礼为仁。一日克己复礼,天下归仁焉。"也就是说,孔子对形而上的宗教神学不感兴趣,而是将那种虚无缥缈的认知引申到人们现实的生活经历中,将"仁"看做人所应追求的最高准则,并通过礼乐教化来重塑社会道德和秩序,这不仅是忠恕、高贵,更饱含着慈爱与善,同时也是对尧、舜、周公等具有仁之美德先贤的瞻仰与向往,而这也构成了儒家思想治理国家、改变社会的"道之力量"。强调人的本质、责任与人伦关系,并通过个人修养的历练来最终实现服务社会、报效国家的目标,这是儒家思想建构之初的追求,并在一个多世纪后被孟子和荀子发扬光大,他们通过从唯心主义和现实主义的角度对人性本善与人性本恶的辩论,引出暴力不能统治国家的观点,而唯有仁德、仁政才拥有"转变之力",使民众会"心悦而诚服也",这凸显了儒家思想的理想主义倾向,使儒家思想获得了至高无上的地位。

在儒家思想产生、成熟并逐渐占据中国哲学思想至高地位的过程中,道家思想作为一种反对政府体制和社会限制的哲学,被认为是与儒家学说相反的理性反应。先秦时代的道家思想,特别是老庄思想与现实的关系较为复杂,不同于孔子对社会礼崩乐坏现状的解决之道,老子崇尚清净无为、顺应自然,希望以"道"为核心的思想体系来解构"仁和礼"对社会的束缚。庄子继承并突破了老子思想的范畴,他曾为追求杨朱主义的"贵生重己、全性葆真"理想而离开公共生活,以追寻舒适与宁静,而现实的链条却会无情地束缚所有身在社会中的人,哪怕是世外隐修者。这使得庄子开始重新审视人的命运与世间的变化,开始关注"天道"的运行方式,并去适应这种自然规律以面对人的生死、变化与荣辱,从而达到与现实相融合的境界。所以,庄子的思想包含着否定现实的契机,在否定现实的同时又对现实给予肯定,这表现了矛盾的双方亦可呈现出超然统一的状态,即《齐物论》中庄子所提到的:"彼是莫得其偶,谓之道枢。枢始得其环中,以应无穷。"庄子这种与"道"合一的开悟认知在当时具有一定的意义,它弥补了儒家思想对人的本性与本能的关注,崇尚无为与不抵抗主义,这使得它增强了更多的现实意义,也巩固了统治人民的理论基础，从而得以与以儒家思想为代表的正统思想并行存在，它们共同规范着统治者和被统治者的行为。

汉明帝(57—75年在位)的金色神人梦显然是佛教为自身能够得到中国的贵族、文人以及百姓的重视而建构的一个顺理成章的故事，而这此后也被认为是佛教正式传入中国的一个标志，越来越多的印度沙门和经文开始沿着古丝绸之路以及其他通道进入中国。到东汉末年，随着北方游牧民族不断侵袭带来的社会动荡和颠沛流离，僵化、冗长、崇尚一味克制的儒家教义难以满足文人、学者渴望解脱和破除循规蹈矩的热情，身处水深火热中的农民和奴隶也日益不满极端贫困的现状和不断的压迫，儒教的正统地位受到削弱和怀疑，无论文人、学者还是百姓都寄希望寻求奇迹和解脱之道。在这种情况下，佛教这一饱含着解决之道并无阶级隔阂的宗教，开始在当时的社会中对人们充满吸引力。而以牟子(约170年前后)为代表的越来越多的儒生也本着"见博则不迷，听聪则不惑"的态度，开始将注意力转移到对佛教的研究对比中，这极大地促进了当时的文人学士以及士大夫阶层对佛教教义的思索和争辩。到2世纪中期，以安息僧人安世高和月氏国僧人支娄迦谶(Lokakshema)为代表的一批佛教大师、译者和学者开始陆续进入中国并活跃在洛阳等地，大量的小乘经文、大乘经文等被翻译为汉语。此后，越来越多的中国学者成为虔诚的佛教徒，在他们的影响和理解下，晦涩的佛经不断被注释、评论和传播，道安、慧远、法显、慧觉等人就是这个时期重要的比丘学者。而"尸毗救鸽"故事传入中国后，最早也是出现在由沙门慧觉等人编译的《贤愚经》第二卷《波斯匿王女金刚品》第八中。

《贤愚经》又被称为《贤愚因缘经》，在对印度早期佛典的12部分类中，《贤愚经》根据内容包括授记、因缘、譬喻、本事以及本生这五类，"尸毗救鸽"故事就属于这其中的本生类。《贤愚经》是由慧觉、威德等汉僧在于阗国的般遮大会(梵文 Paca-varsika)上根据各自的"随缘分听"，然后回高昌整理编纂形成的一本经书。而关于这本经书的完成年代，南朝梁时期的僧祐在《出三藏记集》之《贤愚经记》中是这样记载的："元嘉二十二年，岁在乙酉，始集此经。"即公元445年。对此，杜斗城(1998)在《北凉佛教研究》中认为：

僧祐所说的"元嘉二十二年"很可能是"元嘉十二年"的讹误。① 刘永增(2001)在《〈贤愚经〉的集成年代与敦煌莫高窟第 275 窟的开凿》中也认为："敦煌第 275 窟北壁绘制的四本生故事见于同一的经典是《贤愚经》，可见该窟的绘制与《贤愚经》有着密切的关系……无论是敦煌出土的这两件《贤愚经》，还是《大正藏》活字本《贤愚经》，其中所说'晋言'所指的一定是东晋。如此，《出三藏记集》中所言《贤愚经》的命名年代，则不应是公元 445 年，而应是僧祐访弘宗的 70 年前，即公元 435 年。进而论之，《贤愚经》在高昌的集成年代应在公元 435 年之前……此间该经自高昌传至凉州途经敦煌，也就开凿了今天的第 275 窟，为我们留下了以《贤愚经》为内容的四幅本生故事画。"我们知道，北凉三窟是敦煌现存最古老的石窟，这得益于沮渠蒙逊(368—433)借佛教来巩固对敦煌的统治，以稳定民心的政策，而 275 窟则壁画了我国现有最早的"尸毗救鸽"本生故事。Alexander C. Soper(1958)认为 275 窟应为北凉时期(421—442)开凿，这一时间推论与敦煌研究院所认定的北凉(430—439)时期相近。因此，关于《贤愚经》的成书年代，本人支持刘永增的推论，并以他的时间推断为基础。此外，佛教传入于阗历史非常久远。于阗是塔里木盆地的一个古老城邦(今新疆维吾尔自治区西南端)，由于在地缘上更靠近印度，所以它是古代西域最早受佛教影响的地区，相传公元前 1 世纪前后佛教便从印度的迦湿弥罗传入此地，并在此后的一百多年时间里取代萨满教成为国教并传承千年。也就是说，当慧觉等汉僧到达于阗并聆听般遮大会的时候，于阗的佛教已经传承近 500 年，大乘佛教的思想在当地已经被阐释得非常成熟，并随着《贤愚经》的东传，以"尸毗救鸽"为代表的佛陀自我牺牲舍命的本生故事形式开始在西域、敦煌等地流行起来，并首先在莫高窟第 275 窟(北凉)、第 254 窟(北魏)、第 302 窟(隋代)、第 85 窟(晚唐)，以及克孜尔第 114 窟等以壁画的形式表现出来，之后便逐渐向中土传播。

　　"尸毗救鸽"故事向中土的传播过程是随着佛教在中国的本土化过程完成的，并经历了借取、创新、再解释的发展阶段。尽管很早以前佛教就传入

① 杜斗城：《北凉佛教研究》第二章，北凉石窟，台北新文丰出版公司 1998 年版，第 184—185 页。

了中土,并以《三国志》记载的公元前 2 年汉哀帝的博士弟子景庐受大月氏王使伊存口授《附屠经》为正式标志。可是,从两汉到魏晋时期,由于佛教的思辨性和宗教性,使得原本的佛学问题需要用老庄玄学等中土固有文化思维的方式来理解,"以玄释佛""格义佛教""六家七宗"便成为这个时期佛学的现状和主要社会思潮。直至东晋时期,佛教晦涩的经文教义仍旧没能让中土人士真正领悟,而未能建立完整的思想体系。同时,由于根深蒂固的儒家、道家等思想传统的成熟与强大,佛教在中国的本土化过程也便采取了妥协借取、隐藏个性的方式,这一策略在规避与中国本土文化冲突的同时也化解了统治者的顾忌,使得这一时期成了佛教发展的转折点,也为更多的中土人士更准确地了解以"尸毗救鸽"故事为代表的佛教经典的精深奥义创造了条件。

第一,对印度佛教经典教义的更准确翻译并与本土文化的融合是实现更广泛传播的基础。在这一趋势下,以某个译经僧为核心而聚集起的翻译僧团开始产生,这其中道安(312—385)作为东晋时期著名的佛教僧团领袖,为佛教经文的翻译事业做出了重要的贡献,并促进了汉地僧团的形成。此后,作为道安最优秀的弟子,慧远(334—416)从"不变之性"的法性论出发理解和阐述形尽神不灭的观点,他认为:"至极以不变为性,得性以体极为宗",即"涅槃应以不寂不变、不空不有为其真性,只要体悟获得此真性即可成佛",并由此形成了他对"现报、生报和后报"的理解,完善了中土僧人对佛教"佛性"的理解和轮回报应说,对后世产生了深远的影响。此外,慧远还主张佛教与儒家、道家等主流本土思想的调和,"道训之与名教,释迦之与周孔,发致虽殊,而潜相影响,出处诚异,终期则同。"另外,从他对佛教"在家"修行方式的阐述中也可以非常明显看到这种主张:"在家奉法,则是顺化之民,情未变俗,迹同方内,故有天属之爱,奉主之礼。礼敬有本,遂因之而成教。"意思是:在家信奉佛法的,是顺应自然和礼教生活的人,他们的所作所为和世俗的人是相同的,所以有亲情天伦之爱、敬奉君主之礼。亲情之爱与敬君之礼,有其自然和社会的根源,由此形成了礼教。

第二,中土僧人对佛教典籍的本土化阐述为佛教的快速传播创造了条件。随着鸠摩罗什到达长安，以《般若经》为代表的一大批大乘佛教经典被翻译出来，使得以鸠摩罗什的弟子僧肇、竺道生为代表的中土僧人对准印度佛教的般若中观思想开始有了更加完整而准确的理解。他们开始以中土僧人的方式来阐述各自晦涩的印度的佛教经典，在这个过程中僧肇(384—414)最重要的贡献在于对般若学派的各种理论进行系统整理，并将佛教对各种现象的思辨性理解运用于解决玄学纷争的过程中，继而推进了"以佛释玄"这一合流伟业的展开，结束了魏晋玄学长期的纷争，也促进了佛教在中国自成体系的本土化过程的发展。

第三，对众生能否成佛以及如何实践的思辨和争鸣促进了佛教的中国化，也实现了"尸毗救鸽"故事的创新和再解释。如果说僧肇开启了佛教中国化的进程，那么法显(本姓龚，东晋高僧)的"涅槃佛性说"便让佛教开始关系到众生，"泥洹不灭，佛有真我，一切众生，皆有佛性"，在这种思想的影响下，以"理"为本体的"阐提成佛说"被竺道生(本姓魏，东晋高僧)创造出来，他认为："夫体法者，冥合自然，一切诸佛，莫不皆然，所以法为佛性也。"[①]可以看出，道生认为"佛性"，即是法，即是理，法即法性，三者同一。那么，既然佛从理成，理便是佛之因，所以众生皆有佛性："当理者是佛，乖则凡夫。"[②]洪修平在《儒佛道思想家与中国思想文化》中将竺道生的学问归结为两点："其一为一切众生，包括'一阐提'，皆有佛性；其二为顿悟成佛……'理'在佛为'法身'，在法界为'法性'，在众生为'佛性'……佛以悟'理'而成，'理'是解悟而得，'解'又成为因中之因。"在竺道生看来，佛性乃是众生皆有的真性，他将"一阐提"与"顿悟成佛"应用于众生与佛的关系上，将真如理体落实于众生主体之中，确立了"佛性我"的奥义，以此形成了一切众生皆有佛性的结论。也就是说，对众生而言，"涅槃佛性即是众生本性，众生不应舍离生死另求解脱。只要依理而行，悟见本性，不执涅槃而入涅槃，即是得大涅槃"[③]。竺道生的佛性论和顿悟说，推进佛教在普通民众中的普及，加深了中土人士对佛教精深教义的理解，也推动了佛教向社会文化各领域的渗透。此后，

① 佛心网：《慧远法师〈沙门不敬王者论〉五篇并序今译》，2020-04-10。
②《大正藏》卷三十八，第353页。
③ 见湛：《略论魏晋南北朝的佛性思想》，载《宗教学研究》2005(02)：146—148。

佛教在中国进入了创新发展的新阶段,"尸毗救鸽"故事也进一步融入中国老百姓的日常生活中,这一点可以从肤施县名称内涵的变迁过程来佐证。

2001年,由赵志远和刘华明主编的《中华辞海》中收录了一则关于延安旧名"肤施"名称由来的记载:

> 紧紧围着延安的有三座山:清凉山、嘉岭山和凤凰山。一天,一只秃鹰在天空追杀一只幼鸽,这鸽看见正在清凉山修行的尸毗王,便飞落到他的身旁。尸毗王用身子护住小鸽,赶走秃鹰。小鸽受到鹰击,浑身是伤,十分虚弱,尸毗王便割下自己身上的肉来喂小鸽。小鸽吃了肉后,伤逐渐痊愈,羽毛逐渐丰满,终于重上蓝天。这个故事便叫肤肉施恩,就是肤施,肤施也就成了延安的古称。①

从上述记载中我们可以清楚地看到"尸毗救鸽"故事对中国地理城域命名中所带来的最直接影响,也可以看出"尸毗救鸽"故事已经深入中国百姓的日常生活中。那么,这个故事中所指的"肤施城"与西汉史学家司马迁在《史记·赵世家第十三》中所记载的"肤施",即"惠文王……三年,灭中山,迁其王于肤施",两者是同一个地理区域吗?尽管史学家对惠文王三年即公元前296年灭中山的说法有不同的看法,清代史学家梁玉绳在《史记志疑》中认为灭中山的时间应该是武灵二十五年(前301),但对战国时期就存在"肤施"这座城市的说法,史学家并没有产生质疑。然而,这两个肤施城却不是同一个地理区域。东汉史学家班固在《汉书》中也多次提到肤施这个地域,"县二十三:肤施,有五龙山、帝、原水、黄帝祠四所",唐代史学家颜师古在对《汉书》做注释时认为:"肤施,上郡之县也。"此外,南朝宋时期的范晔在《后汉书·志第二十三》中也指出:"上郡,秦置。十城……肤施、白土、漆垣、奢延、雕阴、定阳、高奴、临河、龟兹蜀国、侯官。"也就是说,我们想要判断当时肤施城的地理位置,首先要知道肤施所归属的上郡的确切位置。而根据《辞海》中对上郡地理位置的判定:"上郡,战国魏文侯置。秦代治所在肤施(今陕西榆林东南),汉辖境约当今陕西北部及内蒙古乌审旗等地。建安

---

① 赵志远、刘华明主编:《中华辞海》第3册,印刷工业出版社2001年版,第3291页。

二十年(215)废。隋大业及唐天宝、至德时又曾分别改鄜城郡、绥州为上郡。"①我们可以了解到战国时期的肤施城就是秦代上郡所管辖的 10 个城市之一，位于陕西榆林市区域，而并不是上述故事中所指的延安市。对此，明代的赵廷瑞在编修《(嘉靖)陕西通志·延安府沿革·肤施县》中对肤施县的演变过程也有相近的记述："秦为上郡地。汉为肤施(县)，属上郡。东汉因之。三国魏废。隋复置，属延安郡。唐因之，属延州延安郡。宋亦为肤施县。熙宁五年，省丰林县为镇、金明为砦，并入焉，属延安府。金因之，属鄜延路延安府。元因之。皇明仍为肤施县。"通过赵廷瑞对肤施县自秦时期至明朝时期演变的过程记载，并结合上面我们对战国时期便有的肤施(今陕西榆林市附近)与今延安市所存在的古名肤施之间差异的判断，我们可以很清晰地找出这两者前后产生变化的时间，即赵廷瑞所记述的"三国魏废。隋复置"。也就是说，自隋朝开始延安地区的老百姓又重新借用了"肤施"这个地域名称，并用这个名称来表达对"肤肉施恩"这个故事的感恩与弘扬，这也便是对"尸毗救鸽"这个佛教本生故事的传承与弘扬，并自隋大业三年(607)②开始与史上首次出现的"延安"郡相伴相生的过程一直沿用至 1936 年12 月 18 日，此后肤施县并入延安市。从这里我们可以很确切地得出这一结论："尸毗救鸽"故事从 607 年开始就已经伴随佛教的本土化传播过程潜移默化地深入当时老百姓的日常生活中，并且已经开始对老百姓的信仰和行为方式产生重要影响。此后，随着佛教对"善与恶"的本土化阐述和对"理佛与行佛"方式的本土化表达过程，"老鹰捉小鸡"游戏便在这个过程中逐渐演变而成。

在玩耍中悟道：游戏的产生

　　"追求解脱成佛"是佛教所有理论的终极意义，而众生能否成佛以及如

① 辞海编辑委员会编:《辞海·地理分册·历史地理》，上海辞书出版社 1982 年版，第 18 页。
② 根据《延安市志》中的记载:今延安市辖境……(隋)大业三年(607)，分丰林、金明二县置肤施县，沿用汉肤施县旧名(金明县，在今安塞县南，本为北魏广洛县，隋避杨广名讳改，大业十三年废，并入肤施县;汉肤施在今榆林县)，辖地在今延安市辖境中部，其城在今延安市区延河东岸。同年，改州为郡，废延州，设延安郡，郡治肤施，领肤施、丰林、临真、延安等 11 县。其中延安县，本为西魏广安县，大业元年(605)因避太子杨广名讳改为延安县，辖地在今延长境。引自延安市志编纂委员会编《延安市志》，陕西人民出版社 1994 年版，第 46 页。

小游戏与大历史——从「老鹰捉小鸡」到人类的文化视界

何成佛？围绕这个问题产生了各种从不同角度阐述的宗派，将对人的"心性"问题的探讨提升至本体论的高度，首要目标便是为众生成佛寻找形而上的根据。到隋唐时期，围绕上述问题，中国佛教形成了四种各具特色又前后关联的"心性论"范式，这些范式不仅促进了中国化的佛学同儒学和道家的深度融合，更使得"尸毗救鸽"故事在这种对"心性"与"成佛"问题的深入激烈探讨中被更多的佛界人士和文人墨客借用和创新，以新的方式再表达对"善与恶"的佛性理解。这个过程可以从以下四个进程表现出来：

进程一：创立于南北朝时期的天台宗将人的这一"心性"问题界定为"性具善恶""恶性相即是善性相，由恶有善，离恶无善"，也就是说，善与恶相伴相生，善事是翻恶而成的，恶中也有善的一面。性善非即修善，理具非即事具。对善与恶的理解，天台宗的创始者智颛（538—597）将传统文化的人性善恶理论（人性本善、人之性恶，其善者伪也）和道德修养方法融入其中，并认为："恶即善性，未即是事，遇缘成事，即能翻恶。"从中看出，善恶作为人的本觉之性，智颛将它们具足在众生的一念"心性"（佛性）之中，或善或恶，一念三千。为此，天台宗提出了一些惊世骇俗的观点："贪欲即道""三毒即是道""地狱界有佛性""五逆即是菩提""贪爱、魔怨是佛母""魔界如即是佛界如，魔界如，佛界如，一如无二如"等。天台宗的目标并不是反对修善而劝人作恶，而是强调对善与恶的均衡注重，对佛性"中道"的追求。对此，洪修平也认为："不可离法性以说蔽，亦不可离蔽说法性，法性即蔽，蔽即法性。贪欲、菩提亦复如此，不可离贪欲而另求菩提，也不可离菩提而另说贪欲。"也就是说，天台宗倡导一种修善、悟法的"止观并重、定慧双修"的解脱实践途径，只有通过这种方式才可以达到智颛所认为的"低头举手，积土弄砂，皆成佛道"。

进程二：华严宗通过对人的"心性"问题的探讨确立了隐藏在众生心中的"真心"本体，即真如理体，它是清净的佛之体性，具有"佛菩提之理"的本体性和大涅槃性。也就是说，在华严宗看来众生与佛的关系应表现为"即生即佛"（或者说"众生即佛"）。而众生之所以表现为众生，则是因为众生所共同具有的真心与妄心，即"依真起妄"和"真妄交彻"。也就是说，在华严宗看来，因为有了心性迷妄的众生，才有了佛，心为总相，佛、众生为别相。从中我们可以看出,华严宗的这种"生佛互即"观点与天台宗的"性具善恶"观十分相近。对此,华严宗的代表人物澄观也认为"善恶二法同以真如为性",这里的"真如"是大乘佛教佛之体性的别名,是一种抽象理体,是佛果,它等同于"实相""佛性""法界""法性"等。也就是说,通过将佛果由果位推移至众生的因位,众生成佛的本质便在于在修行的过程中领悟、感"知"善恶,生佛互即的真如理体,也便是:"知之一字,众妙之门,若能虚己而会,便契佛境。"另外,对众生能否"守"住真如之心而不起妄心的思辨,禅宗中的北宗禅的心性论也认为,这其中的关键修行法门便是"守本归真",通过修净心来磨灭妄心,从而达到"心真如"与"色真如"的清净圆明的心体境界,从而最终成佛。

进程三:不同于天台宗心性论观点的"性具善恶",华严宗的"依真起妄"以及北宗禅的"守本归真",南宗禅认为上述这些宗派的修行方式更像是行"枯木禅","直言坐不动,除妄不起心"。佛教中认为,"心"是众生解脱成佛的主体,也是世间"诸法"得以"生起""存在"的最终根据,禅悟的关键就是对生命本体的本然状态——"自心""自性"的体悟。所以,六祖慧能发展了达摩禅系的"藉教悟宗"的修行理论,创造性地提出"藉师自悟"的修行方式,并在《坛经》中指出:"故知一切万法尽在自身中。何不从于自心顿现真如本性?"也就是说,慧能认为众生修心成佛的关键在于以"自心""自性"为本体,做到"守本真心""随心任运""明心见性""心用合一",以达到自性的生活化顿悟法门,从而见性成佛。通俗地讲,众生的本性是束缚他们能否成佛或者何时成佛的重要前提,所以如何"理佛性"与"行佛性"便是决定着修行能否成功的关键。而对这一问题的思索与解答,六祖慧能给出了成熟且简易的修行方式,即心外无佛,直指人心的"见性成佛"法门。相较于传统佛教通过出家修行、坐禅、诵经、布施、造寺、立佛像等修福成佛的方式,慧能认为这些方式并非积功德,"心起不净之心,念佛往生难到"。为此,他改变了传统的如来禅所坚守的静态(即,注重义理探讨)真心修行的方式,而是强调应以"心用通性"将真如心落实于众生的日常现实生活所展现的个体心,最终希望众生能够以"当下现实之心"的方式来诠释"自心"本体。所以,他反对传统意义上的坐禅与诵经,认为任何语言文字只是人为的枷锁,不能使人真正把握到真实的本性,阻碍了众生把握真性的能力。本心、自性,是清净无染

小游戏与大历史——从「老鹰捉小鸡」到人类的文化视界

186

的,"心生,一切法生;心灭,一切法灭"。所以,应不立文字,提倡在行、住、坐、卧、动、静、语、默中随缘任运、自见本性,在活泼、自在、无碍的生活化、行为化的刹那间领悟自心,实现藉师自悟,便能够解脱成佛。

进程四:此后,慧能的观点在华夏大地得到了极大的弘扬和传播,特别是到唐代的洪州宗时期,马祖道一(709—788)认为:"道不用修,但莫污染。何为污染? 但有生死心造作趣向,皆是污染。"马祖赋予修佛以新的实践意义,认为道不用修,只要在生活实践中顺遂清净的心体,做到任性无为,脱离生死心,展现出自身的活泼、自然、质朴、机智、幽默等"天真自然"之态,便能够证悟成佛。因此形成了"无心是道"的观点。在马祖道一及其弟子的广泛传播下,六祖南宗禅的菩提思想深植于华夏大地,被华夏子孙所普遍接受和认同。唐代宗密大师(780—841)在《圆觉经大疏钞》中将马祖道一所宣扬的禅法概括为"触类是道而任心"。

> 佛性非一切差别种种,而能作一切差别种种。意准《楞伽经》云:如来藏是善不善因,能遍兴造一切趋生;受苦乐与因俱。又云:佛心语。又云:或有佛刹,扬眉,动睛,笑欠,磬咳,或动摇等,皆是佛事。是故触类是道也。

这里的"触类"指的是个体的心体在日常生活中与外在环境的交互行为,包括一切心理活动和外在的行为动作。对此,戒毓(2012)也认为:"道(心)本身没有离开过我们日常生活的全部,日常生活的全部都是道的显现。日常所及,都是道的显现。既然'道'无处不在,还要修什么呢? 寻什么道呢? 做到'任心'就可以了。所以说'道不用修',保持'平常心'就能与道相印。马祖一生的努力,弘法的目的,就是要告诉大家这个道理。"

通过上述阐述和分析我们可以发现,从天台宗对善恶观念创新性的理解开始,中土僧人对修佛、悟法的认识便更加精深和随性,并经历了这个认知逐步深入的过程:"低头举手,积土弄砂,皆成佛道"——"贪爱、魔怨是佛母"——"地狱界有佛性"——"贪欲即道"——"众生即佛"——"生佛互即"——"随心任运"——"藉师自悟"—— 众生"有情"——"见性成佛"——"平常心是道"——"无心是道"——"触类是道而任心",或许正是在这一系列累积的观念转变中,佛教在中国完成了本土化的过程,这些成熟的佛教修行思想和观点逐渐被文人墨客和老百姓所熟识和认同。"尸毗救鸽"这个原本描述释迦牟尼转生的故事,或许就是在这个过程中被某个有悟性的文人或民间宗教人士借取并创新,并用"老鹰捉小鸡"游戏的形式表现出来,希望通过游戏的形式来表达"触类是道""见性成佛"的观点。这正如唐代高僧湛然所讲的"变造":"即心名变,变名为造,造谓体用。"湛然从"即心"的角度来阐述"心"与诸法的关系,"心"为体用。将湛然的观点应用在从"尸毗救鸽"故事到"老鹰捉小鸡"游戏的产生过程中,便可以很自然地形成这种认识:"尸毗救鸽"是为了歌颂释迦牟尼在历劫中表现出的善,而对这种"善"的衬托是因陀罗所化成的鹰的"恶"来相对比的,尸毗王脱离了生死心来实践他的"任心""任性"之心,在割肉隐忍中来向因陀罗和众生来证明他的"自见本性",所以才实现"见性成佛"的宏愿。"尸毗救鸽"的故事为老百姓或者说众生提供了一个非常适用的"变造"修行的方式,这也验证了慧能的说法:"佛是自性作,莫向身外求""见自本性,即得出世"。所以"老鹰捉小鸡"也便在这种"变名为造,造谓体用"的心境中被创造出来,"心"与"法"未曾相离,在游戏玩耍的过程中"一念若悟,即得出世",以此来实现"触类是道""顿悟成佛"的目的。也就是说,从"尸毗救鸽"故事经过"变造"而变迁成了"老鹰捉小鸡"游戏。这也呼应了前面章节中对"老鹰捉小鸡"起源推论中所提到的敦煌变文的过程。作为从唐代兴起的、将佛经故事以说唱等形式转变的新文体风格,敦煌变文"以讲唱艺术为基础,偏重于叙述故事和传说,语言通俗,接近口语,有说有唱,韵散结合,与后来在说话基础上发展起来的话本小说有着密切的联系"①。而转变风格讲唱佛教的经典故事,则是这个时期变文主要的行为方式。或许就是在这个过程中,"尸毗救鸽"故事中尸毗王与老鹰(因陀罗)的对话被转变成儿童游戏说唱的形式,而老鹰追击与尸毗王保护鸽子的行为,则在这个过程中被转变成了"老鹰捉小鸡"游戏。

此外,这种推断也可以从唐代华严宗高僧法藏(643—712)的"真如随缘、随缘不变"理论观点中得到佐证。"真如"从佛果或者佛位的角度来看,

---

① 王齐洲:《中国通俗小说史》,武汉大学出版社 2015 年版,第 74 页。

指的是"佛"的抽象理体本身,即"如来藏之体性";从因位或者众生位的角度来看,指的则是众生的"心性"本体或"佛性"。从法藏的观点可以看出,或染或净,或善或恶都是世间诸法的佛性体现,所以如来藏或真如都会随着转识之缘而不变。对此,洪修平(2015)也认为:"法藏将真如的'不变'性当做能随缘的前提条件。真如依随缘义,才能表现不变之理,如果没有随缘义,也就没有不变义;反过来,真如有不变义,才能随缘显现世间万象,依不变之理,才能显现随缘义,如果没有不变,也就没有变。不变与随缘相反相成,绝对(不变)与相对(随缘)相互依存。"从这个角度来看,由"尸毗救鸽"到"老鹰捉小鸡"的"变"其实是基于游戏所表现的"不变"性,众生随缘玩耍"老鹰捉小鸡"的过程始终是围绕显现世间万象的"善与恶""染与净"的众生佛性或者说"如来藏之体性"所展开的。智慧解脱之道是佛教所追寻的目标,而解脱其实就是观念的彻底转换,它以"心"为解脱主体,"心"的根本目标就是去体验,进而去证得大乘佛教的最高"空"理。因而"老鹰捉小鸡"玩耍的过程也是众生之心不断追寻、返本还源的修正过程,这个过程也是以众生的"心体"去体验、证得佛的"理体"的过程。所以,这种对"善与恶""染与净"不变真如理体的体验与实践,才得以形成"老鹰捉小鸡"显现世间的万象名称或游戏形式。道不用修,平常心是道,所以"老鹰捉小鸡"既是玩耍,也是道!

市井口中的真理:游戏的借取与变迁

通过上文的分析以及前文对"游戏起源推论"的阐述,我们可以形成这样的认知:"老鹰捉小鸡"游戏最早应该产生于唐朝中后期的民间,而被创作的初衷或许就是借众生之心去返本还源、以证佛理。那么,这么一个普普通通的小游戏是如何历经一千多年的漫漫岁月,在老百姓的口口相传中被广泛传播至今而又表现出不同的形式和名称呢?我们可以从以下两个方面来理解这一过程。

(1)"三教合流"的趋势和影响使得原本诞生于佛教的"老鹰捉小鸡"游戏世俗化,并随着佛教思想在市井街巷的润物无声过程而被一代代一辈辈地传承下来。作为一种外来的宗教文化,佛教选择在中国的生存策略便是在融合本土儒家和道家文化的基础上进行思想的渗透,这个过程从汉唐时期就已经开始。然而,由于以往的儒学思想体系更多的是从人性和伦理层面去阐述自己的观点,没有上升到对本体论的形而上的逻辑层面,使得儒学在面对逻辑缜密的佛教心性论时缺乏有力的反击手段。在这些因素的影响下,儒、释、道三家都为更详尽地阐述自己的观点,驳斥对方的歪理邪说,不断学习对方的理念和思想,以使自身包含对方又超越对方,继而在不断斗争中取得优势并进一步发展,这个过程一直持续到五代十国时期。到北宋时期,统治者为加强中央集权、结束地方割据局面,采取了一系列军事防范措施,而为进一步巩固政权,建构统一的思想意识形态便成为统治者的需求。在这种情况下,统治者重新确立了儒学的统治地位,并认为“道释二门,有助世教”、宗教“有神政治”,所以统治者以复兴儒学为基础,加强了对佛教和道教的保护和利用。自此,儒、释、道三教融合的进程进一步推进,并在宋真宗的努力下实现“三教一旨”,也是在这个过程中佛教教义与儒家思想互相补充,越来越多的士大夫开始诵读佛经,“治心”与“治世”相得益彰。正如北宋僧人契嵩(1007—1072)所言:“儒佛者,圣人之教也。其所出虽不同,而同归乎治。儒者,圣人之大有为者也。佛者,圣人之大无为者也。有为者以治世,无为者以治心……故治世者非儒不可也,治出世者亦非佛不可也。”也就是说,无论佛教的“治心”还是儒学的“治世”,在契嵩看来它们是统一的,“治心”是“治世”的前提,而“治世”是“治心”的必然结果。对此,洪修平也认为:“佛教虽然不介入世俗的是非善恶,但人心若依于治心的佛教而将心‘治’好了,则民众之性情自然淳厚。以淳厚的性情心态再参与世务,自然就可达到儒家所欲追求的修养目标。”也正是在统治者的大力推动下,“北宋寺院、道观和神祠庙宇加起来多达 4 万多所,僧尼道士、女冠达 40 余万人”[1]。从中我们可以看出,到北宋时期佛教已经与儒学和道教一起融入华夏的思想体系之中,以佛修心、以儒治世已经成为当时社会的主流意识形态,这也便使得诞生于佛教的“老鹰捉小鸡”游戏有了得以生存和口口相传的空间,并在融合汇通的思想背景下在民间一代代传承下来。

(2)游戏名称的变迁和地域间传播的过程是人的理性创新力量和文化

① 左浚霆:《从看北宋民间百态》,北京:研究出版社 2013 年版,第 123 页。

的自发演进力量协同作用的结果。"老鹰捉小鸡"这个小游戏结构非常简单："袭击者＋保护者＋被保护者＋问答"，游戏的形式也非常简单："袭击者"在攻击"被保护者"的过程中被"保护者"所保护，然后游戏开始前"袭击者"与"保护者"之间有一番对话。换个角度来看，也就是说简单的结构和简单的形式对任何参与者来将都通俗易懂，这也就使得他们对游戏信息有相同的解读方式，避免了主观差异所造成的信息扭曲。参与者藉于他们自身的成长经历、村落风俗、家庭背景、教育情况等的个体差异化状况，使得他们对"老鹰捉小鸡"游戏产生的背景或者由来等或许有着信息的不对称，但这种信息的不对称是在接触或者玩耍这个小游戏之前的各自特定成长空间、生活空间、社会空间、文化空间中所产生的，并同时存在于迥异的概率分布下，尽管参与者之间或许存在着对这个游戏信息占有不对称的情况，但是在直接参与、即将参与或者纯粹围观的状态空间中，参与者或者围观者对这个游戏信息的掌握是相同和熟知的，这也就无形中使得"老鹰捉小鸡"游戏的结构、形式和所传递的信息成为参与者或者围观者的"共同知识"。或许正是由于这些参与者或者围观者组成的小群体，使得"老鹰捉小鸡"这个共同的简单知识由这个小群体为中心，开始荡漾起一个个的层层嵌套的拥有这个"共同知识"的认知群体涟漪，即：群体的每一个参与者或者围观者都知道"老鹰捉小鸡"的"共同知识"，每个参与者或围观者知道每个参与者或围观者知道"老鹰捉小鸡"的"共同知识"，每个参与者或围观者知道每个参与者或围观者知道每个参与者或围观者知道"老鹰捉小鸡"的"共同知识"。我们可以将"老鹰捉小鸡"的这种"共同知识"用一个通俗的词汇来表达："简识"。也就是说，基于"简识"在涟漪群体间的传播，它逐渐呈现出具有一定概率性质的共同信念，人们不再要求一定参与同"老鹰捉小鸡"游戏一模一样的玩耍过程，只需要共享"简识"这一具有普适性的信念标准，便能够从自身所处的地域风情、人文特色、国家需求、宗教信仰、质朴认知中找到为之契合的要素。从这点来看"简识"就成了"老鹰捉小鸡"游戏传播的认识论基础，也便使得这个小游戏能够在地域间传播的过程中有了人为的理性创新力量的影子。对此，我们可以用魏格纳（Wegner, 2002）在脑科学领域的发现作为佐证："有意识的感觉在神经元活动半秒后才出现，而无意识的大脑过程在有意识决策之前就已经出现,这意味着在个体行为被合理化之前,个体的心理习惯已经被激发,亦即我们的心智在未作出决策之前就已经对选择具有某种倾向性,深思熟虑的理性决策在时间上并不优先于无意识的心理习惯。"①从这个角度来看,"简识"在随着"老鹰捉小鸡"传播的过程中不自觉间成了人们思考特定事情的无意识的心理倾向。此外,由于参与者或围观者的理性以及在创新中的认知能力是有限的,对当下、未来或其他时空参与者的个体喜好、兴趣、信仰等的不确定性也存在无知,在这种情况下,差异化的参与者、围观者或者接触者通过个体、个体间或个体与群体间的多层级主动或被动的互动,使得"简识"便以不同的形式展现出来,理性的创新过程内嵌于习惯演进的过程中②,呈现出了一种文化的自发演进状态,也便由此形成了不同的名称和差异化的形式。这样,"简识"与"老鹰捉小鸡"游戏之间便形成了一种演进式的"悟发因果关系"和"自发因果关系"。

被引导的情感倾向:游戏的创新与再解释

前面几节内容回答了"老鹰捉小鸡"游戏产生的历史背景和过程,并对游戏的借取和变迁过程进行了详细的阐述。通过前文的分析,我们可以很容易理解这个小游戏是如何一步步产生并有了很多不同名称的,而这种理解的范围似乎只是局限在国内。那么,这个小游戏是如何在国外被借取、创新与再解释的呢? 游戏被借取的过程在前文中已经有了详细的阐述,无论国内外,这种借取的过程基本都一样,因为它基于的是人类心理的一致性。可是,游戏的创新与再解释过程却因为不同地域的人生活在不同的社会文化环境中,他们对社会、自然与世界的看法天然有着不同的理解。所以,要完全说明这个问题很困难。本书以这个游戏在日本的产生与传播过程为例,来回答这个小游戏的创新与再解释这个问题,希望可以作为理解这个小游戏在世界其他国家传播变迁的思维入口,达到举一反三的效果。

从前文的分析中我们可以了解到,自平安时期日本就存在这个小游戏,

---

① D. M. Wegner, *The Illusion of Conscious Will*, MIT, 2002.
② 黄凯南:《制度理性建构论与制度自发演进论的比较及其融合》,载《文史哲》2021(05):142—153+168。

流传着模仿地藏菩萨在地狱中救济亡者行为的传说。对这些游戏形式和故事背景的观察,可以从中了解到当时特定时代或社会的面貌以及这种社会的状况是如何以小游戏这种简单的、看似无意识的形式表现出来。正如罗歇·凯卢瓦(Roger Caillois)在《游戏与人》中所认为的:"各个文化和社会的原理与构成支配性游戏的原理是相同的。"也就是说,流行于日本的小游戏必然借取了某种具有支配性的文化和社会元素。从日本早期的游戏形态和故事背景中去解读游戏在古代日本产生以及逐步流行的变迁痕迹,这个探究的过程是相对可靠的,其本身也是有意义和有趣的。但正如洋葱一样,在一层层抽丝剥茧地探寻日本游戏起源的过程中,首先需要考虑的是日本主流学术界的态度,而这种态度在前文也进行了阐述,并将其分成了三个流派。而无论是基于佛教的传播派、文化的自生派还是基于农耕的传播派,他们在对日本这个小游戏的分析探讨中始终都绕不开地藏菩萨这个特殊的佛教角色。而本书前文中也就地藏菩萨与日本老百姓的简单关系,以及德川家康以地藏菩萨为偶像设定自己的宏愿以希望儿童可以"走向正确的道路,成为和平的基石"的内容进行了简要的阐述。但要借此论证这个小游戏在日本形成并流行过程背后稳定性的支配性文化和社会因素还很薄弱,仍旧需要对地藏菩萨在日本信仰形成前后的关联因素进行深描。

阿拉斯代尔·麦金太尔(Alasdair MacIntyre,1984)和保罗·利科(Paul Ricoeur,1992)强调了讲故事在构建个人身份和塑造我们与周围世界的关系(即道德)方面的重要性。神学家迈克尔·戈德堡(Michael Goldberg)也提出了类似的观点,故事塑造了我们对现实的理解,同时也限定了我们与现实的联系方式,通过让一个特定的故事以某种特定的方式把我们的注意力引向这个世界,我们就可以让它以某种特定的方式引导人们在这个世界上的活动。地藏菩萨在日本产生并流行的过程或许就是在那个特定的年代,有意识地引导日本民众注意力和情感倾向的结果,从而形成日本民众对世界的某种看法,为日本民众提供了一种表达他们在特定世界所应该做事情的方式。为了验证这种猜测,我们先看几个当时流行在日本社会中的地藏菩萨行事的故事:

故事一：江州安孙子庄内金台寺箭取地藏缘起的故事

在近江国爱知郡安孙子庄，有一座古老的寺庙。地藏菩萨在那里被供奉起来。这座寺庙是日本律令制下的令外官检非达使平诸道的宗庙。安孙子庄园和押立保之间常发生灌溉纠纷，其中有一次战争的起因是用水问题。从邻近的押立保涌来了数百人的军队，他们试图占领寺庙附近的河流。平诸道的父亲仅率领六人，隔河迎击，形成箭战。当他们用箭射向对方时，箭射向四面八方，无法取胜。当平诸道父亲的箭快要用完的时候，他们便向寺庙的地藏菩萨祈祷。于是，一位小法师突然出现在布满箭的庭院，他拾起掉在地上的箭交给平诸道的父亲，让他的父亲把箭射向敌人。箭随心所欲地打倒了敌人，平诸道的父亲获得了胜利。战争结束后，平诸道的父亲去寺庙参拜，一位名叫上莲的被收留的僧人说了以下的话："昨天合战的时候，地藏菩萨不见了，我以为是强盗干的，就在附近找了找，到了傍晚又回到了原来的地方。不可思议的是，地藏菩萨的脸上插着黑羽的箭。"平诸道的父亲听了，知道战场上的小法师是地藏菩萨的化身，不禁流下了喜悦的泪水。之后，他将地藏安置在岩仓山。现在的金台寺就是这里。能够在与押立保的交战中获胜，无疑是拜地藏菩萨所赐。因为捡起箭分发给同伴，所以也被称为箭取地藏。[1]

故事二：地藏菩萨换命的故事

这一天，躲在壬生町家中的叛军都被击倒了，无处可逃，只有一个武藏省的居民，一个叫香匈新左卫门高远的人，因为得到了地藏王菩萨的替身，才得以逃脱死亡。高远是唯一一个冲破敌人、跑进壬生町地藏堂的人。当他向四面八方看去，希望找到一些可以藏身的地方时，一个似乎是寺庙的法师从大厅里面走了出来。法师看到高远后说："恐怕我不能以这个样子来满足你的要求。你拿着这些祈祷的佛珠，用它们来代替你手里的剑。"高远认为法师说的是个好主意，所以按法师说的做了。然而，这位寺庙的法师却在袖子下出现了一把矛头带血的剑，看到有人站在大厅边，对他们说："你们要找的人在这里！"三个人簇拥着跑

① 真锅广济、梅津次郎：《地藏灵验记绘词集》，古典文库，1957年。

到法师的身边,把他打倒在地,禁止他使用手脚,并把他交给了武士营所。所司代都筑入道对他进行了判定,把他关在一个笼子里。第二天,一天过去了,守门人也没有离开,笼子的门也没有打开,那位法师替代的高远也已经离开了。之后,高远想:"无论如何也要去寺庙再看看。"于是,他打开了寺庙的门,看到了法师的本尊,内心充满了感激之情,作为六界的化身,地藏菩萨的身体有的地方被鞭子抽得发黑,捆绑手脚的绳子还血肉模糊地连在他的袍子上。①

　　第一个故事是基于一个关于近江国爱知郡安孙子庄的地藏菩萨像的传说,并由这个传说 1453 年安孙子庄的室町幕府直臣鞍智高春订购绘制了《矢取地藏缘起画卷》,用以铭记地藏菩萨的功德。这个传说可以追溯到 12 世纪的《今昔物语集》卷 17(3)中的"地藏菩萨变小僧形受箭语"。此外,该传说也见于《地藏菩萨本愿经》卷 6、《地藏菩萨三国灵验记》《淡海温故录》《淡海木间搅》《江左三郡录》。进一步观察这种负矢、取矢的地藏传承,我们也可以追溯到《源平盛衰记》《清水寺缘起》(《元亨释书》)、《太平记》卷 12"神泉苑之事"、《延命地藏菩萨直谈抄》等日本古代各种典籍著作中。由此可见,地藏菩萨出现在战斗现场并带领人们取得胜利是那个时代人们所期望的事情。第二个故事中地藏菩萨替人受罪,我们也可以了解到尽管在中世纪的日本流传着很多关于佛或者菩萨做替身的事例,但只有地藏是有血有肉的,这表明那时所表现出来的地藏菩萨的特征是活生生地出现在世间。那么,战场中的地藏形象、有血有肉的地藏形象等为什么会在日本流行并产生这么广泛的影响呢? 要回答这个问题,我们首先要弄清楚的是平安时代前后末法思想是如何影响日本并作用于人们的行为倾向的。

　　一个普遍的学界认识是,末法思想是 6 世纪(约 552)由中国天台宗的僧人慧思最早意识到并提出的,指的是释迦牟尼灭度后,佛法住世所经历的三个阶段(正法、像法、末法)的最后一个阶段。据说在那个时代,佛道的实践和证果被打破,只剩下教义。在这个意义上,末法是佛教的衰灭史观。然而,对当时的中国来讲末法思想带来的似乎并不是衰落,虽然也有北魏武帝的灭佛运动和北周的破佛运动,但更多表现出的是反思和挽救,于是佛教积极地与中国传统的儒家和道家思想融合,摆脱了以前作为印度佛教分支的地位,形成了自己独特的学说,从而进一步巩固自身在中国的信仰地位,使得佛法在当时的中国产生了空前的影响,并形成了隋唐时期佛教鼎盛的局面。从这里可以看出,末法思想其实是僧侣们对佛法能否持续普照的危机意识在特定时代上的投影。也就是说,只要有末法问题,就必然有不同的修道者或普通人针对这种思想有针对性地提出克服危机的方法与策略。中国的佛教末法思想显然在佛教界内部找到了解决之道,并成功地实现了儒释道合流。那么,对日本民众来讲,末法思想是如何在日本兴起的? 在日本发展的末法思想具有怎样的特色? 末法到来后,日本采取了怎样的接受态度?

➤ "比比丘女"游戏的产生过程

(1) 末法思想在日本的兴起

末法时代的佛法思想,就其本质而言,除非有末法时代的时代背景,否则永远没有力量。所以,末法思想在佛教传入日本约 200 年内,仍旧没有兴起的空间。此时的日本正处于由奈良时代(710—794)向平安时代(794—1192)过渡的阶段,正如寺崎修一在《日本晚期佛教思想的历史研究》中所认为的:此时的日本佛教界正忙于模仿唐朝的佛教各项工作。自舒明天皇二年(630)以来,在近 200 年的时间里日本先后派遣了 5000 多名僧人和特使前往中国学习、借鉴,得益于这些遣唐使所起到的"佛教东渐"的桥梁作用,使得大化改新、律令制等为代表的各种制度得到完善,日本的国情逐渐稳定并发生了巨大的变化,平安时代的佛教也便在这个过程中随着空海、最澄、圆仁等人从中国传入密教和天台教义而诞生。

然而,一方面由于唐朝安史之乱后中国政局的不稳定;另一方面,也因为日本在长时间的模仿学习中建立的相对稳定政权,使得国粹化倾向增强,日本对派遣遣唐使不再热衷。这便使得由最澄、空海所创立的平安新佛教在与桓武天皇新政权相结合的过程中得到了极大的发展。这段时期便是东京大学教授末木文美士在《平安佛教思想史研究中的各种问题》中所界定的日本平安时期佛教发展的第一个阶段。在这段时期,桓武天皇再次主持迁都,为了重建律令制、维护政权的稳定急于寻求一种与政治相适应的新佛教,使其取代奈良时代高高在上的佛教。从山林修行中走出并有着遣唐使经历的最澄、空海在民间传法所倡导的菩萨僧行为,在桓武天皇看来是真正意义上的护国救民的佛教做法,并大力扶植。此后,在最澄、空海等高僧的主张下桓武政权建立了一个新的、由国家资助的佛教,一方面促进了比叡山的菩萨僧修行,另一方面扩大了护国法会中的密教修法,使得由圆仁、圆珍入唐求法得以从中国传入的真言密教在日本确立了镇护国家的地位,即所谓的台密。

此后,随着最澄和空海的离世,日本佛教天台宗僧人安然(约841—898)接受了空海的六大思想,并认为《法华经》《无量义经》可以作为真言密教即身成佛的依据,将天台学说和密教融合形成了自己的教义体系,称为"真言宗",最终天台的密教化在9世纪后半期完成。密教原本是真言宗的宗学,到了9世纪后半期,不仅限于真言宗,而且涵盖了所有的南宗和天台宗,并成为日本佛教的共同点,密教占据了宗教界的正统地位,被称为"显密体制"。如果日本的显密体制能够在国家律令制不断衰落的时刻始终以镇护国家为根本宗旨,辅助王朝体制的运行,那么从10世纪初到11世纪上半叶的摄关时代就不会日益加速日本贵族的门阀化倾向,地藏信仰也就不会在日本贵族中特别是民间产生如此广泛的影响。

(2)佛教的"贵族化"过程

摄政时期是平安佛教贵族化的时代,一直以来的律令制被打破,权力转移到天皇的外戚藤原氏手中,以藤原氏为中心的上流贵族,以一种贵族联合的形式在政界运作。于是,佛教界当然倾向于通过与上流贵族的结合来维持和发展教团。在此之前,保障寺院经济的是律令国家,由国家出面对寺院进行经济援助,如今,以藤原氏为中心的上流贵族在经济上非常有力。贵族们是建立在庄园经济之上的,所以寺院通过与贵族的结合来接受庄园等的捐赠。作为对这种外部保护的回报,上层贵族的子女在这一时期被积极招入大寺庙。在此之前,寺庙中的职位通常由贵族的等级决定,但在这个时候,决定寺庙中职位的不是佛法造诣或教学,而是贵族或皇室成员的类型。速水侑在《地藏信仰在日本古代贵族社会的发展》中对此列举了一个例子:摄政藤原师辅的一个孩子名叫寻禅,他加入了比叡山元三大师良源的门下。良源通过他的儿子寻禅,与摄政王家族结成联盟,得以在比叡山重建被大火摧毁的圆乐寺。这是最具有象征意义的事件。但在 10 世纪后半期,被称为权贵座主的贵族出身的人以这种形式在寺院中占据要职,佛教的所谓"贵族化"变得更加明显。

在贵族佛教化的这一时期,佛教的内容也发生了变化。在前期的佛教中,镇护国家是第一要义。当然,其内容与奈良时代的镇护国家有所不同,但无论是最澄还是空海,其本质都是实现镇护国家。到了这个时期,通过与上流贵族的结合,比起镇护国家,不得不向满足贵族们多元要求的方向转变。关于这一时期进行的密教修法,与以往护国法会所进行的内容不同,祈求平安分娩和健康的做法开始流行。从藤原摄关家是天皇的外戚这一点可以看出,上流贵族将自己的女儿送入宫中,让女儿生下儿子,作为皇位继承人来掌握权力。在这种情况下,分娩在夺取权力方面具有非常重要的意义。因此,在神秘的佛教中,需要为安全分娩祈祷。也就是说,密宗佛教修行的内容从国家的分类祈祷修行变成了高级贵族的私人修行。这种现世的祈祷和来世的救赎愿望并存的形式,就是这一时期贵族们的信仰。对贵族们来讲,今生的利益和来世的救赎似乎截然不同,但它们都反映了高级贵族的需求,这与传统的以国家为导向的镇国信仰不同。此时,贵族信仰的形式一般被称为数量上的功绩制,在这种情况下,大量的功绩被认为是优于少量的功绩。由于这个原因,藤原道长和赖通所建的寺庙通常都有大量的佛像装饰,并提供各种波罗蜜。数量越多、功绩越大的想法,从当时拥有财富和权力的高级贵族的角度来看,这是很自然的,这也很好地说明了佛教在高级贵族中的特点。贵族们一方面以各种方式祈求保住今生的财富、地位、健康和幸福,另一方面他们为权力进行着非常激烈的斗争,却有着死后可以往生净土的强烈愿望,这极大地促进了净土教义的发展。

(3)净土信仰的发展促使地藏信仰的普及

净土教信仰在佛教初传入日本的时候就开始有了发展的土壤,并随着平安时代最澄(767—822)在比叡山创建延历寺传播天台宗教义,最澄从唐朝带回的《观无量寿经疏》《阿弥陀经疏》《净土十疑论》等净土教经典也随之得到进一步传播。在这个过程中一些天台宗的僧人也依附于这些教义来提倡弥陀净土信仰，并在比叡山的北方"横川"逐渐产生重要影响。横川是最澄之后天台宗的继任者慈觉大师圆仁(794—864)开创的修行道场，并以其中的四季讲堂[又称为"元三大师堂"，元三大师指的是慈惠大师良源(912—985)]为中心发展成为一个重要的净土教思想传播之地。此后，净土宗的祖师法然、净土真宗的祖师亲鸾、临济宗的祖师荣西、曹洞宗的祖师道元、日莲宗的祖师日莲等人都在此地学习后创立了各宗派，这其中最著名的代表就是良源的徒弟——学问僧惠心僧都·源信(942—1017)。

　　源信被称为日本净土教之祖，对法然和亲鸾产生了巨大影响。985 年，源信编著《往生要集》，用以宣扬极乐往生的思想和信仰，初步奠定了净土教的理论基础。《往生要集》采用了分类和概念化的方法，构建了一套完整的净土神学理论大纲，并提出了一个系统的、完整框架的净土思想、原则和实践。《往生要集》是基于日本社会末法概念基础上形成的拯救之道。在源信生活的摄关时代日本社会开始进入深远的社会、政治和经济的变化过程中，随着律令中央政府制度的瓦解，在藤原家族统治下各地普遍建立庄园，资本在这个过程中不受控制地快速累积，各省出现了日益强大的武士阶层，导致了日本社会的彻底重组。面对这种普遍的混乱和不安，源信像他的许多同龄人一样，相信世界正迅速接近末法时代。"末法"概念是深刻悲观的佛教对历史的解释的中心元素，认为世界的精神状况在佛陀进入涅槃之后不可避免地衰落。源信认为，在末法的黑暗时代，世界的精神状况将会恶化到极其困难的地步，通过传统的天台修行路径从轮回的中获得解脱，并不是唯一可行的救恩方法，而是要努力下辈子在阿弥陀佛净土中求生。由于净土为修行佛道提供了理想的环境，一旦进入净土，就有可能迅速而毫不费力地获得启迪。虽然他并不否认各种传统佛教修行开放的功效和深奥的实践，但是在他看来，修炼净土的做法是一种相对简单的路径，可以帮助在末法时代佛教实践修炼中的人们更好地实现目的。

　　基于以上认识，源信在《往生要集》中对净土实践进行了详细的理论反思，并从各种佛教的经典和论著中收集了大量关于地狱和净土关系的学说，呼吁"厌离秽土"和"欣求净土"。所以，在书中他先从净土的角度构建了一幅精神宇宙的"地图",并在逐步分析阐述的过程中根据所提出的宇宙观勾勒出了他所认为的救赎之路。在第一章"厌离秽土"中,源氏似乎把他的全部精力都投入对"地狱"的描述中。首先,源信介绍了六道的轮回领域,并详细描述了在地狱中遭遇苦难的人。源信将六道领域分为:(1)地狱道领域;(2)饿鬼道领域;(3)畜生道领域;(4)阿修罗道领域;(5)人道领域;(6)天道领域。在对六道领域的描述中,源信遵循了传统的佛教教义书《俱舍论》中的叙述方式,从等活、黑绳、众合、呼喊、大呼喊、焦热、大焦热、阿鼻八大地狱开始写起,用文字表现了凄惨地狱的恐怖场景,并着重阐述了在地狱道领域中人们所遭受的各种酷刑。通过对地狱道领域悲惨场景的描述,源信指出人所经历的苦难并不是无缘无故的,根据因果报应的法则,人们在地狱中遭受的痛苦被理解为对过去罪恶行为的正义报复。然而,并不是只有地狱的生灵才会遭受折磨和痛苦。源信采用佛教的标准立场,认为六道内所有的存在方式都以痛苦为特征。例如,源信描述人类的存在是以不洁、痛苦和无常为标志,并得出结论说,作为人类的生活是不令人满意的,是一种需要立即被拒绝的折磨。即使作为一个属天的存在也是充满痛苦的。这是因为,即使天上的人在他们极其漫长的生命中可以享受到精致的快乐,他们最终也必须死去,并在另一个领域重生。因此,源信总结道,只要一个人执着于六道之内的存在,就不可能获得真正的心安。只有超越六道,在阿弥陀佛的净土中出生,才能获得真正的幸福。在第二章"欣求净土"中,源信列出了在净土中可以享有的所有快乐,并指出这些感官和物质享受才是最令人愉悦的。我们可以从中看出,源信的目的便是希望人们在阅读书籍的过程中对此有所了解并增强对净土信仰的信心。此外,源信还在书中将六道之苦与阿弥陀佛净土之乐做了对比。他的目的是证明一个人不应该执着于这个悲惨的轮回世界,并说服读者只有在净土中重生才有可能得救。在对如何实践才能实现往生净土的探讨上,源信认为念佛是在阿弥陀佛净土中获得往生的最重要方式。在《往生要集》的第四至十章中,源信系统地分析了念佛的正确念法和实践方法。他认为可视化的观想念佛是最有效的方式,在观想念佛的过程中想象佛的相貌、身体的装束以及极乐净土世界等可以达到事半功倍的效果。然而,对于那些无法进行这么复杂的观想念佛实践的人,源信认为称名念佛也是一种可行的方式,他认为即使是最邪恶的人,只要在临终前10次喊阿弥陀佛的名字,就能在净土中往生。也就是说,源信一方面认为观想念佛是念法的高级形式,但也承认称名念佛也是实现往生净土的有效手段。

也就是说,源信在《往生要集》中通过记述地狱的恐怖,继而引出怎样才能不去地狱的方法,从而勾勒出通往净土往生的修行之路。然而,对于身处地狱中的人们又该如何脱离地狱的煎熬呢? 在《往生要集》第二章"欣求净土"的"七圣众俱会之乐"中,源信引用《十轮经》中"地狱拔苦"的观点,介绍了地藏菩萨消除地狱之苦的内容。随后,这种地藏信仰引起了当时贵族的关注,并在上层贵族社会中普及开来。

日本地藏信仰的历史,与其他诸佛菩萨信仰相比,最显著的特色就是其建立和发展的年代非常滞后。从奈良朝到平安初期,日本的地藏信仰发展非常缓慢,最早确切史料是8世纪中叶的正仓院写经文书,比如地藏信仰的主要经典"地藏三经"(《占察善恶业报经》《大乘大集地藏十轮经》《地藏菩萨本愿经》)。速水侑(1969)认为,产生这种现象的原因在于:从奈良到平安初期的地藏信仰更多强调的是以地狱的苦难为特征的,而不是来世的利益,所以在当时日本不成熟的律令社会中没有得到充分发展。

但随着从中国唐朝到宋朝对地狱恐惧的上升,使得中国佛教思想中关于六道轮回和地狱化生的描述达到了顶峰,这一点可以从当时敦煌壁画中经常描绘的六道轮回或三恶道苦相中找到依据。日本贵族社会的地藏信仰也差不多是从9世纪末到10世纪这个时间段开始发展起来,特别是受到最澄和圆仁等遣唐僧从中国带回的关于地藏信仰改变的影响。10世纪中国佛教中的地藏信仰不同于传统的非个人化的今世利益,它是根据《十轮经》和其他资料中所描述的六道苦行和地狱苦行的鲜明特点而更多关注六道轮回的来世信仰,日本贵族社会地藏信仰的发展在时间上与中国佛教的这种趋势相对应,他们开始相信地藏是消除疾病和延长寿命的世俗利益,特别是随着律令制度解体和瓦解的迹象变得明显,藤氏的独裁统治和家族势力的形成变得更加突出,"宿世观和无常观"终于开始在与这些趋势相悖的文人贵族中滋生。"六道"一词相继出现在以《本朝文粹》为代表的许多贵族人士的著作中,而在这里起到关键起承作用的便是源信的《往生要集》。

也就是说,在源信的《往生要集》中,第一次明确地将地藏菩萨的六道轮回观念和地藏菩萨驱除苦难以及驱魔受苦愿望的思想在日本佛教世界中明确表达出来。井上光贞对《往生要集》的形成背景进行了研究,并认为:"《往生要集》的创作背景自然是天台净土宗的兴起,但与他的师父良源大师的学术性《九品往生义》相比,《往生要集》的内容之所以实用、具体,是因为它产生于10世纪贵族的念佛会运动中,从劝学会发展到二十五三昧会。《往生要集》的内容之所以能够成为一种具体的实践形式,是因为它产生的精神背景。"根据井上光贞的说法,良源的主要作品《九品往生义》是对《观经》九部的注释,以《天台观经散记》为基础,是宋初天台时期许多研究的重点,良源的教学深受宋初天台时期的学术风格影响。954年,良源将包括中国净土宗流行的包括地藏在内的五位阿弥陀佛神像安置在横川净居堂内,而不是安置传统的密宗阿弥陀佛神像。正是在良源复兴惠山之后,日本天台的净土思想才得以认真发展。从这里我们可以看出,日本天台净土宗和贵族净土宗在10世纪的发展与中国的净土思想之间的联系非常紧密。良源撰写的《极乐净土九品往生义》对他的弟子产生了深远的影响,随着他的学派中出现了源信、觉运、静照等人物,天台净土宗迎来了前所未有的繁荣时期。

此外,井上光贞在分析源信的《往生要集》形成背景中,也提到了劝学会和二十五三昧会在其中的重要作用。劝学会是平安时代中期、后期大寮纪传路的学生(文章生)和比叡山延历寺中僧人聚集在比叡山西麓或者平安京内外的寺院,作为宣讲《法华经》为主题的一系列讲座、念佛法会。起初,劝学会是以教授儒教的明经道为轴心,排除了佛教色彩。但随着佛教和传统宗教神道的共存的确立,在接受儒教的同时,依靠佛教思想来镇护国家逐渐成了当时日本国家的统治理念。所以,敬佛的风气越来越兴盛,在这个过程中劝学会也逐渐成为贵族阶层学习交流的中心,密宗和新兴的净土教在这个过程中受到极大的关注。此外,二十五三昧会成立于986年,最初是由以源信为代表的比叡山首楞严院的25名僧人集结而成,作为平安时代结成的念佛结社,它是一个纯粹的宗教活动,结社的性质是一心念西方极乐净土,往生极乐世界。旨在通过模拟弥陀的 25 位菩萨,包括花山法皇和源信在内的 19 名僧人则提供八种祈愿,以形成佛祖的联盟,其中一种是为了自己往生净土,另一种是赋予六界众生权力,这种仪式是在净土信仰背景下出现的贵族个人主义、自我需求表达的宗教思想的自然产物。二十五三昧会的成立受到了劝学会的影响,劝学会虽然具有念佛结社的性质,但也只是通过诵读《法华经》或者作诗的方式来宣扬净土思想。

（4）从《往生要集》到对地狱的恐惧,形成解救之道

也就是说,从中国的净土教思想到良源的《极乐净土九品往生义》,再到源信的《往生要集》,日本地藏菩萨的地狱苦行信仰是在以良源、源信为中心的天台净土宗下形成的,尽管良源在其著作《极乐净土九品往生义》中描述了地狱的恐怖,却没有提到地藏等人脱离地狱的事,而源信的《往生要集》却是在二十五三昧会的背景下建立的,它描述了地藏救助恶鬼脱离地狱的巨大功绩。这个过程是思维渐进成熟的过程,是以源信为代表的日本学问僧在天台教义的框架内,积极探求更适合的解决六道轮回和地狱苦刑方式的外在表现。从劝学会到二十五三昧会,它建立在摆脱六道轮回、融入净土的愿望之上,并在贵族社会的神道宗教中长期占据主导地位。在这种情况下,日本的贵族社会逐渐形成了一种认知,即地藏菩萨救助六道轮回地狱的功德,就是阿弥陀佛所具有的功德。也就是说,对地藏菩萨的虔诚,就等于对阿弥陀佛的虔诚。或许正是在这种虔诚信仰的过程中,在当时日本的贵族社会中形成了一种非独立性格的地藏菩萨信仰形式。源信或许正是洞察了贵族的这种对地藏菩萨非独立性格的需求,才更积极地借助某种形式直观地表现地藏菩萨"苦与乐"的形象特征,以此来维持各阶层贵族的虔诚,进而实现纯粹意义上的地藏崇拜,达到专修地藏的目的。

回归到源信创造"比比丘女"游戏的问题上,尽管有一些日本学者对"比比丘女"游戏是由惠心僧都(942—1017)创造的说法存在质疑,原因在于与惠心僧都差不多的时代出版的《作庭记》(1028—1094)中就已经提到了这个游戏,所以他们认为之后在《三国传记》(约 1407 年)中所提到游戏是由惠心僧都创作的说法并不可靠,并相信之所以会有那种认知,是因为惠心僧都在《往生要集》(约 985 年)中创造的地狱救苦形象,基于这些因素

第三章 「老鹰捉小鸡」游戏的产生与传播

才将地狱救赎游戏化的任务归结到他的身上，以便与源信这样学识渊博的名僧结合，让这个游戏变得有价值。通过上述分析，我们便可以形成这样一种更可靠的猜测："比比丘女"游戏确实是由源信创造的，但他是在借取在中国唐朝时期形成并逐渐普及的儿童游戏"老鹰捉小鸡"的基础上进行的再创新。

这种猜测的形成可以从上述的分析中找到相对可信的依据：首先，从师徒传承上看。通过前文的分析我们可以了解到"老鹰捉小鸡"游戏最早应该产生于唐朝中后期的中国民间，而此时也正是空海、最澄、圆仁等日本高僧作为遣唐僧从唐朝带回密教、天台教义、净土教义和其他思想的时期。最澄生前曾反思自己在唐朝求法活动中的遗憾时说："虽远赴海外，但缺少真言道。"圆仁也便是怀揣着师傅最澄的这种遗憾再次作为遣唐僧去学习，最终在长达九年零两个月的求法僧生活中完成了《入唐求法巡礼行记》的撰写，这是一部堪比《马可·波罗游记》的求法游记，书中充满了圆仁对唐代的历史、佛教、文化、地理、交通、外交、经济、语言、民俗等方面的细致观察和洞察。尽管《入唐求法巡礼行记》中并没有圆仁对唐朝民间儿童游戏的记载，但在唐朝长达 9 年的时间里也必然接触过很多当地的民间游戏，或许"老鹰捉小鸡"游戏便在其中。而作为圆仁派的第 18 代座主良源一门继承了圆仁的教诲，源信又是良源的高徒。所以，我们有理由相信，通过这种师承关系，源信很可能通过良源了解到当时在唐朝开始流行的儿童游戏"老鹰捉小鸡"。其次，从地藏信仰推广的需求上看。前文我们了解到良源在其著作《极乐净土九品往生义》中描述了地狱的恐怖，却没有提到地藏等人脱离地狱的事，而源信的《往生要集》却将此作为重点加以描述。或许这就是源信基于良源基础上对净土思想的理论创新，认为阿弥陀如来往生西方极乐净土是拯救即将迎来末法之世的人们的方法，并为此提倡"厌离秽土，欣求净土"，为了实现这一目的，他提倡观想念佛。或许正是基于源信这一系列对净土思想的理论创新和观想念佛的独特方式，才使得他能够将自己从师承中了解到的唐代"老鹰捉小鸡"游戏创新性地应用在表现地藏菩萨救赎恶鬼的游戏中，这样就很容易让玩游戏的孩子或者接触了解这个游戏的贵族们更直观地以观想念佛的形式达到与地藏菩萨精神统一的境界。基于上述

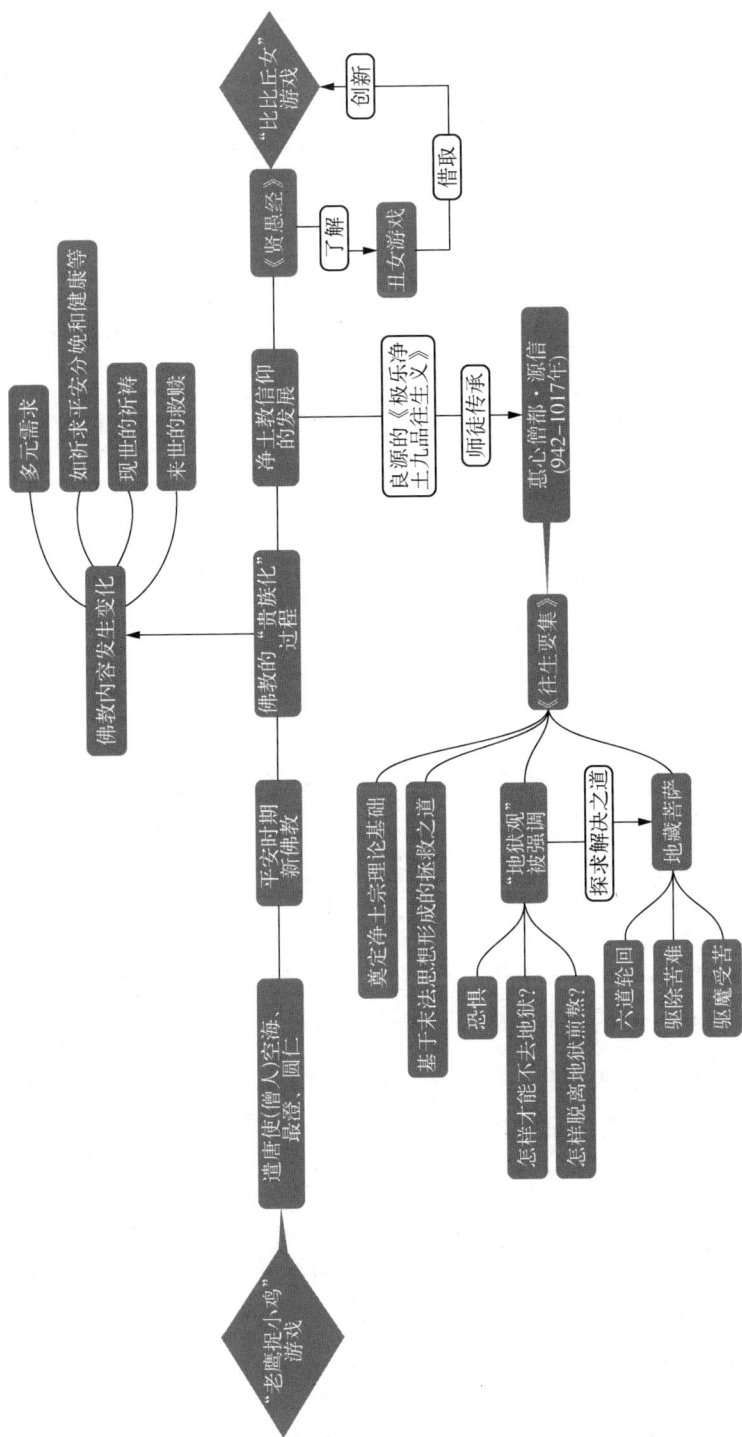

图 41 "比比丘女"游戏在日本普及过程导图

分析,我们可以有相对充分的理由相信源信是借取了中国唐朝的"老鹰捉小鸡"游戏的形式,创造了"比比丘女"游戏,从而宣扬他对地藏菩萨的虔诚以及实践菩萨善举往生极乐的路径(如图41)。

➤"比比丘女"游戏的普及过程

(1) 净土教思想在贵族社会中式微,末法思想从上而下扩散

我们知道,10世纪前后以源信和二十五三昧会为核心的净土教义热潮在日本的贵族社会中产生了极大影响。从11世纪后半叶到12世纪末,这在政治史上是所谓的院政时代。摄关制当然没有消失,但是政治的主导权从天皇的外戚摄关家转移到天皇父方的院、上皇方,院成为政治的中心。在古代秩序崩溃的时代,新中世纪社会的形成可以说是一个巨大的社会变动期。随着院政时期的到来,净土教在整个贵族社会的传播失去了最初的张力,陷入了信仰的形式化和审美的享乐主义之中,产生这种现象的原因便在于武士势力的崛起开始威胁到贵族的地位,在这个过程中国家机关衰落,可以说不复存在;庄园不断扩张,也因当地的武士而失去了现实意义。此外,佛教在平安时期受到贵族重视后,在宫廷内设立了佛教崇拜的修行场所,许多僧人开始作为宫廷讲师和护理禅师经常出入宫廷。这导致了僧侣与政治权力之间关系亲密,从而出现了僧侣们的挥霍无度、私人僧侣的产生,以及为建造大佛而任意进行大规模培训导致的僧侣质量下降等问题。大型寺庙权贵化,并与通常所说的僧兵等展开了战争,这些都被看做是末法到来的表现。社会基本结构从贵族到武士的变化所造成的混乱中出现了各种弊病,如抢劫、纵火和疾病的流行,也产生了一些在现代法律体系中无法想象的习俗,如猎奴(奴隷狩り①)和

---

① 回顾日本的历史,在大化革新以后的律令制中,存在着被称为"奴婢"的奴隶,并且允许买卖。但一般来说,贩卖人口是国禁,从平安到镰仓时代,多次颁布法令禁止贩卖人口。森鸥外的小说《山椒大夫》的背景便是"人贩子"和"奴婢"。另外,日本也有类似的规定:战争时期,将人作为奴隶进行掠夺、绑架和买卖是被允许的,是作为战争手段进行的,并认为"战争是奴隶的最大源头",记录这些的公共文件、武士的日记、私人的记录文件也有很多。立教大学名誉教授藤本久志的《新版雑兵たちの戦場 — 中世の傭兵と奴隷狩りー》(2005)中对此有详细的记述。

打架两成败法(喧哗两成败法①)等。这种对末法的看法不再仅仅表明佛教的衰落,还象征着国家本身的衰落,这种观念在当时的思想界被广泛接受。

也就是说,进入院政时代后,末法思想在日本不仅仅停留在贵族阶层的认知中,同样开始广泛存在于武士和民众之中。产生这种情况的原因,与佛教在日本的接受方式有着密切的联系。与中国末法思想只存在于僧侣之中不同,当佛教在6世纪上半叶从百济传入时,它与古老的神道教联系在一起。在此之前,神道教一直以占卜仪式为中心,佛教被尊为国家保护的关键,皇帝的疾病被治愈,《护国三经》祈求国家得到保护,免遭灾难。此外,在飞鸟时代,以佛教为中心的国家政策很早就得到了推广,如推古天皇的"佛教兴盛令"和圣德太子的"十七条宪法"。因为佛教是以这样一种方式被接受的,它与国家的人民密切相关,所以很自然地,如果末法的意识萌发,佛教随着时间的推移而衰落,就会被认为是国家危机,并发展成为社会问题。

也就是说,"末法"不仅仅是在贵族动摇的背景下出现的古代权力的危机表现,而且笼罩着整个社会的无可救药的崩溃观,是日本古代秩序的危机表现。所以,从上层贵族到普通民众,甚至是作为庄园的农民,这种末法的思想与每个阶层的意识相联系,在整个社会阶层中激起了广泛的危机感。我们可以从以下几本撰写于那个时代的作品中得到验证:

---

① 所谓喧哗两成败,是指不问打架的原因,对双方当事人处以同等的刑罚(原则上是死罪)。"狱前死人不告状就不检断"是中世的法谚,意思是"即使监狱前躺着尸体,如果没有人告状,调查也不会开始"。中世纪社会是一个彻底依靠自力更生的社会,人们为了解决怨恨或动产、不动产所有权而产生的纠纷而打架,当纠纷当事人是武士时,打架自然就变成了合战。为了避免家中的私人合战或家臣之间的打架演变成与其他家的合战,采用了喧哗两成败的法理作为家法。家人之间的私人争吵,有时会发展成主人之间的战争,成为大规模的骚乱。最终,为避免这种情况,建立了一种惯例。当一个人在战斗中被杀时,受害者要求肇事者交出下属(不一定是肇事者,而是肇事者集团的任何成员),受害者通过看到下属的脸来进行报复。当然,受害者往往会处决被移交的下属,而受害者也会要求肇事者受到惩罚,由肇事者执行,从而避免了一场战斗。当然,被害方往往会对被引渡的凶手处刑,也有受害者要求加害者对犯人进行处罚,从而避免战争的发生。在室町幕府的《故战防战之法》中可以看到打架两成败的先驱性形态。所谓"故战防战之法",是指对发动攻击(故战)的一方给予比防御一方更重的处罚,试图通过处罚进行私斗、私战的双方,来禁止私斗、私战。与此相对,《今川假名目录》规定了典型的喧哗两成败。《今川假名目录》在第8条"史料6"中明确规定,打架的人不论理由,双方都处以死罪。喧哗两成败的目的在于否定依靠自力救济的私斗、私战,将纷争的调解统一于大名权力之下,服从其裁判权。也就是说,"折中之法"的概念是喧哗两成败等法律理论被人们接受的原因。由于争议的双方都可以被认定有过错,解决的方法是在双方的主张之间采取中间立场。

第一本书是《日本灵异记》，这是平安时代初期由奈良右京药师寺的僧人景戒所写成的日本最早的说话集（约成书于823年）。全书流露着末法的危机意识，而景戒也是日本第一个有意识地提出末法问题的人物。书中投胎转世为题的故事也不少，动物被描写成有着如同人类一般拥有独自的思维与情感。原本身为人类，也可能因为前世做恶而沦为牛马之类的动物。所有的故事都强调一个共同的观念，就是"善有善报，恶有恶报"。有时是现世报，有时是来世承受后果，有时则是在地狱里接受责罚。景戒采用正像1500年的理论，并将那些日子视为末法的最后日子。这是受当时世态的影响，如感叹"观代修善之者，若石峰花。作恶之者，似土山毛"。景戒意识到末法的到来，强调正因为是这样的时代，人更应该谨慎，勤修善。

第二本书是《小右记》，这本书是藤原实资（957—1046）用日本风格的变体汉文撰写的日记，书中详细记录了藤原道长、赖通全盛时代的社会政治、宫廷仪式、故事等。书籍撰写的时期正值武士势力的崛起开始威胁到贵族的地位，随着末法时代的到来，在藤原实资的日记以及其他人的著作中看到的末法意识发展为更严重的社会危机。

> 近日不惮强盗贵处，谓之末代。

> 这就是末世了。可悲啊。纵火之事不断，天下就灭亡了吗？抑和洛中与坂东无异，朝宪，谁来附身于此？任王经所讲，毫厘无异吗？

除了上面两本书外，像《权记》《荣华物语》《春记》等许多书籍中都透露着末法思想。日本的末法思想与固有的无常观和厌世思想相结合，使得这种危机意识演变成整个国家的一种社会观，渗透到贵族、武士甚至民众之间。充斥着整个社会的末法危机意识也让当时的日本社会开始重新审视自己的国际地位，与末法思想相关联的"粟散边土"的国土观、国家观，即对印度和中国的边疆意识，开始影响当时日本社会对自身国家、历史和文化的价值观定位。也正是在那个古代秩序解体、出现各种各样的社会混乱的末法到来的时刻，"粟散边土"的历史境况却也开始促进日本自创文化的萌芽。

（2）"粟散边土"意识萌芽，探寻克服末法危机之道

"粟散边土"一词在源信时期已经使用。从摄政时期到仁政时期，以前

对中国文化的绝对重视开始发生变化,特别是在所谓的文人贵族中。在这个过程中,一种文化民族主义出现了,说日本的文化优于中国的文化。这当然是一种对中国文化的反面情结,但实质上,本位主义意识的增强是一种反面的意识,即日本作为对中国粟散边土认知的排斥性反应。与这种反应相对应的就是随着末法时代的到来,日本逐渐萌发的一种文化优越感。这表现在神国思想中。所谓神国思想,就是将日本视为神之国,国土和国土上的一切都是由众神创造并保护的思想,在院政时代末法思想遍及时则表现为"本地垂迹说"。在院政和武士崛起导致的政治流动化,天灾和战乱导致的社会混乱的背景下,产生了末法时代的实感和由此产生的救济愿望。因此,净土信仰盛行,法然等新的佛教宗派登场,这也促进了传统神祇信仰的变化和再生。粟散边土观也影响了这种末世意识。佛教以印度为中心的世界观认为,末法时代的日本人堕落不堪,难以得到救赎,无法用正当的教化方法来救赎。于是佛祖假借神的形象出现在这片土地上,以严惩教化人们,指向救赎,这就是"本地垂迹说"的意图。就这样,众神完成了从共同体之神到救济个人之神的蜕变。

在粟散边土观的影响下,对末法的救济和克服,作为社会共同的欲求和要求而出现。因此,必须以某种形式克服末法,这也是非常现实的要求。这种国家性的危机唤醒了民族意识,更重要的是这个时代处于武家和公家的权力交替时期,延续着这种思想,逐渐形成了日本特有的应对末法危机的方法。对源信来说,尽快推进净土信仰的普及,才是应对末法思想最积极的方式。为此,他和二十五三昧会的信众一起在灵山院进行释迦讲学。另外,有些僧人认为埋经〔将抄写的经典(主要以《法华经》为中心)放入经筒埋入地下供奉〕作为一种护法活动,期待弥勒下生,是解决末法问题有效的方式。再者,还有很多僧人认为将佛法和王法两者相依相融,通过显密体制传播,才能实现和平与安全的状态。"皇图的保护就是佛法"这句话在那个时期也被经常使用,这样既可以吸引上层贵族,也有能力吸引底层庄园的人们,认为这是克服末法危机的一种形式。针对日本这些应对末法危机的不同方法,井上光贞认为,末法到来的事实,作为"不论阶级、身份高低的自觉社会观",尤其促进了净土教的发展。平雅行也认为末法的到来也带来了各种形式的活化性。

　　从上文的探讨中,我们对中世纪日本克服末法危机的做法有了整体的认识。当时的统治者、统治阶级和大型寺庙的基本趋势是:通过复兴和推广这种正统的教学和实践,来克服末法。可以说,末法思想的本质在于通过时代的衰亡,唤起修行者的危机意识,唤起他们对既有形态的重新审视。从这个角度考虑,末法绝不是"已经到来的令人悲叹的时代状况",而是应该从自身的角度来看待的问题。最终,生活在现代的我们每个人都意识到自己正处于末法之中,并以克服末法为目标。然而,另一方面,这种观点的反面也自然而然地出现了,即在末法的世界里,即使只有教义,也很难实现行动或证明,所以应该有一种适合末法的时间和地点的信仰。这是非常真实地意识到末法到来的自然结果,它主张必须有适合末法的普通人的教义和实践,而不是上一代的传统正统方式。从中国传入的末法思想以其独特的形式在日本扎根,成为一种不限于僧侣和俗人的社会意识。但是,这种想法将社会上各种各样的问题状况与"末法"这一古老的预言性学说联系起来,赋予其意义,使自己成为时代的旁观者。从这个意义上说,无论佛祖是死是活,佛法在本质上都是永生的、不变的。那么,这种看似矛盾的学说,在日本的信仰体系中又是如何应对的?

　　(3)地藏信仰向民间的降生

　　当佛法被摧毁时,类似的佛法形象就会诞生。地藏菩萨信仰便是在这个过程中被更多的日本老百姓信赖和发展起来。在以源信为中心的横川净土宗中,地藏开始显示出它的特点,即通过六道轮回来信仰拯救来世的苦难。然而,从前文的论述中可以了解到,以源信为代表的阶段性的横川净土宗是建立在文人贵族和天台僧侣的党派式联合基础上的,从一个方面来说,它与民众并无关系。在院政时期台密的口传中,与其他神灵相比,地藏往往被看得很淡,这或许因为地藏的地狱信仰远非贵族社会这个世界的利益欲望,也不可能得到充分的传播和发展,它只是作为一种非个人的世俗利益的方法而存在。那么,民众是如何接触到地藏信仰的?

　　通过源信晚年在灵山院的释道玉堂,我们也可以看到下层官员与近江和横川净土派周围的诵经民众的接触。特别是在院政时期,随着天台教派越来越突出,源信净土派的信徒们纷纷离开山区,退居他处,或到京都和京都传教,吸引了各界信徒。此外,围绕庄园,受领方和领主方发生了对立,发生了各种各样的纠纷,最受困扰的就是在那里实际耕作的农民、庄民,因为纷争,他们的庄园荒废了,自己的生活变得穷困,于是向庄园主的政所呼吁,希望他们能救救他,这时,就会表达出希望拯救末代庄民的忧虑。大型寺庙的祭司和庄园的普通民众之间的接触和交流不是通过主寺庙进行的,而是通过当地民众聚集的周围的别所进行。这种事情在院政以前的时期当然是不能接受的,那时国家佛教处于控制地位,所以院政时期佛教界的价值多元化是一种现象,应该被认为是根本的。院政时期佛教价值观的这种多元化,也意味着大寺院内已经存在接受多元信仰存在的倾向。换句话说,这个想法并不是要否认在大型寺庙外围发展的各种实践和信仰形式。在这种情形下,以往镇护国家的东西崩溃了,私人的、个人的信仰、个人的救赎出现了。也就是说,从源信的地藏说教与横川地藏崇拜者之间的关系以及庄园庄民的被拯救需求可以推断,原本流行在贵族阶层的地藏信仰很可能是通过地藏阁、地藏会、官员与百姓的接触或者僧侣对地藏崇拜者的说教等方式传播到民间的。也就是说,院政时期的民间地藏信仰,从一个方面可以理解为贵族社会的地藏信仰(尤其是横川地藏信仰)向民间信仰的降生。如果考虑到地藏故事等的形成过程,院政时期民间地藏信仰的确立可以理解为民间地藏信仰从以横川净土教为中心的贵族社会中降生。

(4) 地藏信仰在民间的树立

我们该如何理解地藏信仰在日本民间逐步树立的过程呢?要回答这个问题,首先要弄明白院政时期日本佛教存在的诸行和专修这两种形式。所谓诸行,不用说,这是古代佛教正统的行形式,尤其是净土教,在源信的《往生要集》中确立了一种形式。在各种大寺院举行的佛法中兴法会,就是肯定诸行,以此克服末法。然而,这个时期出现了与诸行意思完全相反的专修。"诸行"与"专修",如果仅以此来比较,似乎是完全对立、完全相反的概念,但总而言之,这是一种共同意识,即如何克服末法到来这一现实。也就是说,诸行与专修这两种看似相反的价值观,在院政时期同时存在。从传统正统教义的角度来看,这种做法的行为会被视为异端,但这种修道在当时是基于这样的想法,他们并不是要否认正统佛教作为上个时代以来佛教的原始形式的存在,而是为了获得救赎,应该有各种基于因明的方法,使用各种方法是可以接受的,而不是否定他人,这就表现为价值观的多元化。换句话说,院政时期的佛教是一种不同形式的佛教以非常多元的方式并存的状态,如各种修行和修道,以及破戒和修行。

在这样一个末法时期却价值观多元化的时代,更多的百姓开始寄希望于通过参拜(神佛垂迹的)寺院和神社来拯救这个混乱不堪的社会。但此时的寺庙和神社却不能像以往那样得到国家的庇护,为了自身的生存,就会迎合人们的要求,会灵活运用地藏传播净土思想,于是就依托产生了具体佛像带来的具体利益被施加给特定人的故事。例如,法然建立的净土宗。净土宗的教义是专修念佛,原本没有地藏信仰介入的余地。但他们也认为地藏既然是佛教的菩萨,就不应该诽谤他。念佛以外的诸行的地位也是如此。虽说是专修念佛,但并不全盘否定念佛以外的诸行,也会灵活运用阎罗王=地藏的观念传播净土宗。所以,对饱经战乱的中世纪的人们来说,他们无论如何都需要来自地狱的救济者——地藏菩萨,比如身代之地藏、油悬之地藏、田植地藏等,他们都是"活生生的地藏",并希望存在于现世的地藏菩萨能够为他们这些不是佛教徒的普通众生分别发愿。所以,净土宗就顺应了百姓的这种心理需求,肯定念佛以外诸行的倾向,在教学上出现了对地藏的肯定评价。作为净土宗的第二位创始人,弁长(1162—1238)也承认地藏菩萨是拯救末法时代众生的菩萨。

又比如,道元建立的曹洞宗。日本的曹洞宗,在镰仓时代初期由道元前往中国宋朝学习后传入,与临济宗等一起被列为镰仓佛教之一。道元在《永平广录》卷4—319上堂中提到:永平寺的修行僧们,一定要专心坐禅。不要浪费时间。人的生命无常,不知道什么时候会结束。现在不坐禅修行,还等什么时候呢?也就是说,道元禅师认为历代佛祖流传下来的正确的佛法,就是一味地坐禅(只管打坐),并广泛要求修行僧们实践,否定通过修行获得现世利益。

但是,随着曹洞宗后来引入葬礼仪式,地藏信仰也被吸收进来。比如,在新潟县诸上寺藏的《亡者授戒切纸》中有这样的记载:

庄严的道场如常。地藏菩萨的牌位被放置在平台上。为死者准备的瓷砖被放置在肩膀下方。死者坐在祭坛上，面对法师，向法师祈祷三次，在炉上烧香，口中念着微弱的声音，念道：南无一心奉请三界六道化导地藏菩萨摩诃萨，我只愿你降临佛门，为慈悲戒律，赐予菩萨清净的大戒。

这表明地藏菩萨在当时民间传播的过程中也借用了以供奉死者的身份而出现的，这也都是基于"活生生的地藏"这个前提。

从上述例子中我们也可以看出，对净土宗和曹洞宗来讲，他们庇护的主要对象是战士和村人，因为这些人更容易面对死亡的威胁。此时百姓更希望向活着的地藏祈求现世的利益和以后生活，这是在遥远地方的佛祖无法进行的事情。所以，地藏菩萨可以在百姓的现世生活中直接发挥拯救的作用，更容易被人们接受。

此外，除了宗教传播的需求使得地藏逐渐对百姓的思想产生影响外，从平安到镰仓时代，《今昔物语集》《地藏菩萨灵异记》等地藏传说集的制作，同样对百姓产生了极大的影响，但这不同于源信《往生要集》中的贵族地藏信仰形式。如果我们进一步研究这些信仰的内容，就会意识到民间地藏信仰与贵族社会的信仰存在重大差异。在源信的横川净土宗中，地藏是佛陀的下属，典型的表现是其塑像的形式，但在《今昔物语集》和《地藏菩萨灵异记》的地藏故事中，地藏经常与佛陀一起修行，这是建立在平等的基础上，地藏作为地狱中解脱痛苦的菩萨，其独立性是非常强的。

通过所谓的地狱复苏论，可以看出这种地藏信仰在民间的特点。在《今昔物语集》的佛教文献中，有许多关于地狱复苏的故事，在这些故事中，堕入地狱的人在某种程度上被原谅了他们的罪过，并被复活回到这个世界。地狱复苏故事中苦难对象的变化，特别是地藏菩萨的出现，可以理解为民间传说中地狱观的变化和更加严肃的反映。《地藏菩萨灵异记》的地狱观是：善因产生善果，恶因产生恶果，如堕地狱、孝养父母、往生净土。《地藏菩萨灵异记》告诉我们，今生进入地狱的人几乎无一例外地犯了特定的恶行，如通奸、不孝和不敬，他们将在今生遭受地狱的折磨，而不是在死后进入地狱，这一事实表明了对这种恶行的报应的信念。《地藏菩萨灵异记》通过地狱的恐怖来鼓励今生的善行，并解释说，只要在今生积累各种功德，在最极端的情况下，向地狱的使者行贿，就很容易逃离地狱。

然而，在《今昔物语集》的地藏王故事中，出现了一种更严肃的地狱观。

东大寺藏满写道："久入笠木之洞，必见诸菩萨。他是一位虔诚的修行者，长期进入霞光洞，解脱菩提心，进行苦行，早上六点就上路，全心念诵念佛法门"，但他"因转生、生死的业力缘故"而被召入地狱。阿清和尚是一位"佛法修行者"，他"第一次到白山一个叫立山的圣地时，用自己的骨髓进行苦行，他以前曾多次这样做，他还绕过其他各山，渡海修行"，但他"被中孚的业力所束缚"，被召入地狱。尽管班玛古乐寺的地藏菩萨日夜敬仰地藏菩萨像，地藏菩萨也不敢怠慢保护他，但他还是"因前世的罪孽"被召入地狱，并向地藏菩萨哀叹道："我因轮回过多而死，将无法逃脱于此。"贺茂盛孝是一个思想正直、身体睿智的人，他在公共和私人事务中都很好地服务于他的家庭，他有一颗怜悯他人的心，非常尊重生命，对他人有恩。他堕入地狱，冥官说："众生的业力，无论善恶，都是不能改变的本源之法，我接受这个。"庆一寺的尼姑是"大善之人"，也被召入地狱。还有很多关于人们掉进地狱、迷失在阴间的故事，尽管他们没有犯过错。事实上，"罪业之因，犹如众生业力之重"，是人的力量所不能及的。换句话说，根据《今昔物语集》故事中的地狱观，人们被召入地狱并不是因为他们今生的善行或恶行，而是因为他们前世的业力，这是一种预先注定的命运。这被认为是人类的"不可逆转的规律"或命运。

这种宿命论的地狱观在一个方面让我们想起了覆盖摄关时代贵族社会的轮回观念，表现在"宿世"和"无常"这两个词上，就是宿世观和罪业观。《二十五三昧会起请文》中列举了对堕落地和地狱的恐惧，如"恐生前不修善，转身三恶道，出离三恶道，悲痛大哭，转心火宅，终入阎王手""失人身，何日显佛性，入地狱，时时仰天威"。前面已经讨论过，以天台为中心的净土宗节气时期，是为了摆脱六道轮回之苦，去往净土。因此，如前所述，鉴于天台净土宗与横川净土宗的密切关系，《今昔物语集》地藏王说话的复兴可以理解为 10 世纪天台净土宗的宿世观和轮回观在民间传统中的降生和确立。

然而,如果我们看一下细节,贵族式的净土法门与《今昔物语集》地藏说话中的地狱观似乎有很大区别。

如前所述,根据构成横川净土法门核心的《往生要集》的描述,除了地藏之外,如果接受文殊的名号,即使有严重的障碍,也不会落入地狱,而会在净土中出现;如果听到弥勒菩萨的名号,就不会落入黑暗之中;如果听到观音菩萨的名号,就会离开痛苦,获得解脱;势至也能照亮一切,使众生离开三界。观世音菩萨的名号也能照亮一切,使众生离开三界。此外,阿弥陀佛在六道中受苦的功德存在于所有这些神灵之上,而地藏菩萨在地狱中受苦的功德只是与阿弥陀佛尊者的功德一起提到。然而,在《今昔物语集》的堕狱故事中,苦行菩萨根本不叫文殊、弥勒或势至,而是集中在地藏菩萨身上。在那里,正如已经指出的,菩萨经常与弥勒菩萨一起出现,但即使在这种情况下,对众生的实际拯救也仅限于地藏菩萨。

在《今昔物语集》的堕地故事中,地藏王菩萨的信仰之所以受欢迎,可能是由于其功德的性质与其他神灵大不相同。换句话说,从《往生要集》中可以看出,文殊、弥勒、势至或阿弥陀佛的功德是使众生不落入地狱的功德。即那些在生前信奉这些神灵的人,死后永远不会进入地狱,而是能够往生到阿弥陀佛的净土。鉴于《往生要集》中对地狱详细描述的目的是让人们害怕地狱,并引导他们通过修行(净化)走向净土,这是自然的。这种功德的特点也可以说是摄关时代对六大观世音菩萨的信仰,在《法华经》的功德中,人们强烈地相信,如果在生前修行,就不会堕入地狱。然而,就地藏菩萨而言,其思想是,地藏菩萨进入地狱是为了拯救那些因前世的业力而堕入地狱的人的痛苦,尽管他们在今生做了好事。换句话说,地藏信仰与其他信仰完全不同,它是建立在人死后会堕入地狱的前提上。

换句话说,《今昔物语集》和《地藏菩萨灵异记》发展了《往生要集》对地狱恐惧的观点,将其发展成为人类不可逆转的规律或命运,而只有地藏菩萨才可以拯救众生。所以,佐藤弘夫说:日本的佛(地藏菩萨)诞生了。从院政时期到镰仓时代,再到江户时代,虽然有很多佛、菩萨做替身的事例,但只有地藏是有血有肉的。除此之外的佛、菩萨都是佛像的形象。由此可见,在中世纪的斗争时代,虽然活佛和菩萨不限于地藏,但只有地藏以肉身出现在现世,直接在现世提供利益。

也就是说,随着院政时期地藏信仰在民间的确立,地狱观逐渐发生了质的变化,不仅仅是将摄关时代天台贵族净土佛教中存在的对地狱的恐惧降到了民间,而且还确立了地狱是不可避免的思想。通过这种方式,日本古代社会对地狱的必然性在民间信仰中达到了顶峰,越来越多的百姓将地藏信仰作为来世的信仰,并认为地藏能拯救死者脱离所谓的六道轮回之苦,人们死后会在地藏的帮助下根据他们生前的业力转世。正如歌中所说:"我必须进入地狱,只求地藏,他能消除众生的痛苦。"在不断满足人们对地藏能力期许的过程中,也同样加深了百姓对地藏的信任。最终,地藏崇拜在整个中世纪传播开来,随着镰仓时期新佛教在日本各地的发展,净土宗、临济宗、智者宗和曹洞宗等许多教派的寺庙都开始供奉地藏菩萨像,到江户时代(1603—1868)村庄开始建立地藏祠。明治以后,特别是以京都为中心,地藏信仰与盂兰盆节活动相结合,固定下来以儿童为主体的地藏盂兰盆节活动。

此外,在本书的前面章节"认知发展:对世界的愿景"中也简要阐述了地藏菩萨与日本普通老百姓之间的关系,从中可以了解到:从地藏拯救弱者的信仰中,还被附加了孩子的守护者的性格,与子安地藏的信仰联系在一起。童子地藏的形象在日本18世纪前后也已形成,他将儿童的灵性与地藏的佛性相结合,借助儿童之口说出神、佛的意思。

通过上面的分析,我们可以清楚地了解地藏信仰从贵族阶层下降到民间并在民间逐渐被信任和信仰的过程。"比比丘女"游戏也是随着地藏在民间信仰建构的过程而逐渐被传播,并不断地被创新和再解释(如图42)。

➤"比比丘女"游戏助力日本民间信仰体系的建构过程

波平惠美子(1974)在《关于日本民间信仰的构造》中指出:由于日本的历史状况和支持不同信仰的人的社会结构,日本的民间信仰具有多层次的结构。如果把"民间信仰"定义为在民间社会扎根的无组织的宗教情况,那么在日本文化的漫长历史中,日本的民间信仰采用了来自国内外的各种宗教元素,而不是采用一种元素,然后淘汰以前的元素,并接二连三地接受进

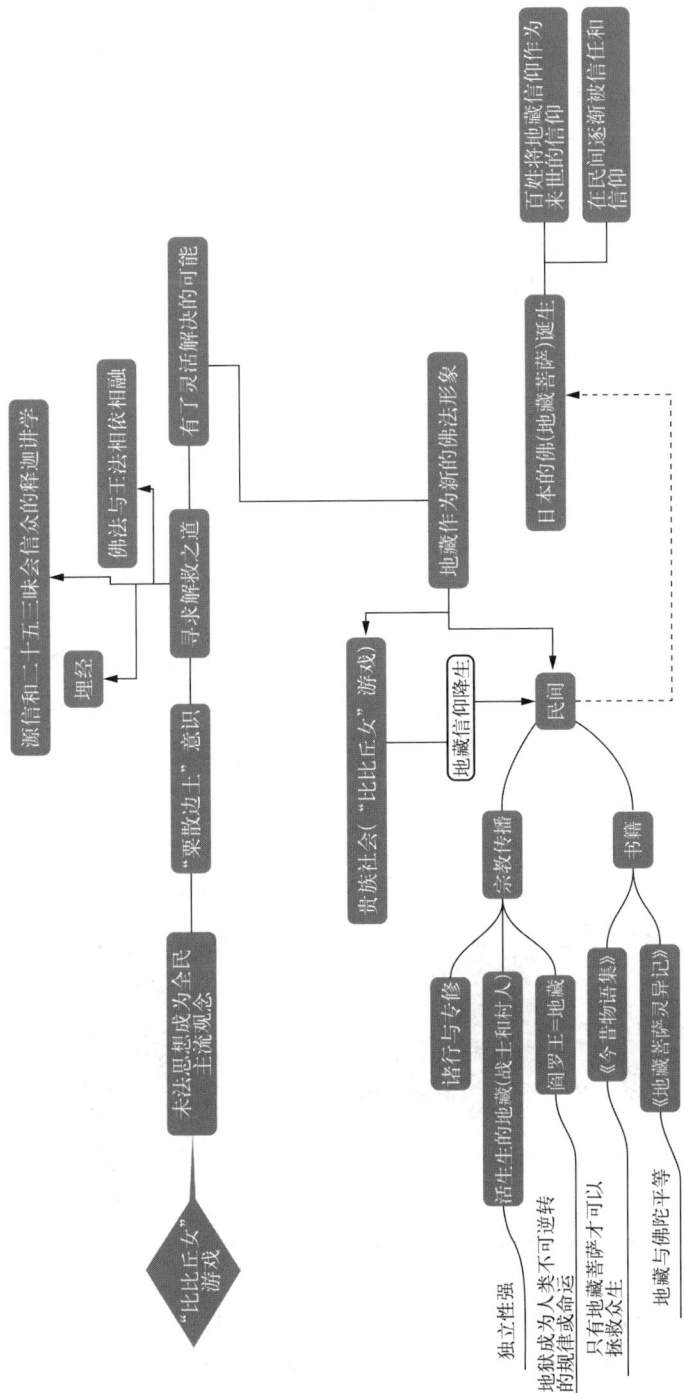

图 42 "比比丘女"游戏在日本普及过程导图

第三章 「老鹰捉小鸡」游戏的产生与传播

217

来的东西,而且这些元素之间相互影响。各种元素相互影响,构成一个复杂的多层次体。然而,只要信仰涉及生与死、幸福与不幸福的人类根源,日本民间信仰的实质就不能被认为是湖底的一层泥土,装载着所有的信仰元素,而是具有某种结构的东西,与人们的生活有着深刻的联系,每个元素在这个结构中都有特定的作用。也就是说,"比比丘女"游戏在日本随着地藏信仰普及的过程也必然承载着信仰传播的作用,也必将在游戏的过程中牵连着人们对生与死、善与恶的理解与期许。

在日本现存最早的有关"比比丘女"游戏的记载,出现在法然寺旧藏《地藏菩萨灵验记绘》的第六段:当孩子们聚集在一起进行"比比丘女"游戏时,恶魔决心要带走这个孩子,但作为孩子父母般的地藏王菩萨却很担心。恶魔和地藏被要求回答对方的问题,以说明绘画的内容。尽管这是一段失传的词书断简,却可以了解到这幅绘画所要传达的游戏的空间、背景、人物以及主旨思想。

图43中地藏菩萨手持锡杖一个人对抗赤鬼,鬼吓坏了,地藏菩萨的背后躲四人,从发型和着装判断应该包括两位男性(其中一位可能是小沙弥)和两位女孩子,从她们的发型初步判断可能代表贵族女孩子和平民女孩子,他们分别抱着前面人的腰。

图43 法然寺旧藏《地藏菩萨灵验记绘》中的"比比丘女"游戏

在传统的日本人的生活中,有与平常不同的特别的日子或者时间,在那个日子中人们不劳动,穿特别的衣服,吃特别的食物,进行特别的活动。反过来说,通过做这种特殊的事,强调这一时刻是不同于其他时刻的特别的时刻。民俗学中把这种特别的时刻称为"晴之日",也就是从"俗的时间"中切割出来的"神圣的时间"。这些特别的日子和时刻被百姓认为神和人相互联系、接触的日子。就空间而言,在人们生活的场所中,有一种特殊的、区别于外界的空间,那就是宫内、田间水口,房屋中有井、灶的地方以及神龛、屋神的地方。那里是神圣的地方。即使在平时,这个空间也受到了与外面不同的待遇。

因此,在日本人的生活中,围绕着人们的空间、时间以及人们的行为可以大致分为三种。

(1) 日常生活中的事情,关于它的观念和行动方式。

(2) 从日常生活中分离出来,与神相关的观念和行为方式。

(3) 从日常生活中分离出来,与神相对立的观念和行为方式。

日本的老百姓习惯于将生活中的特别事项与一般事物相区别,比如:与神有关的,对人类来说从根源上是好的事情、有希望的事情、喜庆的事情,甚至包含清净的事情进行不同的分类。与之相对立的,对人来说是恶的事情,不幸、疾病、受伤、死、罪,甚至包含不净性的事情归入其他类,并在日常的生活和休闲中严格地实践这些由观念和信仰形成的不同类别。

或许就是在日本的老百姓这种归类生活的过程中,"比比丘女"游戏变成了他们信仰地藏的日常儿童游戏行为,地藏拯救众生的咒语变成了儿童游戏过程中的对话与歌唱,神变成了人,宗教变成了习俗。在这种场景不断变换的过程中,普通的日本老百姓逐渐适应并应对自如。这也逐渐形成了他们对生活场域的独特理解,在日常的生活中自如地变换场所代表的意义,生活的场、祭祀的场、游戏的场、文化的场、善的场、恶的场等,就构成了日本老百姓所特有的圣俗一元的文化特色。

通过上述分析我们可以形成这样的认知:日本老百姓的民间信仰在宗教观和信仰行为上是未组织的,它不同于宗教严格的形式化内容,老百姓信仰的过程完全反映在他们游戏玩要之中,反映在他们日常生活的琐碎事项中。也就是说,老百姓的玩要就是玩要,并没有深奥的语言去赘述,但玩要的过程却也有着它根源性的信仰之力。这不同于道元所一直孜孜以求的专修坐禅,也不同于源信的观想念佛,日本的老百姓在自身对生活、生死、救赎与往生的朴素理解中形成了自己一直"俗气"的生活方式和信仰方式。对他们来讲,"比比丘女"游戏或者说"鬼捉子"游戏既是小孩子的游戏,也是信仰之力。

➢从"老鹰捉小鸡"游戏到"比比丘女"游戏的再推论过程

前面章节在介绍日本学者研究"比比丘女"游戏时,提到了佐竹昭广从民族语言演变的角度进行的分析,从中我们可以了解到,ヒトクメ是ヒト和ココメ的复合体,ヒト指的是"人",而ココメ与シコメ(丑女)是同义词,在原本的意义上,它是由シコメ(丑女)在"同义语类推"的作用下演变而来的,而ヒフクメ(比比丘女)则是由ヒトクメ(人鬼)演变形成。从佐竹昭广的论证中我们梳理出"比比丘女"游戏产生的另一个可能的过程,即:シコメ(丑女)——ヒトクメ(人鬼)——ヒフクメ(比比丘女)。也就是说,在日本流行的"老鹰捉小鸡"游戏最初可能被称为"丑女游戏"。基于此,我们可以看出"丑女"在这个可能的传播链条中很关键。那么,与丑女相关,又与佛教有联系,且在当时的日本社会能够产生很大影响的事件或者事情又是什么呢?从本书前面的论述中,我们很容易想到这个关键的连接点,即《贤愚经》。

从前文的分析中我们知道,"尸毗救鸽"故事传入中国,最早出现在《贤愚经》(435)卷二"波斯匿王女金刚品"中,而"波斯匿王女金刚品"在《撰集百缘经》(约222—253)中被称为"波斯匿王丑女缘";在《杂宝藏经》(约460)中被称为"波斯匿王丑女缘";在《敦煌变文》中被称为"丑女缘起"。也就是说,贯穿这个故事始终的便是对这位名叫金刚的丑女前后变化的介绍。故事讲的是,在舍卫国摩利夫人生了一个名叫金刚的女孩,这个女孩的长相非常丑陋,文中是这样描述的:"极为丑恶。肌体粗涩。犹如驼皮。头发粗强犹如马尾。"女孩逐渐长大,到了谈婚论嫁的年龄。因为丑,王对这个女孩的婚事非常的担忧,便差遣吏臣去推荐合适的人。在官员的推荐下,这位女孩嫁给了一位贫穷的书生,但同样是因为丑,这个女孩出嫁后一直被禁足,不让她被外人看到。但是这个女孩对这种行为非常愤恼,并向佛质问道:"我种何罪。为夫所憎。恒见幽闭。处在暗室。不睹日月及与众人。复自念言。今佛在世。润益众生。遭苦厄者。皆蒙过度。即便至心遥礼世尊。唯愿垂憨。到于我前。"看到这个女孩精诚信佛、敬心纯笃,佛于是现身到女孩家。在佛的帮助下女孩容貌发生了蜕变:"相好非凡。世之希有。恶相悉灭。无有遗余。"这个故事也是向人们传达佛教的因缘果报的思想,只有"皆生信敬""敬奉佛教",才能"即尽诸恶""有得初果"。

以遣唐使为首,随着与唐朝的交通繁荣,大量中国文化传入日本,《贤愚经》也在这个过程中随着佛教的传入而被传播过去。

圣武天皇的天平年间,是奈良文化的鼎盛时期。圣武天皇尊信佛教,修建了奈良的东大寺等,目的是希望推动佛教在日本的发展来依靠佛教镇护国家,促进国家的兴盛。在这个过程中,晋唐书风流行,写经开始在日本流行起来。为此,设立写经所,培养写经生,直至产生写经体。所以,奈良时代又被称为"写经的时代"。在护国佛教的名义下,全国出现了抄写佛经的现象。圣武天皇也是其中一员,由于《贤愚经》在当时是人气很高的古写经,圣武天皇便选择它作为写经的摹本。后来,人们将圣武天皇亲手写的《贤愚经残卷》(705—756)称为《大圣武》,圣武天皇的书法一笔一画都写得一丝不苟,十分细腻。奈良时代的写经遗物,以东大寺戒坛院的《宸翰贤愚经》为首,现存为数众多。奈良时代后期的写经也受到圣武天皇所书写的《贤愚经》的影响。

到平安时代初期,嵯峨天皇(786—842)也非常喜好唐风,与入唐的空海(774—835)、橘逸势(782—842)等人模仿晋唐书法,在当时他们三人作为平安时代初期的第一书法家被称为"三笔"。而这个时期也开始出现了将中国风日本化的现象。比如,空海大师,他被称为"日本的王羲之",《风信帖》(国宝东寺藏)是他的传世之作,从他的作品中可以看到夸张的表现手法,甚至可以看到杂体书的手法,所以他的书法风格被称为"大师流"。嵯峨天皇的书法则受到空海的影响,也是用夸张的手法去写字和绘画。

到了平安时代中期,随着唐朝的衰颓,遣唐使一职被废除,国风文化开始确立,并从镰仓时代开始,形成了各种各样的日本书法流派。这其中书法最引人注目的也是三位佛教高僧:亲鸾(1173—1262)、道元(1200—1253)、日莲(1222—1282)。他们对佛教教义的理解也体现在他们的书法作品中。所以,雄峰阁在《日本图书的历史》(日本の書の歴史)中对这三位高僧的书法有这样的评判:"亲鸾是净土真宗的鼻祖,主张绝对皈依阿弥陀如来,但看他的亲笔《教行信证》(国宝真宗大谷派藏),就会发现他的笔锋锐利,甚至让人觉得是用毛笔把纸撕开,但是,并没有那么痛的感觉;道元是曹洞宗的鼻祖,是个一味地讲坐禅的人,他亲笔写的《普劝坐禅仪》(国宝永平寺藏)是非常严厉的楷书,说它是奈良时代写经体以来最严谨的字体也不为过;日莲是日莲宗的鼻祖,主张皈依《法华经》的人,从她的亲笔书信来看,她的笔迹非常快。作为本尊的曼荼罗等也有共通之处,就是语言会迸发出来,有热情的感觉。"

通过上述分析,我们可以形成这样的观点:《贤愚经》传入后,日本自上而下恰逢非常喜爱唐风,而唐朝书法便成为一个更容易融入唐文化的切入点。在这个过程中圣武天皇写了书法版的《贤愚经》,并无形中扩大了《贤愚经》的影响。或许在这个过程中,《贤愚经》中的关于丑女的内容开始被人们所熟知。不仅如此,还有《贤愚经》中包含的"尸毗救鸽"等本生故事也在日本开始产生影响。在这个过程中,日本佛教的高僧也非常喜欢用书法的形式传播自己对佛教的理解,这个过程进一步促进了《贤愚经》本身以及其中包含的丑女的故事对日本民众的影响。而此时,无论是作为遣唐使的日本高僧还是从中国去日本的僧人,他们很有可能将流行于唐朝的"老鹰捉小鸡"游戏在这个过程中传播到日本的民间,又由于产生于唐朝的这个小游戏在当时或许本身名字就因地域的不同而有很多,所以当这个游戏传入日本的时候起初也只是被称为"丑女游戏",用以传播"因缘果报"的思想。但随着佛教自上而下的传播以及地域方言的不同,游戏在日本零散传播的过程中开始逐渐变化,成了"比比丘女"游戏。

这是个大胆的推论,但又觉得更贴近真实。无论怎样,我们基本可以形成这样的认知:日本的"比比丘女"游戏是从中国唐朝时期传入的,传入的过程也是佛教在日本传播的过程,而游戏在日本普及的过程却是日本百姓对末法思想、地藏信仰、现实与来世等的本土化理解的过程。

第四章 "老鹰捉小鸡"游戏的"道"

人们之所以领悟不到宇宙的秘密,是因为他们习惯于将自己桎梏在眼见为实的牢笼里,不允许自己尽情想象,大胆假设,从而掩盖了直觉的光芒。[①]

——爱因斯坦

2022 年 10 月,阿斯佩(Alain Aspect)、克劳泽(John F. Clauser)和蔡林格(Anton Zeilinger)因使用纠缠光子测试现实的量子基础而获得 2022 年诺贝尔物理学奖,这原本是一个重要却普通的诺奖事件,似乎跟这本书的研究并不相关。然而,这次诺奖颁发给他们,是为了表彰他们在展示和研究量子纠缠方面的贡献,他们的工作提供了实用的理论方法和决定性的实验测量,强调了量子世界和经典世界之间的区别,表明量子物体可以通过纠缠以经典物体无法实现的方式相关联。正如 Zeilinger 谈到的:"最能激发他灵感的仍然是它对现实的本质构成的谜团,即,'现实到底意味着什么?'这个问题——从根本上说,在我看来仍然没有答案……这是进行新研究的途径。"[②]在颁奖仪式上,诺贝尔物理学委员会成员伊娃·奥尔森(Eva Olsson)也表示,他们的工作"打开了通往另一个世界的大门,它也动摇了我们解释测量的基础"。也就是说,当诺贝尔物理学奖颁给量子纠缠,它便证实了一种被称为"纠缠"的奇异量子现象的存在,也证实了薛定谔的正确性。在这种现象中,两个相隔很远的粒子似乎共享信息,尽管没有任何可能的交流方

---

① (美)拉什尼尔:《感应:决定命运的力量》,闻人菁菁译,吉林文史出版社 2012 年版,第 7 页。
② Lee Billings, "Explorers of Quantum Entanglement Win 2022 Nobel Prize in Physics", SCIAM, October 4, 2022.

式。这也就再次动摇了人类对客观世界的认识,让人们重新经历一场"认识论的转向"。

纠缠是1930年代物理学巨头爱因斯坦与玻尔和薛定谔之间关于宇宙如何在基本层面运行的激烈冲突的核心。爱因斯坦认为现实的所有方面都应该有一个具体的和完全可知的存在。所有物体——从月球到光子——都应该具有可以通过测量发现的精确定义的属性。玻尔、薛定谔和其他新兴量子力学的支持者发现,现实似乎从根本上说是不确定的;粒子在测量之前不具备某些特性。然而,爱因斯坦认为这个奇异的理论只是进一步使得哲学与经典物理学保持一致的垫脚石,他怀疑两个纠缠的电子呈现相反的自旋,因为一些"隐藏变量"首先导致它们的自旋而指向相反的方向。正因为此,爱因斯坦试图通过强调纠缠的荒谬性来扼杀量子力学,继而阻碍了哲学社会科学领域近一个世纪的对社会和文化现象的理解方向。所以,在那托普看来:一切知识的原型都应在数理科学中寻找。柯亨也认为:"历史学是以年表为根据的。"①

事实上,至少一个世纪以来,社会科学家一直在争论,"我们如何处理意义、意识、意向性所有这些看起来不重要的东西?"实证主义者会说:"这不是什么大问题。我们可以做科学,就像地质学家可以做科学一样。我们基本上可以忽略意义,我们可以忽略意识。"然而,反实证主义者或者解释主义者说:"不,不,不,意义就是一切,我们必须研究意义,我们必须考虑意识。"这种分歧已经存在了一个多世纪。这是一场完全停滞不前的辩论,无处可去,因为潜在的问题是我们没有对意识做解释。针对此,卡西尔曾提到过一个概念"扩大认识论",让我们明白,作为一个整体的人类精神生活,除了在一个科学概念体系内起着作用并表述自身这种理智综合形式以外,还存在于其他一些形式之中——这些其他形式,就是语言、神话以及与之密切相联的宗教、艺术等。说到底,逻辑和科学认识的本质无非在于它是人类把特殊事物提高到普遍法则的一种手段,但问题恰恰就在于,神话、语言、宗教、艺术等同样也都具有把特殊事物提高到普遍有效层次的功能,关键只在于"它们

① (英)柯亨:《纯粹认识逻辑》(德文版),第43页。

取得这种普遍有效性的方法与逻辑概念和逻辑规律迥然不同而已。

传统认识论的根本局限正是在于，一方面，它把所谓"非理性的"东西都当成不可理解的、荒谬的东西抛了出去，从而反倒给神秘主义、非理性主义甚至反理性主义留出了"合理"的地盘；另一方面，它又把"理性的"东西看成是人类原始即有的天赋之物，从而使得理性的科学知识本身变成了无本之木、无源之水，反倒成了无法说明的"非理性的"东西。卡西尔指出，实际上，一方面，即使像"神话"这种看上去最荒诞、最不合乎理性的东西，也并非只是一大堆原始的迷信和粗鄙的妄想，并非只是乱七八糟的东西，而是具有一个"概念的形式""概念的结构"，因而也就必然具有一个可理解的意义，把这种意义揭示出来就成了哲学的任务。

量子纠缠所带来的新的认识论转向，让我们对以往那些难以用经典的方法解释的意义、意识或观念有了一种更合理且与经典观点截然不同的思维。经典观点采用了一种原子论的方法来界定人的本质，在这个意义上，人更像是一个精密的机器，所以人类的身体、行为、知识、意识、情感以及观念都是以这种原子化的方式来观察。但从量子角度来看，人更像是一个整体的"活物"。亚历山大·温特（Alexander Wendt）认为："人是一个量子化的系统，它是整体的，是不可分离的，即使我们的身体被皮肤包裹并且彼此分离，但我们的思想通过语言纠缠在一起，语言是一种将我们的思想纠缠在一起的量子现象。"[1]我认同温特的观点，因为语言定义了人类社会的尊卑、等级等秩序，所以从量子领域来思考，它也必定是将人类思想纠缠在一起的纽带之一。

然而，语言必定也不是唯一的纠缠纽带，当我们欣赏一幅画，或者聆听一首曲子时，很多人或许也会被某种力量纠缠在一起，这也正如本书所研究的"老鹰捉小鸡"游戏，一个简简单单的小游戏，却被很多人借用以创新。它就像一个脱胎于混沌的、初始诞生的火种，在被不断借取的过程中才得以形成燎原之势。正如卡西尔所说的："自然科学知识这种最理性的东西，人的

---

[1] Alexander Wendt, *Quantum Mind and Social Science：Unifying Physical and Social Ontology*, Cambridge University Press，2015.

科学认识这种最纯粹的理性能力,绝不是人类原始的天赋,而是人类后天所取得的成就。它是人类智慧发展的一个终点,而不是其起点。"①在"老鹰捉小鸡"游戏或"尸毗救鸽"故事遍及世界之前,它就已经存在于一个客观的世界中了。这种客观世界不同于我们科学概念上所熟悉的历史或者地域,也不是在同一个维度下我们所了解的大千世界,而是某种原本就存在的"道"。从当今世界对量子纠缠的公认以及我们目前的了解中,我们可以更清晰地明确这一原则——哲学以及认识论的研究起点不是也不应是"纯粹科学认识"这种人类智慧的最后成就,而应是人类智慧的起点。只有我们通过对"老鹰捉小鸡"传播过程深入分析,并最终揭示出那些不自觉地和无意识地借取过程时,我们的认识论也才具备了卡西尔所谈到的"真正的基础"。②

① Ernst Cassirer, (1953), *The Philosophy of Symbolic Forms*, New Haven: Yale University Press, p. 69.
② Ernst Cassirer, (1946), *Language And Myth*, Harper & Brothers, New York, pp. 16 - 17.

"元文化"形态的诗意表达

人类社会是一种以人为基础的社会形态,是一个复杂的系统,由多个方面和因素相互作用,包括不同国家、民族、文化、语言、宗教等。每个社会都有自己的独特特点和发展轨迹,这使得人类社会变得多姿多彩。在这个过程中,自古以来无论是史学家、人类学家还是社会学家都在尝试从各自专业领域来解析并建构人类社会的整体面貌,也正是在这个过程中人类社会所表现出的多元化、社会组织、社会秩序、科技进步和经济发展才得以被记录、传播和传承至今。但也正是如此,我们才会容易被建构起来的人类"文化""文明"的宏大景象所困惑,很难在冗杂的文化现象中探寻出人类传承至今的奥秘。而如果想要把这一点弄得稍微明白点,则不得不去深究人类社会的基本面貌,也就是人类社会繁衍至今所存在的许多基本的共性,这些共性构成了人类社会的基本面貌,是人类社会得以存在和发展的重要原因。人类学家乔治·默多克(George Murdock)在研究世界各地的亲属制度时,首先认识到文化共性的存在,并认为文化共性通常围绕着人类的基本生存,例如寻找食物、衣服和住所,或者围绕着人类共有的经历,例如出生和死亡或疾病和康复。为此,在不同地区和不同时期独立出现的人类文明中,我们可以观察到以下共同点:

其一,在社会性方面,人类社会是由一定数量的人组成的,其社会结构是由许多组成部分组成的体系,并由种族、性别、地位等多种因素决定,它通常被分成不同的社会阶层,如富人、中产阶级和穷人等,这些不同阶层的成员在许多方面都有不同的社会角色和责任,并且在资源、权力和机会方面也有很大不同,社会结构为人们提供了不同的角色和身份认同,如亲属、朋友、同事等。人类社会性的另一个共同之处是依托语言基础上的社交互动,人类社会的沟通和交流需要语言作为媒介,语言能够帮助人们理解和组织世界,进一步发展自己的思维和认知水平。在这一基础上,人们相互联系、相互依赖、相互作用,并通过交流、合作和分工,共同完成各种社会活动,如生产、繁殖、文化交流等,以实现共同的目标,满足共同的需求。社会性让人类社会成为一个相互覆盖、相互联系、相互影响的整体。

其二，在制度规则方面，人类社会的制度规则是社会组织形式中的重要组成部分，是促进社会秩序、权力分配和管治的方式，例如一些常见的法律制度、道德规范、社会习俗、教育规则、政治规则等。这一系列制度规则可以规范人们的行为和活动，形成一套固定的规范和准则，让人们遵从和尊重，还可以实现公正和公平，保障个体权益，同时也让人们更好地适应社会的规则和行为准则。此外，制度规则可以规范社会的各个方面，包括经济、政治、文化等，提高社会的透明度和公信力，让人们更有信心和安全感。人类社会中的制度规则非常多样化，这些规则共同构成了人类社会的制度体系，为社会秩序和个人自由提供了保障。

其三，在文化模式方面，人类社会的文化是由前人传承而来，文化模式是指不同文化背景下人们的信仰、价值观、行为方式、传统习俗等，历史上不同社会、不同地区的文化模式多种多样，但它们有着一定的共性。例如，人类社会中存在各种音乐、舞蹈、戏剧和文学等形式的艺术活动；不同国家和民族都有自己独特的祭祀、婚礼、葬礼等传统仪式；人们也有着对生命、死亡、道德等方面的共同思考，这些都构成了人类社会的共性。每个文化背景中都有着其独特的文化模式，而这些文化模式的多元性和和谐性是非常重要的。每种文化模式都有其相应的道德、价值观和道德准则，这些规范为人们的行为提供了方向，是他们的认同和个性的重要来源。文化模式不仅影响着人们的生活方式和价值观念，还能够塑造社会结构和个人行为，人们通过自己的文化模式来理解和适应各种社会场景。

其四，在亲属关系方面，人类社会的亲属关系决定了人们在社会结构中的位置和角色。这些亲属关系包括家庭、婚姻和亲戚关系。家庭是人类社会的基本组成单位。无论是何种文化背景，家庭都是人类社会最基本的组织形式。在家庭中，亲属之间的关系是非常紧密的，这种关系会对个人在社会中的行为和价值观产生深远的影响。在不同的社会和文化中，亲属关系的重要性和社会角色有很大不同，但是其存在的普遍性和重要性是不可忽视的。例如，在一些社会中，家庭和亲属关系是社会生活的核心，而在其他社会和文化中，个人自主和独立更加重要。亲属关系在不同文化和地理区域中存在着相似的亲属称谓体系。亲属称谓体系是指在不同文化和地理区域中,人们对于亲属之间的称呼和区别的方式。虽然不同文化中亲属称谓体系的具体内容和称呼方式有所不同,但是整体来看,其分类方式及其存在的需要性是非常相似的。此外,亲属关系在人类社会中都有着相似的功能和意义。无论是何种文化和地理区域,亲属关系都包括了情感上的支持、经济上的互助、社会地位的传承等功能以及婚礼、葬礼、生日等亲属关系相关的仪式和礼仪,这些功能为个人在社会中的行为提供了方向和支持。

其五,在宗教信仰方面,在不同的文化和地理区域,人们会信仰不同的宗教和教派,但是人类社会中没有一个文化是没有宗教信仰的,这体现出它的普遍性和多样性特征。尽管不同的文化和地理区域信仰的宗教和教派各异,但是人们信仰宗教的动机和目的是相似的。人们信仰宗教是为了寻求精神上的满足和安慰,以及对生命和社会现象的解释和意义,这不仅仅是人类对于神秘和超自然的信仰,更是人类社会文化的一个重要组成部分。在不同文化和地理区域中,宗教信仰可以作为文化传承和社会认同的符号和工具,使族群、国家或者地区的文化和社会价值观得以传承和维持。在不同文化和地理区域中的宗教信仰,创造出了不同的价值观念和社会行为模式,这些模式对于人们的行为和价值观念产生了深远影响,使人们更好地适应不同的社会环境。

从上面的概述我们可以了解到,所有的人类文明都发展了语言作为交流的手段,建立了社会结构来维系整个社会秩序和稳定,并发展了各种形式的艺术和表达。此外,大多数文明都发展了宗教或信仰体系,从事贸易和农业等经济活动,并发展了管理和法律制度来规范行为。人类社会表现出的社会性、制度规则决定了人类社会的分工和协作发展,它们构成了显性的文化现象,而文化模式是我们在相似情况下看到的相似行为,这是由于随着时间的推移而稳定的共同信仰、价值观、规范和社会实践,它影响着人的行为;亲属关系决定着人的归属感,宗教信仰则推动人价值观念的形成,它们则构成了隐性的文化现象。在人类共性文化中无论这些表现出来的显性文化现象还是隐性文化现象,它们都代表了被广泛认可和共同遵循的价值观、信仰、习俗、传统和行为准则,它们共同为人类建立了一个基本的价值系统,使人们在共同的信仰和习俗下感到联系和归属感,让人们知道什么是被认可的行为和什么是不被接受的行为,可以促进不同文化之间的交流和相互了解,成为交流的起点,促进人类的团结和和谐。

那么,作为遍及全世界的"老鹰捉小鸡"游戏,它在人类的共性文化中处于怎样的位置,又扮演什么样的角色呢? 接下来,本书将从人类社会基本面貌表现出的这五个方面为出发点进行分析,阐述"老鹰捉小鸡"游戏在其中的特殊性,并探讨这个小游戏所代表的文化现象在人类历史上的意义。

从社会性上看,无论是中国上海地区"牵狗卖莲鲌"游戏中来买鱼的"客人"、扮作卖鱼人的"头",在满族人聚集的地区流行的"老鸹子抓小鸡"游戏,或"拉拉狗"游戏中的磨刀"大哥",仡佬族"牵羊摆尾"游戏中的羊老板,还是日本明治时期"鬼捉子"游戏中抓人的"恶鬼"、保护孩子的"父母",韩国"摘西瓜"游戏中的看瓜"老奶奶",摘西瓜的"领头孩子",越南"龙蛇"游戏里的"医生",斯里兰卡"埃卢万克马"游戏里的"捕山羊的人",土耳其"狼爸爸游戏"中的"狼爸爸"与"鸡妈妈",英国"狐狸与鹅"游戏中狐狸跟鹅之间关于"回家"的对话,非洲东南部马达加斯加岛"拉萨林德拉"游戏中的"强盗",美国南方各州"女巫捉鸡"游戏中的"女巫",牙买加"公牛"游戏中的假扮"公牛"的孩子,南美洲一些国家"el gato y el ratón"游戏表达的对猫灭鼠的崇拜,抑或是澳大利亚北昆士兰地区的原住民"月亮"游戏中的"罪犯",这些遍及全世界的"老鹰捉小鸡"游戏都是人的社会性属性的延伸,都代表了社会成员不同的社会角色与责任,也流露出社会大众在时代背景下的生活状态与身份认同。例如:"磨剪子嘞,戗菜刀"的吆喝声是中国 20 世纪五六十年代在街头巷尾经常听到的声音,它代表了一个以磨刀为生计的群体的生活方式,这些磨刀"大哥"往往肩挑一条长凳,长凳一头固定两块磨刀石,一块用于粗磨,一块用于细磨,正像"拉拉狗"游戏中孩子角色代入的那样,代表了最普通的百姓生活,也为普通老百姓所认同。

也就是说,"老鹰捉小鸡"游戏之所以表现出明显的社会性特征,并且富有丰富的社会意义,一是因为它反映的是老百姓日常生活的一部分,而且游戏中所表达的价值观,也同样迎合了老百姓对不同社会角色和责任的期待。无论是游戏者还是观看者,他们都不需要像"跳房子"游戏或者现代足球那样在各种随机和不确定当中去揣测游戏的结果,他们只需要把短暂的际遇与角色的责任联系在一起,并思考如何在自己的角色中更好地达成自己的目标。这种把个体经验融入游戏情境中的做法,不仅凸显了游戏角色划分的不同,也包含了一系列期待,人们基于这些期待,在游戏的体验中去验证不同角色所赋予的身份特征,并在这个过程中实践生命的体验。从这个意义上看,"老鹰捉小鸡"游戏的社会性特征是一种具有隐含性期待的类型样式,正是这种样式的作用下,一个普通的小游戏可以跨越大洲与大陆,被不同地区的人们所接纳。此外,我们从游戏双方的对话中也能明显地看出游戏蕴含的丰富社会性意义。我们知道语言是让人类社会成为一个相互覆盖、相互联系、相互影响的整体的强有力纽带,也是人类社会区别于其他动物群体最明显的特征。通过前文的论证分析,我们可以明晰"老鹰捉小鸡"游戏产生的直接源头是"尸毗救鸽"故事,而这个故事却是佛教依托于在雅利安百姓中流传的"尸毗王割肉养鹰救鸽"故事,在这基础上进行的借取并用以阐述释迦牟尼的本生事迹。也就是说,遍及全世界的"老鹰捉小鸡"游戏开始前的语言对话内容,在同样表达当地老百姓朴素世界观和社会互动规则的基础上,也体现出了与雅利安人类似的敬畏誓约,特别是口头所表达出来的约定的百姓生活常态。或许对不同国家的老百姓来说,它们并不知晓作为语言神灵的迪弗,但口头的约定或者邻里间的承诺对老百姓来说仍旧具有非常强的约束力。换句话来说,对全世界的老百姓都共通的一点,真正约束他们日常生活、劳作、习惯的东西,其实并不是那些镌刻在羊皮纸或者石碑上的律法条文,更多的则是他们自出生便被长辈灌输的习俗和观念。也就是说,无论"老鹰捉小鸡"游戏开始前的对话内容是"客人,你来买什么? ……来买鱼头""大哥大哥你做啥哪? ……磨刀啊""抓孩子抓孩子喽,先抓哪个孩子呢?""请问老奶奶在吗?""医师在家吗? ……医师出去了""询问是否可以翻过篱笆……你能打破你的下巴吗?""你是谁? ……我是狼爸爸",还是"我今晚怎么回家呢? ……飞起来,你就可以在烛光中回家了",这些简单又易懂的对话对他们来说是熟悉且脱胎于习以为常的民俗习惯当中,这些对话融入游戏中,对百姓来说拥有着最重要的存在意义,这或许就是泰戈尔所言的"对存在的敬畏的富于诗意的表达"。

从制度规则看,流行于全世界的"老鹰捉小鸡"游戏都是直接或者间接基于"尸毗救鸽"故事的规则框架。在开始正式的"吃鸽子"前化身为老鹰的因陀罗并没有直接去吃掉鸽子，而是先要跟尸毗王进行"争夺"前的谈判，以表明自己"争夺"的公正性和正义立场。这种规则也非常契合印度的社会现状：在印度古代，交战双方在开战前往往要先进行"Sandhi"或"Sandesh"，这被视为维护双方荣誉和尊严的一种方式，指的是敌对双方在采取任何军事行动之前交换信息或信件的做法，以告知对方开战的意图。这些信件还附有一封邀请函，要求谈判，如果可能的话，避免战争。然而，如果谈判失败，双方将进行战争。"Sandhi"或"Sandesh"这个词起源于梵语"Sandhaya"，拼写为संस्कृतम्（saṃskṛtam），是印度的一种古老语言，通常被视为印欧语系（甚至英语）的祖母语，在古印度被广泛使用，意思是"联系""连接""团结"。虽然我们并不知道梵语"Sandhaya"具体创作于什么时间，但通过前文对"尸毗王割肉救鸽"故事创造思想源头的分析，我们可以大概了解到公元前10世纪左右，征服、掠夺与殖民是维持恒河流域雅利安人繁衍生息的主要方式，"梵"（brahman）的理念在这个过程中被创造出来，劫掠被认为是成为"梵"的手段，崇尚暴力成为在这个特定时期自上而下的民众信仰。到吠陀时代晚期（前9世纪—前7世纪），随着雅利安人的生活逐渐稳定，戒杀（ahimsa）逐渐成为这个时期的美德，渴望找到一种不会给任何参与者造成伤害的礼拜仪式，"Sandhaya"这个词汇或许就是在这个过程中随着古印度人与雅利安人在恒河流域的交流融合被创作出来。而创作于公元前5世纪之前的"尸毗王割肉救鸽"故事或许就是这种"Sandhaya"思想的表现形式之一，而这个故事也携带着古老的刹帝利武士阶层对制度规则的严守精神，传承至今。随着时间的推移，"Sandhi"或"Sandesh"的做法成为印度文化的重要组成部分，这个词后来与沟通和谈判的想法联系在一起。今天，"Sandhi"这个词仍然在印度使用，尽管它已经有了更广泛的含义，并用来指梵语中两个单词或音节的交汇点。

同样，在古希腊，交战双方在交战前交换书信或宣战书也是很常见的，这些信件被称为"spondai"或"proskynemata"。"spondai"一词来源于希腊语"sponde"，意思是"条约"或"协议"。在战争的背景下，它指的是一方向另一方发出的正式宣战或和平要求。这些信件通常由每一方的领导人或大使撰写,旨在传达冲突的原因和任何拟议的和平协定的条款。"proskynemata"来源于希腊语"proskynesis",意思是"鞠躬"或"致敬"。在战争的背景下,它指的是战败的军队或城市向征服者发出的投降或屈服的信息。这些信件通常包括请求宽恕或宽大处理,并承认征服方的优越性。古希腊 spondai 仪式的起源还不完全清楚,但据信早在迈锡尼时期(前 1600—前 1100)就已在古希腊使用,并在整个古典时期(前 5 世纪—前 4 世纪),是希腊战争的重要组成部分,因为它可以追溯到书面记录之前的一个时期。人们认为这种仪式是由古希腊的"proxenia"习俗演变而来的,它是一种城市或国家之间的双边联盟体系。在 proxenia 制度下,城市将任命一名"proxenos"或驻另一城市的大使,负责担任两市之间的调解人和保持良好的关系。这些协议还将负责谈判条约和联盟,这些条约和联盟往往是通过交换礼物或赠与来批准的。随着时间的推移,proxenia 的习俗演变成更正式的联盟体系,被称为"spondai"。伴随"spondai"的书信和仪式的交换是为了表明协议是真诚的,并得到了众神的支持,这有助于建立交战各方之间的信任感和相互尊重,被认为是进行光荣战争所必不可少的。"spondai"和"proskynemata"通常都伴随着某些仪式或典礼,例如倒酒或向神献祭。这些仪式是为了表明这次交流是严肃而重要的,并为即将到来的战斗祈求神灵的眷顾。除了这些正式的宣战之外,古希腊还有一些与战争有关的习俗和传统。例如,在没有警告的情况下攻击敌人或攻击手无寸铁的平民被认为是不光彩的。还有关于战俘待遇和围城行动的规则。总的来说,古希腊的战争受到一套复杂的习俗、仪式和传统的支配,这些习俗、仪式和传统反映了当时社会的价值观和信仰。

在中国古代的战争中也同样有与印度和希腊类似的做法。"下战书"作为一种宣布正式战争的方式,有助于确保战争的公正和正义性。战书通常在两个敌对国家或派别之间发出,目的是宣布敌对国家或派别之间的战争,通常包括对敌方的声明,说明对方的行为或政策是导致战争的原因。也可能包括具体的要求或目标,如领土或资源的控制。在某些情况下,下战书也可能包括一些条款或条件,如希望在战争期间保护平民和文化财产。此外,下战书也可以减少对平民的影响。通过提前宣布战争的消息,平民可以有时间准备储备粮食和其他生活必需品,并有时间逃离前线战区,这可以减少平民在战争中的伤亡和痛苦。"下战书"还被称为"书刺""挑刺""投刺""投书"等,其中,"刺"在古代常用来指代书信、消息等传递的方式,所以"书刺"和"挑刺"等词语也代表"下战书"的一种方式。在中国古代"下战书"有着非常严肃的仪式,通常包括五个步骤:(1) 指定信使:派遣一个代表自己的信使,通常是对方认可的人物,或者是一些高级别的使者或者军官;(2) 书信起草:起草书信通常由主将或领袖亲自拟定,表达自己的目的、要求和态度,同时也要准确、清晰地表达自己的意图;(3) 书信封装:书信通常会用特制的信封或者捆扎成卷,但在特殊场合下还可能会封印,以保护书信的机密性;(4) 信使传递:信使在送信的过程中需要严格遵守一些规定,比如不能透露书信内容,不得随意停留等。在到达对方的地点后,通常需要呈交信函,以得到对方认可;(5) 对方回复:接到书信后,对方通常要在规定的时间内作出回应,通常是通过书信、信使或者口头通知等方式。

此外,古代和现代奥运会的开幕式同古印度的"Sandhi"、希腊的"spondai"以及中国的"投书"有一些相似之处,特别是它们都标志着一个重大事件的开始和人们聚集在一起。前者代表了正式宣战或和平的要求,而无论古代还是现代奥运会的开幕式则标志着奥运会的开始,以和平与体育竞赛的精神将来自世界各地的运动员和观众聚集在一起。这些事件之间的另一个相似之处是对象征和仪式的重视。奥林匹克运动会和开幕式都是高度仪式化的,涉及具有深刻象征意义的具体行动和文字。例如,"Sandhi"重视双方的谈判、"spondai"涉及双方交换誓言,而现代奥运会开幕式包括了点燃奥运火炬和释放鸽子等象征性元素。此外,"Sandhi""spondai"和现代奥运会开幕式都包含着一种社区意识和共同的目的。在古希腊,spondai 允许双方在短暂的和平时刻相聚在一起,并尊重彼此的人性。同样,现代奥运会以团结和共同目标的精神将来自世界各地的人们聚集在一起,庆祝体育的多样性和共同热爱。

也就是说,"老鹰捉小鸡"游戏所延续的规则是崇尚人类之间的联系、连接与团结,而这一制度规则是人类在漫长的繁衍生息过程中所保有的共性的文化现象,可以规范人们的行为和活动,让人们遵从和尊重,从而实现公正和公平。这种现象在 1971 年美国科学家皮奇发表的论文《被扰乱组合的蝾螈：关于神经程序储存的全息理论的实验报告》(Scrambled Salamander Brains: A Test of Holographic Theories of Neural Program Storage)中被称为人类文化的整体保守倾向，并认为："一旦文化纳入程序，个人的行为和文化现象都趋于保守。习性一旦养成，行为就难以改变。"①从这一点来看，无论是"尸毗王割肉救鸽"故事还是"老鹰捉小鸡"游戏，其实还承担了制度规则教化的作用，特别是面对不同文化背景的人来说，这种教化的效果更容易。这就像我们现代科学所解释的大脑全息机制一样，尽管不同地域、不同社会的文化有着些许或者很大的差异，这些差异就像是学习经验混乱、前后不一致的人，"因为大脑也是随情景而变的，所以一种有条理的新程序是可以学习到手的，原先混乱的程序并不会干扰新程序。"老鹰捉小鸡"游戏所秉承的规则就像是一个有条理的新程序，可以让跨文化背景的人更容易掌握。

　　另一方面，"尸毗王割肉救鸽"故事或者"老鹰捉小鸡"游戏的制度规则教化作用也可以从神变成动物这种象征性方式来洞悉。我们知道，神变成动物是古代神话中常见的母题，被用来向人类传达各种精神和道德教义。在古希腊神话和其他神话中，神经常化身为动物来考验人类，原因有以下几点：一是为了测试个人或英雄的性格和美德。例如，传说宙斯会化身为公牛或老鹰等动物来考验凡人英雄的勇气和力量。二是教导一个道德教训或揭示一个神圣的真理。例如，赫耳墨斯神以乌龟的形象示人，表现耐心和毅力的价值，阿波罗神以海豚的形象示人，象征和谐与沟通的重要性。三是人们也常以神变成动物的方式来传达与某些动物相关的神圣力量和属性。例如，鹰经常与宙斯联系在一起，被认为是神的力量和权威的象征。宙斯化身为一只鹰，以一种凡人容易识别和理解的方式来展示他的权力和权威。在印度神话中，因陀罗神以鹰的形象出现，象征着他的权力和力量，以及他的飞行能力和鸟瞰能力，这使他对世界有了一个更好的看法，也使他能看到那些不为世人所知的事物。或许正是因为这样，"老鹰捉小鸡"游戏在人类社

① (美) 爱德华·霍尔：《超越文化》，何道宽译，北京大学出版社 2010 年版，第 173 页。

第四章 「老鹰捉小鸡」游戏的「道」

会发展中才展现了它不可或缺的重要意义,它就像一粒微尘,却在维系人类共有的这些制度规则的过程中共同构成人类社会的制度体系,为社会秩序和个人自由提供了保障。

从文化模式看,人类被称为"承载文化的动物",而"文化"这个词也仅仅是在18世纪被英国人类学家首先在人类学领域开始使用。也正因为如此,人类的近代史才被人类学家和社会学家框定为各种文化的模式和现象,在世界上几乎每一种文化中都可以找到文化模式的例子。不同的文化有自己独特的文化模式集,不同的文化人类学者对文化模式的理解也不相同,美国文化人类学者本尼迪克特认为,文化模式是相对于个人行为来说的。人类行为的方式有多种多样的可能性,这种可能性是无穷的。但是一个种族、一种文化在这种无穷的可能性里只能选择其中的一些,而这种选择有自己的社会历史趋向、选择的行为方式,包括对待人之生死、青春期、婚嫁,乃至在经济、政治、社会领域的各种风俗、礼仪,这些都是在社会进程选择的过程中逐渐结合成一个部落或部族的文化模式。也就是说,文化模式对社会有重大影响,它们可以塑造人们思考和行动的方式,影响他们与他人互动和看待周围世界的方式。从这一点来看,"老鹰捉小鸡"游戏之所以能够在全世界大多数国家被接受,也必定与不同国家的文化模式之间有着必然的联系。事实上,自1934年本尼迪克特在完成《菊与刀》的研究后,对文化模式的研究与兴趣就开始引起了各国学者的兴趣,有助于人们加深对文化相对性的认识。这种对跨文化相对性的理解方式尽管在20世纪初有着非常高的借鉴价值,可以让人们更容易理解不同文化的多样性价值以及行为、习俗产生的整体过程,但仍旧是笼统的,特别是随着现代科技的快速进步,大数据、区块链、未来AI时代的ChatGPT技术、AI翻译技术等正逐步将人类社会之间的距离拉得更近,以往那种传统的基于沟通不畅基础上的认知差异正不断减小。人们在力图建立各种不同的文化特性之间的稳固联系,并以此来建立更为广泛的历史联系的过程中,用文化模式的差异来判定不同地域的多样性价值及行为习惯的方式便显得过时。因此,单纯地用文化模式来理解"老鹰捉小鸡"游戏在人类共性文化中被普遍接受的问题是困难的,所以,我们需要将其解构。

解构主义是兴起于20世纪60年代的后现代主义思潮,并呈现出多种姿态,它既是一种哲学立场,又是一种政治或阅读模式,还是一种学术策略。从解构主义的角度来看,基于观察及素材概括的各种文化模式的意义并不是由研究人员的意图以及它所对应的所谓田野调查资料的现实来担保,而是由构成该文化模式的行为或语言所产生,而行为或语言的意义又只在行为与语言的互动关系中产生,这就决定了行为或语言的意义不但无法确定,且处于永无止境的生成之中。同时,由于行为或语言的隐喻性,以及行为或语言作为一种事件构成的异质性,文化模式的完整性便不复存在,而关于文化模式的类型区分也成为一种徒劳。为此,我们应该从文化模式构成的行为或语言之间的冲突性力量中找到产生这种共性价值的终极意义。而"老鹰捉小鸡"游戏表现的共性的行为和语言特征便为我们提供了一个非常好的审视视角,有助于我们解构文化模式,从一个更小的、基本的文化链进行思考。

正如前文的分析,"牵狗卖莲鲐""老鹞子抓小鸡""牵羊摆尾""比比丘女""拉萨林德拉""鬼捉子""抓尾巴""大雁""龙蛇""埃卢万克马""狼爸爸""狐狸与鹅""狐狸与母鸡""拉萨林德拉""女巫捉鸡""狐狸与鹅""公牛""猫捉老鼠""月亮游戏"等世界各地的"老鹰捉小鸡"游戏都是在"袭击者、保护者、被保护者+问答"这一基本的游戏形式基础上展开的,而这一框架则是对"尸毗王割肉救鸽故事"叙事结构的借取与传承,并在这个过程中蔓延开来,在全世界各地的文学艺术作品中也屡见不鲜。"老鹰捉小鸡"传承的这种具有"简识"特征的"共同知识",代表了一种最基本的认识论特征,也正如前文所说的:"人们不再要求一定参与同'老鹰捉小鸡'游戏一模一样的玩耍过程,只需要共享'简识'这一具有普适性的信念标准,在能够从自身所处的地域风情、人文特色、国家需求、宗教信仰、质朴认知中找到为之契合的要素,以此进行借取创新,便会诞生出丰富多彩的人类文化形态。"这种理解类似于古德曼从"构造世界"的视角对隐喻功能进行的符号学创造,但也有着本质的不同。在古德曼看来,"理解的推进和增长就是在已经确立的东西基础上进行的构造"①,所以它总是"从一个样式开始,在另一个样式那里

① Catherine Z. Elgin, *Considered Judgment*, Princeton NJ: Princeton University Press, 1996, p. 131.

终结"①。对"老鹰捉小鸡"游戏所传承的"袭击者、保护者、被保护者＋问答"这种"简识"架构的理解，并不应该说是在"已有概念框架基础上对认识对象的重新分类、组织、解释和再创造并构造对象的实践过程"②，而应该将其看做是人类文化存在的一种方式，并基于这种形式，人类文化才产生出了丰富多彩的样子。"老鹰捉小鸡"所传承的这种"文化态"，或许就是维系人类赖以存在的"道"的样子。

我们可以借助人类学家爱德华·霍尔的"情景架构"（Situational Framework）和"高—低语境文化分类"（High-Low context cultural taxonomy）这两个概念来理解"文化态"。霍尔在《超越文化》中认为，情景架构包括情景方言、物质财富、情景人格和行为模式，它是最小的、能独立存在的文化单位，是一切规划赖以基础的模块，可以作为一个完整的实体分析、传授、传输、传承，对学习一种陌生的文化有所助益。与情景架构类似，"老鹰捉小鸡"游戏所展现出的"文化态"也是能独立存在的文化单位，它更像是一个可以随时被使用的工具，在人类共性文化形成的过程中便普遍存在着，"文化态"不仅有助于我们理解人类共性文化的基础构成，还对促进跨文化的交往、交流、交融有所助益。而这种"文化态"在人类文化中又处在什么样的位置呢？我们可以借助高—低语境文化分类来进行延展理解。

霍尔在他的著作《无声的语言》（The Silent Language）中一直强调文化与交流之间的密切关系，提出了高—低语境文化分类法（如图44），指的是文化中信息交换的明确程度和语境在交流中的重要性。高语境文化通常表现出不太直接的口头和非口头交流，利用小的交流手势并从这些不太直接的信息中读出更多含义。低语境文化恰恰相反，需要直接的口头交流才能正确理解正在传达的信息，并且在很大程度上依赖于明确的口头技能。试想，当你与亲密的朋友、子女、兄弟姐妹在一起时，往往不需要把你的想法表达出来，或许只需要一个眼神或者表情，他们就会立刻明白你想要表达的意

---

① （美）纳尔逊·古德曼：《构造世界的多种方式》，姬志闯译，上海译文出版社 2008 年版，第 100—101 页。

② 姬志闯、时贤：《纳尔逊·古德曼的隐喻思想及其认识论意蕴》，载《河南师范大学学报（哲学社会科学版）》2022(06)：19—24。

思,因为听者已经语境化,不需要提供太多的背景信息。而如果你是一位来自北美的人,当你与人交流时则会很少依赖情境语境来传达你们的意思,你们会首先假设听众对你要表达的东西知之甚少,所以几乎所有的事情都需要被告知。在霍尔的研究中,他认为高语境文化的国家主要包括亚洲、非洲、阿拉伯、中欧和拉丁美洲的国家,而低语境的国家则是具有西欧根源的文化,主要包括北美、西欧的许多国家。尽管霍尔的高—低语境文化分类法被一些学者批评,认为缺乏实证验证,却为本书理解"老鹰捉小鸡"游戏所展现出的"文化态"提供了一种参照性的框架(如图45)。

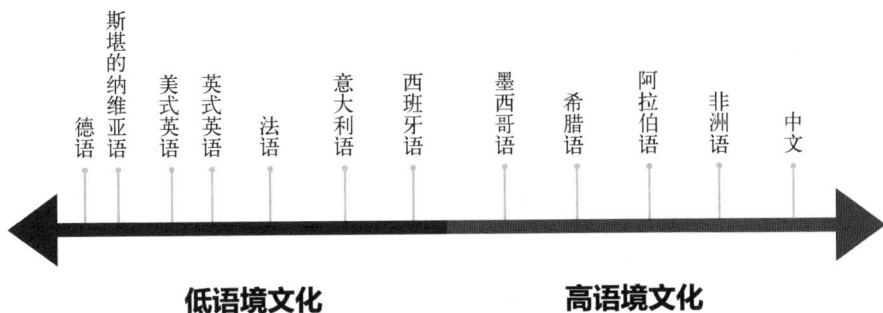

图44　霍尔的高—低语境文化分类示意图

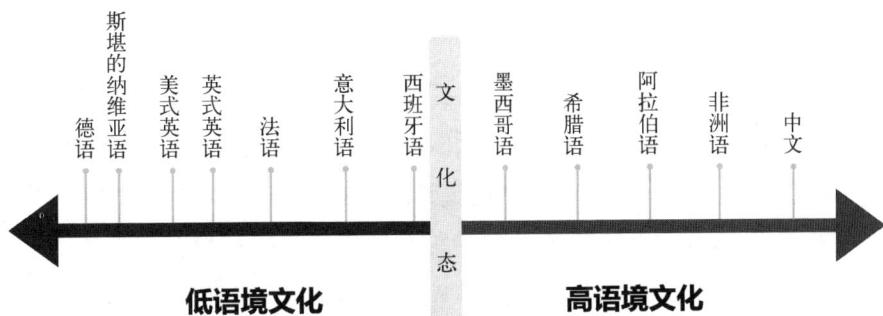

图45　"文化态"存在状态示意图(基于霍尔高—低语境文化分类示意图绘制)

如图44所示,霍尔将"跨文化交流"定义为跨不同文化和社会群体共享信息的一种交流形式。为此,他认为处理跨文化交流的一个框架是高语境和低语境文化,指的是间接和直接交流中的价值文化。而本书所指的"文化态"则是类似于介于这种高文化语境与低文化语境中间的一种"元文化"形态,这种文化状态是始终存在的,并不因人类历史的更迭而增多或者减少,它是人类社会文化繁荣的基石,人类是基于对这种"文化态"的感应与理解,才逐渐发展出了丰富多彩的文化样式。

从亲属关系看,遍及全世界的"老鹰捉小鸡"游戏都秉承了一种爱人与爱己的处世观念,无论是父母对子女无私的爱,还是菩萨拯救的爱、羊老板仁慈的爱,又或者龙蛇的自爱,这都与"尸毗救鸽"所传扬的"仁慈""博爱"与"善"是一脉相承的。或许正如柏拉图所说的,知识的最高目标便是去追求、感知这种最高的思想、形式或神本身,即"善"。然而,在"历史由谁而写、为谁而写"的现实处境下,农民在长达几千年的时间里始终是被历史排除在外的痕迹匮乏的群体,他们很少能够获得与贵族、精英阶层和神职人员等一样更具思辨性的宝贵知识。一方面是因为等级、特权或者财富的限制。"掌握权力者(个人或群体)也掌握'历史'建构,于是他们以'历史'来强化有利于己的社会现实情境。"①因此,主流的信仰体系和意识形态往往强化了现有的社会等级制度,农民通常处于社会阶梯的低端,缺乏上层阶级所享有的社会地位和特权,使得古代社会的教育通常仅限于少数特权人士,占人口大多数的农民没有机会进入这些教育机构;另一方面也源于资源的匮乏。农民主要集中于自给农业或其他劳动密集型活动,以满足其基本需要。他们很少有时间和资源用于教育或智力追求。他们的首要任务往往是生存,而不是获取超出他们眼前需要的知识。加上基础设施和社会的限制,前往知识可能更容易获得的城市地区往往具有挑战性。这种地理上的隔绝进一步限制了她们接受教育的机会。然而,亲属关系却为农民的社会组织、合作和知识传播提供了框架。在农业和耕作是主要生存手段的传统社会中,长者和有经验的社区成员,通常是父母、祖父母或其他近亲,会把他们积累的智慧、技能和技巧传给年轻的家庭成员。这种知识的传递通常是通过非正式的口头传授、讲故事、游戏和实践教学来进行的。也就是说,亲属关系对缺少自我表达和主体性的农民而言至关重要,他们依靠亲属间世代相传的集体智慧和知识来繁衍生存,这些智慧和知识的范围和准确性可能是有限的,却成为

① 王明珂:《反思史学与史学反思——文本与表征分析》,上海人民出版社 2016 年版,第 17 页。

农民特有的文化表达空间。

作为一种社会文化结构,亲属关系在人与人之间建立了社会和生物关系网络,并通过解释社会和生物关系来创造意义。人类因家庭而出现共性特征:我们在家庭单位内了解我们的宗教、种族、传统、性别角色等。然后,我们将这些信仰和传统带入我们的社会,同时也决定了我们对他人的权利和义务。作为人类整个文化体系中最小的组成部分,虽然没有两个家庭拥有相同的信仰、历史或世界观,但当将这种对历史或世界的理解延伸到整个人类或宇宙的发展过程中去的时候,不同的信仰体系也会传递相同的价值观念。"老鹰捉小鸡"游戏正是凭借亲属关系在人类共性文化中的特殊性,依托游戏将"仁慈""博爱""善"等的价值观在农民群体中传播,从而构成农民群体文化认同的基础。特别是在人口较多的社群中,亲属关系将当地人和熟悉的人与更广泛、不确定的社会环境相对立,它构成了人们看待个人和家庭与更大的社会关系的方式,并在这个过程中体现并形塑了社会价值观和个人价值观。正如前文所探讨的,"埃卢万克马"游戏对于斯里兰卡农民,是他们在农业及相关地区辛苦劳作后的心理慰藉;"狼爸爸"或者"灰狼"游戏则成为土耳其农民和儿童对勇气、机智或某种神圣力量的"自我赋予",并在游戏的过程中更容易理解仁慈、从众、安全、传统和普遍主义这五种重要价值观。欧洲学者也是在最近几年才开始认识到一代一代传下来的民间传说、民谣、传统儿童游戏等对一个国家的劳动者、农民和青年的重要性,辛勤的农民对图腾、传说、祖先的崇拜与信仰,从而将他们对生活的未来期许以及精神的追求融入对游戏规则的坚守与仪式的传承中。正如斯通所说的:"最不透光的地方似乎就是穿透异文化最理想的入口处。"作为经济基础的农民与贵族之间天然存在危险且难以逾越的鸿沟,渴望解脱和破除循规蹈矩的热情,使得农民寄希望寻求奇迹和解脱之道。因此,正是在孩童、青年、长辈假扮老鹰、母鸡或者鸡宝宝的过程中,让知识匮乏和渴望解脱的农民也短暂获得了自身的文化主体性,在快乐、轻松、开心地玩耍中实现了价值观的传承和主体性思想的回归。也就是说,"老鹰捉小鸡"游戏不仅遵循并传递了人类文明中最宝贵的价值观念,而且弥合了因等级、贫富、权势等差异所带来价值观碰撞之间的张力。正是这种"弥合力"使得占人类群体绝大多数的农民,在浩如烟海的人类历史文化中并没有被湮没,而表现出他所特有的生命力与韧性。

从宗教信仰看,为了追求一种活着的方式,一个人需要用某种微弱的信念去追求某种目标,是否追求这些目标是他的选择。一个人可以选择寻求他自己世俗的幸福,或他的家庭,或他的国家,或世界的幸福,或者他可以为自己和他人寻求更深、更长远的幸福,继而诉诸宗教。人类的这种思想倾向并不因为岁月的流逝或者科技的进步而产生转变,这便可能需要某种不同于正常环境的东西来产生对全人类福祉的渴望。这正如前文对遍及世界各地的"老鹰捉小鸡"游戏的分析,"起源于"日本平安时代贵族文化和江户时代平民文化的"比比丘女"游戏,便有着强烈的不仅要"自利",而且还需要"利他"的"有情众生"情怀,这是传统的日本民众对"爱"的诠释。尽管此后这个游戏又演变成"抓孩子抓孩子"游戏、"鬼捉子"游戏、"鸟子"游戏或者"父母抓取"游戏并成立了"鬼捉子协会",但都是日本民众精神信仰的延伸,希望通过这个游戏可以构建孩子们可以安心玩耍的社会,培养儿童的协调性以及情商教育,为世界做出贡献;在越南,"龙蛇"游戏则蕴含着对下一代的期许和祝愿,有助于培养孩子的个性和情商,让孩子学会交流,更好地了解如何尊重他人,品尝失败和胜利;俄罗斯的"鸢"游戏伴随着儿童的成长和成人的日常生活,让孩子们在玩耍的过程中感受英雄的性格,培养他们获得耐力、力量、灵巧、聪明才智、速度,灌输诚实、正义和尊严等重要品质,让孩子战胜怯懦,保留最美好的纯真;斯里兰卡的"埃卢万克马"游戏则是为了满足农民在农业及相关地区辛苦劳作后的心理慰藉,儿童通过愉快、忘情、认真的游戏,来表现他们以及他们的父母对神的敬畏,对大自然的感恩以及对新一年的期许;土耳其的"狼爸爸"游戏则可以表达对灰狼的热爱与崇敬,帮助孩子们获得生活经验,并通过游戏让孩子们感受勇气、机智或某种神圣力量,以此来发展身体、认知、社交、情感和语言等方面的能力;在英国,"狐狸与鹅"游戏的过程,便是让孩子们体会"人生的意义与价值""人是什么""我是谁"等,从而唤醒孩子们对永恒生命、人的灵性以及对周遭人的关爱,培养他们悲天悯人的情怀;马达加斯加的"拉萨林德拉"游戏同样是希望孩子们可以学到保护弱者的勇气和不惧强敌的信念;美国的"鸢威利""狐狸与鹅"

又或者"女巫捉鸡"游戏也是用来教育孩子学会勇敢、善良与机智；牙买加的"公牛"游戏则用来锻炼孩子的耐力、柔韧、协作、平衡等运动技能，以及合作、团队构建等社交能力和问题解决、策略构建的认知能力；厄瓜多尔、委内瑞拉的"猫捉老鼠"游戏，除了有着对猫灭鼠的崇拜外，更希望孩子学会勇敢和机敏；而在澳大利亚、新西兰等国，"狐狸与鹅"或者"月亮游戏"也伴随着他们的成长，在模仿、表演和追逐的过程中，帮助孩子们学会勇敢以及成年后狩猎和战斗所需的技能。

也就是说，遍及全世界的"老鹰捉小鸡"游戏都保有着人类对美好生活的期许和愿景，也暗含着复杂的宗教情愫。正如法国社会学家埃米尔·涂尔干(Émile Durkheim, 1858—1917)所理解的：宗教是一种与神圣事物相关的信仰和实践的统一体系，它包括不同的人类构造和经验，如社会结构、信仰、敬畏感和神秘光环，是一种关于自然和超自然现象相互作用的信仰和实践。无论是佛教对"追求解脱成佛"路径的探寻，还是基督教的布道愿景，或者是其他宗教对美好信念的向往，他们都借助了"老鹰捉小鸡"这个小游戏，让孩子们在任性无为的洒脱中去追寻快乐、责任与使命。

当然，并不是玩"老鹰捉小鸡"游戏必须有某种宗教信仰，也并不是遍及全世界的"老鹰捉小鸡"游戏都有或多或少的宗教背景。但通过全书的介绍和分析，我们可以明确的是，无论是出于教育的目的还是祈祷的仪式，玩"老鹰捉小鸡"游戏的过程都有着精神信仰的特征。这也正像最近几年越来越多的人将自己的世界观定义为精神而非宗教，"有精神信仰，但没有宗教信仰"，这种精神信仰通常指的是关于自然世界和超自然世界之间关系的松散结构的信念和感受，可以很好地适应不断变化的环境，并且通常建立在个人对周围环境的感知之上。也就是说，无论是出于宗教本土化传播的需求，还是希望在布道的过程中吸引更多的信徒，抑或是老百姓最朴素的对"爱"的追寻，这些信仰或精神需求逐渐构成了他们如何看待自己和他们所生活的世界。将这种信仰或者精神需要诉诸世界各地的"老鹰捉小鸡"游戏的实践过程，这是一种关于生命本身本质的博学观点，既有个人的成分，也有集体的成分。

为了适应人口规模、社会环境和人们日常生活现实的变化，"老鹰捉小鸡"游戏在全世界名称的变化和规则的变体实践反映了实地生活。但有趣的是,虽然游戏对话的内容和规则往往会因时代的变迁、地域的不同而产生根本性的变化,但"老鹰捉小鸡"游戏的"精神内核"往往更具黏性,从古至今对善的追寻、对勇气的向往、对纯洁的珍视、对智慧的崇拜似乎一以贯之而未曾改变,并且还能够将各种信仰和实践混合在一起。从这一点上看,"老鹰捉小鸡"游戏类似于宗教中的象征主义,能够在玩耍的过程中建构学习和共享的信仰体系。不同的是,"老鹰捉小鸡"游戏不需要宗教活动那种可以产生想象或行动的圣显场所,如教堂、圣地、或特定的集会场所,玩"老鹰捉小鸡"游戏不需要门槛,不需要将神圣的内部和世俗的外部两个空间分开,任何一个得以容下玩者人数的地方都可以进行。对"老鹰捉小鸡"游戏来说,它的意义是随着玩耍游戏的过程而显现,表现出进入和退出的特征。这个过程更像是人类学家阿诺德·范·根内普(Arnold van Gennep)和维克多·特纳(Victor Turner)笔下的阈限(liminal 或 liminoid),游戏的玩家处于"介于两者之间"的状态,这部分内容将在下一章节中具体来讨论。

总之,人类社会尽管呈现出不同的面貌,但因为其共性才让人类的历史绵延至今。随着对人类近代以来所建构的人类学、社会学与史学标准、典范、结构与真相质疑声的逐渐增多,近四十年来,越来越多的学者开始批判、反思典范知识的本质与其形成过程,后现代主义与解构主义的思想蔚然成风。这便让人们重新思考历史是什么?

在现代科学体系建立的过程中,不同学科逐步建立起很多看待人类历史的方法,常见的方法有三种:一种是通过线性或渐进的镜头,将其视为一系列相互关联的事件以及随着时间的推移而发生的社会和技术变革,它们塑造了人类发展的进程。历史被看做是朝着更大的知识、启蒙和进步的渐进过程。这一观点的拥护者经常强调重大历史事件,如科学发现、技术进步、社会和政治革命,作为历史进步的证据;另一种看待人类历史的方法是从周期的角度来看,历史被视为事件和周期的重复模式,社会有起有落,冲突和危机以不同的形式和伪装反复出现;第三种观点认为,人类历史是反映人类经验的多样性和复杂性的故事、叙述和文化传统的集合。从这个角度来看,历史不仅仅是一系列事件和变化,更是人类创造力、想象力和表达力的丰富集锦。

在读法国作家席里尔·迪翁写的《人类的明天》时,我看到他引用这么一段话:

世界所有物种当中,只有人类知道,他们曾经出生,他们将会死去。这两点认知赋予我们一样东西,一种即便与人类血缘最近的黑猩猩和倭黑猩猩也不具有的东西,那就是对于何为完整生命的直觉。只有我们才会把自己在地球上的存在看做一段富有意义(既有含义又有方向)的旅程。一道弧线。一条从出生到死亡的曲线。一种于实践中铺展而开的形状,有开始、有波折、有结局。换一种说法就是,一个故事。"太初有道"的意思是:话语(这种充满意义的行为),是我们这个物种的开端。故事赋予我们的生命一种其他动物无从知晓的意义。人类的意义与动物的意义的不同之处在于,我们的意义是建立于故事、历史和虚构之上的。①

的确,为了证实自己在这个世界走过一遭,让自己的存在更富有意义,人类在繁衍生息的过程中也逐渐发展出一种强调自身存在的能力,即创造意义。试图让自己处于生活的中心。族群、部落、城邦、国家,人类在不断壮大的过程中始终在不断创造个人故事和集体故事,当这些故事被足够多的人共享时,信仰便在这个过程中有了它存在的壮大的土壤,也便在这个不断杂糅的过程中,人类开始有了维系自身存在的社会和文化根基。为此,本书倾向于第三种看待历史的角度,但又有所不同。

通过上文对"老鹰捉小鸡"游戏在人类共性文化中位置的分析,我们可以明确这个微不足道的小游戏在人类社会发展中展现了它不可或缺的重要意义,反映了老百姓的日常生活、价值观和信仰,迎合了老百姓普遍的思想倾向和对不同社会角色和责任的期待。在漫长的人类历史长河中,它就像一颗种子,在人类行为与语言的互动关系中开始萌芽,并被赋予了不同的意义。也正是因为人类社会行为或语言之间的冲突性力量,让它产生了一种

---

① (法)席里尔·迪翁:《人类的明天》,蒋枋栖译,北京联合出版公司 2018 年版,第 8 页。

"弥合力",开始不断生长——蔓延,并在这个过程中传递了人类最宝贵的精神信仰——"善"和"爱"。信仰的行使是一种自由意志的追寻过程,是一种对命题的内在态度,真正的信念往往是无法获得的,所以人们便需要尽可能地处理那些可能获得的信念,特别是对缺少自我表达和主体性的农民而言更是如此,在不断玩游戏的过程中养深积厚,实现了价值观的传承和主体性思想的回归。这构成了大众群体文化认同的基础,并塑造了人们思考和行动的方式。通过"老鹰捉小鸡"游戏,我们可以深入了解人类本质的基本方面,以及人类如何共同努力建设各种多样但相互关联的社会。我们还可以看到不同文明,尽管有其独特的文化和历史背景,但往往对"老鹰捉小鸡"游戏类似的挑战做出了回应,并分享了许多同样的希望和愿望,为自己和他们所在的社区创造更好的未来。也就是说,"老鹰捉小鸡"游戏传承的历史是有"根"的,正是因为那颗智慧的"种子"才让人类历史有了那么多丰富多彩的文化形态,也才有了多种多样的游戏名称和意义。所以,人类的历史既是反映人类经验的多样性和复杂性的故事、叙述和文化传统的集合,又是被抓取的"文化种子"的"涟漪态"。这就是卡西尔所指的"扩大认识论"!"老鹰捉小鸡"游戏代表了一种最基本的认识论特征,"袭击者、保护者、被保护者+问答"这种具有"简识"特征的"共同知识",像逻辑和科学认识一样,具有把特殊事物提高到普遍有效层次的功能,这就像是一个有条理的 DNA 程序链,只需要共享这一具有普适性的 DNA 程序链,人类社会就会诞生出丰富多彩的文化形态。

知识的最高目标便是去追求、感知这种最高的思想。这或许就是"老鹰捉小鸡"游戏最宝贵的价值所在——它帮助我们穿越历史层层迷雾,找到涟漪深处那颗翻动它的"种子",而这颗"种子"又让我们窥探到了万千颗与它类似的存在,而这些存在之上或许就是它的最初状态——"元文化"形态,我将其称为"文化物态",这或许就是"道"的本质。正如本章开篇所说的,量子纠缠所带来的新的认识论的转向,让我们对以往那些难以用经典的方法解释的意义、意识或观念有了一种更合理且与经典观点截然不同的思维。我将在本书的稍后章节对这一理念进行详细阐述。

阈限激起的"涟漪态"

如果历史时期可以被认为是具有阈限性的,那么在这一时期产生的思想和实践的结晶就必须给予特别注意。当历史长河流入公元前 6 世纪前后的年轮中,更多的印度人崇敬因陀罗的慈善与宽容,并相信"因善业而成为善人,因恶业而成为恶人",想要达到与因陀罗一样的自我认知状态——无身体才能无老、无死、永生、无畏(从恐惧和欲望的世界中彻底解脱出来,在当时看来是智慧的最高目标)。因此,吠陀诗人将因陀罗这位超级大神人格化,认为他有着完整的人的肉体,首先是人间的英雄,其次才是神祇。正是基于这些主流的思想观念,印度的思维方式逐步从神话的、形象的思维向更成熟的哲学的、抽象的思维转变(这种转变用本书的观点来解释应该是文化叙事结构的变化,下一节将对此进行详细阐述),"尸毗王割肉救鸽"故事在这个过程中被创造出来,开始"进入"阈限的过程。在这个过程中,作为携带"仁慈""善""爱"这些新的哲学思想或信仰的"尸毗王割肉救鸽"故事,开始改造人的生活并引导人们走向自我实现之路。这也是在不确定性中找到平衡的确定,从而创造意义与可能性的过程。本节将以根内普和泰勒对阈限问题的研究为基础,对这个过程进行分析,从而找到可借鉴的经验。

当法国人类学家根内普 110 多年前在《通过仪式》(*Les Rites de Passage*)中提出"阈限"①概念并强调它在社会过渡中的作用时,他或许没想到一百多年后随着 COVID - 19 的全球大流行,这一理论让更多的学者开始重新思索事件管理中的体验、存在和本体感受之间的关系,这也为本节依托阈限的相关理论探究"老鹰捉小鸡"游戏存在的意义提供了依据。

"阈限"一词来源于拉丁语 Limen(单数)或 Limina(复数)。根内普(1960[1908])在解释导致原始社会个体地位产生变化的仪式时引入了"阈限"概念,它分为三个阶段:阈前(分离)、阈限(过渡)和阈后(融合)(pre-

---

① Arnold van Gennep, *Les Rites de Passage*, Chicago, IL: University of Chicago Press, 1960, p. 20.

第四章 「老鹰捉小鸡」游戏的「道」

liminal, liminal, and post-liminal)①,代表暂时的和过渡的体验。此后,维克多·特纳重新发现了阈限的重要性②,将其定位于"现代"社会,并用 Liminoid 代替 Liminal,用来"描述发生在现代和后现代社会中的类似仪式的象征性行为"③,并定义了三种不同的、顺序的阈限社群形式:(1) 自发的(spontaneous),(2) 意识形态的(ideological),(3) 规范性的(normative)④。也就是说,阈限/阈是一种不稳定的、模糊的状态,是一种处于或经过一段不确定时期的过程,是两个空间之间的时间,或者是一个空白。⑤

"阈限"表现为更为宗教性的门槛(threshold)体验,"阈"(liminoid)则是自愿进入的,个人有更大程度的随意选择。这些概念应用在体育领域也只是近几年的事情,Garlick 和 Ali 认为:"阈"(liminoid)可以被用来设计运动爱好者(作为观众)参与体育休闲活动的阈限(liminal)体验。Lee 等人(2016)强调了活动空间(如竞技场或体育场)在发展阈限和形成社群方面的重要性。Lamond 和 Moss 将 liminal/liminoid 表现出的空间和时间的重要性引入对关键事件的研究中。然而,尽管阈限在竞技体育的赛事语境中常被使用,但在诸如"老鹰捉小鸡"游戏等小规模的民族传统体育活动语境中,阈限鲜有考虑和分析。

正如上一节所分析的,"老鹰捉小鸡"游戏不需要宗教活动那种可以发生想象或行动的圣显场所,它的意义是随着玩耍游戏的过程而显现,表现出进入和退出的特征。也就是说,"老鹰捉小鸡"游戏的意义是在开始玩游戏和停止玩游戏这个时空过渡的过程中显现的,表现出根内普和特纳所使用的隐喻的空间性(spatiality of the metaphors)特征,即关系空间、社会空间和

① Arnold van Gennep, *The Rites of Passage*, M. B. Vizedom & G. I. Caffee Trans., Chicago: University of Chicago Press,1960.(Originally published 1908.)
② V. Turner, "Liminal to Liminoid, in Play, Flow, and Ritual: An Essay in Comparative Symbology", in *Rice Institute Pamphlet-Rice University Studies*, 1974,60(3),53-92.
③ R. Schechner, *Performance Studies*, New York: Routledge,2006,p. 67.
④ V. Turner, "Liminal to Liminoid, in Play, Flow, and Ritual: An Essay in Comparative Symbology", in *Rice Institute Pamphlet-Rice University Studies*, 1974,60(3),53-92.
⑤ Ashley Garlick and Nazia (Naz) Ali,"Liminality and EventDesign: Liminal Space Design for Sport Events",in I. R. Lamond and J. Moss (eds.), *Liminality and Critical Event Studies*,2020, p. 61.

情感空间。

　　从关系空间看，从公元前第三千纪的贸易交流开始，印度就已处于为建构西方精神遗产的文化传统做贡献的地位。此后，在琐罗亚斯德的影响下，雅利安人"效法诸神"形成了捍卫秩序、向善的潮流，"善思"和"善治"成为雅利安人早期萌生的信仰种子，并逐渐蔓延。随着雅利安人的向南迁徙，他们逐渐渗透到印度河流域，并开始奠定吠陀文明的基础。但此时征服、掠夺与殖民依旧是维持这时雅利安人繁衍生息的主要方式，崇尚暴力成为在这个特定时期自上而下的民众信仰。"善"在此时并没有合适的萌发土壤。到吠陀时代晚期(前9世纪—前7世纪)，随着雅利安人的生活逐渐稳定，古老的印度雅利安人努力寻找通往具有意义和价值的新途径而进行着大胆的尝试。僧侣阶层在努力劝说刹帝利消除献祭的暴力过程中，逐渐发现了内在的自我，引起了一场精神上的觉醒，戒杀、善治与自我献祭成为获得永生从而进入神灵的永恒世界的方式。又因为在移民印度的雅利安人心目中因陀罗是一位福善大神，是民族之神，他常有化为鸟行善的先例，化身又是最根本的一个神性放弃的举动，神灵可以依靠化身"降凡"，以此传达仁慈、以己量人与恕。此外，《奥义书》中的业报、轮回、转生和解脱的观念又成为此时(前6世纪)印度思想体系的基石。正是这一系列跨越时空的关系："公元前第三千纪印度的便捷贸易体系——携带'善'种子的雅利安人进入印度河流域——消除暴力献祭寻求解脱与仁善的精神觉醒——对因陀罗大神的信仰与模仿"，使得这一影响后世几千年的"尸毗王割肉救鸽"故事被塑造出来。

　　从社会空间看，"尸毗王割肉救鸽"依托"袭击者、保护者、被保护者＋问答"的结构，携带"善"的种子得以成为游走于人类社会时空中的"涟漪"，可以被任何感悟到它的人借用。正因为此，佛教借它来体现释迦牟尼历劫修行中的"善"，"尸毗救鸽"故事以鹰的"恶"、鸽子的"弱"，来实践尸毗王的"任心""任性"之心，在"自见本性"中实现"见性成佛"的宏愿；基督教借它来表现耶稣具有直接经验事实的"正直、善行与仁慈"，无论是"最后的晚餐"(圣餐)中的割肉喂使徒，还是"耶和华救摩押"故事如大鹰一般的"仇敌"、摩押的"夸大"，也都是用来说明耶稣的"善"以及让人们明白对"人类的同胞之爱"是首先要坚守的信仰;古希腊文学借它来体现古希腊哲学家柏拉图的门徒色诺克拉底善良的高尚品德;明代的寓言故事集《笑赞》中的"僧与雀"寓言,通过讽刺和调侃来抨击原本以慈悲为立身基础的僧人的伪善,同时也是当时社会底层人民的情感表达方式;日本《今昔物语集》中的"龙子免金翅鸟难"的故事与"狮子同情猿割肉予鹫"的故事也宣扬了"佛教式的宗教故事"的世界观;英国文学《威尼斯商人》中莎士比亚用来塑造夏洛克的贪婪和安东尼奥善意的情节以及《鹦鹉的故事》中的"国王、王子、青蛙和蛇"的故事,都是利用"割肉"救人或救己来表达作者对社会的态度;法国文学家拉封丹在《寓言诗》中记载的"鸱鹰、国王和猎人"同样佐证了印度佛教的典故对拉封丹甚至法国文学的影响。也就是说,随着那颗"涟漪种子"穿越时空的荡漾,激发了人理解社会的方式,使不同时空的人民在日常生活的动荡的奇点中都可以借助"种子"的结构关系,来具体化为现实可理解的社会空间关系,并相应地塑造出故事、寓言等的生活体验,来诠释特定时空中的社会"公众宿命感"。

从情感空间看,由于中国的哲学体系早已在公元前 6 世纪至公元前 5 世纪前后形成并逐渐成熟,尽管有着汉明帝(58—75)的"金色神人梦",佛教因为其初期的思辨性,晦涩的经文教义仍旧没能让中土人士真正领悟,佛教发展遇到了挫折,也迎来了转折点。依托《贤愚经》的传播,"尸毗救鸽"故事开始广泛传播并逐步深入中国百姓的日常生活,并随着"理佛与行佛"方式的本土化表达,更多的古代中国人开始对"善与恶"有了更深的理解。"触类是道而任心"使得更多的古代中国人的心体在日常生活中尝试与外在环境交互,用一种"变造"修行的方式,来"见自本性"。"老鹰捉小鸡"也便在这种"变名为造,造谓体用"的心境中被创造出来,在游戏玩耍的过程中"一念若悟,即得出世"。从这个意义上来理解,"老鹰捉小鸡"游戏就是情感想象的门槛,依托游戏的过程来建构情感想象的空间,正常的社会地位和身份被暂停,在游戏的时空中通过想象的身份遇到一个作为他者的自我,在这种身份改变的过程中,实现可能的"重生"(这里所指的"重生"是一种宽泛的表达,可能代表对佛教理念的顿悟,找到基督信仰中的窄门,对人生的深刻理解,对勇气的坚守,对母爱的感恩,对慈善的崇尚等)。

在人类学的案例研究中,阈限时刻由于非常真实的精神体验而具有特征性,并可以深刻地影响人格,这也是为什么在部落社会或任何宗教团体中,都要经过反复的测试,精心挑选仪式主持人的原因。通过对"老鹰捉小鸡"游戏表现出的隐喻的空间性的分析,我们可以明白"老鹰捉小鸡"游戏中的阈限是一种超现实的涟漪态,具有流动性(fluid),在不同的时空中进入者可以在不同的阈限体验中存在。因此,作为关系空间中"善"的种子,可以随着雅利安人的迁徙,成为古印度思想体系的基石,并在之后几千年的荡漾中吸引了无数人去"进入、停留和退出";作为社会空间中的"涟漪",它在与人思想碰撞的过程中,让人们触摸到洞察社会的门槛,也才有了灵感爆发的瞬间,成就了无数的经典;作为情感空间中的想象门槛,"老鹰捉小鸡"游戏作为休闲活动,同样代表了人们固定的日常生活中的一个间隙位置,主动承担角色责任的能动性被推到最前沿,这种能动性将人的认知和想象结合在一起,灌输了一种对生活的基本态度,以及作为一个人在新角色中所需要的能力,并在玩耍的过程中逐渐产生行为和思想模式的重新定位。也就是说,空间元素在理解"老鹰捉小鸡"游戏的阈限过程中非常必要,正如 Shortt Harriet 所理解的:"空间对于赋予个人意义至关重要"[1],并允许意义的象征性共同构建。[2]

"老鹰捉小鸡"游戏中的阈限像一颗"种子"激起的涟漪。然而,"涟漪"本身并没有合理的本体论地位,作为解释人们穿越认知屏障的一种特定方式,可以将其简化成一进一出,并在进出过程中需要经过一段认知过渡阶段的概念,也就是"分离、过渡和融合"的特征。

这种概念化的理解是基于我们大多数人对现实涟漪产生的视觉、听觉等经验性的感觉而产生的,这类似于 Lamond(2020)对"一瓶水"的理解:

> 举个例子,我手里拿着一瓶水,我把它简化成"一瓶水"的概念。我是通过它的视觉、情感和社交等感觉来做到这一点的。所以,一瓶水是由所有的经验性事物构成的,但如果要超越它,说它本身有某种康德式

---

① Shortt Harriet, "Liminality, Space and the Importance of 'Transitory Dwelling Places' at Work", in *Human Relations* 68, no. 4 (2015), 633 - 58.

② Mike Lucas, "Nomadic Organization and the Experience of Journeying: Through Liminal Spaces and Organizing Places", in *Culture and Organization* 20, no. 3(2014), 196 - 214.

的东西,那就是"一瓶水",这是我永远做不到的一步,这是一种思想的东西,这是胡塞尔现象学的根源,这意味着要超越现象。①

一瓶水是由所有的经验性事物构成的。同样,我们可以将"涟漪种子"与人们"努力消除献祭暴力发现内在自我""在自见本性中实现见性成佛""在游戏玩耍中一念若悟,即得出世"的认知过程相联系,它是被构建的一个本体论。也就是说,"尸毗王割肉救鸽"的故事、"尸毗救鸽"的故事、"耶和华救摩押"的故事、"僧与雀"的寓言、"龙子免金翅鸟难"的故事、"国王、王子、青蛙和蛇"的故事、"老鹰捉小鸡"游戏等便是"涟漪种子",它是阈事件,由所有经验性的事物所建构,可以被看做置身其中的人在聆听、诵读、欣赏或玩耍过程中的经历方式。

然而,正如比昂·托马森指出的:"在阈限中结果是不确定的。阈限是一个充满偶然性的世界,在那里事件和想法,以及'现实'本身,可以被带向不同的方向。"②这也就是阈限所具有的颠覆性。横跨千年的时空,不同地域、不同信仰、不同风俗,因为阈限的颠覆性,从"尸毗王割肉救鸽",到"尸毗救鸽",再到"老鹰捉小鸡"发生了很大的变化,也从一个普通的故事变成了遍及全世界的儿童游戏。可是,"袭击者、保护者、被保护者+问答"结构及其携带的"善"的种子却始终未变。从这点来看,"老鹰捉小鸡"游戏在"颠覆性"与"不变"中创造了一种可能性。正如巴迪欧说的,"事件本身并不是一种现实的创造。它是一种可能性的创造,它开启了一种可能性"③。也就是说,作为一个事件,一个阈限的时空,参与者必须经历,才有可能释放出新的变化的潜力。④

---

① Ashley Garlick and Nazia (Naz) Ali,"Liminality and Event Design: Liminal Space Design for Sport Events", in *Liminality and Critical Event Studies*, ed. Ian R. Lamond, London: Palgrave Macmillan, 2020, p. 61.

② Bjørn Thomassen, "The Uses and Meanings of Liminality", in *International Political Anthropology*, vol. 2, no. 1, 2009, pp. 5-28.

③ Alain Badiou, *Philosophy and the Event*, trans. L. Burchill, Malden, MA: Polity, 2010, p. 9.

④ Remotti Francesco, "Introduzione: van Gennep, Tra Etnologia e folklore", in *I Riti di Passaggio*, ed. Arnold van Gennep, Torino, Italy: Bollati Boringhieri, 1981.

在反思中前行

当7万年前的"智人"冲破"有机体"的枷锁,人类开始成为地球这颗行星的主宰,并"开创"出"文化"这个复杂的架构。此后,在漫长的前行历程中,人类开始学会认知自己和世界,并学会耕种、畜牧和渔猎,在之后长达一万多年的时间里始终如此。随着世界不同地区文明的出现,城市化、社会等级制度、文字系统和专业化劳动逐渐成为美索不达米亚文明、埃及文明、印度河流域文明和古代中国文明等共同的特点。直到500年前的科技革命,人类掌握了更准确了解自己和窥视宇宙的能力。在这几万年时间的长河里,人类为了花更多时间寻找食物,大脑相较于其他哺乳动物获得了更大程度的开发,学会了思考,站在了食物链的顶端。可是,冲突、不平等、环境恶化和道德困境等挑战却随着人类"文明"的进步而日益复杂。从古代的部落战争到现代的全球冲突,人类社会因为领土争端、资源竞争、宗教分歧、政治意识形态和权力斗争等因素经历了战争、征服、革命和意识形态争斗。不平等也一直是一个持续的挑战,在早期农业社会中,奴隶制、种姓制度、封建制度和其他形式的社会不平等在不同时期和地区存在。在现代,经济不平等、性别不平等、种族歧视以及获取资源和机会等问题仍然是人们关注的主要问题。人类活动在历史上对环境也产生了重大影响。从森林砍伐、资源过度开发和古代文明的污染,到工业革命带来的大规模污染,再到气候变化和栖息地破坏带来的现代挑战,人类经常以不可持续的方式开发自然资源。环境退化的后果包括生物多样性丧失、气候变化、土壤退化和污染,这些都对生态系统和人类福祉构成威胁。此外,道德困境也一直伴随着人类社会,通常源于价值观、信仰和伦理框架的冲突。这些困境可能包括有关个人权利和待遇、战争伦理、科学进步以及个人自由和集体责任之间的平衡的问题,例如奴隶制、人权、生物伦理、基因工程、人工智能和现代技术伦理影响。

为了解决这些问题,塑造一个更加公平和可持续的未来,人类历史上出现了许多为维护社会正义、人权、环境可持续性和道德框架的运动和努力。"尸毗王割肉救鸽"故事或许正是在这样的背景下被创作出来,用来歌颂尸毗国王的英勇、慈悲与爱民。那么,为什么"尸毗王割肉救鸽"故事会被借取并创新成为"尸毗救鸽",继而又演变成"老鹰捉小鸡"游戏？又为什么它能够在历史的大浪淘沙中被保留并传承至今呢？

"反思"被认为是人类学中"阈限"概念的一部分。特纳说："阈限可以部分地描述为一个反思的阶段"①，这需要自我质疑和自我改变，以及对外部影响和感知的反应。也正如王明珂在《反思史学与史学反思》中提到的："存在于学科自身内的偏见，深深影响我们对现实世界的观察、描述与理解或更深化许多原已存在的社会问题 …… '历史'造成现实社会情境，而在现实社会情境中人们也相信并继续述说或书写这样的'历史' …… 反思性研究，便是通过一些新方法、角度、概念，来突破认知的'茧'，来深入发掘隐藏在表相之下的本相。"②

分离，无论是与生活、社会、亲人、栖息地（和习惯）、环境等，是过渡的先决条件。③ 无论对"尸毗王割肉救鸽"故事、"尸毗救鸽"还是"老鹰捉小鸡"游戏来说，聆听故事的过程或者玩游戏的过程都是基于这些人在特定的时空背景下与日常生活的分离。分离标志着跨越边界的前兆④，不仅用来确定处于边界的状态，还可以用来理解人类对阈限体验的反应。正如本书第一章中提及的孩子玩游戏时的笑声、迷惑性的语言、手臂的温暖等都是他们在当时环境和压力下的能动性表现与感知。正如 Moss 所说的："这是一种概念性的方法，你可以用它来尝试理解个人、社会、国家等，以及时间段。"⑤基于"袭击者、保护者、被保护者＋问答"结构，并携带"善"的内核，"尸毗王割肉救鸽"故事、"尸毗救鸽"或者"老鹰捉小鸡"游戏可以为人们感念尸毗王、释迦牟尼、耶稣或鸡妈妈的善，领悟因陀罗化身的"以己量人与恕"提供思维决

① Victor Turner, *The Forest of Symbols*：*Aspects of Ndembu Ritual*，Ithaca，NY：Cornell University Press，1967. p. 105

② 王明珂：《反思史学与史学反思——文本与表征分析》，上海人民出版社 2016 年版，第 7 页。

③ Les Roberts，"The Sands of Dee Estuarine Excursions in Liminal Space"，in *Liminal Landscapes*：*Travel*，*Experience and Spaces In-Between*，ed. Hazel Andrews，New York：Routledge，2012，pp. 103 – 117.

④ L. McGrath，I. Mighetto，and R. J. Liebert，eds.，"Stuck in Separation：Liminality，Graffiti Arts and the Forensic Institution as a Failed Rite of Passage"，in *Sociology of Health* & Illness 43，no. 6 (2021)，1355 – 71.

⑤ I. R. Lamond and J. Moss，eds.，*Liminality and Critical Event Studies*，London：Palgrave Macmillan，2020. p. 23.

裂的空间,从日常生活中的自己想象自己成为尸毗王、释迦牟尼、耶稣或鸡妈妈。只有让他们认识到这种决裂,他们才会真正开始看到自己是谁,他们在哪里,什么对他们有意义。从社会建构的角度来看,身份的变化意味着与一个人相关的意义的变化。[1] 聆听者或者玩家在阈限空间中所感受到的社群情感向外投射一种转变的努力,并试图达到一个期望的身份,以影响他人对自己的看法,因此可以超越外部世界的不确定,而具有强大的稳定价值和社会意义。正因如此,“尸毗王割肉救鸽”故事、“尸毗救鸽”或者“老鹰捉小鸡”游戏的创造,有意或无意地为聆听者或玩家建构了一种“涟漪态”的阈思维,将人们的注意力集中在一个更可预见的既定时空中,使得置身其中的人们虽然仍受限于日常的生活结构,却以一个新的身份——故事或游戏经历者出现。

尽管聆听者或者玩家在分离阶段有着各种难以确定的风险,但也是有好处的,陷入各种不确定阈限状况的他们,反而进入了“一个促进管理和控制其社会地位转变并确保遵守社会规范”[2]的临界状态,它扩大了聆听者或者玩家对自身存在意义与价值观的思考。这种状态可以被解读成他们在分离状态下感受到的冲破现实困境的方向指引,这个过程没有发生空间的移动,转变的是意识层面的对现状的认知和新主体意识的确立。这种转变很好地与人们的期待凝聚在一起,对生活前景的不确定性产生一种颠覆性的动力。也就是说,分离的阶段也充满希望,有助于个体积极和创造性地建构一个新的自我。[3] 无论是尸毗王割肉的仁慈还是鸡妈妈面对凶悍老鹰的义无反顾,都映衬了现实生活中的冲突、不平等和道德的滑坡,它为人们提供了一个机会,以“反思地面对现实”,并考虑他们应该如何在未来改变。此时的聆听者或者玩家陷入了特纳所讲的“暂时不确定的,超出了规范的社会结

---

① J. Shotter,"Dialogism and Polyphony in Organizing Theorizing in Organization Studies", in *Organization Studies*,2008,29(4):501-524.

② Marie-Christine Fourny,"The Border as Liminal Space", in *Journal of Alpine Research*(Revue de géographie alpine [En ligne], 101-2)2013.

③ Shu-Ying Yuan,Fei Wang,"Tunnel and Crossing:The Future Road of the Olympics under Tokyo 2020 '+1'", in *The International Journal of the History of Sport*,2021,38:18.

构"①的状态,他们被从结构性的义务中剥离出来:不必面对生活的困苦、战争的残酷、社会的险恶。这也迎合了特纳的观点:"只有当我们将类似或至少相关(如果不是不同的话)的具有相似效力的过去经验的累积结果与当前经验联系起来时,我们称之为'意义'的关系结构才会出现。"在这个阈限时刻的感悟与转变,就成了人们想要传播的东西,所以过渡空间中产生的各种仪式化行为(例如,聆听时的静坐感悟、匍匐感恩,游戏时不顾自身张开的双臂、拟态的模仿等)就演变成了一圈圈荡漾的涟漪,然后不断地影响他人,再影响他人,随之不断扩散。也就是说,具有"善"内核及平衡性结构框架("袭击者、保护者、被保护者+问答")的故事或者游戏的创造,触发了这种相互作用的仪式化行为,并随着聆听或者玩耍的过程创造了一种存在方式。

反思是一种既强调由外而内的对话,又强调内化对话的实践。无论是故事中老鹰除了鸽子肉外只吃尸毗王肉的"执念"、尸毗王宁可自己献祭也保护微不足道鸽子的"不可理解",还是鸡妈妈奋不顾身的勇气,都是他们在所处的不确定的社会背景下对外在环境、困境和方向的深度理解与想象,也是他们由内向外的内在自我和外部社会身份的对话②与改变的过程,所以这个过程是更主动、更积极的。因此,想象中的"尸毗王割肉救鸽"故事、"尸毗救鸽"或者"老鹰捉小鸡"游戏无形中引领了人们的实践过程,塑造了人们期望的现实、信念和准则,继而引导着个人的行为,这些行为反过来又创造、验证或强化了一个与周围环境相一致的游戏或故事的"涟漪态"本体。

总之,聆听故事或玩游戏的过程事实上是一种阈体验,我将这个过程称为"涟漪态",人们整个过程都处在过渡中,处于善恶观交互的断裂时刻,无论身体上、情感上、认识上都处在不断移动和不断进行中,人们会重新定位、重新思考自己的存在意义。当前,世界之变、时代之变、历史之变正以前所未有的方式展开。Luhmann 将现代世界描述为大爆炸后支离破碎的自闭子系统的无中心的杂音,认为现代社会定义为没有中心的社会,现代化的过程

① Victor Turner, "Liminal to Liminoid in Play, Flow, and Ritual: An Essay in Comparative Symbology", in *From Ritual to Theatre: The Human Seriousness of Play*, New York City: Performing Arts Journal Publications, 1982, p. 27.

② T. Watson, "Narrative, Life Story and Manager Identity", in *Human Relations*, 2009, 63(3): 425-452.

不是增加分化,而是一种封闭的出现。① 如何在恃强凌弱、巧取豪夺、零和博弈的国际政治生态中加深各国人民之间的了解,促进世界和平与发展,推动构建人类命运共同体,是各国人民的共同使命。"尸毗王割肉救鸽"故事、"尸毗救鸽"或者"老鹰捉小鸡"游戏所呈现的"涟漪态"特征不只是它所创造的感召力,而是它们在时间、空间和社会意义上所实现的人类命运协同性——当"涟漪态"本体与实现中华民族伟大复兴和为解决人类面临的共同问题提供更多更好的中国智慧、中国方案、中国力量的新时代新征程并列时,它有助于开辟新的思维路线,守正创新,形成一种创造性的国家发展模式和人类共赢之道。这种"涟漪态"表现出来以前不存在或不曾被注意到的阈限新过程、结构和体验,应该从更深层次的、本体论的层面来理解,这是一种意识形态上的物质观,或许能够为构建人类命运共同体、开创人类更加美好的未来提供理论借鉴。

麻雀体:文化的微观结构

人类学传统观点认为,行为的变迁先于信仰的变迁。本书通过探究"老鹰捉小鸡"游戏的起源,明确了从"尸毗王割肉救鸽"故事到"尸毗救鸽"再到"老鹰捉小鸡"游戏的数千年的传播变迁路径。人们或许只是在最普通的日子里聆听一个非常普通的讲述刹帝利、尸毗王、释迦牟尼、耶稣行善或者显圣迹的小故事,又或许只是约三五好友一起在夏日的蝉鸣中玩个有趣的小游戏,可是在这一听一玩的日常生活中,却显现了一根贯通时空的线。在本书的分析过程中,起初将其称为"具有'简识'特征的'共同知识'",这是因为这个故事或者游戏所具有的贯穿时空的特征还不明显,后来又将其称为"一个有条理的 DNA 程序链",故事或者游戏所具有的固定的"遗传"特征开始在更加深入的分析过程中逐渐显现,直到上一节对"老鹰捉小鸡"游戏中的阈限特征和反思性分析完毕后,我才能够穿越历史层层的迷雾,找到涟漪深处那颗翻动浪花的"种子"。2019 年在我发表的论文《"老鹰捉小鸡"游戏的

---

① Risto Heiskala, "From Modernity Through Postmodernity to Reflexive Modernization: Did We Learn Anything?", in *International Review of Sociology: Revue Internationale de Sociologie*, 2011,21:1, 3-19.

起源与文化变迁分析》中,我也曾预感到了这颗"种子"的存在,并将其称为"麻雀个体"[①]。经过这几年本书的撰写过程,我对这一理论的理解更加深刻,并最终将其定为"麻雀体"。接下来,我在之前论文的基础上对这一理论进行进一步的阐述。

思想传播以种种不同的方式进行,早期阶段主要是通过各游牧民族大规模的迁移。随着生活较为稳定,商人、殖民者,一定程度上还有士兵,成了主要传播者。随着理智生活的发展和有组织宗教的发展,诸如学者和传教士之类新的文化信使阶层又增加进来。诸如伊斯兰教征服之类的中世纪军事征服,也来回传播思想。在近代,文化交流由于科学和技术的进步而急剧扩大。如此广博而多学科的研究所涉及的问题是众多而复杂的。当两个强大的文明发生碰撞时,在各个层面都能感觉到其震颤,而且文化融合以各种方式进行,其中有些长时间不为人们觉察,有的则永远不为人知。一种思想最初的特性在漫长、渐进的同化过程中可以完全或部分保持下来,也会荡然无存,它是一种产生新思想的连锁反应。而且,这样的影响既产生积极的反应,也产生消极的反应。积极的反应在努力表现自己固有的传统活力和纯洁信仰的时候,还包括直接借用。消极的反应包括顽固地维护使保守主义加强及导致社会僵化的一切传统概念和制度,也经常导致不合理的挑衅甚至反击。保守的抵抗不愿意接受新思想,却也不能否定其正当性,它有时产生更新的思想。"老鹰捉小鸡"游戏便是这种在积极与消极的文化意识中都能够顺利得以生存并不断被借用并赋予各种意义的文化元素。

借助费尔南德斯喻体游戏[②]的观点对其特殊性再进行分析:袭击者、被袭击者、庇护者三者进行的其实只是一项普通的儿童游戏活动,然而在活动之前却需要事先分配好三者的角色担任者。担当了特定角色的人,便会根据角色的要求来塑造、扮演他们的行为。于是,这种角色塑造或者角色扮演变成了这个小游戏所特有的喻体,而这种喻体成了连接隐喻(游戏的攻防内涵)和行动(角色者的行为)的桥梁。佛教通过这一桥梁将"普度"和"慈悲"

---

① 袁书营、王飞:《"老鹰捉小鸡"游戏的起源与文化变迁分析》,载《体育与科学》2019,40(04):59。
② James W. Fernandez, *Persuasions and Performances: The Play of Tropes in Culture*, Indiana University Press, 1986, pp. 6-30.

小游戏与大历史——从「老鹰捉小鸡」到人类的文化视界

258

的教义以隐喻的方式传播给游戏的孩子；越南通过这个桥梁将"情商教育""工作态度""尊重他人"以及"失败与成功"的国家需求传递给他们的孩子，这便是这个小游戏所蕴含的潜在意义，这一潜在意义能够被不同的国家和民族所利用。于是，我们似乎有了一片新的天地来审视这个游戏。这个小游戏的进行过程似乎可以看成一种超日常和亚日常的仪式典礼场景，角色者在这一场景中根据自身的喜好、身材、性别、地位、目的等确定自身的典礼角色，而仪式化的问答形式便很恰如其分地将整个典礼场景激活，于是袭击者、庇护者与被庇护者的关系便呈现出了一种有序的意象。因此，这个小游戏通过聚焦隐喻和转喻借助仪式化的场景模式将儿童的身份模糊化，使得他们的个体转变为特定社会环境(弱者被庇护，强者姿态，英雄主义)下所需要的社会化角色。

我们可以从中窥探到这一小游戏所特有的文化特质，即："不变的是'袭击者、保护者、被保护者＋问答'结构，改变的是所携带的具有意义的'文化内核'"。"不变的'袭击者、保护者、被保护者＋问答'结构"又可以被理解为文化的微观结构，从前文对"老鹰捉小鸡"游戏的阈限过程分析中我们可以了解到，"袭击者、保护者、被保护者＋问答"这一固定的微观结构是让聆听者或者游戏者踏入阈限门槛的前提，它像一股活的引水，也像一柄开门的钥匙，在不同的时空、不同的地域、不同的文化环境中只有具备了相同的微观结构，才能让其有新的"文化内核"，被重新赋予新的意义的可能性。这一文化特质使得这个小游戏能够被不断借取、创新和再解释，催生了人们仪式化行为的变迁，并逐渐产生文化的认同和变迁。

基于对小游戏的上述分析和规律探索，本书将"袭击者、保护者、被保护者＋问答"的"结构"连同携带具有意义的"文化内核"的组合体称为"麻雀体"(如图46)，它既是一种文化微观结构的形象化表示，又是一种可独自存在的本体论的表达。如下图中那颗具有现代科幻色彩的"种子"，便是本书所指的"麻雀体"。从"尸毗王割肉救鸽"故事到"尸毗救鸽"，再到"老鹰捉小鸡"游戏，它们之间传承不变的便是"麻雀体"这个结构，改变的只是"善"的文化内核或者"勇敢"的文化内核，又或者其他。正是因为"麻雀体"的"可承载性"促使它在世界各地不断被借取、创新和再解释。

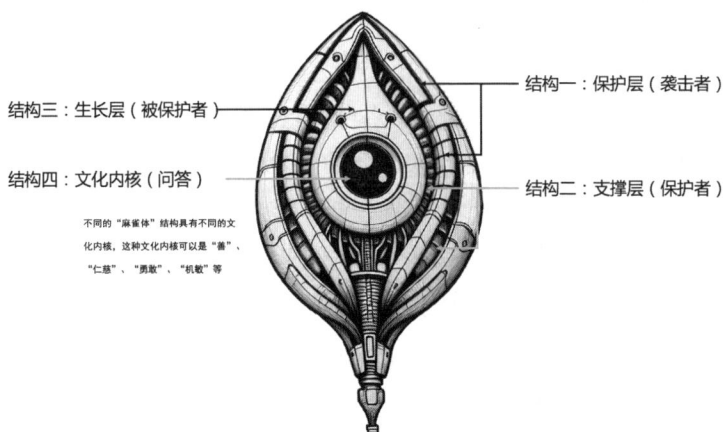

图 46 "麻雀体"文化态结构图——具象思维

之所以称为"麻雀体",不是因为这个理论形似麻雀,而是在中国有句谚语"麻雀虽小,五脏俱全",指的是虽然个体本身微小,但它同样拥有着完整的结构、生命力和潜力。对"麻雀体"的理解可以借助"文化佐料"这一称谓,它像我们日常食用的盐、糖、味精等,这种文化佐料或许已经存在于我们的生活中还没被发现,或许需要根据我们的需求进行提炼、创作。但无论怎样,基于人类心理的一致性,能够在人类之间持续传承并能够在共性文化中持续存在的"麻雀体"(可分离元素),它需要具有意义性、效用性、实践性和适应性。

"意义性"是指存在的"麻雀体"具有不分种族、国籍、性别、文化等的普遍接受性,并能够根据使用的需要被赋予相应的意义;

"效用性"是指存在的"麻雀体"不是一次性的,能够被反复运用,并且具有目的性;

"实践性"是指"麻雀体"能够被使用者根据角色的需要或者任务的要求赋予其特定的行为,可以在实践的过程中体现目标个体的意义性和效用性;

"适应性"是指"麻雀体"不受其所处的环境、社会等外在因素的干扰,它源于人类共性文化,是人类共性文化的一部分。

以此四要素存在的"麻雀体",能够被人们根据自己的需求进行借取、创新、再解释,而这种被再创新的文化不需要经过文化变迁的过程就已经成为

本土文化的一部分,它依赖于促进个体行为变迁,继而实现文化变迁的目的。"麻雀体"的理论概念图(47)如下:

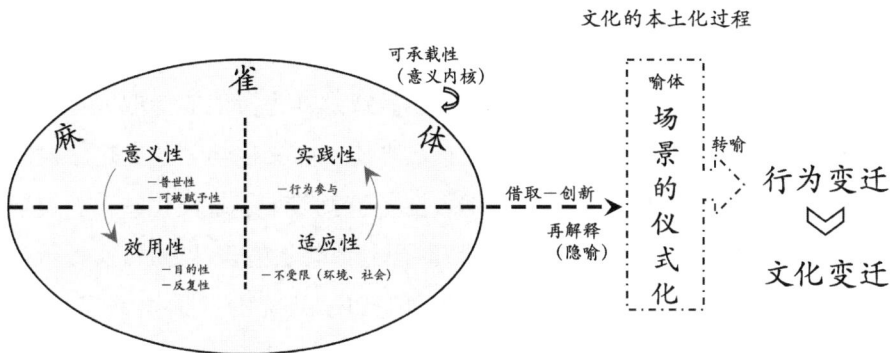

图 47 "麻雀体"的理论概念图

　　"尸毗救鸽"作为"老鹰捉小鸡"的起源是佛教本土化传播的结果。而这个小游戏的文化特殊性表现在它所具有的"麻雀体"的可承载文化特质,这种文化特质又属于人类共性文化的一部分,它超越了单一民族国家的范畴。在传播的过程中这个小游戏个体层面的表象特征变得模糊,而在更高的层面,它的文化特质更加清晰且被不同民族、国家所借取,并对其意义、形式进行了创新与再解释。一些相似的文化原因促成了许多类似的文化结果,使得它获得了世界范围的传播与普及。人类生活的基础不是自然的安排,而是文化形成的形式和习惯[①],在全球化进程日趋深入的今天,需要逐渐打破文化边界的限制,实现跨文化认同,这便需要更加普适性和效用性的理论作为支撑。

　　"麻雀体"理论是对"老鹰捉小鸡"这一基于人类共性文化的游戏的借取、创新与再解释过程的理论凝练,在理论不断完善和实践应用的过程中,希望能够唤起人们的"文化自觉",在引导各民族自我文化觉醒的基础上实现对不同文化的理解与认同。对比我国现在大力推进的"一带一路"建设中所遇到的文化传播困境,我们可以发现缺乏"概念上的可承载性"或许是目

---

① (德)蓝德曼:《哲学人类学》,阎嘉译,工人出版社 1988 年版,第 260 页。

前跨文化交流的障碍所在。正如哈罗威尔①所指出的,虽然接触是文化适应的必要前提条件,但在没有其他元素的情况下,接触本身并不足以产生文化适应。无论是孔子学院、普通话的国际普及教育,还是纽约市中心时代广场的巨型电子广告牌,虽然与异国文化产生了接触,但都很难促进文化借取的产生,因为现有文化输出方式不能够像小游戏那样为可能的借取人提供潜在的意义。也就是说,现有的传播方式很难使中国文化与其他文化接触时遇到"相同的微观结构及意义的可承载性",也就很难引起文化共鸣。这里所提到的"相同的微观结构"指的是文化、思想或想法的表达方式,类似于语言结构,例如汉语和英语是靠词序来确定句子结构的:"谁读书?""Who reads a book?",而日语则是谓语后置"誰が本を読むか?(谁书读?)"。所以,如果没有"相同的微观结构",即便再优秀的思想或者文化,也很难有被更多的人去理解或认同的机会。只有具备了"相同的微观结构"这一前提,我们所传播的文化意义才有可能被更多的人理解,也才能够让更多的人有可借鉴的机会,重新赋予结构以新的文化内核,让我们的游戏文化以另类方式在全世界广泛传播。

文化物态

第二次世界大战后,备受批判的进化论问题再次受到一些新的人类学家的关注,这个学派被称为新进化论学派,代表人物便是莱斯利·怀特(Leslie Alvin White,1900—1975)。对于怀特来说,文化是一个超有机的实体,是自成一体的,只能用其自身来解释。它由三个层面组成:技术层面、社会组织层面和意识形态层面。此外,他还强调"进化阶段是适用于人类文化成长的抽象概念 ⋯⋯文化是从文化中产生的 ⋯⋯新的形式从先前的形式中形成 ⋯⋯技术是文化进化的基本决定因素"②。由于怀特在描述这一进化过程时并没有提到任何特定的案例或文化,也就是说,他的观点不是以种族

① A. I. Hallowell, "Socio Psychological Aspects of Acculturation", In R. Linton, ed., *The Science of Man in the World Crisis*, New York: Columbia University Press, 1945, p.171.

② Leslie A. White, *The Evolution of Culture: The Development of Civilization to the Fall of Rome*, New York: McGraw-Hill Book Company, Inc., 1959.

为中心的,而是可以与整个社会联系在一起的,所以他的理论也常被称为"一般进化"理论,受到的质疑与批判也非常少,从 20 世纪 60 年代中期以来一直在新进化论中享有盛誉。然而,如果你了解中国"射礼"文化消亡、复兴的历史过程,我们可以很轻易地从中找到怀特文化理论的不足。

"射礼"这一基于射箭技艺的礼仪文化表现形式,是中国自古以来对"道德"文化孜孜追求的体育运动表象,同时也是对人的"六艺"修养——射艺最高水平的审视标准。从射艺到射礼,它贯穿了古代志士仁人习武学箭的整个过程,也是他们游走于社会各阶层修身处世的重要途径。同时,古代中国还巧妙地将"德"赋以"射"的硝烟中,"以德引争",将外在的社会规范"礼"融入军事抗争的"射"之中,"射礼"文化也是古代中国应对纷争的东方思维。从氏族社会的诅咒仪式到清朝末年的"木兰秋狝","射礼"文化在中国历经了几千年,最终随着冷兵器时代在中国的彻底结束而消亡。这一文化的产生与消亡过程似乎与莱斯利·怀特文化进化论中所强调的"文化的目的和功能是使得人类生活安全并持久"相适应,"射礼"的消亡与火器的产生与应用"一方面将人与其环境相连,另一方面将人与人相连"。怀特的这种"文化进化的功能性"理论似乎也完全符合"射礼"文化的变迁过程。然而,当下的中国学术界以及中国民间正在积极致力于复兴并传承这一富含"道德感与精神性"的礼仪文化,以期在现代社会的适应、传播与发展中推动中华射艺的当代复兴。这便产生了一个非常有意思的现象,根据莱斯利·怀特文化进化论所认为的"文化的进化过程,既是时间性的又是程式化的,是不可逆转的",这一理论对美国考古学界来讲,从 20 世纪 60 年代中期至今仍旧认同。如果认为怀特的理论是正确的,那么对中国学术界目前致力于复兴的"射礼"文化这一行为则显然违背了文化进化的顺序,是错误的。"射礼"作为一种文化现象在中国几千年的历史长河中历经了从繁盛到消亡,到复兴再消亡,然后再复兴的变迁过程。可是,"射礼"文化向来强调的"射以观德",即对人类品性的培养以及对战争的止戈作用却始终有着它积极的作用,它是一种文明进步的象征,或者说是个人修养提升的过程,从对射艺水平的不断提高,到登峰造极,对更高水平的追求便产生了基于精神与品德的认同。按照这个逻辑推想,中国学术界及民间现在着力推动的"射礼复兴"应该是正确的,而"射礼"文化在清末的消亡似乎具有独特的"中国风",从这个角度来看怀特的新文化进化论则显然是有缺陷和不确切的。

本书通过对"老鹰捉小鸡"游戏起源、变迁的分析,可以明确的是:从"尸毗王割肉救鸽"故事、"尸毗救鸽"以及"老鹰捉小鸡"游戏中蜕变出的"麻雀体"为我们打开了一扇新的审视文化的视角,而这种视角与怀特看待文化变迁的过程有很多类同的地方,但又有本质的不同。本书希望依托对"老鹰捉小鸡"游戏千年变迁过程的分析,将怀特的"新文化进化论"进行重新推介,希望站在巨人的肩膀上提出一位来自中国青年学者的文化传播理论。

1. 怀特"新文化进化论"的主要观点和理论瑕疵

(1) 怀特的影响力

20世纪20年代末,人类学陷入了巨大的怀疑主义中,被称为"赤脚经验主义"[1],文化进化也被认为是"科学史上最空洞、最乏味、最有害的理论"[2]。怀特深受马克思主义经济理论和达尔文进化论的影响,并继承了摩根的单线进化论。20世纪中期,怀特在考察了原始社会的许多实践和制度,考察了它们的内部运作,也考察了它们对整个社会系统运作的贡献后提出了新进化论,成为这个时期最重要的人类学家之一,也是整个人类学历史上最重要、最关键的人物之一。新进化论试图在古典进化论早期思想的基础上,对文化进化提供更全面、更系统的理解,帮助人类学从谨慎的特殊主义转向有力而广泛的理论化。

(2) 怀特理论的主要观点

在怀特看来,缺乏非种族中心主义和科学的研究方法是古典社会进化论的主要缺陷。为此,他认为文化建立在符号和人类独特的象征能力的基础上,是一种独特的现象。文化不能用生物学或心理学来解释,它构成了现

---

① Elman R. Service, *Cultural Evolutionism: Theory in Practice*, Holt Rinehart Winston, 1972, p. 9.

② Berthold Laufer, *Review of Lowie's Culture and Ethnology in American Anthropologist*, vol. 20, 1918, p. 90.

象的一个独特层次或领域。文化源于文化,文化现象是自然世界的一部分,应当用其他文化现象来解释。人类的行为和制度,就像自然领域的其他元素一样,受制于自然法则:"文化学家想要找出文化系统的行为法则……就像物理学家为落体制定了定律一样。"基于这些理解,怀特建构起了他的文化观。

文化是人类进行生活过程的手段,是一种提供生存、保护、攻防、社会调节、自然调节和娱乐的机制。随着社会的进步,人们经历了一个文化进化的过程,文化的进化和进步要经历越来越复杂的阶段,包括部落、部族、酋长和国家。文化的进化主要是由它们的能量捕获和利用所驱动的。一个社会可获得的能源数量及其利用效率是决定其文化发展水平的关键因素。因此,怀特把文化系统看做是由三个层次组成的一系列水平层次:底层的技术层(技术),顶层的哲学层(意识形态),中间的社会学层(社会组织),这些位置表达了它们在文化过程中各自的角色,每个阶段都代表着更高层次的复杂性。这其中,技术体系是基本的、初级的;社会系统是技术的功能;哲学表达了技术力量,反映了社会制度。因此,技术因素是整个文化系统的决定因素,是理解人类文化成长和发展的关键。

① 技术是指一个社会用来开发其环境和资源的工具、技巧和知识。技术被视为文化变革和社会进步的主要驱动力。技术发展的水平决定了一个社会的复杂程度和进步程度。怀特认为,技术通过决定社会内部的劳动分工、社会制度结构和资源分配来影响社会组织。随着社会发展出更高效和先进的技术,他们能够提高能源的捕获和利用,从而提高文化的复杂性。例如,农业作为一种技术的发展,使游牧狩猎采集社会向定居农业社会过渡。这种技术的转变导致了社会组织的变化,比如永久定居点的出现、社会等级制度的发展和劳动的专业化。随着技术的进步,它不仅使社会能够更有效地利用其环境,而且还塑造了文化信仰、价值观和规范。反过来,文化因素影响着技术发展的方向。技术和文化之间的这种相互作用创造了一个自我强化的过程,推动社会走向更大的复杂性。也就是说,由于技术的进步,社会不可避免地沿着从简单到复杂的单向道路发展。

② 社会组织包括社会结构、劳动分工和管理资源分配和配置的政治制

度。在新进化论的背景下,能量捕获是指一个社会从其环境中提取和利用能量以满足其需求的能力。社会组织影响技术的发展,而技术的发展又影响能源的捕获和利用。社会组织还决定了社会内部的劳动分工。随着社会的进步,它们往往变得更加专业化,个人或团体专注于特定的任务。专业化可以提高能源捕获和利用的效率。例如,在农业社会中,人们可能专门从事农业,有些人专门从事工艺,有些人专门从事治理。这种分工提高了生产率和能源利用率。社会组织影响制度、治理和社会结构的复杂性。复杂的社会可以更有效地管理和协调大型项目,从而实现更好的能源管理和分配。随着社会变得越来越复杂,人们可以以更多样化和更复杂的方式利用能源。

③ 意识形态是指形成社会世界观并指导其行为的思想、信仰、价值观和规范体系。意识形态可以影响社会中个人和群体的动机和愿望。一个社会持有的观念和信仰可以塑造其对能源捕获和利用的态度。例如,一个重视进步、扩张和财富积累的社会可能更有动力投资于提高能源捕获和利用的技术和系统。相反,一个拥有不同价值观和信仰的社会可能不会优先考虑这些努力。意识形态塑造了与能源捕获和利用相关的文化态度和行为,影响着人们如何感知和与环境互动,他们采用新做法的意愿,以及他们对能源可用性变化的反应。意识形态表现出的信仰还可以影响社会对自然和技术的看法,一些意识形态可能将自然视为可以征服和利用的东西,导致密集的能源捕获和利用努力。其他人可能主张与环境建立更和谐的关系,指导优先考虑可持续性和生态平衡的能源战略。

基于以上的认识,怀特以一种规律的形式表达了能量和文化发展之间的关系,形成了他的"文化发展法则":文化随着每年人均能源使用量的增加或将能源投入工作的工具效率的提高而发展。公式如下:

$$e \times t = c$$

c =文化进化程度

e =人均每年能源使用量

t =消耗能量时使用的工具的质量或效率

怀特理论的一个关键特征是强调能量在文化进化中的作用。他认为,随着社会的发展,人们倾向于增加能源的捕获和利用。例如,狩猎采集社会的能量捕获相对较低,而农业社会通过农业获得的能量捕获较高。工业社会拥有先进的技术和能源密集型生产,代表着能源获取和利用的最高水平。文化主要是一种利用能量并使其为人类服务的机制,次要的渠道和调节行为与生存和进攻或防御没有直接关系。因此,社会制度是由技术制度决定的。哲学和艺术表达了经验,因为它是由技术定义的,并被社会系统折射。怀特的新进化方法旨在为理解不同社会和时期的文化进化提供一个通用的框架。

（3）怀特的理论瑕疵

怀特的新进化论虽然有影响力,也因其技术决定论、对复杂社会过程的过度简化和缺乏经验证据等而受到批评,主要表现在:

① 技术决定论:怀特的理论非常强调技术是文化进化的驱动力,独立地推动文化进化,并倾向于淡化个人和社会群体在塑造文化变革中的作用。虽然技术无疑在塑造社会方面发挥着重要作用,但它只是相互作用并影响文化发展的众多因素之一,忽略了意识形态、政治、社会组织和环境条件等因素在文化进化中也起着至关重要的作用。例如,在意识形态方面,技术决定论倾向于种族中心主义和欧洲中心主义的文化偏见,假设技术发展的道路在所有社会中都是普遍和线性的,西方工业化社会代表了文化进化的顶峰,而其他社会则被视为不太发达或落后。然而,它没有考虑到存在于不同社会和历史背景中的广泛的文化差异和不同的发展路径,这种以欧洲为中心的偏见破坏了该理论的客观性和包容性,忽视了非西方文化的成就和复杂性。不同的文化可能有不同的技术方法,并可能根据其独特的需求和价值观优先考虑不同的创新,正如上文提到的中国"射礼",它原本是基于技术来捕获和利用更多社会资源并影响社会组织的文化形式,本应随着冷兵器时代的结束而消亡,而当下的中国却自上而下在积极复兴并传承它,也就是说"射礼"文化所包含的"道德感与精神性"价值观并没有随着技术的蜕变而改变,反而在未来的中国更有其合理的存在空间;在政治权利方面,技术决定论往往不能解释权力结构和既得利益在形成技术选择及其对社会的影响方面的影响。某些技术的发展和传播可能受到政治和经济因素的推动,从而导致不平等和获得技术利益的机会不均衡;在社会组织方面,技术决定论

剥夺了人类的行动力和社会的能动性。这意味着人类是技术进步的被动接受者,而不是塑造和创造技术以适应其需求和愿望的主动行动者。在现实中,人类根据自己的社会和文化背景积极地创新和修改技术,并在不同的文化偏好和社会需求背景下有不同的技术选择;在环境条件方面,技术决定论可能忽略了环境限制对技术发展和使用的影响。有些技术可能不适合特定的环境,而环境的制约因素可以在很大程度上影响技术选择和社会发展的轨迹。

② 过度简化:首先,该理论将复杂的文化现象归结为几个关键因素,主要是技术、社会组织和意识形态。虽然这些因素无疑是重要的,但新进化论倾向于淡化或忽视其他重要的影响,如社会变革、政治、冲突、适应、宗教、艺术、语言、个人能动性和历史偶然事件;其次,该理论提出了一个固定的阶段序列,表明社会是以线性的方式从简单的形式进化到复杂的形式,认为所有社会都要经历这些阶段。忽视了文化的多样性和不同文化领域之间复杂的相互作用;第三,该理论强调能量在推动文化进化中的作用,并认为能源捕获和利用的水平决定了一个社会的复杂程度。虽然能源无疑是一个重要因素,但过度简化社会、经济、政治和环境因素在形成文化变化中的复杂相互作用,没有充分解决社会应对内部和外部挑战的方式,也没有充分解决文化变化如何通过传播、创新或革命等过程发生的问题。

③ 缺乏经验证据:批评者认为新进化论缺乏足够的经验证据来支持其主张。该理论在很大程度上依赖于跨文化比较和历史概括,通常基于有限的数据。怀特提出的阶段在不同的社会中并不总是有明确的定义或一致的观察,这导致了对该理论的普遍性和适用性的怀疑。

2. 站在巨人的肩膀——文化物态

在大规模数据集日益可用和数字人文学科愈发进步的今天,利用这些资源在全球化范围内研究文化变迁,分析趋势、模式以及社会内部和社会之间的相互作用,显然已经成为当下以及未来很长一段时间的研究趋势。关于文化进化的研究已经突破意识形态、政治、社会组织、技术和环境等领域,涉及计算机、基因和群体遗传学方面,文化进化开始被明确纳入人类进化生态学。① Nicole Creanza、Oren Kolodny 等在研究中认为："基因与文化的共同进化可能是动态复杂的,并且令人惊讶地不可预测……文化传播特征的适应性优势必须足够大,才能克服垂直文化传播的缺陷。"②越来越多的研究人员也开始开发并使用复杂的数学和计算模型来模拟和分析文化特征、思想和实践在人群中的传播和演变③,并尝试探究心理机制如何影响文化信息的传递和保留④,这些模型和研究有助于理解文化信息是如何随着时间传播和变化的。文化就像自然界存在的事物一样,正在被越来越多的来自不同领域的研究人员采用跨学科的方法从各个角度翻来覆去地研究,以获得对文化进化形成过程的全面理解。这也应验了怀特对文化的理解:"文化是一个超有机的实体,是自成一体的,只能用其自身来解释。"⑤

任何一个先有的理论都有它的验证性瑕疵,不同的理论学家受其生活环境与知识结构以及关注点不同的限制,使得他们的理论在几年、几十年后都会受到各种抨击。从 20 世纪中期怀特提出新进化论思想,经过半个多世纪的沉淀,当我们重新去推介时,明显发现了很多矛盾和不合理的地方。但我认为理论的好与坏,在于他们对整体方向的把握是否正确。怀特认为:"进化论并不试图解释历史变化的具体顺序,而是关注人类文化作为一个整体的运动。"⑥我认为这种整体性思维是正确的,文化源于文化,文化现象是自然世界的一部分,就像自然领域的其他元素一样。然而,我们知道,理论被视为社会学和人类学等学科的命脉,即弄清事实,因为"事实只有在理论

① K. N. Laland, J. Odling-Smee, M. W. Feldman, "Cultural Niche Construction and Human Evolution", in *Journal of Evolutionary Biology*, 2001,14,22 - 33.

② Nicole Creanza, Oren Kolodny, "Cultural Evolutionary Theory: How Culture Evolves and Why it Matters", PANS,2017,114 (30) 7782 - 7789.

③ A. Hyafil, N. Baumard, "Evoked and Transmitted Culture Models: Using Bayesian Methods to Infer the Evolution of Cultural Traits in History", PLOS One, 2022 Apr 7,17(4).

④ Alex Mesoudi, "Cultural Evolution and Cultural Psychology", In Shinobu Kitayama and Dov Cohen, *Handbook of Cultural Psychology*, 2nd edition, Guilford Press,2019,pp. 144 - 162.

⑤ Leslie A. White, "The Concept of Culture", in *American Anthropologist*, 1959,61(2), 227 - 251.

⑥ Leslie A. White, *The Evolution of Culture: The Development of Civilization to the Fall of Rome*, New York: McGraw-Hill Book Company, Inc. , 1959.

的框架内才能被确定和组织起来"①。正如亨德里克森对理论的描述："(理论是)一套连贯的假设、概念和语用原则,构成了研究领域的一般参考框架。"②那么,我们又该如何基于怀特的理论,站在巨人的肩膀上去重新诠释文化这种独立于其各种特殊表达方式的现象呢?

"老鹰捉小鸡"游戏历经千年在全世界文化变迁中所体现出的"麻雀体"现象,为我们重新界定文化,理解文化以某种方式独立于特定社会而存在的现象提供了理论依据,也为我们解答上面的思维困惑提供了深入思考的抓手。类似于爱因斯坦所说的,我也相信存在着一个独立于思索主体的外部世界是所有人文科学的基础,这些现象存在于时间和空间之中并具有特殊的形式特征——也可以从不同的参照系来观察。因此,"老鹰捉小鸡"可以被看做文化进化过程中的一种感应,看做一种改变了自身同其他诸如"尸毗王割肉救鸽"和"尸毗救鸽"之间的时间叙事背景的形态,或者看做一种在空间中纠缠了涟漪的形态……我将这种文化视角的延伸与拓展称为"文化物态"。想要理解这个概念,我们需要重新思考以下七个问题:

(1) 物质是什么

从传统唯物主义角度来看,感受特征是大脑中创造的,是经过神经元计算后呈现出来的性质。所以,早在 3000 年前,物质对古代中国人来说是由金、木、水、火、土这五种元素组成,并认为这些元素是构成宇宙万物及各种自然现象的基础;古印度人认为物质是由原子(paramanu)构成的,灵魂可以附着在原子上,这些原子根据自然法则结合或分离成更复杂的物质;古希腊人则推测组成世界的基本物质是水,或者是空气,或者是火。300 多年前,随着法国哲学家笛卡尔(René Descartes,1596—1650)创立了现代物质概念,并认为物质是一种占据空间的抽象的数学实体,只具有广延性。物质的力学特性开始成为人们关注的对象,牛顿(Isaac Newton,1643—1727)发展了笛卡尔的物质观,并提出了物质的万有引力特性。到 19 世纪,越来越多的科学家和哲学家开始讨论"物质"一词,并开始认为物质具有化学和电学特性。

① G. Myrdal, *Rich Lands and Poor*, New York: Harper and Row,1957,p. 164.
② E. Hendriksen, *Accounting Theory*, Illinois: Richard D. Irwin,1970. p. 1.

经典物理学和普通化学在这个过程中逐步建立,并认为物质是指任何具有质量并通过体积占据空间的物体,是由原子组成的。20世纪,又随着广义相对论的提出,爱因斯坦引入了"时空"一词,并将引力描述为它的曲率,物质此时又被认为是任何对系统的能量动量有贡献的东西。2022年之前,粒子物理学是我们在最小尺度上对现实的主要描述,并相信物质的最深层是由各种基本粒子组成的。而直到本章开篇所提到的2022年10月,阿斯佩、克劳泽和蔡林格因使用纠缠光子测试现实的量子基础而获得2022年诺贝尔物理学奖。量子世界和经典世界之间的区别,动摇了我们解释测量的基础,也动摇了人类对客观世界的认识,让人们重新经历一场"认识论的转向"。传统认识论上那些"非理性的"东西,诸如神话、传说,在量子领域有了可理解的意义;经典物理学中那种用原子论来界定物质的方法,从量子角度来看,则更像是量子化的"活物"。

从几千年前人类对物质在感性上的朴素认识,到工业革命以来人们在短短几百年时间里所经历的对物质认知的认识论转向,理性认识与感性认识之间的认知鸿沟似乎越来越小,人们似乎感觉在越来越了解自己所处的世界和宇宙的同时,与几千年前的古人之间因技术革命所带来的对客观世界的认知差异也逐步缩短。客观的物质世界与感性的思索之间似乎是叶子的两面,正如托马斯·菲佛认为的:可以把我们的物质世界描绘成一个思想结构,这个思想在时间和空间中的物质分布只是复制时空力量中心的位置和运动,这就是它们对观察者的表现方式……物质是我们这个世界的思想结构和本质的表现形式之一,是某种占据空间的固体和有形的东西。物质把力的能量集中在它自己的内部,这种能量在它的生命和时间进程中表现为一种振动。① 也就是说,物质是一种不断振动的能量,振动频率的高低可以让物质呈现不同的形态。如果我们可以把我们的世界理解为一个思想结构,那么物质就是在其所有的时间和空间表现形式中描绘这种思想结构并使其在我们的观察中对我们可见的感知。

---

① Tomáš Pfeiffer, Vladislav Šíma, *The Horizon of Cognition: A Way to Unify the Micro/Macro World from the Point of View of the Philosophy of Existence*, Tomáš Pfeiffer, Dimenze 2+2 Praha, 2020.

（2）文化是什么

我们知道现代术语"文化"是基于古罗马演说家西塞罗在托斯卡纳争端（*Tusculanae Disputationes*）中使用的术语"cultura animi"[①]，意思是"灵魂的培养"。在这之后随着塞缪尔·普芬多夫（Samuel Pufendorf）、爱德华·泰勒（Edward Tylor）等在现代语境中继承了这个隐喻，"文化"这个词才逐渐成为人类适应社会现象的整体描述。基于对"老鹰捉小鸡"游戏的深入研究，本书不完全认同现代人文学科中对文化的笼统定义，正如接下来我要分析的一样，人文学科以往对文化的界定更像是在二维空间的平铺直叙的综述，并没有将文化放在宇宙大尺度的时空中去理解。怀特关于文化的很多观点与本书的想法不谋而合。如同怀特所理解的，文化是一个超有机的实体，是自成一体的，只能用其自身来解释。遍及全世界的"老鹰捉小鸡"游戏同数千年前的"尸毗王割肉救鸽"故事和"尸毗救鸽"一样都有着相同的"袭击者、保护者、被保护者＋问答"的结构，不同的是，这个结构所携带的具有意义的"文化内核"有所差异。在前文中我将这种文化现象称为"麻雀体"，而"麻雀体"只是众多超有机实体的文化中所展现出来的一部分，就像不断振动的物质一样。这为我们处理文化及其所表现出的意义、意识、意向性等所有这些看起来不重要的东西提供了理解的入口。文化是人类进行生活过程的手段，目的和功能是使人类生活安全并持久，所以围绕这些历经千万年所累积起来的人类社会的文化现象，在有意或者无意的过程中让我们这个世界呈现出眼下的格局和样子。正如"麻雀体"的结构和文化内核所表露出来的文化所具有的可理解的意义一样，文化建立在结构、符号和人类独特的象征能力的基础上，它是自然现象的一部分，却因为有了人类的参与，文化才能成为文化。传统的认识论或许比较难理解这段拗口的表述，我们可以借助量子理论重新对其进行界定。

量子物理学中悖论最奇怪的例证可能是双缝实验，量子力学的解释是，当电子运动时，所有不同的可能性同时存在——它穿过右缝、左缝，或者错

[①] Marcus Tullius Cicero Cicéron (1812)，*Tusculanes de Cicéron*，tran. Jean Bouhier，Nismes：J. Gaude, p. 273.

过两个缝,所有这些可能性同时发生。然而,观察电子似乎会让它们选择一种可能性,就像薛定谔的猫一样。也就是说,"看到就是影响,观察改变了观察者的世界"。我们对文化也可以从这个角度来理解,文化或许是宇宙中自然而然存在的一种振动的能量,15万年前某个早期的人类因为某种原因感受到了这种能量,而一跃成为智人,而文化也便在这位智人的思维中建构起了他对生存、自然的最初理解。随着20世纪20年代红移定律的发现,宇宙演化的事实开始成为人类的常识,而牛顿的万有引力定律表明,宇宙的物质在引力作用下不可能处于稳定的状态。也就是说,作为其中的一部分,文化也会处于不断的变动过程中,文化产生于文化(这里与怀特的观点有所区别,本书有两层意思:一是文化的借取、创新与再解释过程;另一个是从元文化即"文化物态"的获取过程),也或许正因为此,文化才会在被第一位智人感应到后,就像"麻雀体"激起的涟漪,在人类四个维度的日常现实中得以表现出来。从这个角度理解,也恰如其分地迎合了古罗马演说家西塞罗对文化的最初理解——灵魂的培养。

那么,文化存在于哪里呢?物理学中一个正在进行的研究领域是试图解释相对论和量子论,它们在非常小的尺度上支配着现实。也就是说,可能存在人类无法观测的额外物理维度。根据爱因斯坦的相对论,时间实际上是第四个物理维度,具有与其他三个维度类似的可测量特征。而文化或许便高于这四维空间,以它自有的能量振动的形式存在。

(3) 怎么理解"文化物态"

一切思维的起点可以从霍金的黑洞辐射理论开始,霍金认为宇宙的量子态处于一种基态,黑洞会像黑体一样发散出辐射,黑洞也便不断以量子态的辐射形式逐渐减少质量,并最终爆炸形成量子态后消失。但并非真正的消失,用霍金的万物理论来理解,消失的黑洞所代表的万物便以另一种形态重新存在。而"力"是将这一切又重新凝聚并以不同形态展现的直接方式,这些新的存在方式可以是物态的,也可以是气态、液态或者其他形态而存在。同时,霍金又认为时空在普朗克尺度(10^{-33}厘米)下不是平坦的,而是处于一种泡沫的状态。1955年,相对论先驱约翰·惠勒 (John Wheeler)也将这种随机波动的状态称为"时空泡沫"。近年来,量子场论的进步表明,时空泡沫弥漫的真空可能拥有巨大的内在能量。这样的能量就像宇宙常数一样，是一个可以添加到广义相对论方程中的固定参数。[1] 这种类似的"时空泡沫"非常接近于本书对文化所处的元形态的理解，它呈现出一种云状的物态，本书便将文化存在的这种元初形态称为"文化物态"。

文化物态也代表了文化存在状态的一种基态，如果将这种基态与其他存在于宇宙中的量子态区分的话，我们姑且可以将其称为"智慧态"。由于宇宙中的所有结构都可归结起源于量子力学的不确定性原理所允许的最小起伏，"文化物态"正是在这种不确定性中形成的一种独特形态。也就是说，文化是以一种类似物体的量子态存在着，它处于一种基态，可以把它看成是一个有无数量子态的"结构点"在多维空间中连接而成的整体的"物态"感知。从这个角度来看，人类社会的所有文化现象也可以归结为起源于"文化物态"的不确定性在思维力学导向下所允许的最小波动。

那么，"文化物态"究竟以什么样的状态存在呢？我认为它应该是一种无序的状态，正如我们日常生活中所遇到的常识，如果一个老房子很久没有人居住，那么它所呈现的状态肯定是杂乱和无序的，也就是说，如果没有外力的干涉，"文化物态"总是会增加它的无序度。而科学是什么？它其实是以一种有序的方式去认识宇宙的意识，人的思维力在这其中起到了至关重要的作用。也就是说，人们的思维力可以使"文化物态"从无序中呈现出有序的线性或点性状态来，但这却会消耗我们的精神力。我们可以举日常生活中常见的头脑风暴来理解这种状态：在我看来由于"文化物态"的无序性，当一个人利用他的思维力使之呈现出有序状态后，这种有序的状态在与其他人的有序状态碰撞时，会打乱有序的状态并形成新的有序性，而争吵得越剧烈这种量子态的有序性越容易形成。正如气体的温度越高，分子的运动会越快一样。但这种状态却不同于热力学定律下的熵。头脑风暴不会增加它们的无序状态，反而会为有序增加了可能性，这也就是为什么在头脑风暴后往往容易达成一致的意见。

---

[1] David Lindley, "'Quantum Foam' Scrubs Away Gigantic Cosmic Energy", in *Physics* 2019(12)：105.

那么,我们该如何推定一个人所能够领悟到的"文化物态"的多少呢?我们可以用"文化视界"这个词来形容,它类似于用来界定黑洞的"事件视界"。雅各布·贝肯斯坦(Jacob Bekenstein)曾提出一个假设:事件视界的面积即是黑洞熵的量度。[1] 尽管后来这一理解被霍金否定,却可以成为我们理解"文化视界"的参照。也就是说,"文化视界"是介于四维空间中人的感知与处于更高维度空间的"文化物态"之间的"感应点"的一个屏障区域。只有突破该区域,人才能够感应到"文化物态",而想要突破却是非常困难的。由于引力使宇宙的大尺度结构成形,人类的思维力也可能是一种引力,这种力存在于人类知识结构搭建过程中,就像一块还未成形的磁石一样,而"文化物态"则是钢铁,一旦知识结构初具形态,那么它也便具有了与"文化物态"建立联系的基础,结构越紧密,引力也会越大。也就是说,这种感应力也与人的思维力成正比,只有当一个人的思维力达到"文化视界"所需要的能量后,才能够窥探到"文化物态"的一角。或许这就是为什么自古至今先贤、圣人很少的原因,也可以理解苏格拉底那句话的真正含义:"我只知道我一无所知。"

(4)是什么让我们成为现代人类

关于我们为何成为人类的话题已经被人们思考了数千年。春秋战国时期的老子、孔子、荀子以及古希腊哲学家苏格拉底、柏拉图和亚里士多德等都对人类存在的本质进行了思考,此后无数哲学家也是如此。随着化石和科学证据的发现,所有人类都是从600万年前非洲的类人猿祖先进化而来,并拥有15至20种不同的早期人类物种。这些古人类物种在大约200万年前迁徙到亚洲,然后在更晚的时候迁徙到欧洲和世界其他地区。直到15万年前,其他人类的不同分支灭绝,"智人"作为现代人类的分支则繁衍至今。事实上,在生理学方面,人类与地球上其他哺乳动物有很多共同点,特别是黑猩猩和倭黑猩猩这两种现存的灵长类动物。人类作为一个与众不同的物种与其他动物的区别一直是科学家研究的课题,许多研究人员从人的喉部、肩膀、手与拇指、无毛的皮肤、直立双足行走、脸孔反应、大脑、心灵(感应力、

---

① (英)史蒂芬·霍金:《时间简史》,吴忠超译,湖南科学技术出版社2016年版,第111页。

想象力、创造力和远见)、宗教与死亡意识、讲故事的动物、生化因素以及物种的未来等方面进行了详细的研究和区分。通过前文的分析，本书认为在这众多的区分性特征中"心灵"或许才是最本质的区别，"心灵"代表了思维力(是对"感应力""想象力""创造力""远见"的统称)，这或许也是"智人"这一分支相较于其他分支能够延续至今的根本原因所在。

我们现在知道，"力的真正效应总是改变物体的速度，而不是像原先想象的那样，仅仅使之运动。同时，它还意味着，只要一个物体没有受到外力，它就会以同样的速度保持直线运动"[①]。霍金也指出："任何东西或任何人一旦进入事件视界，就会很快地到达无限致密的区域和时间的终点。"[②]从这个角度来思索，"文化物态"这个高于四维空间的存在形态或许一直在以它自有的振动方式无序地在某个维度空间存在着，在这之前无论是在地球存活了1.7亿年的恐龙，还是500多万年的早期人类物种，它们都没能够突破"文化视界"的屏障。而直到某个或者某些"智人"思维力觉醒并达到一定的阈值，依靠这种思维力突破了"文化视界"，使得处于高维空间的"文化物态"的一角被加速或改变了其固有的速度，在这个过程中"智人"大脑中的某些创造"心灵"的神经元和突触被激活，人的思想、感觉、信仰和意识等无形区域开始组合并具有了独特的深谋远虑、创新和创造的能力，能够在许多可能的迭代中想象未来，然后真正创造我们想象的未来。

也就是说，人们获得元文化的过程，是在充满无序的"文化物态"中建构的一个很小的有序架构的过程。这个过程我们也可以借助霍金在《时间简史》中的逻辑来理解：比特(bit)是用来度量信息量的单位，计算机中的一个字节是8个比特，当你仔细读完这本书并记住了每个字，你的记忆就记录了大约190万比特的信息——你头脑中的有序度就增加了大约190万比特。然而，正如前文所说的，并不是所有的智人的思维力都能够突破"文化视界"的屏障，而如果没有文化所赋予的深谋远虑的思想和创造力，就如同其他早期人类物种一样，智人或许也会在缺乏想象力和思维力的时空中逐渐灭亡，

---

① (英)史蒂芬·霍金：《时间简史》，吴忠超译，湖南科学技术出版社2016年版，第24页。
② 同上书，第116页。

而并没有出现代人灭亡的很大一部分原因或许就是对已经感应到的有序的文化架构的借取、创新与再解释。这种趋向类似于澳大利亚物理学家布兰登·卡特(Brandon Carter)提出的"弱人择原理",即宇宙中至少存在一个区域,该区域具有允许人类存在的物理特性,并且我们存在于该区域内。也就是说,对过去与将来的界定来说,无序度的增加是我们目前可理解的宇宙运行的基本原理,由于无序度增加的时间方向正是宇宙膨胀的时间方向,而人类作为观察者,之所以出现在这里,是因为宇宙在这个位置为我们提供了存在的可能性。所以,人类发展的本质也应该是无序度的增加,这就使得人类必须消耗有序的形式,比如有序的文化架构、食物等,将其转化成无序的能量释放。人类正是在这种将有序变成无序,又将无序变成有序的往复循环中繁衍生息。

然而,我们又该如何理解人类繁衍至今的盛衰呢?其实这也很好理解,我们可以从宇宙膨胀和星系形成的过程去理解。当那位"智人"依靠自身的思维力感应到"文化物态"并获得有序的元文化开始,这些不同的元文化就如激起的涟漪,在彼此碰撞中借取、创新、再解释,存在于人类四维空间中的看似有序的文化形态就开始不断暴涨,从而增加了它的无序度。当这种文化的无序度到达一定的临界点时,此时人类社会的表象或许正值战乱纷飞或民不聊生的阶段,作为一种能量形态的文化呈现叠加态,并出现坍缩,更多的文化能量汇聚到某个或者某些人身上,使得无数不确定的文化形态呈现出一种确定的样子,这些人的思维力暴涨,圣人或许便在这个过程中得以出现。此后,人类社会中的有序的文化又会开始增多,文化的无序状态再次暴涨。在这种往复的过程中人类社会便出现了不断盛衰的景象。而整个人类历史从长达一万多年的时间里始终往复这个过程,这也说明人的思维力在这一万多年的时间里想要冲破"文化视界"的屏障,始终需要一个积累与释放的过程,这个过程是平衡和稳定的。目前,随着现代科技的快速发展以及全球化的影响,有序的创新性文化在浩如烟海的全球文化中有了更广泛的借取、创新与再解释的机会,文化的无序度也必然会在这个过程中逐渐呈现暴涨的态势,或许在某个坍缩的奇点在世界的某个角落会再次有"圣人"的产生,只是希望这个过程晚点到来。

（5）文化变迁的驱动力是什么

在怀特看来：文化的进化主要是由它们的能量捕获和利用所驱动的。通过上文对物质、文化、文化物态以及现代人类存在本质的分析，我认为，人类的思维力才是促使人类社会文化变迁的主要驱动力。怎么来理解呢？首先，随机性和不确定性是宇宙组合在一起的核心，这对于我们这些依赖秩序的人类来说是相当困难的，尽管无序是宇宙演变的趋势，但在宇宙赋予人类存在的时空中，将无序的文化变成了有序的纷繁表象，却是人类生存的基本技能，而这一切的基础则是智人得以繁衍至今所具有的思维力，表现在人类的感应、想象、创造和远见中；其次，由于文化是一种不断振动的能量，处于无序的、不断的变动过程中，而人类在满足自身生存的知识结构搭建过程中需要源源不断的文化，所以人类的思维力作为一种引力，自然而然在文化的变迁中起到了推波助澜的作用；最后，由于文化作为一种有序的结构框架具有可承载性，它可以让人类的思维力获得更好地创造空间和传承的载体，这就让文化与思维力之间形成了一种互相吸引的状态，就像磁石与钢铁，思维力和文化之间的这种相互作用创造了一个自我强化的过程，越来越多的人更倾向于文化的传承，而文化结构也会变得更有序更适合承载（表现在以文字或口头表述形式记载的神话、故事、游戏、艺术、宗教信仰等），使得社会走向更大的复杂性。

（6）造成文化差异的原因

人类社会的文化差异是由各种因素复杂的相互作用造成的。许多学者从人类学、社会学、心理学和文化研究等不同学科领域研究人类社会的文化差异，为我们提供了丰富的、不同的视角和理论来理解文化的多样性和复杂性。爱德华·霍尔（Edward T. Hall）用"高语境"和"低语境"文化的概念来阐释文化的差异；朱利安·斯图尔德（Julian H. Steward）认为不同的环境系统是关键，在每个环境中都会产生不同的社会安排[1]；理查德·斯威德（Richard Shweder）以其对文化相对主义（cultural relativism）的研究而闻

---

[1] Julian H. Steward, *Theory of Culture Change：The Methodology of Multilineal Evolution*, University of Illinois Press, 1972, p. 38.

小游戏与大历史——从「老鹰捉小鸡」到人类的文化视界

名,并认为理解文化习俗需要考虑该文化中人们的信仰和价值观,而不是强加外部判断;克利福德·格尔茨(Clifford Geertz)提倡用"深描"(thick description)的方法来研究文化,并认为理解文化习俗和符号背后的意义需要在文化语境中进行深入的沉浸和解读;爱德华·萨皮尔(Edward Sapir)和本杰明·沃尔夫(Benjamin Whorf)提出了语言相对论(linguistic relativity),认为我们所说的语言会影响我们对世界的感知和思考;露丝·本尼迪克特(Ruth Benedict)通过对文化模式的研究,认为每种文化都为人类需求提供了独特的解决方案,这些解决方案受到历史、社会和环境因素的影响;而怀特认为造成文化差异的原因主要有两个变量,一是生存,二是进攻和防御。到目前为止,这些学者的思想和理论已经成为跨文化研究领域的基础,并为文化差异所表现出的多样性和复杂性提供了宝贵的见解。然而,既然有如此丰富的见解和理论从不同角度阐述人类社会文化差异产生的原因,这也就说明没有一个单一的因素可以完全解释文化差异的复杂性,因为它们往往是多种因素相互作用的结果,但必然会有主要原因和次要原因的区别。通过前文的分析,我认为造成人类社会文化差异的最主要原因是"力"。类似于上文提到的"思维力是促使人类社会文化变迁的主要驱动力",存在于宇宙中的各种"力"包括引力、斥力等,才是造成我们现在文化差异的主要原因。

我们可以这样来理解:正如前文所分析的,无序度的增加是我们目前可理解的宇宙运行的基本原理,总是存在着比有序状态更多的无序状态,这是热力学第二定律存在的原因。那么,假定一个系统从这少数的有序状态之中的一个出发,随着时间流逝,这个系统将按照科学定律演化,而且他的状态将改变。到后来,因为存在着更多的无序状态,它处于无序状态的可能性比处于有序状态的可能性更大。也就是说,文化作为一种不断变动的物态实体,无论在人类思维力的影响下变得多么有序,但从整体上看都是一种无序度增加的体现,而力的真正效应是改变物体的速度,所以在力的作用下人类社会的文化之间会出现碰撞、融合、变迁的现象,文化之间的差异也必然会朝着不同的方向发展。

第四章 「老鹰捉小鸡」游戏的「道」

(7) 造成文化一致性的原因

正如本章第一节所分析的,人类社会中存在很多共同点,比如社会性方面、制度规则方面、文化模式方面、亲属关系方面以及宗教信仰方面等。很多学者也同样从社会组织、家庭结构、语言、仪式、神话和其他文化的方面对人类社会存在的共性进行了探讨,并出版了诸如《人类关系领域档案》(*Human Relations Area Files*)、《世界文化纲要》(*Outline of World Cultures*)、《人类共性》(*Human Universals*)等书籍,也提出了"人类共性理论"(Human Universals Theory),认为传播技术的进步和媒体的广泛使用、以经济和社会的相互联系和一体化增加为特征的全球化、旅行和移民的便利、语言、技术和流行文化等超越地域界限的同质化力量、标准化的教育系统和课程、某些国家或地区的全球文化中心的主导地位、帝国统治与侵略、技术和创新的进步、气候变化、流行病和经济危机等共同的全球挑战等因素促成了人类社会的文化一致性。怀特也认为:"……习俗和规范将社会团结在一起并使其能够正常运作。"[1]

同样,之前的学者对人类社会文化一致性的分析都是基于社会发展过程中所表现出的现象为出发点,无论是社会技术的进步、全球化、战争与统治,还是应对生态挑战等,是将社会发展置于文化一致性之前的思维路径。即:首先要有社会发展,才能出现文化一致性的逻辑思路。我认为现有的对人类文化一致性的分析成果更像是"置身庐山看庐山"的视角,不能说不正确,但至少是不全面的。延续前文的分析逻辑,我认为"对生的渴望"才是造成人类这个物种文化一致性的主要原因。怎么来理解呢?我们可以将视角置于"智人"这一早期人类物种的分支相较于其他物种在濒临灭绝那一刻的感悟上。正是因为通过思维力感悟到了"文化物态"的一角,这一支早期人类物种才能够区别于其他物种而成为"智人",文化或许是这一支物种得以生存下去的关键所在,所以"对生的渴望"才能够让人类无论处在顺境还是逆境中,都能够有相同的想法去借助文化解决问题或传递喜悦。怀揣着这

---

① Leslie A. White, *The Evolution of Culture*: *The Development of Civilization to the Fall of Rome*, New York: McGraw-Hill Book Company, Inc. ,1959,p. 275.

共有的、动物本性的"对生的渴望",人类社会也就逐步表现出了文化的一致性：都会想办法用语言来表达文化的思想，也会想办法通过各种文化的仪式来传递对神的敬意，还会想着需要一套文化的规则去约束人类的行为（如图48）。

总之，从中国古代的"天圆地方"到罗素时期的"乌龟塔"，人类认识宇宙或者世界的方式都是以一种"世界像"的形式来一步步演进的。随着人类视野的开阔和技术的提高，人类又开始尝试着用德谟克利特原子、平坦地球模型、托勒密体系、哥白尼体系、卢瑟福原子、玻尔原子、强人择模型、弗里德曼闭合宇宙、膨胀气球理论、黑洞理论、无边界设想、历史求和模型、弦理论、虫洞模型、宇宙暴胀或者其他形象去思考宇宙和世界。从古至今，人类这种认知宇宙和自己生存空间的方式都是基于可见的、可观测的基础上，并在不断自我推翻的过程中去探究宇宙的终极奥义。当然，也有很多不可见的认知，这组成了我们现在丰富多彩的神话故事、自然崇拜和宗教信仰。正因为2022年量子纠缠获得诺贝尔物理学奖，量子领域的现象得到了科学的公认，人们的认识论发生了改变，"非理性的"东西不再荒谬，它们或许在量子领域是"合理"的。以此为思维的出发点，我在研究"老鹰捉小鸡"游戏在全世界借取、创新与再解释的过程中发现了这个游戏所具有的"麻雀体"特征，再以此为继续深入思考的切入点，提出了"文化物态"的理论，这算是基于量子理论上的哲学思考。

无论是庄子（约前360年）的"奚旁日月，挟宇宙？"还是阿那克萨戈拉（约前500年）的"种子说"，一直到18世纪哲学家康德提出太阳系起源于巨大气体尘埃云的假说，哲学家将包括科学在内的整个人类知识当做他们的领域，并讨论诸如宇宙有无开初及道法自然的问题。然而，从19世纪至今科学束缚了哲学家的头脑，数学与科技似乎成了唯一的真理，如同霍金所感叹的："哲学家如此地缩小他们的质疑范围……这是从亚里士多德到康德以来哲学的伟大传统的何等的堕落！"幸运的是，2022年量子纠缠被科学证实的消息启发了我进一步思考文化是什么的好奇心，并站在了怀特等巨人的肩膀上提出了"文化物态"的理论。有意思的是，尽管"文化物态"这个理论听起来挺像那么回事，但如霍金所言："我们将永远不能肯定我们是否确实找到

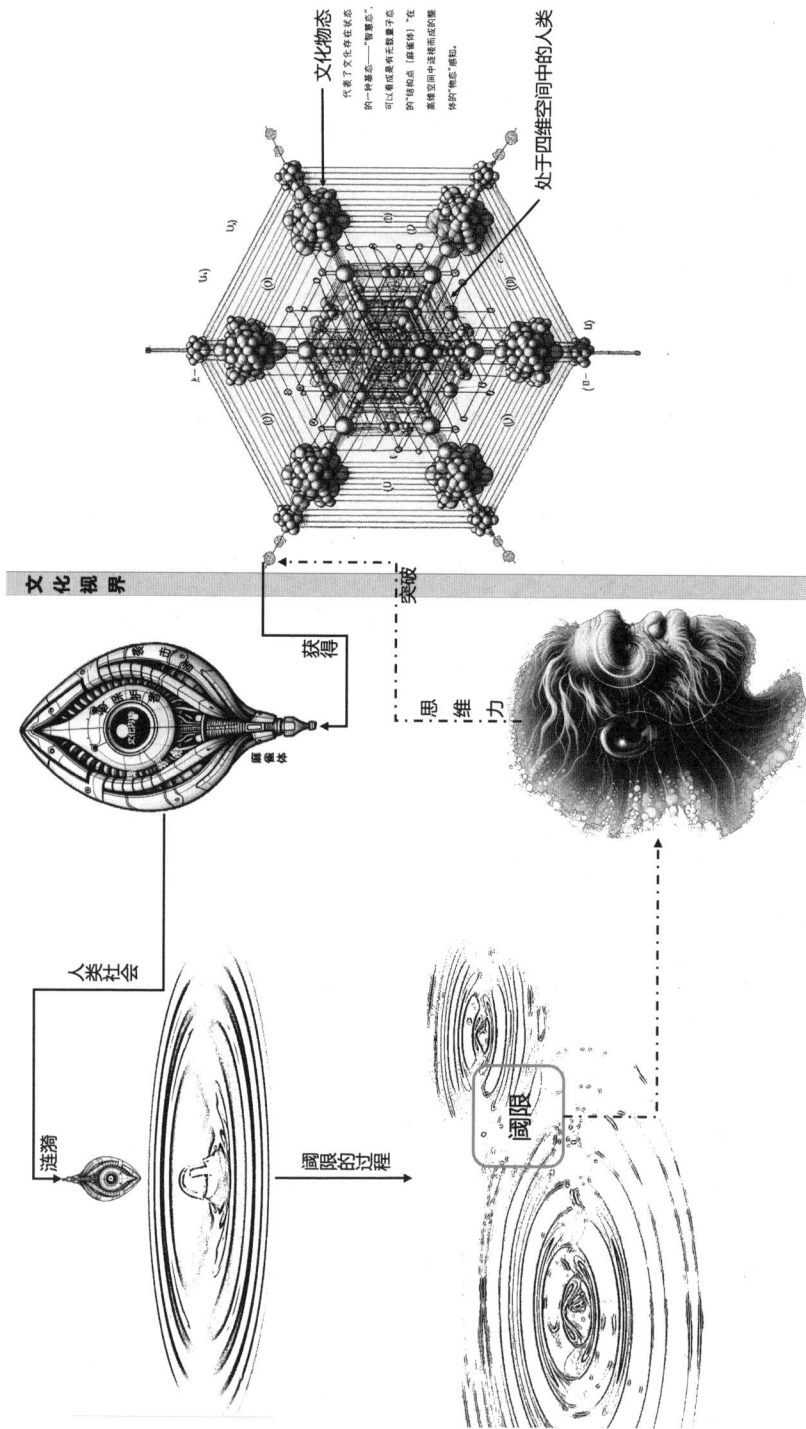

图 48　文化产生与多元化过程具象演示图

小游戏与大历史——从「老鹰捉小鸡」到人类的文化视界

了正确的理论,因为理论不能被证明。"①可是,当一个理论在没有得到确切的证实前,并不能说它是荒谬或者无稽的。正如黑洞一样,黑洞作为科学史上一个没有经过科学观测证实的理论,却被许许多多科学家相信存在着,它的提出也只是基于原先并不是令人信服的广义相对论。"文化物态"也只是一瓢引水,在未来不断证明其先验性并给出与观察一致的预言中,希望可以助推我国其他相关文化理论的创新。

新人类命运共同体叙事结构

在 2023 年第三十一届世界大学生夏季运动会开幕式欢迎宴会上,习近平总书记强调:"我们要以这次大运会为契机,弘扬全人类共同价值,谱写推动构建人类命运共同体新篇章。"此外,党的二十大报告同样强调:"构建人类命运共同体是世界各国人民前途所在。"人类命运共同体是习近平总书记针对"世界怎么了? 人类怎么办?"这两个问题提出的中国智慧和解决方案,载入了中国共产党新党章和宪法修正案。它回应了 21 世纪以来人类面对的各种全球性问题和灾难,基于"五位一体"的"五个世界"内涵,强调全球治理体系变革迫在眉睫。尽管这一理念连续七年被写入联合国大会裁军与国际安全委员会决议,可是国际社会仍大多将其视为"'中国制造'、'中国模式'、'中国特色',先入为主对之持警惕态度"②,认为人类命运共同体挑战了现有的国际秩序,是中国称霸世界的"野心"③。

为什么会导致这一结果呢? 北京外国语大学国际新闻与传播学院的高金萍教授通过对 10 年来全球 18 个国家和地区主流媒体关于人类命运共同体传播状况的定量考察和话语分析,认为导致这一理念在全球传播趋冷的原因有两个:一是这一理念具有较高的抽象度,与普通受众的日常生活隔离;二是尚未构建这一理念的叙事话语体系,缺乏中国话语的世界表达。④ 针对这两个原因,本书希望基于提出的"文化物态"理论,以"老鹰捉小

---

① (英)史蒂芬·霍金:《时间简史》,吴忠超译,湖南科学技术出版社 2016 年版,第 166 页。
② 高金萍:《人类命运共同体的全球传播图景——基于 18 国媒体相关报道分析》,载《国际新闻界》
2023,45(03):6—25。
③ 同上。
④ 同上。

鸡"游戏的千年变迁过程为例证,通过一个洞穿时空的故事,来探寻作为异文化的人类命运共同体得以被认同并借取、创新与再解释的参照路径。

公元前6—前5世纪左右的一天,有一位古印度的婆罗门或者其他阶层思维卓越的人,他博古通今,知晓吠陀时代的《吠陀本集》《梵书》《森林书》和《奥义书》等记述的内容,他会虔诚地向因陀罗、陀湿多、苏摩、毗诃波提等天神表达崇拜、敬畏、赞美和祈求。然而,他生活的时代却充满暴力,同乔达摩·悉达多一样,他也目睹了太多人痛苦的老、病、死,不满传统吠陀教义中的献祭和杀戮,他深切地渴望能够有一位像苏摩王一样聪明睿智也如因陀罗般福善的国王,能够戒杀、善治与自我献祭,来帮助百姓抑制苦因,从恐惧和欲望的世界中彻底解脱,以期望进入神灵的永恒世界。在这些知识储备和强烈诉求的基础上,他的思维力达到了一定的水平,大脑中某些创造"心灵"的神经元和突触被激活,冲破了"文化视界"的屏障,使得处于高维空间的"文化物态"的一角被加速或改变了其固有的速度,一部分无序的"文化物态"开始组合成有序的结构,他便在这个过程中获得了有序的元文化,这便是"麻雀体"。那个人的思想、感觉、信仰和意识等无形区域开始活跃并具有了独特的深谋远虑、创新和创造的能力,可以想象未来。他利用麻雀体将复杂的社会现象融入有序的叙事结构中,"尸毗王割肉救鸽"故事也便被创作出来。由于这个故事中"袭击者、保护者、被保护者+问答"结构能够栩栩如生地将故事的情景表现出来,这增添了故事更多的真实感,又因为故事中那位创作者将对未来的期望寄托于身为刹帝利的优湿那罗王(尸毗王),希望现实中也能出现这么一位国王,拥有着高尚的灵魂,可以行善积德,消除罪恶。这种朴素的情感迎合了当时处于水深火热中的百姓的情感需求,所以这个故事一经创作出来,便拥有了众多的粉丝。

此外,由于这个故事表现出了根内普和特纳所使用的隐喻的空间性特征,即关系空间、社会空间和情感空间,聆听者会不自觉地进入"介于两者之间"的阈限状态,而阈限时刻由于非常真实的精神体验而具有特征性,并可以深刻地影响人格。所以,在聆听中,它为人们提供了情感想象的门槛,激发了人理解社会的方式。处于底层的百姓在饥饿、灾害、病祸中有了精神依托,他们相信有神会为他们主持公道,也期待那个能够甘心献身拯救他们的人出现。这种能动性将人的认知和想象结合在一起,灌输了一种对生活的基本态度,以及作为一个人在新角色中所需要的能力。为此,在这种对故事内容的信仰与模仿中,人们的生活被不经意间改变,也在这个过程中人们被引导走向自我实现之路,以获得解脱和永生。这是在不确定性中找到平衡的确定,从而创造意义与可能性的过程。所以,这种文化的叙事结构在当时的社会环境中是至关重要的,有着神谕一样的地位,会让人毫无保留地相信。正因为此,它或许可以左右生死。为此,"对生的渴望"作为造成人类这个物种文化一致性的主要原因,会让人类无论在顺境还是逆境中,都能够有相同的想法去借助"尸毗王割肉救鸽"故事这个文化结构传递思想或解决问题。所以,后来这个故事被佛教僧人们借用来表现释迦牟尼累世修行、无私奉献、慈悲为怀的高贵品质,也被古希腊的哲学家们借用来表现他们的仁慈。

由于"力"是造成人类社会文化差异的最主要原因,因为它可以增加我们时空流淌的无序度,所以在力的作用下不同版本的"尸毗王割肉救鸽"故事、"尸毗救鸽"故事在人类社会中作为一种物态的文化现象会出现碰撞、融合、变迁的现象。又因为人类在满足自身生存的知识结构搭建过程中需要源源不断的文化,而思维力作为人类社会文化变迁的主要驱动力,也是一种引力,自然而然在"尸毗王割肉救鸽"故事、"尸毗救鸽"故事的变迁中起到了推波助澜的作用,这使得无序的文化在彼此碰撞中借取、创新、再解释,变成了有序的纷繁表象,表现在人类的感应、想象、创造和远见中。所以,今天的我们看到了"僧与雀"的故事、"老鹰、鸽子和国王"童话、"龙子免金翅鸟难"的故事、"狮子同情猿割肉予鹫"的故事,也知道了夏洛克的贪婪和拉封丹的意味深长。

又因为物质在引力作用下不可能处于稳定的状态,人类发展的本质是无序度的增加,这就使得人类必须消耗有序的形式,所以无论是"尸毗王割肉救鸽"故事、"尸毗救鸽"故事还是"耶和华救摩押"等,它们必然会在无序的碰撞中产生新的文化形式，"老鹰捉小鸡"游戏也便在这个过程中被创新出来，它可以被看做文化进化过程中的一种感应，一种改变了自身同其他诸如"耶和华救摩押"和"尸毗救鸽"之间时间叙事背景的形态，而由于被创新的各种有序文化现象又会再次被借取与再解释变成无序的多文化现象，可以看做一种在空间中纠缠了涟漪的形态……所以才有了今天遍及全世界的"老鹰捉小鸡"游戏。正是在这种将有序变成无序，又将无序变成有序的往复循环中繁衍生息，才形成了我们今天所见的文化万象。

上面这个故事是依据本书前文的推论和分析来构想的，"尸毗王割肉救鸽"故事的核心是"解脱"，而如何实现这一目的呢？作者通过一个浅显易懂的故事将这种"解脱"的思想融入其中，但全篇又未提及一个字。让人在浅显的道理中自己去"悟"，比直接告诉他们要更有说服力。所以，故事得以传承千年，能够被不同文化和地域的人们认同并创新的前提便是这个故事的建构过程。而建构的逻辑顺序我们可以这样来理解：

（最终的目的是）解脱——（借助）"麻雀体"——通过讲述一个"正法 vs 饥饿"的故事来实现，"正法"代表上层社会，"饥饿"代表下层百姓——（故事有着）可理解的外壳（日常生活中常见的老鹰、鸽子及遥不可及的国王）——（以及）反差性的行为（自我献祭性的割肉）。

将其称为故事是因为我们没办法乘坐时间飞船横跨古今、纵览世界，而这个看上去荒诞、不合乎理性的故事，却在"文化物态"理论的解释空间里有着它合理的结构框架和可理解的意义。由于文化是宇宙中自然而然存在的一种振动的能量，我们考虑的便是如何让这种振动与更多人的思维力同频，"麻雀体"只是众多超有机实体的文化中所展现出来的一部分，让我们理解文化及其所表现出的意义、意识、意向性有了参照。因为世界是一个思想结构，而物质就是在其所有的时间和空间表现形式中描绘这种思想结构并使其在我们的观察中对我们可见的感知。所以，我们构建的文化需要建立在结构、符号和人类独特的象征能力基础上，给人以观察的动力。正如这个故事所表现出的建构逻辑一样，"看到就是影响"，在推进人类命运共同体构建的伟大事业中,我们需要考虑的便是将这种物质的表达更浅显地表现在人们的日常生活感知中,为人们提供一种选择的可能,这样既可以解决与普通受众的日常生活之间隔离的问题,又可以建构中国话语的世界表达体系。为此,对"新人类命运共同体叙事结构",我提出以下建议:

(1)将"共同构建人类命运共同体"作为最终目的和文化内核,让其融入多种"麻雀体"的文化叙事结构中,从中国的角度来讲述这个宏大的故事。

(2)源于百姓生活拣选"可理解的外壳",让共同构建人类命运共同体的最终目的在百姓可理解、可参悟的叙事语境中表现出来。

(3)设计多种"反差性的行为",杜绝平铺直叙的表现方式,让想要表达的"人类命运共同体"思想,在相对曲折的反差性表现中增强其对比度、感染力和号召力,增加文化叙事的精彩度,从而唤醒人"对生的渴望"。

(4)"新人类命运共同体叙事结构"的建构原则:为了在传播的过程中能够让更多人的思维力获得更好地创造空间和传承的载体,这就需要让建构的新叙事结构与思维力之间形成了一种互相吸引的状态。基于"文化物态"理论我们可以知道,思维力和文化之间的这种相互作用会创造一个自我强化的过程,能够让越来越多的人更倾向于文化的传承,而文化结构也会变得更有序、更适合承载。因此,"共同构建人类命运共同体"的思想也便会在这个过程中得到彻底的普及和认可,并推动人类社会走向更大的和谐。

习近平总书记指出:"一个国家选择什么样的国家制度和国家治理体系,是由这个国家的历史文化、社会性质、经济发展水平决定的。"[1]人类的一切思想和概念都源于人类群体以各自特有的方式对世界和宇宙好奇且不懈地探索,在不断寻求完善和超越的过程中,人类一次次地完成目标并开启新的希望。正如伽达默尔所说的:"人类不能没有希望地活着。"而"共同构建人类命运共同体"便是人类社会未来征程的启明灯,它是美好的却也充满挑战。未来取决于如何被人类所理解,只有在实践理性反思中拥抱这盏灯,才是我们该走的路……

---

[1] 习近平:《坚持和完善中国特色社会主义制度推进国家治理体系和治理能力现代化》,《求是》2020年1月1日。

致　谢

感恩的心是一种伟大的心灵，它最终会吸引伟大的事物。

——柏拉图（前 423—前 348）

　　首先要感谢行佳丽老师在这几年的书籍编写过程中为我提供的大量帮助，为编写本书，我们整理收集了 5424G 的网盘资料。行老师是一位博学且思维敏锐的学者，也是我的合作伙伴，她能够很好地提出很多有启发性的建议和思路，特别是在"尸毗救鸽"故事起源、传播以及变迁的部分。她撰写了第二章"老鹰捉小鸡"游戏的起源争议中的第三小节"一则童话引发的对世界文学的思考"，以及"导读：如何使用这本书"，便于不同领域的人更快了解本书的价值。

　　我还得益于早稻田大学读博期间的恩师寒川恒夫先生的教诲以及先生在书中和论文中积累的大量关于"老鹰捉小鸡"游戏在全世界分布和起源的开创性分析，先生也对我的推断"'老鹰捉小鸡'游戏起源于'尸毗救鸽'"给予了积极的肯定。

　　感谢《体育与科学》杂志主编程志理教授对全书内容的重要批评和对框架调整提出的条理性建议，为此书撰写了宝贵的序，并推荐出版社。国家体育总局体育文化发展中心崔乐泉研究员为本书的编写提供了很多帮助和支持。华南师范大学体育科学学院的马晟教授、吉林大学体育学院的杨长明教授、厦门大学体育学院的孟蒙博士对我的帮助也很大，特别是在日文翻译方面。山东大学蓝绿发展研究院院长张宁教授针对书中的很多观点给予了指点。敦煌研究院的杨富学教授给我提供了发布学术观点的平台，特别感谢他一直以来对年轻人的扶持，这对我来说既是机遇又是鼓励。

小游戏与大历史——从「老鹰捉小鸡」到人类的文化视界

　　我还要感谢江苏人民出版社的汪意云编审在编辑审稿和整理参考文献方面所做的工作，如果没有她的辛勤付出，这本书不会呈现出现在这种完善的状态。我的学生于严闰教会了我如何用 ChatGPT，这才有了书中很多有意思的图片。我工作的单位山东大学体育学院在出版经费上提供了支持，单位同事张颖教授和王飞教授给予了很多帮助。

　　此外，我还要感谢北京体育大学的孙葆丽教授与清华大学的马新东教授、刘波教授、冯宏鹏教授，如果没有他们的帮助，我是没有机会去早稻田大学深造的，也就没有机会接触到寒川先生 1983 年对"比比丘女"游戏的研究，更不会有这本书的问世。

　　最后，感谢我的家人……